Impressum

Gestaltungskonzept, Layout und Illustrationen:
Theresia Nuber Kreation, www.theresianuber.ch

Lektorat:
Mag.[a] Helga Klösch-Melliwa, www.aus-dem-effeff.at
Mag.[a] Helga Müllneritsch

Gesamtherstellung:
Mag. (FH) Clemens Mazza

Druck:
Dimiter Blagoev Polygraphischer Betrieb, www.poligrafcombinat.bg

akademie bios

1. Auflage November 2011 – Originalausgabe
Veröffentlicht im **akademie bios®** verlag

ISBN 978-3-9502733-4-2

Psychologische Numerologie nach Dr. Mazza ®

Zahlen als Spiegel unserer Persönlichkeit und Lebensaufgabe

Dr. Ernestina Sabrina Mazza

Band 1 – Grundlagen der Persönlichkeit

Band 2 – Lebensphasen und ihre Schwingung

Inhalt

Psychologische Numerologie nach Dr. Mazza® – Zahlen als Spiegel der Persönlichkeit

Band 1: Grundlagen der Persönlichkeit

Numerologie und ihre facettenreiche Bedeutung 8

Aspekte in der **Psychologischen Numerologie** nach Dr. Mazza® 13

Aufbau des Buches **Psychologische Numerologie** nach Dr. Mazza® 16

Geschichte der Numerologie 20

Mystische Bedeutung der Zahlen von 1 bis 9 29

Qualität und Schwingung der Zahlen 36

Lebenszahl (LZ) 46

Der Pfad der Seele: Visionen, Herausforderungen und Orientierungshilfen für den Lebensweg

Ermitteln der Lebenszahl 47

Einteilung der Lebenszahlen 50

Die Null in der Lebenszahl 51

Lebenszahl 1 – Als Pionier durchs Leben 52

Lebenszahl 2 – Die Suche nach Geborgenheit 68

Lebenszahl 3 – Das Leben als Abenteuer erleben 80

Lebenszahl 4 – Aus dem Chaos entsteht Ordnung 96

Lebenszahl 5 – Die Sehnsucht nach Freiheit 112

Lebenszahl 6 – Zur Quelle der Liebe 130

Lebenszahl 7 – Die Suche nach dem tiefen Sinn des Lebens 146
Lebenszahl 8 – Auf dem Weg zu einer liebevollen Kraft 166
Lebenszahl 9 – Das Verlangen nach universeller Liebe 186
Meister- und Lebenszahl 11 – Die heilende Kraft der Liebe 208
Meister- und Lebenszahl 22 – Die schöpferische Kraft des Seins 232
Meister- und Lebenszahl 33 – Die Manifestation universeller Liebe 250

Symbolik und Bedeutung der Buchstaben in der Psychologischen Numerologie nach Dr. Mazza® 268

Die numerologische Transkription der Buchstaben des Namens 282

Das Zahlenraster 286

Vornamenszahl (VNZ) 290
Die Manifestation unserer Kreativität

Nachnamenszahl (NNZ) 298
Die Erwartungen der eigenen Familie uns gegenüber

Seelenzahl (SZ) 326
Das verborgene Gesicht unserer Seele

Intensitätszahl (IZ) 384
Die Schwingung, die Seelenzahl und Lebenszahl verbindet

Die Zahlen unserer Talente: Initiationszahl, Berufszahl, Talentzahl und Ausdruckszahl 398
Die eigene Berufung verwirklichen

Initiationszahl (IniZ) 402
Die spirituelle Vision unserer Seele

Berufszahl (BZ) 430
Der persönliche Ausdruck im Berufsleben

Talentzahl (TZ) 452
Unsere Begabungen erläutern

Ausdruckszahl (AZ) 464
Die Wirkung unserer Persönlichkeit im Außen

Die Zahlen unserer Talente – Leitfaden zur numerologischen Interpretation 476

Richtlinien für die Interpretation eines Numeroskops 484

Nachwort 494

Über die Autorin 496

Bücher und Medien aus dem Akademie Bios Verlag 507

Hinweis des Verlages 510

Quellenverweise 511

Lizenzhinweis und Ausbildung in der Psychologischen Numerologie nach Dr. Mazza ® 512

Numerologie und ihre facettenreiche Bedeutung

Die Numerologie ist eine Wissenschaft, die die Symbolik und den archetypischen Wert der Zahlen erkundet. Über Jahrhunderte hinweg hat sie sich mit der Essenz der Zahlen an sich befasst. Sie orientiert sich an den Zahlen und deren grafischer Darstellung. In ihrer symbolischen und archetypischen Deutungskraft versucht die Numerologie, die spirituelle Botschaft der Zahlen im Allgemeinen wahrzunehmen und im Speziellen für das Individuum zu deuten. Ein eigenes Numeroskop zu erstellen bzw. verfassen zu lassen bedeutet, eine Art Landkarte der eigenen seelischen Aufgabe zu entdecken. Durch entsprechende Interpretation ist es möglich, wertvolle Aufschlüsse über das eigene Dasein auf der Erde zu erhalten. Solche Informationen können wir uns im Alltag oder auf spiritueller Ebene zunutze machen. In mancher Hinsicht sind sie wie ein Schlüssel zur bewussten Wahrnehmung unserer spirituellen Aufgabe.

Je nachdem wie empfänglich wir für diese verborgenen Botschaften sind, ist es uns möglich, durch die einfachen Methoden und Zugänge, die uns die Numerologie anbietet, mehr über uns selbst, unsere Familienangehörigen und über Menschen, die uns wichtig sind, zu erfahren. Für das Leben allgemein ist es bedeutsam, für Veränderung offen zu sein und bereit zu sein, das Alte loszulassen. Wenn wir unserem Naturell folgen und mit der dynamischen, vielfältigen, wandlungsreichen Essenz des Lebens Frieden schließen, können wir mithilfe der Numerologie wertvolle Informationen gewinnen, die uns über unsere weiteren Entwicklungsschritte aufklären. Die Numerologie erinnert – archetypisch betrachtet – an das Zusammenwirken zwischen Mensch, Erde und Universum. Sich mit der Qualität der „Zeit" zu beschäftigen, mit ihren Gesetzen und der symbolischen Bedeutung, öffnet unser Verständnis dafür, dass alles im Universum durch Zahlen beschrieben werden kann und alles eine gewisse Gesetzmäßigkeit in sich trägt. Die Zahlen sind symbolische Möglichkeiten, unser Bewusstsein in seiner Essenz zu erfassen und die verborgenen Botschaften der spirituellen Entwicklung unserer Seele und Persönlichkeit zu durchleuchten. Der symbolische Wert oder die Schwingung der Zahlen sind Mittel, durch die wir verborgene Botschaften erfahren können. Sie helfen uns auch, unsere Schatten zu integrieren.

Die Zahlen laden uns dazu ein, die tiefen Aspekte unserer Seele zu ergründen, und helfen uns, unsere wahre Identität zu entdecken. Auf einfache und unmittelbare Weise ermöglicht uns die Numerologie, sehr schnell unsere Persönlichkeit und unser Potenzial zu erfassen. Sie bringt keine festgeschriebene Voraussage oder unwiderrufliche Meinung über unsere Persönlichkeit oder den Verlauf unseres Lebens hervor. Sondern aufgrund der Interpretation unserer numerologischen Zahlen können wir Grundtendenzen in unserer persönlichen Entwicklung und Lebensprüfungen, die uns erwarten, erkennen. Die Numerologie gibt eine intuitive Orientierung für die nächsten Schritte. Im Grunde ist es ein Ansporn, uns tiefer und intensiver mit den Ereignissen unseres Lebens auseinanderzusetzen.

Die Numerologie ist eine archetypische Lehre, die uns hilft, die symbolische Bedeutung der Zahlen, die mit unserer Geschichte verbunden sind, zu enthüllen und bewusst unserem Seelenplan und Lebensweg zu folgen. Propheten sagen die Zukunft voraus – im Gegensatz dazu will die **Psychologische Numerologie** nach Dr. Mazza® eine Orientierungshilfe in der komplexen Interaktion des Lebens sein. Ihr Ziel ist es, unsere Persönlichkeit zu erkennen, diese anzunehmen, die unbewussten Tendenzen unserer Psyche zu ergründen und die seelische Aufgabe zu entziffern.

Die **Psychologische Numerologie** nach Dr. Mazza® vereinigt in sich die Zahlenlehre und die psychologischen Aspekte, die mit der archetypischen Bedeutung der Zahl verbunden sind. Durch die Zahlen ist es möglich, eine genaue Persönlichkeitsbeschreibung zu verfassen, besser noch zu „zeichnen", denn ein Numeroskop ist wie eine Landkarte der Persönlichkeit und der Spiritualität eines Menschen.

Fazit: Die **Psychologische Numerologie** nach Dr. Mazza® hat zum Ziel, sowohl die Persönlichkeit eines Menschen als auch die SEELISCHE und die SPIRITUELLE EBENE seines Lebens zu analysieren.

ASPEKTE IN DER PSYCHOLOGISCHEN NUMEROLOGIE NACH DR. MAZZA ®

Erster Aspekt – Zusammenhänge zwischen Zahlen

In der **Psychologischen Numerologie** nach Dr. Mazza ® und der Interpretation eines Numeroskops ist es nicht nur wichtig, die einzelnen Zahlen zu errechnen, sondern auch die Zusammenhänge zwischen den Zahlen zu erkennen, um eine richtige und konkrete Interpretation des numerologischen Themas einer Person zu verfassen. Man spricht nie von einer einzelnen Zahl, sondern immer von den Zusammenhängen, die zwischen den Zahlen herrschen.

Zweiter Aspekt – Vielfalt der Persönlichkeit

Wir Menschen sind in ständiger Entwicklung. Die psychologische Entwicklung unserer Persönlichkeit ist dynamisch und verändert sich durch jede Erfahrung, durch jede Begegnung. Natürlich sind wir auch von den Verletzungen, Glaubensmustern und Verhaltensstrategien, die wir im Laufe des Lebens bis zum heutigen Tag erfahren und entwickelt haben, beeinflusst. Die **Psychologische Numerologie** nach Dr. Mazza® achtet bewusst auf alle Aspekte und setzt sich das Ziel, den Lebensweg, den Charakter und die seelischen Hintergründe der Person tiefgehend zu ergründen.

Im Rahmen einer Beratung wird versucht, die Identität der Person zu erkennen und wichtige Hinweise für die persönliche Entwicklung aufzuzeigen. Die Klarheit der **Psychologischen Numerologie** nach Dr. Mazza® lässt den Menschen, der sein Numeroskop studiert, die eigenen konstruktiven Seiten und Talente ebenso wie seine Schatten erkennen.

Dritter Aspekt – selbstbestimmte Lebensgestaltung

Die Numerologie zeigt nur eine Tendenz auf. Letztlich ist es die Person selbst, die mit ihren Fähigkeiten und mithilfe der erhaltenen Informationen bestimmt, wie sie ihr Leben gestaltet. Der

Mensch kann zwar durch die Zahlen mit den grundlegenden Tendenzen des eigenen Lebens, der eigenen Persönlichkeit in Verbindung kommen, aber die endgültige Lösung für seine Probleme liegt allein in seinen Händen. Wir sind nicht Opfer unseres Schicksals!

AUFBAU DES BUCHES
PSYCHOLOGISCHE NUMEROLOGIE NACH DR. MAZZA ®

Das vorliegende Buch ist wie ein Kurs aufgebaut und ermöglicht uns, langsam und Schritt für Schritt eine fundierte Methode im Rahmen der **Psychologischen Numerologie** nach Dr. Mazza ® zu erlernen. Wir wachsen intuitiv in dieses Wissen hinein, um die Zahlen und ihre Zusammenhänge realistisch und bewusst interpretieren zu können. Es ist bedeutsam, sich diese Disziplin auf langsame Weise und Beispiel für Beispiel zu erschließen, um Interpretationsfehler zu vermeiden und um die eigene Intuition für die Bedeutung der Zahlen zu schulen.

In diesem ersten Band beginnen wir mit der Lebenszahl, die uns erlaubt, die Grundaspekte unserer Persönlichkeit wahrzunehmen und vor allem auch die Qualität des Seelenpfades zu erkennen, den wir für unser Leben ausgesucht haben.

Unsere weiteren Schritte führen uns zur Bedeutung der Buchstaben in Verbindung mit den archetypischen Werten der Zahlen. Die Vornamenszahl gibt uns Bescheid über die Kreativität und wie wir diese entfalten können. Die Nachnamenszahl führt uns zu den Hintergründen und Erwartungen unserer Ursprungsfamilie und unserer eigenen Familie. Die Seelenzahl verbindet uns mit den verborgenen Aspekten und Impulsen unseres Unbewussten und unserer Seele.

Die Intensitätszahl offenbart uns, mit welchen Strategien wir uns im Außen zeigen und wie wir die Seelenzahl, die innere Schwingung, mit der Lebenszahl, der Schwingung des Lebenspfades, verbinden.

Zusätzlich weiten wir unsere Arbeit auf die Auseinandersetzung mit unseren Talenten und unserer Berufung aus. Die Berufszahl, auch Namenszahl oder Gesamtnamenszahl genannt, gibt klare Auskünfte über unsere beruflichen Begabungen und unsere Berufung. Die AUSDRUCKSZAHL fokussiert unsere Talente und wie wir im Außen wirken.

Für die Lektüre dieses ersten Bandes der **Psychologischen Numerologie** nach Dr. Mazza® wird empfohlen, das Buch gründlich von Anfang bis Ende durchzulesen. Nur dann ist es den Leserinnen und Lesern möglich, sich langsam in die Bedeutung der wichtigsten Zahlen des numerologischen Systems zu vertiefen, um letztlich eine gute Intuition für die grundlegende Qualität der Zahlen zu entwickeln.

IM ZWEITEN BAND DES BUCHES setzen wir uns mit den Lebenszyklen, deren Herausforderungen und den numerologischen Rastern auseinander. Diese erweiterte Perspektive öffnet den Blick auf die Lebensphase eines Menschen im Detail und führt die Numerologin/den Numerologen zu einer sicheren Interpretation der Herausforderungen der Lebensabschnitte, die unser Leben bestimmen. Die Numerologie leitet hier zu einer tiefen Analyse der spirituellen Aufgabe und des Seelenplanes eines Menschen.

Fazit: Um sich eine kompetente und vielfältige Intuition und Praxis im Bereich der **Psychologischen Numerologie** nach Dr. Mazza® anzueignen, ist man gut beraten, die Bände 1 und 2 zu erarbeiten und zu nutzen. In den Anleitungen des zweiten Bandes findet man eine klare Richtschnur, um beide Bände als Numerologie-Kurs zu nutzen und ein kompetentes und fundiertes Wissen zu erwerben. Es ist empfehlenswert, neben dem autodidaktischen Erlernen der Techniken und der Praxis zusätzlich auch Einzelseminare, Kurse oder die Ausbildung der **Psychologischen Numerologie** nach Dr. Mazza® zu besuchen, damit eine professionelle Anwendung der Numerologie gewährleistet ist. Man profitiert auf diese Weise von der Kompetenz und langjährigen Erfahrung der Ausbildungsleiterin und der Assistenztrainer.

Geschichte der Numerologie

Die moderne Numerologie ist eine Synthese aus babylonischen Quellen, aus den Lehren von Pythagoras und denen seiner Schüler in Griechenland und in Kalabrien (Crotone). Zu diesen Lehren zählen die Ideen der astrologischen Philosophie im hellenistischen Alexandrien, die des Mystizismus im Frühchristentum, die des Okkultismus der mittelalterlichen Agnostiker und nicht zuletzt auch die aus den kabbalistischen Lehren.

Schon seit Urzeiten haben Zahlen zusätzlich zu ihrer Bedeutung für das Messen und Bewerten noch eine mystische Entsprechung. Insbesondere im alten Ägypten, in Indien und in der Kultur der Chaldäer in Mesopotamien beschäftigte man sich mit der okkulten Seite der Zahlen und betrieb „Zahlenmystik". Dies begann wohl mit der Beobachtung des Himmels, was schließlich zur Erstellung des ersten Kalenders führte, wobei diesbezüglich Parallelen zur Astrologie existieren. Das wahrscheinlich erste – zumindest das erste überlieferte – Zahlensystem stammt von den Maya in Mittelamerika, die es vor über 10.000 Jahren festlegten.

Im Laufe der Geschichte haben Zahlen immer unterschiedlichen Zwecken gedient. Zum Beispiel verlangten sowohl die

Auflistung von Gegenständen als auch die Einrichtung von Gebäuden nach einem Rechensystem. Und auch spezielle Geräte lassen darauf schließen, dass Zählungen durchgeführt wurden, etwa die Anzahl von versammelten Menschen oder Tieren.

Abstrakte Methoden des Rechnens lassen sich bis in die Zeit der Zivilisation von Babylon zurückverfolgen. Die Babylonier schrieben gewissen Zahlen bestimmte Bedeutungen zu, dadurch gelten sie als Vorboten der Zahlenmystik, wie sie später in der griechischen Kultur aufblühen sollte.

Pythagoras von Samos

Die Grundzüge der mythischen Numerologie wurden in Griechenland im 6. Jahrhundert v. Chr. entwickelt. Nach zahlreichen Reisen im Orient war der Philosoph und Mathematiker **Pythagoras von Samos** (ca. 570–510 v. Chr.) nach Crotone an der süditalienischen Küste gekommen, wo er eine mystische Bruderschaft gründete. Unter dem Schutz der damals herrschenden Politiker übte er seine philosophische Tätigkeit aus. Pythagoras und seine Schüler verstanden Zahlen als Fundament der Welt, aber auch als Grundlage des gesamten Kosmos – in diesem Sinne sahen sie Geometrie, Arithmetik, Philosophie und Religion als Einheit. Grundannahme dieser Strömung war, dass alle Dinge, Gefühle und Ideen durch die ersten 10 Zahlen symbolisiert und interpretiert werden könnten.

Die Ethik der Pythagoreer richtete sich nach einfachen, aber klaren Werten. Es durfte kein Blut vergossen werden, der Verzehr von Fleisch war untersagt. Die Ernährung war ziemlich eingeschränkt, wobei aber nicht dokumentiert ist, welche körperlichen Vorteile diese Einschränkungen verursachten. Der Musik wurde im Rahmen dieser Schule eine therapeutische Funktion zugeschrieben. Die Pythagoreer sahen eine Verbindung zwischen der Schwingung der Tage und jener der Zahlen.

Pythagoras ging in seiner grundlegenden Lehre davon aus, dass die Zahlen von 1 bis 9 einen vollständigen Schwingungszyklus ergeben. Diese Ansicht beruhte auf der Erkenntnis, dass sich alle denkbaren Zahlen auf die Zahlen 1 bis 9 zurückführen lassen, indem man ihre Quersumme bildet, also z. B. aus der 12 die 3 und aus der 34 die 7 bildet. Später kamen zu den numerologischen Hauptzahlen die Zahlen 11 und 22 hinzu. Nach der Lehre von der Analogie, wonach die Gesetzmäßigkeiten des Kosmos auf der Erde ihre Entsprechung finden, strahlen diese Schwingungen auf den Menschen aus, der an dem entsprechenden Tag geboren wurde oder den entsprechenden Namen trägt. (Um den Namen interpretieren zu können, werden die Buchstaben des betreffenden Namens nach einem festgelegten Zahlenschlüssel in Zahlen von 1 bis 9 umgewandelt.) Selbst die Natur ist nach einem bestimmten System angeordnet und betreibt Geometrie, wodurch komplexe Muster auftreten, die von den Zahlen bestimmt sind (vgl. Goldener Schnitt und Fibonacci-Zahlenreihe).

Das pythagoreische Axiom lautete: **Die Zahl ist das Wesen aller Dinge und symbolisiert ihr Grundprinzip.** Im Rahmen dieser Annahme folgte Pythagoras der Tradition früherer Philosophen, die versucht hatten, die Welt auf ein Grundelement, das Urprinzip aller Dinge – die Arché –, zu reduzieren. So hatte **Thales von Milet** (ca. 624–546) das Wasser für das Grundelement gehalten, andere waren der Überzeugung, dass es vier Grundelemente gebe: Feuer, Luft, Wasser und Äther. Indes war Pythagoras der Meinung, dass sich alle Bereiche der Natur auf ein Zahlenverhältnis reduzieren ließen. Er entwickelte dadurch ein System, das eine Erklärung für die Grundschwingung der Zahlen gab. Nach seiner Überzeugung können auch dem Charakter eines Menschen Zahlen zugeordnet werden, die Verstand, Gerechtigkeit und andere Aspekte des menschlichen Lebens symbolisieren. Gerade und ungerade Zahlen spiegeln die Gegensatzpaare, die sich in der Natur im Gleichgewicht befinden. Eine Dualität, die in der fernöstlichen Lehre dem Prinzip von Yin und Yang entspricht.

Thales von Milet

Der heilige Eid der Geheimgesellschaft des Pythagoras war die Tetraktys, eine geometrische Figur, die als ein Dreieck aus gelegten Kieselsteinen entstanden war und nachgestellt wurde. Zehn Steine wurden in vier Reihen ausgelegt, wobei die unterste aus vier Steinen bestand.

In Nachfolge der pythagoreischen Lehre sehen wir die Zahlenmystik in der platonischen Akademie weiterleben. Der Philosoph **Platon** (ca. 428–348) gründete die Akademie 387 v. Chr. Die Mitglieder dieser Philosophenschule erörterten dort unterschiedliche Aspekte der Politik, Religion und Wissenschaft. Das Studium der Zahlen war eine der wichtigsten Disziplinen, vor allem die numerische Darstellung abstrakter Begriffe wie Schönheit oder Wahrheit. Platon war der Überzeugung – wie schon die pythagoreische Schule davor –, dass die Zahlen ebenso wie die Ideen als selbstständige Wesenheiten existieren. Die Menschen mögen die Zahlen entdecken oder wahrnehmen, aber sie erschaffen oder erfinden diese nicht. Die Platoniker nahmen an, dass sämtliche Erscheinungen des Lebens von den Sinnen wahrgenommen würden, hingegen seien Zahlen einzig und allein durch Meditation und geistige Prozesse zu verstehen und würden daher unabhängig – als Urprinzip – existieren.

Platon

In den letzten Jahrhunderten des römischen Imperiums wurden zahlreiche religiöse und philosophische Systeme von pythagoreischen Lehren durchdrungen. Zu den Aufgaben der Priester gehörte die Deutung der Zahlensymbolik. **Publius Nigidius Figulus** (ca. 100–45), einer der einflussreichsten Neupythagoreer, befasste sich mit den spirituellen Aspekten der Numerologie. Auch der Schriftsteller **Plutarch** (ca. 45–125) befürwortete die Lehren des Pythagoras. Ein Großteil der in späteren Jahrhunderten entstandenen Schriften über die Symbolik der Zahlen stützte sich auf eine in Griechisch verfasste grundlegende Abhandlung, die im 2. Jahrhundert n. Chr. entstandene **Introductio arithmetica** („Einführung

Publius Nigidius Figulus

Plutarch

in die Arithmetik"), worin der Neupythagoreer **Nikomachos von Gerasa** (im 1./2. Jh. n. Chr.) die esoterische Bedeutung der Zahlen und ihre Beziehungen untereinander darlegte. Eine weitere – bis heute – gängige Praxis ist es, gewissen Wörtern und Buchstaben Zahlen zuzuordnen. Ein berühmtes Beispiel aus dem Mittelalter ist der italienische Poet **Dante Alighieri,** der in seiner **Divina Comedia** viele Anspielungen auf die mystische Bedeutung bestimmter Zahlen machte.

Nikomachos von Gerasa

Dante Alighieri

Durch die islamische Kultur, die sich über den ganzen Mittleren Osten und im Westen bis nach Spanien ausbreitete, kamen arabische Gelehrte mit der griechischen Mathematik in Berührung. Auch dadurch entstand eine spezielle Form der Zahlenmystik. Die Lehren der Pythagoreer beeinflussten arabische Schriften und den Blick auf bestimmte Zahlen, so vor allem auf die Zahl 7. Ihr wurde eine spirituelle Bedeutung zugeschrieben und sie spielte in Zeremonien mit Bezug auf die Natur eine besondere Rolle.

Auch **Geber** – latinisierter Name für **Abu Musa Jābir ibn Hayyān Sufi** –, jener arabische Gelehrte, der als Begründer der islamischen Alchemie im 8. Jahrhundert n. Chr. gilt, lässt Einflüsse des pythagoreischen, platonischen und aristotelischen Gedankengutes der Zahlenmystik erkennen. Zum Beispiel ist die Zahl 17, die für die Pythagoreer eine besondere Bedeutung hatte, Grundlage der gesamten Alchemie Gebers und deutet auf das Gleichgewicht in der Natur hin.

Geber bzw. Abu Musa Jābir ibn Hayyān Sufi

In der Zeit der protestantischen Reformation im 16. Jahrhundert waren schon die wichtigsten Lehransätze der Numerologie deutlich formuliert. Die mystische Zahlensymbolik war damals in ihren Grundzügen sehr klar. Man kann z. B. auch

John Napier

bei **John Napier**, einem schottischen Mathematiker des 16. Jahrhunderts, erkennen, wie Zahlen und Namen geheime Bedeutungen zugeordnet sind.

Galileo Galilei

In der Zeit der Renaissance begannen Zahlenmystik-Systeme als okkulte Studien zu gelten. Sogar **Galileo Galilei** (1564–1642), ein berühmter Wissenschaftler jener Zeit, stand unter Einfluss dieser kulturellen Strömung und gab z. B. sein Interesse für Astrologie zugunsten der Zahlenmystik auf. Da Numerologie damals eine okkulte Disziplin war, beschäftigten sich wichtige Persönlichkeiten mit ihr nur im Geheimen, um nicht öffentlich in Misskredit zu geraten.

Die Kabbala

Bedeutsame Impulse bezog die Numerologie aus der kabbalistischen Lehre. Die Kabbala zeigt sich als ein komplexes, hoch entwickeltes philosophisches und theologisches System.

Die Wurzeln ihrer Lehre reichen weit zurück und es ist schwer, die Entwicklung der Kabbalistik genau zu beschreiben. Sie entstammte aus mehreren geistigen Strömungen, unter denen der Neozismus und der Neuplatonismus eine führende Rolle einnahmen. Diese Lehren versuchen durch geistiges Forschen Gott zu erkennen, obwohl das Göttliche als unbegreiflich und unvorstellbar gilt. Das Wort „Kabbala“ stammt von dem hebräischen Wort „קַבָּלָה“ (=Qabbalah) und bedeutet

„empfangen". Es bezeichnet Lehrmeinungen, die überliefert und später schriftlich festgehalten wurden.

Für das Verständnis der Kabbala ist eine Unterweisung durch eingeweihte Lehrer erforderlich, die in ihren Geheimnissen ausgebildet sind. Die Anwendung der Kabbala ist nur erlaubt mit dem Ziel, die Erkenntnis Gottes zu erlangen und sich persönlich zu läutern, aber nie zu Zwecken, die gegen die göttliche Ordnung sind. Zu den Aspekten der Kabbala, die in den Bereich der Numerologie fallen, gehören die 10 Knoten des Lebensbaumes, die 22 Wege, durch die sie verbunden sind, und die esoterische Bedeutung des hebräischen Alphabets. Das System regte zu zahlreichen Kommentaren an, doch die drei wichtigsten Arbeiten sind das „Sefer Jezirah", das Buch der Schöpfung, das „Sefer Bahir", das Buch der Klarheit, und das „Zohar", das Buch des Glanzes oder der Helligkeit. An der Kabbala hat es zu allen Zeiten – bis heute – ein ausgeprägtes Interesse gegeben. Es existieren zahlreiche Kommentare und Übersetzungen, die dazu beigetragen haben, das Wissen über diese Geheimlehre zu vermehren.

Robert Fludd

Cosimo de Médici

Goethe

Der englische Philosoph **Robert Fludd** (1574–1637) war z. B. ein besonders starker Förderer der christlichen Kabbalistik und vertraute den spätantiken „hermetischen Schriften", so wie sie vom Kunstmäzen **Cosimo de Medici** im 15. Jahrhundert in Florenz wiederentdeckt worden waren. Auch **Goethe** müssen manche dieser Schriften bekannt gewesen sein.

In den späteren Jahrhunderten benutzten viele Kommentatoren und Adepten die christliche Kabbala bei der Beschäftigung mit der Zahlensymbolik. In jeder Manifestation der Numerologie und der Zahlenmystik der letzten zwei Jahrhunderte finden wir als theoretische Grundlage das pythagoreische System, obwohl die ursprünglichen Zahlen des Pythagoras im Laufe der Zeit eine Bedeutungserweiterung und zugleich Sinnveränderung erfahren haben.

Numerologie heute

Heutzutage ist die Numerologie eine Disziplin, die in vielen Traditionen – z. B. der französischen, italienischen und amerikanischen – die alte Zahlenlehre mit psychologischen Aspekten verbindet.

Die Numerologie wird zu einem nützlichen Ratgeber, um sich selbst besser kennenzulernen und mit den eigenen Mustern und Talenten besser umzugehen – man könnte sie heute als eine Wissenschaft des Charakters bezeichnen. Die Verbindung von Zahlenlehre und archetypischer Bedeutung der Zahlen mit psychologischen Ansätzen bietet die Möglichkeit, das eigene Potenzial zu erforschen, die Persönlichkeitsstruktur zu definieren und auch die Herausforderungen in gewissen Zyklen und Lebensphasen zu erkennen.

MYSTISCHE BEDEUTUNG DER ZAHLEN VON 1 BIS 9

Die numerologischen Zahlen können wir in Yin- und Yang-Zahlen teilen. 1, 3, 5, 7 und 9 sind Yang-Zahlen. 2, 4, 6 und 8 sind Yin-Zahlen.

Die **Yang-Zahlen** haben eine eher männliche Grundenergie, viel Kraft, sind überaus aktiv und dynamisch, unabhängig in ihrer Psyche. Sie wollen allein durchs Leben gehen und sind durch ihre Entschlossenheit und natürliche Kraft sehr ungeduldig. Sie sind große DenkerInnen, AnalytikerInnen, fortschrittlich in ihren Einstellungen und intuitiv.

Die **Yin-Zahlen** sind sensibel, poetisch, mit einem intuitiven und romantischen Zugang zum Leben. Sie leben intensiv ihre Emotionen und Gefühle. Sie brauchen Zeit, um ihre Entscheidungen umzusetzen, und werden weniger aus eigener Initiative aktiv, sondern eher, wenn sie Impulse von außen bekommen. Sie sind intuitiv, rezeptiv, offen und hilfsbereit.

Die 1 Zahl

Die Zahl 1 | In den Augen der Pythagoreer symbolisierte die Zahl 1 die Einheit an sich, den allen Dingen innewohnenden göttlichen Geist. Sie war die aktive Essenz – verglichen mit dem passiven Prinzip, das sich in der 2 manifestierte.

Da die 1 alle übrigen Zahlen erzeugt, bildet sie den Anfang der Zahlenreihe und ist in allen Zahlen enthalten. Jeder mit 1 multiplizierte Zahlenwert bleibt unverändert. Für die Pythagoreer war sie daher gleichermaßen keine wie auch jede Zahl.

Die 2 Zahl

DIE ZAHL 2 | In den Lehren des Pythagoras bildete die Zahl 2 den passiven Aspekt und symbolisierte daher die Materie im Unterschied zum Geist. Sie bezeichnete auch das Prinzip der Gegensätze, das Vorhandensein von Unterschieden in der Natur. War die Zahl 1 sowohl Einheit als auch selbst eine Wesenheit, so war die Zahl 2 weniger klar umrissen, ohne scharfe, erkennbare Grenzen.

Die Pythagoreer ordneten alle Gegensätze im Kosmos paarweise als eine Funktion der Zahl 2 an:

gerade	ungerade
böse	gut
viele	eins
unbegrenzt	begrenzt
links	rechts
feminin	maskulin
dunkel	hell
krumm	gerade
beweglich	unbeweglich
rechteckig	quadratisch

Die 3 Zahl

DIE ZAHL 3 | Bei der Entwicklung des Zählens mag die 3 durchaus die erste Zahl gewesen sein, die sich auf eine Mehrzahl bezog – im Unterschied zu den Zahlen 1 und 2. Aristoteles glaubte noch im 4. Jahrhundert v. Chr., dass „drei“ ein Ersatzwort für „alles“ sei.

Die Einheit von 1 und 2 ergibt die 3, die Triade, die in der pythagoreischen Vorstellung für die Welt steht. Die menschliche Familie wurde ebenfalls durch die 3 symbolisiert (Vater, Mutter, Kind). Da die 2 die erste gerade Zahl und die 3 die erste ungerade Zahl ist, wurde die 5 zur Zahl, die für die Ehe stand.

Für die Idee eines dreieinigen Gottes wie in der christlichen Theologie hatte es frühere Entsprechungen in vielen Kulturen gegeben, sie findet sich auch in der griechisch-römischen „Dreiteilung“ in Himmel (beherrscht von Zeus oder Jupiter), Ozean (beherrscht von Poseidon oder Neptun) und Unterwelt (beherrscht von Hades oder Pluto).

Die Zahl 3 nimmt in der jüdisch-christlichen Kultur eine herausragende Stellung ein. In den Psalmen finden sich für Gott drei Namen. Weiters besuchten Abraham drei Engel.

Einst glaubten die Menschen, die Natur hätte nur drei Jahreszeiten: Frühling, Sommer und Winter. Im pharaonischen Ägypten war der Tag ursprünglich in Morgen, Mittag und Sonnenuntergang eingeteilt. Noch heute verwenden wir die Bezeichnungen „morgens“, „mittags“ und „abends“, um den Ablauf eines Tages zu beschreiben. Aufgrund unbestimmter Grenzen und der Zweiheit jedes charakteristischen Merkmals symbolisierte die 2 im pythagoreischen System Unbestimmtheit und stand somit eher für Meinungen als für Tatsachen. Zusammen mit der 1 war die 2 auch beinahe eine Un-Zahl, denn sie war das Bindeglied zwischen der 1 und den anderen Zahlen. Somit galt die 3 praktisch als erste Zahl.

Die 4 Zahl

Die Zahl 4 | Für Pythagoras war die Zahl 4, die Tetrade, die Zahl des Gleichgewichts, des Wesens der Natur. Das gesamte griechische und römische Zeitalter hindurch bis weit in die neuere Zeit hinein berief man sich auf vier Grundelemente

(Feuer, Wasser, Luft, Erde), denen vier Qualitäten zugeordnet waren (Hitze, Kälte, Trockenheit, Feuchtigkeit) und die mit vier Körpersäften in Einklang standen (Blut, gelbe Galle, schwarze Galle, Schleim).

Die Zahlen 4 und 7 waren eng miteinander verbunden – der Mond, und damit der Monat, stand zu beiden Zahlen in Beziehung: vier Wochen mit jeweils sieben Tagen, 28 Mondhäuser, 28 Sternbilder.

Die pythagoreische Theorie bringt die Zahl 4 zusammen mit der 9 mit dem abstrakten Begriff Gerechtigkeit in Verbindung. Die beiden Zahlen sind die einzigen Quadratzahlen (2 x 2 und 3 x 3) unter den ersten zehn Zahlen (lässt man die 1 beiseite). Die Pythagoreer gaben der 4 (und dem Viereck) gegenüber der 9 als Symbol für Fairness, die in der Gerechtigkeit (und auch in der Brüderlichkeit) impliziert ist, den Vorzug. Auch in der ägyptischen Kultur wurde die Zahl 4 in bildlichen Darstellungen betont. Die Säulen der Welt beispielsweise waren vier an der Zahl. Die vier Evangelisten (Matthäus, Markus, Lukas, Johannes) hatten ihre vier Symbole (Engel, Löwe, Stier, Adler), die in gewisser Weise den frühen Vorstellungen der Einteilung der gesamten Materie in vier Bestandteile entsprachen. Dem Makrokosmos ist schon früh die Zahl 4 zugedacht worden: vier Winde und vier Himmelsrichtungen.

Die Zahl 5 | Ausgangspunkt für viele Rechensysteme waren wahrscheinlich die fünf Finger der menschlichen Hand sowie die fünf Zehen des Fußes. Für die Zahl 5 stand zuweilen der Ausdruck „eine Hand", entsprechend für die Zahl 10 der

Ausdruck „zwei Hände". In der chinesischen Philosophie, Medizin und Magie nimmt die Zahl 5 eine herausragende Stellung ein. Sie kennt fünf Farben, fünf Sinne, fünf Tugenden, fünf Elemente (neben Feuer, Wasser, Erde und Luft gibt es zusätzlich Holz). Auch die Körperorgane werden in fünf Gruppen unterteilt. Tatsächlich sind nach traditioneller chinesischer Vorstellung nahezu alle Aktivitäten des Menschen und sämtliche Erscheinungsformen der Natur in fünf Kategorien zusammengefasst.

Im Mittelalter hatte der Begriff der fünften Essenz die Bedeutung des höchsten Grades oder des wesentlichsten Bestandteils angenommen. Unser Ausdruck „Quintessenz" lässt den Wert ahnen, den man der Zahl 5 in früheren Zeiten beimaß.

Die 6 Zahl

Die Zahl 6 | Für Pythagoras bedeutete die Zahl 6 Perfektion. Sie ist die erste Zahl, deren Divisoren (1, 2 und 3) addiert der Zahl selbst entsprechen; auch aus der Multiplikation der Divisoren ergibt sich wiederum die Zahl 6.

Der Gelehrte Philon von Alexandria stellte zu Beginn der christlichen Ära die Behauptung auf, dass die Erschaffung der Welt deshalb sechs Tage dauern musste, da die 6 die vollkommenste und schöpferischste aller Zahlen sei. Der Kirchenlehrer Augustinus kam ebenfalls zu dem Schluss, dass Gott die Welt nur deshalb in sechs Tagen erschaffen habe, weil diese Zahl Vollkommenheit symbolisiere, und nicht, weil der Herr nach sechs Tagen mit seiner Arbeit fertig gewesen sei.

Die 6 ist die weibliche Zahl der Ehe. Sie ist das Produkt aus der 3, der ersten anerkannten ungeraden Zahl, und der 2, der ersten geraden Zahl, während die 5 die Summe dieser beiden Zahlen ist. Und tatsächlich ergibt sich die 6 aus der Addition der ersten drei Grundzahlen: 1, 2 und 3.

Die 7 Zahl

Die Zahl 7 | In der pythagoreischen Numerologie hatte die 7 als einzige Zahl die Bedeutung von Weisheit und Unabhängigkeit. Diese Zahl stand in keiner Beziehung zu konkreten Darstellungen in der Natur oder in der Anatomie des Menschen, von denen jede eine zugeordnete Zahl besaß. In gewisser Hinsicht erzeugte die 7 sich daher selbst. Damals waren nur sieben sich bewegende Himmelskörper bekannt – Sonne, Mond, Mars, Venus, Merkur, Jupiter und Saturn.

In vielen Kulturen stand die 7 mit religiösen Inhalten in einem engen Zusammenhang. Der jüdische Leuchter hat sieben Arme. Dante beschrieb sieben Ebenen des Fegefeuers, die den späteren Vorstellungen von den sieben Schritten zur Vollendung entsprechen. Gemäß der Vorstellung von sieben Himmeln waren babylonische Tempel siebenstufig. „Im siebten Himmel" bedeutet heute die höchste Glückseligkeit, unmittelbar vor dem endgültigen Paradies.

Die 8 Zahl

Die Zahl 8 | In der pythagoreischen Geometrie stand die 8 für den ersten Kubus; da er sechs (die vollkommene Zahl) Seiten hat, war er auch ein vollkommener Körper.

In den antiken Sagen und Märchen zahlreicher Kulturen führen sieben Stufen zur Vollkommenheit, bevor die achte, das Paradies, erreicht wird. Die Neuplatoniker gingen davon aus, dass die Seele nach dem Tod zunächst eine Reise zu allen sieben Planeten (Sonne, Mond, Merkur, Venus, Mars, Jupiter, Saturn) unternimmt, um jene Eigenschaften zurückzugeben, die ursprünglich von jedem Himmelskörper empfangen worden sind, erst dann kann der Geist die achte Himmelsstufe erlangen.

Die Zahl 9 | Seit Langem steht diese Zahl für Universalität. Während die 1 als bereits in allen Zahlen enthalten galt und daher von den Pythagoreern praktisch nicht als Zahl betrachtet wurde, war die 9 imstande, sich in jede Zahl zu verwandeln, und blieb trotzdem gleich. Sie symbolisiert deshalb die letzte Unvollkommene vor der Vollkommenheit (der 10). Als letzte von den Einerzahlen, aus denen sich alles zusammensetzt, steht sie für eine umfassende Weltsicht.

Im Mittelalter war die 9 als dreimalige Dreifaltigkeit noch stärker als die Zahl 3.

Qualität und Schwingungen der Zahlen

Jede Zahl zeigt eine bestimmte Qualität und eine bestimmte Schwingung. Diese wirken auf die Umgebung und beeinflussen so unser tägliches Leben.

Qualität der Zahl 1

Die 1 Zahl

+	–
Selbstständigkeit	Ichbezogenheit
Unabhängigkeit	Egoismus
Zielstrebigkeit	Eigensinn
Ehrgeiz	Sturheit
Stärke	
kritische Einstellung	

Qualität der Zahl 2

+	−
Harmonie	Launenhaftigkeit
Friedensliebe	Beeinflussbarkeit
Intuition	Passivität
Einfühlungsvermögen	Unsicherheit
Bindungsfähigkeit	Anpassung
Gemeinsamkeit	Aufopferung
Partnerschaft	Konfliktvermeidung
Kommunikation	
Rücksicht	
Diplomatie	
Nachgiebigkeit	
Opferbereitschaft	
Großzügigkeit	
Sensibilität	
Empathie	
Fröhlichkeit	
Mediation	
Organisation	
Lehrtätigkeit	
Helfersyndrom	

Qualität der Zahl 3

+	–
Vielfalt	Zerstreutheit
Freude	Ungeduld
Fröhlichkeit	Inkonsequenz
Leichtigkeit	
Gelassenheit	
Toleranz	
Kommunikation	
Leidenschaft	
Begeisterung	
Kreativität	
Improvisation	
Schöpferkraft	
Erfindungsreichtum	
Tatkraft	
Flexibilität	
schnelle Auffassungsgabe	
Bewegung	
Kunst	

Qualität der Zahl 4

+	−
Gerechtigkeit	Starrheit
Ordnung, Organisation	Vorurteile
Verlässlichkeit	Existenzängste
Disziplin, Fleiß	
Anpassungsfähigkeit	
Ausgeglichenheit	
Geduld, Zielsicherheit	
Lernbereitschaft	
Strebsamkeit, Tatkraft	
praktisches Tun	
Vernunft, Offenheit	
Regelmäßigkeit	
Genauigkeit	
Realitätssinn	
Selbstständigkeit	
Unabhängigkeit	
Körperbewusstsein (Sport)	
kurzfristiges Planen	
Zahl 22:	
Klarheit, Überblick	
Hausverstand, Pragmatik, Beratung	
Autorität, Unterstützung, Führung, Kontrolle	
Verlässlichkeit	

Qualität der Zahl 5

+	−
Freiheit	Unruhe
Unabhängigkeit	Hemmungslosigkeit
Reisen	Unbeständigkeit
Impulsivität	Unzuverlässigkeit
Neugier	Unordnung
Gefühlsstärke	Isolation
Leidenschaft	
Kreativität	
Temperament	
will verändern, auffallen, provozieren	
Sexualität	
Bewegung	
Lust	
Leidenschaft	
Abenteuerlust	
Flexibilität	
Sensitivität	

Die 5 Zahl

Qualität der Zahl 6

+	−
Harmonie, Idealismus	Ängstlichkeit
Liebe, Familie,	Selbstzufriedenheit
Tradition, Gemeinschaft	geistige Starrheit
Teamfähigkeit	Perfektion
Pflichtbewusstsein	Ernüchterung
Verantwortungsbewusstsein	
Gefühl, Einfühlungsvermögen, Ästhetik	
Anpassungsvermögen (Flexibilität)	
Stabilität	
materielle Sicherheit	
Treue, Zuverlässigkeit	
Gutmütigkeit	
Ausdauer, Beständigkeit	
Hilfsbereitschaft	
Opferbereitschaft	
innere Ruhe, innere Mitte, Intuition	
Zahl 33:	
TherapeutInnen für die Seele	
gute Menschenkenntnis	
Traurigkeit	

Qualität der Zahl 7

+	−
Konstruktive Einsamkeit	Überempfindlichkeit
Spiritualität	Arroganz
Realitätssinn	Resignation
Meditation	Isolation
Stille	
Lernen	
Selbsterfahrung	
Feinfühligkeit	
Sensibilität	
Beobachtungsgabe	
Rückzug	
Intellekt	
Verschwiegenheit	
Verlässlichkeit	
Hilfsbereitschaft	
Mitgefühl	
Philosophie	
Metaphysik	
Religion	

Die 7 Zahl

Qualität der Zahl 8

+	−
Reichtum	Intoleranz
Macht	Aggressivität
Geld	Unberechenbarkeit
Ruhm	Schadenfreude
Materialismus	Härte
Wille	Dominanz
Führungsqualität	
Energie	
Kraft	
Disziplin	
Ausdauer	
Leistungsfähigkeit	
Großzügigkeit	
Autorität	
Organisation	
Kreativität	
Individualismus	
Neugier	
Wissbegier	
Kampf	
Strategie	
Gegensätze	
Durchsetzungsvermögen	
langfristiges Planen	
Weisheit	

Qualität der Zahl 9

+	–
Vollendung	Egoismus
Vollkommenheit	Eitelkeit
Liebe	Arroganz
Weisheit	Idealismus ohne Realitätsbezug
Intuition	
Bodenständigkeit	
Verantwortungsbewusstsein	
Idealismus	
Dienen	
Altruismus, Selbstlosigkeit	
Heilung	
Verständnis	
Gerechtigkeit	
Spiritualität	
Berufung	
Vision	
analytische Fähigkeiten	
Freiheitsliebe	
Mediation	
Lebensfreude	
Kunst	
Hellsichtigkeit	

Die 9 Zahl

Notizen

Lebenszahl

Der Pfad der Seele: Visionen, Herausforderungen und Orientierungshilfen für den Lebensweg

Die Lebenszahl zeigt die allgemeinen Richtlinien unseres Lebensplanes. Sie prägt den Rahmen, in dem wir im Laufe des jetzigen Lebens handeln. Es gibt zwölf mögliche Pfade für diesen Weg: die Zahlen 1 bis 9, 11, 22 und 33.

Einige führen zu Erfolg und Verantwortung, andere konfrontieren den Menschen schon in frühen Jahren mit anspruchsvollen Herausforderungen. Das Leben führt uns zu unterschiedlichen Aufgaben und die Lebenszahl kann uns helfen, diese zu verstehen, uns darauf vorzubereiten und sie zu durchleuchten. Die Lebenszahl definiert Eigenschaften und Herausforderungen, die uns ein Leben lang begleiten.

Jeder Lebensweg zeichnet sich als einzigartig aus und jede Seele sucht sich den Weg, der für ihre nächsten Schritte der persönlichen und seelischen Entfaltung am besten geeignet ist. Alles passiert zum gegebenen Zeitpunkt und man kann nichts versäumen, denn oft wiederholen sich die Prüfungen auf dem Lebensweg in Zyklen.

Die Lebenszahlen und ihre Beschreibung bieten eine Orientierung auf dem Weg im Leben. Jeder Mensch macht aus seinem Weg das Beste, indem er versucht, authentisch zu wirken, und sich auf seine Intuition verlässt.

Ermitteln der Lebenszahl (LZ)

Die Lebenszahl wird aus der Ziffern-Quersumme des Geburtsdatums errechnet.

Ein Beispiel: Wenn jemand am 10. 04. 1980 geboren ist, kann die Lebenszahl durch eine Addition der einzelnen Ziffern des gesamten Geburtsdatums und der Reduzierung des Ergebnisses auf eine einstellige Zahl ermittelt werden.

Beispiel Lebenszahl (LZ) mit Wurzelzahl (WZ)

10. 04. 1980	=	1 + 0 + 0 + 4 + 1 + 9 + 8 + 0	=	23 2 + 3 = 5	WZ = 23 LZ = 5 bzw. 23/5

Man erhält die Summe 23 und deren Ziffern-Quersumme 5 bzw. in numerologischer Schreibweise: 23/5. Die Lebenszahl schreibt man üblicherweise als zweistellige Zahl, gefolgt von einem Schrägstrich und der nächsten Zahl, die sich aus der Quersumme der Wurzelzahl ergibt.

Die beiden Teile der Lebenszahl sind folgendermaßen zu deuten: Die einstellige Zahl rechts vom Schrägstrich stellt die allgemeine Schwingung unseres Lebenspfades dar. Die Aspekte und Prägungen dieser Zahl werden etwa ab dem 35. Lebensjahr bewusst wahrgenommen und gelebt.

Die zweistellige Zahl der Lebenszahl auf der linken Seite des Schrägstrichs wird in der **Psychologischen Numerologie** nach Dr. Mazza® als Wurzelzahl benannt. Diese Definition verweist auf die Wurzeln, die der Dualität unseres Daseins Ausdruck verleihen. Jeder von uns erlebt im Alltag die Herausforderung, seine inneren Empfindungen mit dem Umfeld in Einklang zu bringen. Anderseits erleben wir auch eine tiefe Diskrepanz zwischen Bewusstem und Unbewusstem. Die erste Zahl beschreibt unser Innenleben, unsere Sehnsüchte. Sie zeigt die Schwingung, die in unserem Unbewussten wirkt, erklärt unsere Denk- und Verhaltensmuster und dringt nicht zur Ebene des Bewusstseins durch. Die zweite Zahl zeigt auf, wie sich unser Verhalten im Außen offenbart. Diese Schwingung wirkt sehr stark bis etwa zum 35. Lebensjahr. Meist identifizieren wir uns mit den positiven Eigenschaften dieser Zahl.

Die dreiteiligen Zahlen 19/10/1, 28/10/1, 37/10/1, 29/11/2, 38/11/2, 47/11/2 zeigen mittels ihrer Schreibweise, dass sich die Wurzeln der Lebenszahlen 1 bzw. 2 hinter den Zahlen 10 bzw. 11 „verstecken". Um die Dualität, die diese fünf Persönlichkeiten prägt, zu erforschen und sichtbar zu machen, ist es notwendig, bei der Berechnung einen Schritt zurückzugehen.

Jede einzelne Zahl spielt auf unterschiedlichen Ebenen eine Rolle für die Deutung des Lebensweges der Person und für die Interpretation ihres Charakters.

Es ist empfehlenswert, die Beschreibung aller Zahlen durchzulesen und intuitiv zu versuchen, den eigenen Lebenspfad herauszufinden und zu erfassen. Für die Interpretation und Definition der Lebenszahl, sprich des Lebensplanes, ist es von Bedeutung, alle drei Schwingungen zu berücksichtigen und sich noch einmal als Richtlinie vor Augen zu halten: Die **ERSTE ZAHL** wird eher im Hintergrund bzw. unbewusst gelebt. Die **ZWEITE ZAHL** verweist auf die Kindheit und Jugendzeit. Die **DRITTE ZAHL** verdeutlicht uns unsere Neigungen und unsere Lebensweise.

Die Zusammenhänge zwischen Lebenszahl und anderen Zahlen eines Numeroskops lassen im Rahmen einer numerologischen Deutung eine **Landkarte der Seele** entstehen. Wenn man das eigene Leben von der Geburt bis zum jetzigen Tag wie eine Reise betrachtet und sich die Zeit nimmt, Jahr für Jahr die wesentlichen Ereignisse des Jahres aufzuschreiben, könnte man entlang der gewonnenen Erfahrungen einen zarten, unsichtbaren roten Faden entdecken, der uns durch das Leben führt. Wie ein versteckter Rhythmus, der unser Leben regelt und uns immer wieder für Neues bereit macht.

Das Erkennen und Bewusstmachen der Lebenszahl ist für jeden Menschen eine Einladung, authentisch zu leben und sich nicht hinter einer Maske zu verstecken. Es ist für uns Menschen erfüllend, unseren Lebensweg „in Wahrheit“ zu leben, ohne jemand anders sein zu wollen.

Einteilung der Lebenszahlen

Die **INDIVIDUELLEN** Lebenszahlen 1, 2, 3, 4, 5 und 6 beschreiben Menschen, die das Leben in all seinen Facetten erfahren möchten und die sich mit dem eigenen Individuationsprozess auseinandersetzen. Diese Menschen arbeiten an sich, entdecken ihre ethischen Werte und finden ihren Platz in der Welt.

Die **SPIRITUELLEN** Lebenszahlen 7, 8 und 9 definieren den Weg von Menschen, die ein tiefes Bedürfnis haben, sich mit Spiritualität auseinanderzusetzen, und die sich mit Metaphysik, Spiritualität, Esoterik und Ähnlichem beschäftigen. Sie erfahren schon in der Kindheit eine tiefe Verbundenheit mit den Naturelementen und haben eine bemerkenswerte Empathie.

Die **MEISTERZAHLEN** 11, 22 und 33 sind Zahlen, bei denen ein großes Maß an Spiritualität vorhanden ist, die aber nicht immer gelebt wird. Oftmals wirken die Meisterzahlen in die Schwingung der normalen Zahlen hinein, beispielsweise lebt in der 11 die Schwingung von 2, in 22 die Schwingung von 4 und in 33 die Schwingung von 6. Die spirituelle Aufgabe dieser Zahlen wird aber nicht immer gelebt oder tritt erst im Alter zutage. Nur im Fall von 11/2 kann es sein, dass diese Zahl schon besonders früh gelebt wird, wenn der Mensch außerordentlich zentriert und auf seine Aufgaben fokussiert ist. Kinder mit 11/2 sind ganz besondere Kinder.

Die Null in der Lebenszahl

Die Null bewirkt immer die Verstärkung der Schwingung einer Lebenszahl. Zum Beispiel 20/2: Die Null verstärkt in diesem Fall die Selbstständigkeit und die Ausstrahlung der Lebenszahl 2. Wenn die Null in der Lebenszahl oder im Geburtsdatum vorzufinden ist, dann haben diese Menschen fast alle eine ausgeprägte mediale Begabung. Sie sind feinfühlig und besitzen viel Gespür für ihr Umfeld und ihre Mitmenschen. Sie sollten viel Zeit für sich haben, damit sie sich selbst spüren und den Mut finden, zu sich zu stehen. Diese Menschen haben ein starkes Bedürfnis, die eigene Vision zu verwirklichen. Spiritualität und mediale Begabung sind wichtige Lebensthemen.

Lebenszahl 1.

Als Pionier durchs Leben

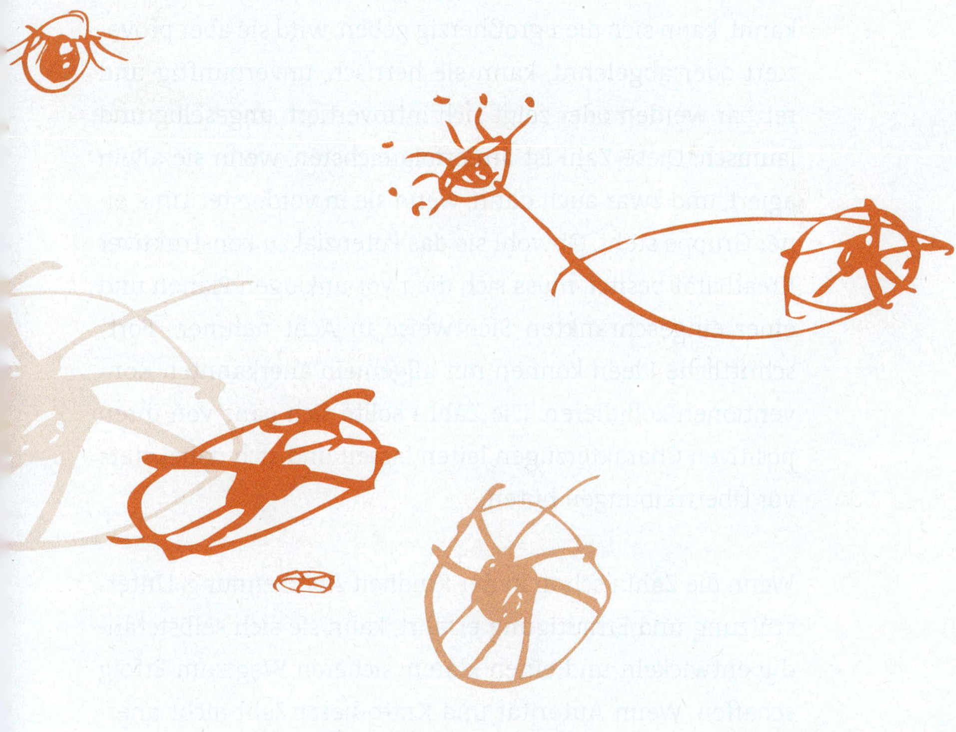

LEBENSZAHL 1 – ALS PIONIER DURCHS LEBEN

Persönlichkeitsbeschreibung

Für die numerologische Interpretation bekundet die Zahl 1 die Wesensmerkmale einer Führungspersönlichkeit. Als Erfolgszahl gleicht die 1 eine möglicherweise tief sitzende Unsicherheit aus. Ein Mensch, der die Lebenszahl 1 hat, gibt sich nur ungern schwach und unentschlossen und fürchtet leicht, dass ein Kompromiss als Schwäche oder gar Störung des von Stärke und Entschlossenheit geprägten Images ausgelegt werden könnte. Wird die Führungsrolle von anderen anerkannt, kann sich die 1 großherzig geben, wird sie aber provoziert oder abgelehnt, kann sie herrisch, unvernünftig und reizbar werden oder zeigt sich introvertiert, ungesellig und launisch. Diese Zahl ist am erfolgreichsten, wenn sie allein agiert, und zwar auch dann, wenn sie in vorderster Linie einer Gruppe steht. Obwohl sie das Potenzial zu konstruktiver Kreativität besitzt, muss sich die 1 vor unklugen Plänen und einer eingeschränkten Sichtweise in Acht nehmen. Fortschrittliche Ideen können mit allgemein anerkannten Konventionen kollidieren. Die Zahl 1 sollte sich ganz von ihren positiven Charakterzügen leiten lassen und sich dabei stets vor Übertreibungen hüten.

Wenn die Zahl 1 schon in der Kindheit Anerkennung, Unterstützung und Ermutigung erfährt, kann sie sich selbstständig entwickeln und einen klaren, sicheren Weg zum Erfolg schaffen. Wenn Autorität und Kraft dieser Zahl nicht anerkannt werden, wird die Persönlichkeit oft recht unsicher und kämpft um ihren eigenen Platz. Sie ist meist stolz, resolut, kämpferisch, schnell und lebt mit Leidenschaft. **Diese Menschen ziehen oft als EinzelkämpferInnen ihre Projekte durch und verwirklichen ihre Visionen und Ideale; sie beweisen unerschöpfliche Energie und Kreativität.** Die Lebenszahl 1 besitzt die Fähigkeit, im Mittelpunkt zu stehen, und diese Menschen haben in ihrem Umfeld oft eine Pionierrolle. Lebensaufgabe der Zahl 1 ist es, dass sie den eigenen Weg ohne Vorbilder oder Hilfe von außen findet und lernt, auf sich selbst zu vertrauen und auf die innere Stimme zu hören.

Familienthema der Ursprungsfamilie

Für Menschen mit dieser Lebenszahl **sind die eigenen Eltern, mit denen sie oft Kommunikationsschwierigkeiten haben, kein Vorbild.** Sie fühlen sich mitunter alleingelassen. Ihr Hauptthema ist der „Vater" und oft ist die Beziehung zu diesem Elternteil konfliktreich und herausfordernd. Meist glauben sie, das Gegenteil des Vaters zu sein, und erkennen erst später die Gemeinsamkeiten, die Ähnlichkeit mit ihm. Wenn die Beziehung zum Vater konfliktbeladen oder wenig verständnisvoll ist, kann es sein, dass die Person das Gefühl hat, gegen die Welt kämpfen zu müssen, um sich selbst behaupten zu können.

Lebensphasen

In der Kindheit zeigt sich die Persönlichkeit eines 1ers oft in seiner Sturheit, **außergewöhnlichen Kraft und Selbstständigkeit.** Ein 1er-Kind weiß meist genau, was es will und braucht. Es überrascht und überfordert die Erwachsenen durch seine Selbstsicherheit. Manchmal ist eine leichte Tendenz zur Isolation spürbar. Es hat eine eigene Welt und spielt mit FantasiefreundInnen. Die ersten neun Jahre tut es sich schwer, in Kontakt mit Gleichaltrigen zu treten. Der Prozess der Sozialisierung verlangsamt sich aus diesem Grund und findet im Vergleich zur normalen Entwicklung von Kindern etwas später statt. Wenn das familiäre Umfeld das Kind versteht und seine Individualität unterstützt, fühlt es sich wahrgenommen und entwickelt bereits früh seine natürliche Intuition. Wenn aber das Umfeld versucht, das Kind kategorisch in eine Richtung zu prägen, entwickeln sich oft Konflikte, die meistens nicht ausgesprochen werden.

In der Pubertät fühlt sich der junge 1er-Mensch von seiner Stammfamilie nicht verstanden und sucht woanders seine „Familie", z. B. in der Schule unter Gleichaltrigen, oder er findet elterliche Figuren in den Großeltern oder älteren FreundInnen. **In der Jugend zeigt diese Persönlichkeit wegen ihrer besonderen Ausstrahlung die Neigung, im Mittelpunkt zu stehen.** Diese Menschen sind manchmal EinzelgängerInnen oder GruppenführerInnen. Sie können außerordentlich gute Leistungen im schulischen oder beruflichen Bereich erbringen. In der Pubertät zeigen sie den Wunsch, für einige Zeit ins Ausland gehen oder woanders wohnen zu wollen.

Wenn aber der 1er vom familiären oder schulischen Umfeld keine Unterstützung bekommt, hat er mit seinem Bedürfnis nach Anerkennung und Aufmerksamkeit schwer zu kämpfen und weist eine ausgeprägte Unsicherheit auf. Er entwickelt das Verhaltensmuster, stark sein zu wollen.

Im Alter zwischen 25 und 35 Jahren sehen wir in der persönlichen Entwicklung des 1ers eine relativ rasche **Suche nach dem eigenen Weg und nach Selbstständigkeit in jedem Bereich des Lebens.** Oftmals ziehen diese Menschen früh von zu Hause aus, wohnen allein und haben wenig Kontakt mit der Familie. Sie neigen dazu, mehrere Beziehungen auszuprobieren, verfügen über ein hohes Ideal und brauchen extrem viel Freiheit. Sie sind in der Partnerschaft sehr verlässlich, aber auch eine Herausforderung, weil sie so großer Freiheit bedürfen und die PartnerInnen oft vor Entscheidungen stellen, ohne diese vorher besprochen zu haben. Die 1er treffen ihre Entscheidungen allein, auch in einer Beziehung. Sie brauchen PartnerInnen, die flexibel und geduldig sind, einen guten Selbstwert haben und nicht viel Anerkennung benötigen. In dieser Zeit empfindet es der 1er-Mensch immer als Priorität, die eigene Bildung zu erweitern. Es könnte sein, dass er ab 30 Jahren das Bedürfnis wahrnimmt, sich weiterzubilden oder den Beruf zu wechseln.

Zwischen 35 und 50 Jahren liegt für die 1er-Persönlichkeit die **Priorität bei der Familiengründung** und auch darin, für die Familie da zu sein. Der 1er hat ein starkes Verantwortungsbewusstsein. Für sein Wohlbefinden braucht er auch eine bestimmte Zeit für sich selbst und ebenso einen eigenen Raum im Haus oder in der Wohnung, der nur ihm gehört. Zumindest sollte er einen Platz haben, wohin er sich zurückziehen kann. Es ist wichtig, sich Zeit zu nehmen, allein zu sein, eigene Rituale zu entwickeln, eigene Interessen zu pflegen, sich zu entspannen und zu besinnen. Ohne dies alles fühlen sich die 1er-Menschen „unrund" und entwickeln eine unbewusste körperliche und psychische Anspannung. Dementsprechend gehen sie mit einem hohen Tempo durchs Leben.

Die Persönlichkeitsentwicklung des 1ers ist wichtig, auch **IM SPÄTEREN ALTER.** Er beginnt, sich den Träumen von früher zuzuwenden. **Diese Menschen erleben eine zweite Jugend:** Viel Aufmerksamkeit wird dem Körper geschenkt und ausreichend Bewegung ist ein Muss. In diesem Lebensabschnitt kommen oft Themen aus der Kindheit und der Vergangenheit hoch, die den Menschen ziemlich beschäftigen. Dadurch ergeben sich Selbsterfahrungsmöglichkeiten und Chancen, alte emotionale Verletzungen aufzuarbeiten. In diesem Fall ist eine kreative Form der Therapie, wie Mal- und Gestalttherapie, empfehlenswert. Die Körperarbeit ist für den 1er auch sehr wichtig: Sich behandeln zu lassen mit Osteopathie, Cranio-Sacral-Therapie, Shiatsu, Akupunktur oder Akupressur erlaubt, ein besseres Körperbewusstsein zu entwickeln und gelassen zu sein. Dies sind zwei wichtige Aspekte, bei denen die 1er-Persönlichkeit ein Defizit hat und auf die sie ihre Aufmerksamkeit lenken sollte, um gesund zu bleiben.

Denkmuster & Verhaltensstrategie mit Lösungsansätzen

Diese Glaubenssätze wirken manchmal im Leben einer Lebenszahl 1:

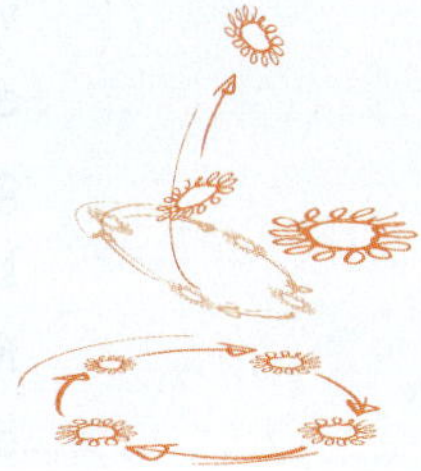

- *Ich muss alles allein schaffen.*
- *Ich bin für alles verantwortlich.*
- *Ich werde nicht gesehen.*
- *Das Leben ist ein Kampf.*

Die Verhaltensstrategie des 1er-Menschen besteht in erster Linie darin, **immer stark sein zu müssen** und **Schwäche nicht zeigen zu können.** Das verursacht Konflikte in zwischenmenschlichen Beziehungen, weil die Persönlichkeit, die diese Lebenseinstellung in sich trägt, immer versucht, für die anderen da zu sein und „durchzuhalten". Irgendwann entwickelt sich ein Zustand und daraus ein System, wo sie nicht mehr „kann" und die anderen darauf enttäuscht reagieren. Diese Enttäuschung verursacht einen tiefen seelischen Schmerz. Aus dieser Verdrängungsstrategie herauszukommen und zu heilen, ist nicht leicht. **Sich selbst zu verzeihen, Nein sagen zu können und sich selbst anzunehmen, sind die ersten Schritte zur Heilung.**

Eine andere Verhaltensstrategie – auf einem hohen Adrenalin-Niveau – ist, dass die Person das Gefühl hat, das Leben sei ein Kampf und sie müsse ständig kämpfen. **Durch diesen Druck ist die Person extrem produktiv.** Und sie könnte nach diesem Druck süchtig werden. Das Verhaltensmuster, immer auf Hochtouren zu laufen und hohe Leistungen zu erbringen, erlaubt dem 1er, die eigene Kraft zu sehen, aber nicht, die eigenen Schatten zu integrieren bzw. die eigenen Schwächen zuzulassen. Das Muster kann jahrzehntelang gelebt werden, weil diese Menschen sehr viel Kraft haben. Aber irgendwann entwickeln sie eine Art **Burn-out,** was sich zuerst in einem gewissen Empfinden von Sinnlosigkeit und Motivationslosigkeit zeigt. Erst dann erscheinen körperliche Symptome wie Müdigkeit, Schwierigkeiten aufzustehen und das Gefühl, dass es sinnlos sei, produktiv zu sein. Aus diesem Muster auszusteigen, ist für den 1er ein grundlegender Entwicklungsschritt. Aber diese Lebenskrise braucht er, um sich annehmen zu können und ganzheitlich seine Kraft auszuschöpfen. Indem er sich immer wieder Regenerationspausen gönnt, vermag er sich deutlich zu spüren. Eine wichtige Lebensaufgabe dieser Persönlichkeit ist es, diesen Druck, den sie sich selbst auferlegt, loszulassen und im Fluss mit dem Leben zu sein – mit Phasen der Ruhe und Zeiten der bewussten Aktivität.

Fragen für die Selbstreflexion

- *Kann ich mich entspannen?*
- *Kann ich zu meiner Kraft stehen und diese bewusst nutzen?*
- *Kann ich mich abgrenzen und diese Abgrenzung nutzen, um mich zu entspannen?*
- *Habe ich ausreichend Zeit für mich?*
- *Nehme ich mir Zeit, um mir meiner Lebensvision bewusst zu werden?*
- *Fühle ich mich in meiner Kraft oder habe ich das Gefühl, dass mein Leben aus der Bahn gerät?*

- *Kann ich meine Willenskraft bewusst einsetzen?*
- *Werde ich unter Druck produktiv und mache ich viel in letzter Minute?*

Meditationsübung

Die Kraft fühlen* | *Ziele der Übung sind die bewusste Entspannung des Körpers und die Wahrnehmung der eigenen Kraft. Es ist empfehlenswert, die Übung dreimal pro Woche einen Monat lang durchzuführen, um konkrete Verbesserung zu erfahren.

Nehmen Sie sich eine halbe Stunde Zeit und suchen Sie sich einen bequemen Ort. Setzen Sie sich hin. Achten Sie darauf, dass Ihre Wirbelsäule aufrecht ist. Atmen Sie zehnmal tief in den Bauch ein und zwanzigmal tief in den Brustkorb. Legen Sie während der Atemzüge in den Brustkorb Ihre Hände auf den Bauch. Atmen Sie ruhig und entspannt. Sagen Sie siebenmal den Satz: „Ich bin in der Kraft, ich bin klar, entspannt und gelassen." Fühlen Sie sich frei, und wenn es für Sie stimmig ist, nehmen Sie einen tiefen Atemzug und visualisieren Sie sich selbst auf einer Wiese. Halten Sie dieses Bild und lenken Sie gleichzeitig Ihre Aufmerksamkeit auf den Körper. Spüren Sie, wie Ihre Beine einen tiefen, klaren Kontakt zum Boden haben. Spüren Sie, wie Ihre Füße langsam zu Wurzeln werden und wie Sie tiefe Wurzeln in die Erde schlagen. Sie schlagen diese Wurzeln immer tiefer und tiefer. Spüren Sie, wie diese in die Erde sinken und wie ein oranges Licht, ein sanftes, oranges Licht in die Wurzeln steigt und sich in Ihrem Bauch sammelt. Spüren Sie, wie Sie mit der Erde verbunden sind und wie diese Sie nährt. Spüren Sie, wie sich diese Kraft der Erde im Bauch sammelt. Legen Sie Ihre Hände auf den Bauch. Wiederholen Sie innerlich: „Ich ruhe in meiner Kraft. Ich finde meinen Platz im Leben."

Während Sie diesen Satz siebenmal wiederholen, massieren Sie Ihren Bauch kreisförmig im Uhrzeigersinn mit beiden Händen, die übereinander liegen. Wenn Sie diesen Satz wiederholt haben und es für Sie passt, halten Sie die Hände auf dem Bauch. Eine rechts und eine links vom Nabel. Spüren Sie, wie diese enorme Kraft im Körper weitersteigt, die inneren Organe durchflutet. Die Farbe bleibt orange bis hin zum Herz und zu den Lungen und wird dann zu einer sanften grünhellblauen Farbe und erreicht den Kopf, die Schultern und über die Arme die Fingerspitzen. Fühlen Sie sich wie ein starker Baum. Visualisieren Sie auf dieser Wiese einen starken, kräftigen Baum mit tiefen Wurzeln, mit einem starken Stamm und einer strahlenden Baumkrone. Spüren Sie diesen Baum, seine Kraft. Spüren Sie Ihren Körper durchflutet von Licht, Erdung und Gelassenheit. Legen Sie eine Hand auf den Bauch, auf den Nabel, auf das Herzchakra in der Mitte der Brust. Atmen Sie einmal tief und wiederholen Sie den Satz: „Ich ruhe in meiner Kraft." Machen Sie die Augen langsam wieder auf.

Affirmationen

- *Ich vertraue meinen Fähigkeiten.*
- *Ich nehme mein Leben in die Hand.*
- *Ich bin einzigartig und wertvoll.*
- *Ich bin stark und voller Ressourcen.*
- *Ich fühle, was für mich richtig ist, und lebe mein Leben in voller Kraft.*
- *Ich bin am richtigen Platz und bin mit meiner inneren Vision verbunden.*

Wurzelzahlen

19/10/1 Diese Zahl zeigt eine Persönlichkeit, die viel Raum braucht, um sich zu entfalten. Sie steht gerne im Mittelpunkt und möchte einen wichtigen Beitrag für die Gesellschaft leisten. Eine Herausforderung für diese Zahl ist es, zu lernen, dass sie wirklich auf sich achtet und Momente der Einsamkeit innerlich pflegt, um sich selbst authentisch wahrnehmen zu können. Im Alter zwischen 20 und 30 Jahren ist es für diese Zahl empfehlenswert, nicht zu enge Bindungen einzugehen, viel zu reisen und die eigene Lebensvision und die eigenen Bedürfnisse zu klären. **Dieser Mensch ist empathisch, hat eine natürliche Ausstrahlung und Führungsqualität** und versteckt die eigenen Begabungen, um die anderen Menschen nicht in Verlegenheit zu bringen. Die Person mit dieser Lebenszahl sollte einen Rahmen finden, in dem sie es wagt, zu sich zu stehen und eine positive Meinung von sich zu haben.

Eines der Muster, das bei dieser Persönlichkeit am ausgeprägtesten ist, ist der Glaubenssatz: „Ich bin nicht gut genug." Diese Person kann auf eine ausnehmend gute Intuition und innere Führung vertrauen. Wenn sich diese Lebenszahl in jungen Jahren viel Zeit für die eigene Reflexion, für die Klärung der Vergangenheit und zum Reisen nimmt, kann sie ab 30 Jahren eine tiefe Lebensweisheit erreichen.

28/10/1 Die Seele, die mit dieser Schwingung verbunden ist, möchte den Pfad der Harmonie der Gegensätze gehen. **Diese Persönlichkeit sehnt sich nach Kraft, Führung und Unabhängigkeit, zeigt aber auch ein ausgeprägtes Harmoniebedürfnis.** Es ist eine Zahl, wo der Mensch im Mittelpunkt stehen will, sich oft Macht und eine Führungsposition wünscht. Er möchte aber auch von allen rundherum Anerkennung und Zustimmung haben. Diese Menschen zeigen eine ausgeprägte Tendenz zu somatisieren, weil sie oft die eigenen Bedürfnisse hintanstellen, um den Mitmenschen Raum zu geben. Im Außen ist dieser Mensch außerordentlich selbstständig und gibt den anderen das Gefühl, über alles Bescheid zu wissen. Aufgrund dieser Einstellung bemüht er sich, alles mit sich allein auszumachen. Für viele Menschen ist er eine Bezugsperson, Quelle der Kraft und Unterstützung. Diese Person neigt dazu, nicht auf sich zu achten, sich nicht zu schonen, und braucht gute und stabile Freundschaften als Begleitung auf dem Lebensweg. Sie kämpft innerlich mit dem Nicht-schwach-sein-Können und zeigt unbegründete Ängste. Diese Menschen haben eine gute Empathie, viel Ausdauer und eine enorme mentale Kraft. Wenn sie das positive Denken praktizieren, können sie das Leben leichter meistern.

37/10/1 Diese Lebenszahl birgt bemerkenswert harmonische Schwingungen in sich. Die Schwingungen von 3, 7 und 1 passen ausnehmend gut zueinander. Diese Zahl kann sich im Außen sehr gut abgrenzen, Zeit für sich nehmen und auf die eigenen Bedürfnisse achten. Sie erreicht mit einer gewissen Leichtigkeit ein Gleichgewicht zwischen Geben und Nehmen sowie zwischen Aktivität und Entspannung. Diese Persönlichkeit weiß besonders früh im Leben, was sie will, und erreicht oft vor dem Alter von 30 Jahren das, was sie braucht, um glücklich zu sein. Die Eltern solcher Kinder sollten mit ihnen viel Zeit verbringen und mit ihnen wie mit kleinen Erwachsenen sprechen.

Dieser Mensch zeigt schon früh ein ausgeprägtes Interesse für Spiritualität und hat eine starke mentale Kraft. Sportliche Betätigung, Bewegung in der Natur und an der frischen Luft erlauben ihm, sich lebendig und klar zu fühlen. Er braucht auch Freundschaften und Verbindungen zu aktiven Menschen. Da diese Persönlichkeit das Leben in vollen Zügen genießt, führt dies zu häufigem Orts- und Berufswechsel in den ersten 40 Jahren ihres Lebens.

Die Zahl 37/10/1 wahrt eine innere Ausgeglichenheit, und das seit frühen Jahren ihres Lebens. Beruflich geht es für diese Menschen in Richtung Heilberufe, Medizin oder Wirtschaft, in Verbindung mit dem sozialen Bereich, oder in Richtung Therapietätigkeit wie z. B. als PsychologInnen oder PsychotherapeutInnen. Im späteren Alter, mit etwa 50 Jahren, spüren sie ein ausgeprägtes Interesse für esoterische Bereiche und Philosophie.

46/10/1 Diese Zahl beschreibt eine Persönlichkeit, die besonders ausgeglichen ist, eine gute Wahrnehmung für die eigene Individualität aufweist und eine tiefe Verbindung zu ihren Bedürfnissen empfindet. Diese Person besitzt eine innere Ordnung und Klarheit. Sie ist zwar sehr gerecht und reflektiert, hat aber kein besonderes Talent, was die Tendenz zum Nachdenken und das Einfühlen in andere Menschen betrifft. Es kommt oft vor, dass sie Gefühl und Emotion über den intellektuellen Zugang klären will. Von Zeit zu Zeit wird sie auch flexibel und wechselhaft in ihrer Meinung und Mentalität. Für solche Persönlichkeiten ist es heilsam, wenn sie lernen, die eigenen Emotionen und Bedürfnisse zum Ausdruck zu bringen, ohne das Gefühl zu haben, immer stark sein zu müssen, und vor allem, ohne sich einzureden, es sei sowieso alles in Ordnung, obwohl es ihnen nicht gut geht. Diese Menschen wirken im Haushalt hilfsbereit und kraftvoll; Mitmenschen lehnen sich gerne bei ihnen an. Die Zahl 46/10/1 fühlt sich gespalten zwischen dem Bedürfnis, sozusagen dem inneren Ruf, anderen Menschen zu helfen, und der intensiven Auseinandersetzung mit sich selbst, wozu sie viel Zeit mit sich allein verbringen muss. Der Wunsch, dem starken Ruf nach Unabhängigkeit und Freiheit gerecht zu werden, und das Bedürfnis, für andere da zu sein, sind die Polaritäten, zwischen die diese Person eingebettet ist.

Notizen

Lebenszahl 2
Die Suche nach Geborgenheit

LEBENSZAHL 2 – DIE SUCHE NACH GEBORGENHEIT

Persönlichkeitsbeschreibung

Die herausragenden Wesenszüge der Zahl 2 sind ihre Fähigkeiten, gut mit anderen zu harmonieren und enge Freundschaften zu schließen. Dieser Typ Mensch kann in jeder Gruppe Frieden stiften, er braucht eine Partnerschaft, viel Gesellschaft und ein lebendiges soziales Umfeld.

Die 2er beweisen innerhalb eines Betriebs viel Teamgeist, sie sind der Firma gegenüber loyal und doch sensibel für die Probleme der einzelnen KollegInnen. Die 2er-Persönlichkeit geht selten ein Risiko ein und arbeitet gewissenhaft. Spitzenpositionen werden nicht angestrebt, dennoch ist die Zahl 2 möglicherweise so gut geeignet, Auseinandersetzungen zu schlichten und gerecht zu handeln, dass sich eine hohe leitende Funktion ergeben kann. Obwohl es den 2ern eventuell an Innovationsgeist und mutigen Strategien fehlt, können kluges Urteilsvermögen, analytische Auffassungsgabe und die Fähigkeit, einen wichtigen Diskussionspunkt von allen Seiten zu betrachten, dazu führen, dass sie sich taktisch klug verhalten.

Durch Sensibilität und Verständnis kann ein 2er-Mensch den Wunsch entwickeln, einen künstlerischen Beruf zu ergreifen.

Die 2er sind für andere Menschen gute FreundInnen, kluge RatgeberInnen sowie herzliche BegleiterInnen und können

die anderen so sein lassen, wie sie sind. Sie versuchen, auf die tiefsten Bedeutungen der Ereignisse des Lebens zu achten und Botschaften herauszulesen. Es sind Menschen mit ausgeprägter Sensibilität und viel Verständnis, sie übertreiben zeitweise ihre Anpassungsfähigkeit und entwickeln eine gewisse Zurückhaltung. Manchmal geht diese Rücksichtnahme bis zum Verzicht auf eigene Zeit und Lebensraum, um andere Menschen unterstützen und begleiten zu können. Die Zahl 2 sollte lernen, auf sich zu achten und ihren eigenen Lebensraum einzunehmen. Es ist wichtig für diese Menschen, Autonomie und Selbstachtung zu entwickeln und über die eigenen Gefühle sprechen zu können.

Familienthema der Ursprungsfamilie

In der Familie erfüllen die 2er eine schwierige Aufgabe: Durch ihre natürliche Empathie neigen sie dazu, den anderen Familienmitgliedern helfen zu wollen. Vor allem zur Mutter entwickelt sich eine tiefe, manchmal symbiotische Beziehung. Sie selbst können dabei nicht richtig Kind sein. Häufig gründen sie bereits in jungen Jahren eine eigene Familie, um den Abnabelungsprozess von der Stammfamilie einzuleiten.

Lebensphasen

Diese Persönlichkeit zeigt **IN DER KINDHEIT** einen sensiblen Charakter und ein starkes Bedürfnis nach Sicherheit im Umfeld, um sich öffnen zu können. Der 2er braucht besonders von den Eltern viel Aufmerksamkeit und Berührung. **Das Gefühl der Geborgenheit und der körperliche Kontakt sind von großer Bedeutung für die Entwicklung dieses Menschen.** Die Eltern sollten viel Zeit mit dem Kind verbringen und regelmäßig etwas mit ihm unternehmen. Die 2er-Kinder beweisen schon in frühen Jahren eine sehr gute Beobachtungs- und schnelle Auffassungsgabe sowie Interesse für die äußere Welt und speziell für zwischenmenschliche Beziehungen. Aus diesem Grund ist es ratsam, sich viel mit dem Kind zu unterhalten und ihm zu erklären, warum gewisse Entscheidungen getroffen werden und gewisse Unternehmungen stattfinden. Der 2er ist in seiner Kindheit gerne verträumt, lebt in seiner eigenen Welt, voll Fantasie und mit zahlreichen imaginären FreundInnen. In dieser Welt gestaltet er oft Geschichten und lebt das aus, was er in seinem Umfeld und in der Familie nicht ausleben kann. Das 2er-Kind neigt dazu, **das Verhaltensmuster „brav zu sein" zu entwickeln.** In seiner Fantasie ist es jedoch „frech" und führt hier aus, was es sich aufgrund seines Harmoniebedürfnisses gegenüber anderen Kindern und der Familie nicht zugesteht. Wegen ihrer tiefen Sensibilität lernen diese Menschen schon in der Kindheit, auf die anderen zu achten. Da sie ein tiefes Bedürfnis danach haben, deshalb mit anderen in Kontakt zu treten, um geliebt zu werden, sind sie bereit, sich so zu verhalten, dass sie den Wünschen der anderen entsprechen. Oft laufen diese Muster subtil ab und man braucht eine scharfe Beobachtungsgabe, um die Mechanismen ans Licht zu bringen. Der 2er sollte in seiner Kindheit so oft wie möglich mit anderen Kindern zusammen spielen, damit er lernt, seine Grenzen zu setzen und sich respektieren zu lassen sowie über seine Gefühle zu sprechen. Das 2er-Kind hat die Tendenz, einen besten Freund bzw. eine beste Freundin zu haben und das Umfeld zu vergessen. Deshalb sollten die Eltern ihr Kind dazu motivieren, mehrere FreundInnen zu haben. Sie sollten es auch dabei unterstützen, über die eigenen Gefühle zu sprechen und darüber, was es wirklich will.

In der Pubertät ist es für die 2er entscheidend, viel Bewegung zu machen, am besten Mannschaftssport zu betreiben, weil das den Jugendlichen hilft, den eigenen Platz zu finden, das Selbstwertgefühl zu stärken, Grenzen zu setzen und die soziale Kompetenz zu entfalten. Es unterstützt auch den Umgang mit dem eigenen Harmoniebedürfnis. Der 2er bekundet immer ein starkes Interesse für Ästhetik und kann schon in frühen Jahren einen eigenen Stil entwickeln, sei es bei der Wohnungseinrichtung oder bei der Kleidung.

Im Alter zwischen 20 und 30 ist die Familiengründung oft schon ein Thema. Die 2er sehnen sich nach Familie und Zugehörigkeit. Sehr früh übernehmen sie die Verantwortung für Kinder, wenn sie LebenspartnerInnen finden, die diese Vision mit ihnen verwirklichen. Es fällt ihnen nicht leicht, den eigenen beruflichen Weg zu finden. Sie zeigen selten ein ausgeprägtes Interesse für eine bestimmte berufliche Tätigkeit. Diese Menschen sind perfekte MediatorInnen, besonders geeignet für soziale Berufe. Ganz gleich, in welcher Lebensphase der 2er sich befindet, er ist in jedem beruflichen Umfeld zufrieden, solange er dort Harmonie vorfindet und anderen helfen kann.

Ab etwa 32 Jahren fühlt sich dieser Mensch eingeengt in seiner Helferrolle und in seiner angepassten, sich zurücknehmenden Haltung und beginnt langsam Nein zu sagen und Grenzen zu setzen. Auf diese plötzlichen Veränderungen reagieren die Menschen im Umfeld überrascht und mit Widerstand, vor allem dann, wenn für sie eine Absage aus heiterem Himmel kommt. Spätestens **zwischen 32 und 35 Jahren** erlebt der 2er oft eine Lebenskrise und orientiert sich um. Er ist dann auf der Suche nach der eigenen Identität und nicht mehr bereit, sich anzupassen. Es ist eine Phase, in der die Beziehungen zur Stammfamilie und zu wichtigen Mitmenschen neu definiert werden. Aus dieser Wandlung entsteht meist ein neues Persönlichkeitsbild, mit mehr Bewusstsein und Selbstwert. Durch diesen Klärungsprozess gehen Beziehungen, die ein instabiles Fundament haben, in die Brüche. Diese Veränderung ist für den 2er eine enorme Bereicherung für sein Beziehungsleben und fördert die Entfaltung seiner sozialen Kompetenz.

Mitte 40 fühlt sich der 2er-Mensch oft dazu berufen, einen neuen beruflichen Weg in Richtung Mediation, Lebens- und Sozialberatung oder Psychotherapie zu beschreiten. Auf diese Weise kann er seine angeborene Empathie ausleben, weil er mittlerweile in den Grundzügen seiner Persönlichkeit innerlich gefestigter und klarer geworden ist. In diesem Lebensabschnitt wird ihm bewusst, dass er durchaus die eigenen Muster zu lösen vermag, und er erkennt sein Recht auf einen gewissen Freiraum. Er erlebt eine positive Zeit, hilft in seinem Umfeld und gibt seine Lebenserfahrung gerne an jüngere Menschen weiter. Ein stärkendes und vielfältiges soziales

Netz ist in dieser Lebensphase eine enorme Bereicherung für diesen Menschen. **Ab etwa 50 Jahren** richtet der 2er einen großen Teil seiner Lebenszeit darauf aus, andere zu begleiten und zu unterstützen, und das bis ins hohe Alter hinein. In dieser Phase können die 2er-Menschen die Fähigkeit leben, im Augenblick verwurzelt zu sein, vor allem dann, wenn sie ihre Denkmuster und Verhaltensstrategien zum Großteil zu klären vermochten.

Sie leben nunmehr im Bewusstsein der Akzeptanz des eigenen Wesens und genießen mit dankbarem Herzen die Schönheit des Lebens und der Natur.

Denkmuster & Verhaltensstrategie mit Lösungsansätzen

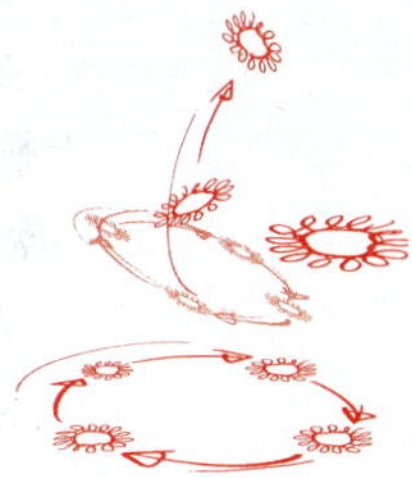

Im Folgenden werden die inneren Glaubenssätze, die ein Mensch mit der Lebenszahl 2 entwickeln kann, auf den Punkt gebracht:

- *Es darf mir erst gut gehen, wenn es meinem Umfeld gut geht.*
- *Ich bin für die Harmonie in meinem Umfeld und in der Familie verantwortlich.*
- *Um meine Bedürfnisse werde ich mich später kümmern.*

Der 2er entwickelt im Laufe seines Lebens grundsätzlich zwei Verhaltensstrategien. Einerseits ist er **überaus anpassungsfähig und spürt aufgrund seiner Empathie, was andere brauchen.** In seinem Handeln und Sein versucht er den Erwartungen der anderen zu entsprechen. Andererseits hat er das Gefühl, dass die Bedürfnisse der anderen das Wichtigste sind, und stellt sich selbst zurück. Dieses aufopfernde Verhalten beruht auf der **Überzeugung, dass das Glück der anderen zugleich sein eigenes ist.** Häufig schafft dieser Mechanismus ein subtiles System, in dem der 2er-Mensch immer nur „gibt", in der Absicht, anderen zu ihrer Selbstständigkeit zu verhelfen. Doch manchmal entwickeln sich diese Beziehungen in eine andere Richtung, sodass die von ihm unterstützten, aber dadurch auch abhängigen Menschen immer mehr und mehr verlangen. Irgendwann im Laufe ihres Lebens werden 2er-Personen sich mit dem Thema auseinandersetzen müssen, **dass ihre Ressourcen nicht unerschöpflich sind.** Sie werden sich eingestehen müssen, dass sie einfach nicht mehr geben können und auf sich zu achten haben. Aus dieser Situation heraus schaffen sie es manchmal, ihre Muster zu lösen. Wenn sie ihre Verhaltensstrategien ändern, dann erleben ihre Beziehungen entweder einen Reifungsprozess oder ihre Auflösung.

Der 2er braucht regelmäßig Zeit für sich, um sich wieder spüren zu können und zur Ruhe zu kommen. Eine bedeutsame Erkenntnis stellt für ihn dar, dass nicht er für alles verantwortlich ist, sondern jede/r für das eigene Leben Verantwortung zu tragen hat. **Deshalb bedeutet es für diese sensiblen Menschen einen wesentlichen Entwicklungsschritt, anderen zutrauen und auch zumuten zu können, dass diese mit den eigenen Schmerzen, Problemen, Belastungen u. a. selbst zurechtkommen.**

Aufgrund seines Helfersyndroms ist der 2er-Mensch derjenige aus der Geschwisterreihe, der sich um die Eltern und das Elternhaus kümmert und Aufgaben auf sich nimmt, die andere des Familienverbandes nicht erledigen möchten. Es ist wichtig für ihn, seine Position innerhalb des Familiensystems zu klären und dann für sich zu entscheiden, was er aus seinem Inneren heraus tatsächlich geben will, um nicht nur aus Pflichtbewusstsein und schlechtem Gewissen zu handeln.

Fragen für die Selbstreflexion

- *Kann ich Grenzen setzen?*
- *Kann ich offen Konflikte austragen oder habe ich die Tendenz – vielleicht aus Harmoniebedürfnis –, meine Grenzen nicht zu wahren?*
- *Fühle ich mich verantwortlich für das Glück der Menschen in meinem Umfeld?*
- *Bin ich bereit, auf mich zu achten, Grenzen zu setzen und mir Zeit für mich zu nehmen, wenn es mir nicht gut geht?*
- *Nehme ich mir ausreichend Zeit, um die Schönheit der Natur zu erleben und das zu genießen, was ich im Leben erreicht habe?*
- *Nehme ich mir Zeit, um in Beziehung zu mir selbst zu treten und mich selbst bewusst zu spüren?*

Meditationsübung

Den Körper bewusst wahrnehmen und sich spüren | ***Diese Übung hilft, sich selbst zu spüren und dadurch besser auf sich zu achten. Es wäre optimal, sich regelmäßig mindestens einmal in der Woche Zeit zu nehmen und die Übung durchzuführen. Sie wirkt, wenn man sie acht Wochen lang durchführt.***

Für die erste Übung brauchen Sie eine gute halbe Stunde. Nehmen Sie sich Zeit, suchen Sie sich einen angenehmen ruhigen Ort und versuchen Sie, sich zu entspannen. Legen Sie sich hin, nehmen Sie zehn tiefe Atemzüge in den Bauch und zehn in den Brustkorb. Beginnen Sie, Ihren Körper zu spüren. Wandern Sie in Ruhe vom Kopf bis zu den Füßen und versuchen Sie, jeden einzelnen Teil des Körpers zu spüren. Spüren Sie den Kopf. Entspannen Sie die Muskeln im Kopf- und Halsbereich. Drücken Sie Ihre Dankbarkeit dafür aus, dass Ihr Körper vital und gesund ist. Oder bitten Sie für Ihren Körper um Heilung. Wiederholen Sie diese Methode für jeden Bereich des Körpers, indem Sie hineinatmen, hineinspüren und Dankbarkeit ausdrücken. Diese Übung erlaubt Ihnen, Ihren Körper und sich selbst zu spüren. Die natürliche Konsequenz der Selbstwahrnehmung ist die Fähigkeit, über die eigenen Gefühle sprechen und auch Grenzen setzen zu können.

Affirmationen

- *Ich achte auf mich.*
- *Ich treffe liebevolle Menschen in meinem Umfeld.*

- *Ich umarme und liebe mein Inneres Kind.*
- *Es ist mein Recht, beachtet zu werden.*
- *Es ist mein natürliches Recht, auf mich zu achten und Grenzen zu setzen.*
- *Ich verdiene Freude und Lebenskraft.*
- *Ich bin überall, wo ich mich befinde, sicher und beschützt.*
- *Ich vertraue aufs Leben. Das Leben trägt mich.*

Wurzelzahlen

20/2 Die Personen, die diese Schwingung leben, sind perfekte MediatorInnen, umsichtige OrganisatorInnen; sie zeigen die Fähigkeit, andere Menschen zu spüren und zu begleiten. Die Person braucht viel Zeit mit sich allein, viel Ruhe und sollte relativ früh, zwischen 20 und 24 Jahren, den Abnabelungsprozess von den Eltern und der Stammfamilie durchleben, um ein gutes und ausgeglichenes Leben führen zu können. Sehr oft kommen diese Menschen nicht dazu, das eigene Leben zu führen, weil sie immer mit anderen Menschen und deren Problemen beschäftigt sind. Diese Person braucht vor allem in der Kindheit viel Verständnis und Begleitung. Wenn sie es schafft, sich abzugrenzen und auf sich zu achten, kann sie mit der ihr eigenen faszinierenden Ausstrahlung und der natürlichen Begeisterung fürs Leben sowie mit ihrer Diplomatie beruflich sehr weit kommen. Der Sozialbereich, etwa als EntwicklungshelferIn, therapeutische Berufe, Mediation sowie der juristische Weg als Familien- bzw. Scheidungsanwalt/-wältin oder RichterIn sind für diese Persönlichkeit besonders geeignet.

Lebenszahl 3

Das Leben als Abenteuer erleben

LEBENSZAHL 3 – DAS LEBEN ALS ABENTEUER ERLEBEN

Persönlichkeitsbeschreibung

Die 3 Zahl

Charakteristisch für Menschen mit dieser Lebenszahl ist ihre umfassende Ausdrucksfähigkeit, besonders in Sprache, Schrift und Kunst. Darüber hinaus erregen viele unterschiedliche Lebensbereiche ihr Interesse. Die Lebenszahl 3 zeichnet eine Persönlichkeit aus, die intelligent, lebendig, sprunghaft und überaus kreativ ist. Experimente mit Kommunikation in jeder nur möglichen Form sowie eine besondere Stärke in der Verwendung von Gestik und Mimik kennzeichnen diesen Menschen.

Er ist an unterschiedlichen Dingen interessiert, braucht allerdings sehr viel Kraft und Gelassenheit, um alles schaffen zu können, was er sich vornimmt. In festgefahrene Meinungen und Gewohnheiten bringen diese Menschen stets frischen Wind. Die Fähigkeit, unermessliche Zuneigung schenken, aber auch empfangen zu können, ist typisch für sie. Der 3er steht mit Vorliebe im Mittelpunkt und betrachtet das Leben als Bühne. Er meistert sein Dasein mit einer Leichtigkeit, die ihn gut durch die Schwierigkeiten des Schicksals leitet. Eine Person mit der Lebenszahl 3 neigt dazu, sich an zu vielen Projekten zu beteiligen, was dazu führt, dass einzelne Unternehmungen nicht zu Ende gebracht werden können. Sie täte gut daran, sich immer nur auf ein einziges Projekt zu konzentrieren und dieses zu Ende zu bringen, bevor sie sich etwas anderem zuwendet. Wenn es notwendig ist, sich mit einer einzigen Sache zu beschäftigen, ist diese Person schnell gelangweilt. Sie sollte daher lernen, sich in Geduld zu üben, sowohl mit sich selbst als auch mit anderen. Aufgrund ihrer nonkonformistischen Haltung betrachtet sie vorzugsweise allgemein anerkannte Meinungen und Gewohnheiten aus neuen Blickwinkeln, dies unter Einbeziehung anderer Aspekte. Dadurch vermag sie nicht nur ungewöhnliche Einblicke, sondern auch innovative Prinzipien zu entwickeln. Jedoch wird ihre Aufmerksamkeit eher durch das Gesamtkonzept gefesselt als durch Details.

Der 3er ist gelassen und fühlt sich versorgt, denn er lebt im Fluss mit dem Leben und wird von diesem getragen. Trotzdem verspürt diese Persönlichkeit eine ständige innere Unruhe, die das Bedürfnis hervorruft, immer wieder Neues auszuprobieren und im Leben weiterzukommen. Dieser ständige Antrieb verursacht eine Grundunzufriedenheit und Anspannung. Die 3er-Menschen weisen eine Vielfalt an Talenten auf und sind sehr aufmerksam, was die eigenen Bedürfnisse und die der anderen betrifft. Durch ihr Charisma haben sie die Fähigkeit, ein starkes soziales Netz um sich aufzubauen. Sie strahlen Freundlichkeit und Lebensfreude aus – vor allem durch ihren mitreißenden Humor. Ausgeprägte künstlerische Fähigkeiten, die sich im Bereich der Musik, beim Tanzen, oft auch im Schreiben zeigen, zeichnen diese Personen aus. Seine Ausstrahlung erlaubt dem 3er, viel Kraft zu zeigen und Menschen anzuziehen, die davon fasziniert sind. Er braucht rund um sich ein Publikum, das ihn bewundert und gleichzeitig begleitet. Wenn keine Aufmerksamkeit präsent ist, fühlt er sich schnell ausgeschlossen und nicht wahrgenommen. Aus diesem Grund ist es für ihn wichtig, ein gesundes Selbstwertgefühl zu entwickeln und sich mit der eigenen Persönlichkeit auseinanderzusetzen. Diese Persönlichkeit manifestiert eine tiefe Sensibilität für Ästhetik und Schönheit, liebt Farben und braucht eine schöne und gepflegte Umgebung zum Wohnen.

Familienthema der Ursprungsfamilie

Diese Menschen haben oft tief sitzende Konflikte mit den Geschwistern zu lösen. Da sie in sich alle Interessen der Geschwister vereinen, sind sie ein Bindeglied in der Familie. Sie fühlen sich anders als die übrigen Familienmitglieder. Ab 20 bzw. 25 Jahren sollten sie die Stammfamilie systemisch betrachten und die eigene Position sowie eventuell unausgesprochene Konflikte klären. Die Geschwister sind eine Herausforderung für sie.

Lebensphasen

In der Kindheit braucht der 3er klare Grenzen, viel Aufmerksamkeit und muss lernen, andere zu akzeptieren und nicht immer im Mittelpunkt stehen zu wollen. Er braucht eine bewusste Begleitung und muss schon in frühen Jahren üben, sich gut zu organisieren, Ziele und Termine einzuhalten. Man kann ihn unterstützen, indem man ihm Grenzen setzt, ihn lehrt, wie er sich organisieren kann, aber gleichzeitig **seine künstlerischen Talente** fördert. Dieses Kind braucht viel Bewegung, Sport, Tanz und Malkurse. Die Sprachentwicklung beginnt meist frühzeitig, was sehr gut mit Singen oder Wortspielen unterstützt werden kann. Das 3er-Kind braucht ein gutes soziales Netz um sich. Dazu ist es wichtig, ab drei Jahren Kindergruppen zu besuchen und spielerisch das Erlernen der Sprache zu fördern. Die Eltern sollten die Entfaltung der sozialen Fähigkeiten des Kindes als Schwerpunkt setzen.

Menschen mit der Lebenszahl 3 empfinden das Familienleben oft als einschränkend. Sie spüren das Bedürfnis, von zu Hause wegzugehen, und brauchen viel Austausch mit Gleichgesinnten. Besonders geeignet für diese Persönlichkeit ist **In der Pubertät** ein Auslandsaufenthalt im Rahmen der Mittelschule oder Universität, um zu lernen, auf die eigenen Ressourcen zu zählen. Der 3er wird in der Zeit **zwischen 20 und 30 Jahren** mit seinen Mustern konfrontiert. Er hat den inneren Impuls, kreativ zu sein, sich auszudrücken, und trägt dabei eine enorme Vielfältigkeit in sich, die meist die Tendenz verursacht, sich zu verzetteln und sich nicht entscheiden zu können. Diese Neigung bewirkt in ihm oft ein Verhaltensmuster: Er übertreibt, übernimmt sich und durchdenkt oder plant seine Ziele nicht realistisch. Wenn er darüber enttäuscht ist, etwas nicht zu erreichen, fällt er in die Opferrolle und fühlt sich nicht gut genug. Diese Menschen sind in einem Zwiespalt gefangen. Sie verhalten sich entweder besonders optimistisch und selbstbewusst oder aber auch sehr unsicher und nicht risikobereit. Wenn der 3er sich als Opfer betrachtet, bleibt er oft ein Leben lang in der Beobachterrolle dem Leben gegenüber und verweilt in seiner Traumwelt, gefesselt von den eigenen Wünschen und Bedürfnissen.

Im Alter zwischen 31 und 34 Jahren erleben die 3er-Persönlichkeiten eine Zeit des Rückzugs und widmen sich der Innenschau und der Selbstreflexion. Diese Menschen spüren intuitiv in sich ein enormes Potenzial. Sie haben sich die Latte sehr hoch gesteckt, finden aber nicht immer mit klarem Fokus die Möglichkeit, diese inneren Kräfte in eine einheitliche Richtung zu lenken. **Oft ist ihnen auch ihre innere Vision nicht klar. In dieser Phase brauchen sie Unterstützung und Selbsterfahrungsmöglichkeiten.** Empfehlenswert ist eine Therapieform, die Selbsterkenntnis ermöglicht, um die eigenen Wurzeln zu finden und die Vergangenheit aufzuarbeiten.

Ab dem 35. bis zum 50. Lebensjahr erleben 3er-Menschen ihre Blütezeit. Sie begreifen in diesem Zeitraum ihre Vision und erkennen ihre Träume. Die 3er empfinden das Bedürfnis, sich Zeit und Freiraum zu verschaffen, um das Leben genießen zu können; sie benötigen viel Urlaub und Zeit für Reisen. Oft verbinden sie dieses Bedürfnis nach Reisen und ihre Kommunikationsgabe mit dem Beruf. In dieser Lebensphase lösen sich bei ihnen oft andere Muster, die die 3er-Persönlichkeit begleiten können: Sie streben nach einem inneren Ideal von Schönheit und Harmonie, wobei sie hohe Maßstäbe setzen, sodass leicht das resignative Gefühl entstehen kann, sie müssten sich eben mit den PartnerInnen und dem eigenen Leben zufriedengeben.

Im Alter zwischen 45 und 55 Jahren erreicht der 3er eine gewisse Klarheit und Ausgeglichenheit. Er lernt im Laufe der Zeit, seine Ideale von Schönheit und seine oft übertrie-

bene Suche nach Harmonie im Außen loszulassen und sie in inneren Werten zu suchen. Was er um sich herum braucht, sind Schönheit, Harmonie und Ordnung sowie das Gefühl, sein Leben mit Klarheit und positiven ethischen Werten zu leben. **Er sieht sein eigenes Leben als Kunstwerk.** Ausgesprochen wichtig ist für ihn bis ins hohe Alter, sich mit spirituellen Themen zu befassen. Er bevorzugt eine klare, oft einfache Spiritualität, die ihm erlaubt, im Alltag den tiefen Sinn des Lebens zu spüren. Für den 3er-Menschen ist es empfehlenswert, Yoga, Tanz und ähnliche körperliche Aktivitäten, die in sich spirituelle Ansätze tragen, zu praktizieren.

Denkmuster & Verhaltensstrategie mit Lösungsansätzen

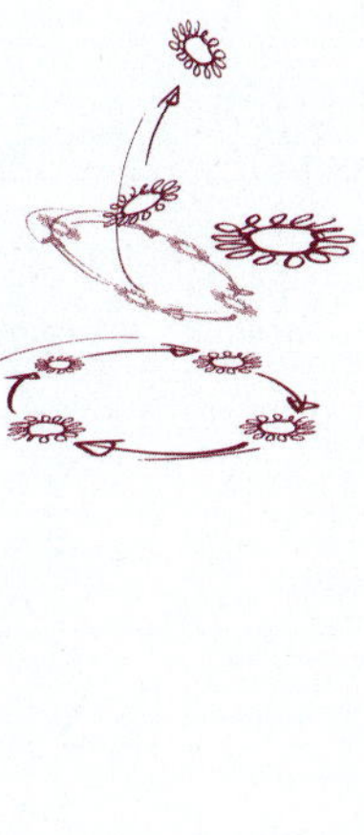

Die Muster der Lebenszahl 3 können mit folgenden Glaubenssätzen zusammengefasst werden:

- *Wenn ich mich entscheide und festlege, könnte ich etwas versäumen.*
- *Ich bin nicht gut genug.*
- *Ich suche die Perfektion in meinem Umfeld.*
- *Ich suche mein Schönheitsideal in meinem Umfeld, in meinen Beziehungen, und nur wenn ich es erreicht habe, bin ich glücklich und zufrieden.*

Der 3er legt folgende Muster an den Tag: Er zeigt im Laufe des Lebens sehr oft die Tendenz, **sich nicht binden oder einschränken lassen zu wollen**. Er manifestiert einen inneren Widerstand Vorschriften gegenüber. Stets lässt er sich eine

Hintertür offen und braucht speziell in Beziehungen viel Freiheit für sich, weil er immer das Gefühl hat, nichts versäumen zu wollen und später immer noch etwas Besseres bekommen zu können. Dieses Muster löst sich, wenn er anfängt, seine Lebensvision (ab etwa 35 Jahren) zu begreifen, und auch das Gefühl hat, diese verwirklichen zu können. Dann kann er dieses Ideal von Schönheit und Harmonie loslassen und beginnt, es in sich selbst zu finden und das eigene Leben als ein Meisterwerk zu gestalten. Wenn er dieses Muster loslässt, entsteht eine gute Verwurzelung im Hier und Jetzt, und er kann die eigene Intuition zulassen. Er spürt bewusst, dass eine feste Bindung keinen Fortschritt ausschließt. 3er-Persönlichkeiten haben viele gute Ideen, aber es fällt ihnen schwer, diese zu verwirklichen und Schritt für Schritt zu planen bzw. die Geduld aufzubringen, die Vision durch langfristige Planung zu erreichen. Wenn der 3er das Verhaltensmuster der schnellen Frustration, die ihn in die Opferrolle bringt, und seine Ungeduld erlebt, dann fällt es ihm sehr schwer, seine Vision zu fühlen und zu verwirklichen. Seine Seelenaufgabe besteht darin, zu lernen, dass alles seine Zeit hat, dass es wichtig ist, die Vision zu halten, sie sich entwickeln zu lassen und darauf zu vertrauen, dass der richtige Augenblick kommt, um sie auf der Erde zu manifestieren und zu leben. Wichtig für ihn ist, dies in einer vernünftigen Zeitspanne zu planen, jeden einzelnen Schritt bewusst zu sehen und mit einer flexiblen Einstellung zu durchdenken. Veränderungen können immer wieder kommen. Seine scharfe Intuition erlaubt ihm auch, rasche Entwicklungsschritte zu machen. Dieser Mensch entwickelt sich eher in Sprüngen als mit einer gewissen Regelmäßigkeit. Wenn er nicht ständig das Gefühl verspürt, in

Entwicklung zu sein, tendiert er dazu, Hemmnisse liegen zu lassen und woanders neue Impulse zu suchen.

Ein weiterer einschränkender Glaubenssatz des 3ers ist, nicht gut genug zu sein und sich in der Opferrolle zu verstecken. In diesem Fall ist es wichtig, dass man sich Hilfe im Außen sucht, sich nicht zurückzieht und soziale Kontakte nicht meidet. Im Fall eines starken Rückzugs riskiert man, seine Lebensfreude zu verlieren und seine Gesundheit zu gefährden. Sich von alten Träumen oder weit entfernten Idealen zu befreien, erlaubt dem 3er, bewusst und realistisch sein Potenzial zu leben und seine vielfältigen Talente zu entfalten.

Fragen für die Selbstreflexion

- *Habe ich ausreichend Zeit für Spaß und ausgleichende Aktivitäten?*
- *Kann ich meine Lebensfreude zum Ausdruck bringen?*
- *Verzettle ich mich oft?*
- *Fällt es mir schwer, Dinge zu Ende zu bringen?*
- *Kann ich mich auf tiefe Gespräche und Beziehungen einlassen?*
- *Habe ich gute FreundInnen, mit denen ich über alles sprechen kann?*
- *Kann ich Prioritäten setzen, aus der Vielfalt das Richtige für den Augenblick erkennen und das, was ich mir vorgenommen habe, zu Ende führen?*

Meditationsübung

***Im Fluss mit dem Leben sein* | Diese Übung hilft, sich mit dem Gefühl der Präsenz und der inneren Gelassenheit zu verbinden. Es ist optimal, sie regelmäßig, mindestens jedoch einmal in der Woche durchzuführen. Sie wirkt, wenn man sie zwölf Wochen lang anwendet.**

Nehmen Sie sich eine halbe Stunde Zeit. Legen Sie sich bequem auf den Rücken und schalten Sie Ihre Lieblingsmeditationsmusik ein. Liegen Sie entspannt, atmen Sie zehnmal in den Bauch und anschließend in den Brustkorb. Visualisieren Sie, wie Sie am Ufer eines Baches verweilen. Beobachten Sie das Fließen des Wassers. Das klare, erfrischende, lichtvolle Wasser. Beobachten Sie, wie Sie selbst zu Wasser werden und tief in den Bach hineinfließen und weiterfließen. Sie fließen in der Mitte des Baches, sind vollkommen gelassen und fließen einfach mit. Spüren Sie die Klarheit, die Entspannung, die Ruhe und das Abenteuergefühl, wenn Sie sich völlig dem Fluss des Wassers hingeben und sich vom fließenden Wasser weitertragen lassen. Sie kommen zu einem Wasserfall. Dort sind Sie reines, mutiges, prickelndes Wasser und fließen entschieden mit. Sie trauen sich, mit dem fließenden Bach den Sprung im Wasserfall zu machen. Sie springen fröhlich in die Tiefe und kommen zu einem kleinen, tiefen See. Beim Wasserfall ist das Wasser klar, erfrischend und unberührt. Sie schwimmen weiter, immer weiter, bis zum Ufer. Sie berühren das Ufer, kommen langsam erneuert, erleichtert, glücklich aus dem Wasser und nehmen wieder ihre physische Form an. Der Körper ist gesund und regeneriert. Jede Zelle ist gereinigt, belebt. Spüren Sie das entspannende, gelassene Gefühl der Kraft und der Geborgenheit. Legen Sie sich ans Ufer des kleinen Sees und genießen Sie das Gefühl, nichts tun zu müssen. Einfach zu sein und sich fallen zu lassen. Legen Sie die Hände auf den Bauch und wiederholen Sie dreimal den Satz: „Ich bin am richtigen Weg." Entspannen Sie sich und machen Sie langsam die Augen wieder auf.

Affirmationen

- *Ich atme Freude und Lebenskraft.*
- *Ich erkenne mein Potenzial und entfalte es.*
- *Ich bin Friede, Geduld, Licht und Liebe.*
- *Ich bin ein göttlicher Ausdruck der Liebe.*
- *Ich erlaube meinen Zellen, sich durch das Licht der Liebe zu erneuern.*
- *Ich erkenne meine Seele als Ausdruck der Göttlichkeit.*
- *Ich vertraue auf meinen Weg.*

Wurzelzahlen

12/3 Diese Zahl hat eine Schwingung, die sehr kompliziert zu leben ist. Die emotionale Instabilität, das ständige Bedürfnis nach Abwechslung und Selbstbestätigung verursachen in diesen Menschen eine gewisse Instabilität und das Gefühl, in Konflikt mit dem Umfeld zu sein. Diese Persönlichkeit besitzt Ausdauer, einen ausgeprägten Sinn für Ästhetik und die Fähigkeit, im Außen andere Menschen positiv beeinflussen und mitreißen zu können. Die Zahl 12/3 braucht Vielfältigkeit und findet erst im Alter zwischen 33 und 34 Jahren zu sich selbst. Bis zu diesem Zeitpunkt ist es wichtig, jede Erfahrung als einzelnes Geschenk anzunehmen und von Erfahrung zu Erfahrung, wie ein Schmetterling von Blume zu Blume, weiterzugehen. Diese Zahl könnte für sich als Motto „Carpe diem!" wählen. Nutze den Tag, genieße und lebe den Augenblick! Ein tief verwurzeltes Muster dieser Persönlichkeit ist oft, allein leben zu wollen und einen starken Impuls nach Freiheit, aber gleichzeitig auch nach Bindung zu fühlen. Aus diesem Grund sucht sie – oft unbewusst – eine Fern- oder Wochenendbeziehung. Sie ist ein faszinierendes Individuum mit enormem Potenzial, das eher erst im späteren Alter, ab 35 bis 40 Jahren, zum Ausdruck kommt. Im Außen ist die Zahl 12/3 jemand, der trotz Freiheitsdrang nach Diplomatie und Harmonie sucht und wichtige Entscheidungen mit dem Einverständnis des Umfeldes trifft.

21/3 Dies ist eine Persönlichkeit, die – im Unterschied zur Zahl 12/3 – schon sehr zeitig mit Verantwortung konfrontiert wird. Sie hat oft bereits in früherer Kindheit eine wichtige Rolle im Rahmen der Familie inne und ist schon als Kind ein kleiner, weiser Erwachsener. Dieser Mensch vermittelt im Außen den Eindruck, sich gut auszukennen, mit allem zurechtzukommen, sehnt sich aber im Inneren aufgrund seines intensiven Empfindens nach Begleitung und Unterstützung. Ihm selbst fällt es schwer, um Hilfe zu bitten, er ist aber immer bereit, anderen zu helfen. Großzügig und selbstlos anderen gegenüber, verlangt er für sich selbst recht wenig.Wenn diese Menschen keine Selbstliebe und Abgrenzung lernen, werden sie, oft auch unbewusst, von ihrem Umfeld ausgenützt. Besonders positiv an ihnen ist, dass sie eine natürliche Lebensfreude und Begeisterung für das Leben ausstrahlen und verkörpern. Diese Eigenschaften lassen sie das oft auftretende Gefühl, in zwischenmenschlichen Beziehungen zu kurz zu kommen, als nicht wirklich schmerzhaft empfinden. Diese Persönlichkeiten haben viel zu geben, es fällt ihnen jedoch schwer, sich für lange Zeit zu binden. Sie wollen sich immer eine Hintertür offenlassen und achten wenig auf sich, aber bewusst auf die eigene Freiheit. Zwischen 33 und 35 Jahren kommen wesentliche Veränderungen auf diese Menschen zu. Ab Mitte 30 besteht für sie die Möglichkeit, einen inneren Ruhepol zu finden. Der berufliche Weg ist von viel Erfolg und häufigem Jobwechsel begleitet. Die Zahl 21/3 soll grundsätzlich lernen, jeden Augenblick im Leben zu genießen und sich führen zu lassen, weil sie auf eine sehr gute Intuition zählen kann.

30/3 Dieser Mensch verfügt über eine ausgeprägte Tendenz, das Leben in vollen Zügen zu genießen. Er fühlt sich oft als Außenseiter und zeigt, wie die Zahl 20/2, eine außergewöhnliche Medialität. Er ist empathisch und spürt, was die Mitmenschen fühlen und erleben. Seine mentale Kraft ist phänomenal. Er denkt entweder sehr positiv und beeinflusst das gesamte Umfeld auch in diese Richtung oder verharrt in einem schweren und lähmenden Pessimismus. Extreme Empfindungen charakterisieren diesen Menschen. Aus diesem Grund ist es wichtig für ihn, positiv zu denken und Gedankenhygiene zu betreiben. Der 30/3-Mensch ist künstlerisch begabt – z. B. im Schreiben, Malen oder Tanzen – und sieht das Leben oft als Bühne. Er sollte seine Talente wenigstens im privaten Rahmen oder hobbymäßig entfalten. Er zieht sich mit Vorliebe zurück und teilt die eigenen Gefühle nicht gerne mit. Normalerweise hat er zwei bis drei enge FreundInnen, die ihn seit seiner Kindheit oder Jugend begleiten und denen er vertraut. Es ist für ihn nicht leicht, tiefe Beziehungen einzugehen. Die 30/3-Menschen sind freundlich, großzügig und hilfsbereit. Als gute BeobachterInnen vertrauen sie ihrem Gegenüber nach einer Weile und achten mehr auf Taten als auf Worte. Berufliche Wege sind die von spirituellen TherapeutInnen bzw. BegleiterInnen und WeisheitslehrerInnen. Im Alter zwischen 36 und 46 Jahren schafft diese Persönlichkeit eine konkrete Basis für ihr Leben. Ab Mitte 40 beginnt sie, sich für spirituelle Weisheiten zu interessieren, wenn dies nicht schon vorher passiert ist. Sehr häufig entscheidet sie sich Mitte 40, diesen spirituellen Weg zu vertiefen und zu ihrem Beruf zu machen. Zugleich entfernt sie sich von denjenigen Menschen, die ihre Vision nicht teilen.

Die Zahl 30/3 sollte Konzentration und Präsenz trainieren, denn dann gelingt es ihr, in ihrer Vielfältigkeit erfolgreich mehrere Dinge gleichzeitig zu machen. Dieses „Multitasking" überfordert jedoch vielfach die Menschen in ihrem Umfeld.

Die Zahlen **39/3** und **48/3** weisen dieselbe Charakteristik auf wie **12/3**.

Notizen

Lebenszahl 4

Aus dem Chaos entsteht Ordnung

LEBENSZAHL 4 – AUS DEM CHAOS ENTSTEHT ORDNUNG

Persönlichkeitsbeschreibung

Die 4 Zahl

Solidität, Verlässlichkeit und Integrität sind die Grundeigenschaften dieser Zahl. Jede nur erdenkliche Mühe wird darauf verwendet, anstehende Aufgaben auszuführen. Ein Mensch mit der Lebenszahl 4 vollendet seine Arbeit systematisch, gründlich und unbeirrbar. Er gestaltet aufschlussreiche Pläne, setzt sie um und ist sehr produktiv. Diese Menschen wehren sich oder rebellieren sogar mitunter gegen jeglichen Versuch, ein etabliertes Schema zu verändern. Diese Einstellung kann zu erbitterten Streitigkeiten führen.

Man kann sich durchaus darauf verlassen, dass sich der 4er strikt an ethische Prinzipien hält. Der Wunsch, absolut aufrichtig zu sein, kann jedoch zu Unentschlossenheit und Zweifel führen. Dieser Mensch will oft nicht nachgeben, zeigt sich selbstgerecht und eigensinnig. Doch er versucht, seine positiven Eigenschaften wie Gerechtigkeitssinn, Aufrichtigkeit und Ausdauer zu bewahren und eine gewisse Gelassenheit zu entfalten. Toleranz und Loslassen sind zwei wesentliche Lebensaufgaben dieser Zahl.

Die 4er führen ein geregeltes Leben und haben manchmal fixe Gewohnheiten, die sie schwer loslassen können. Sie besitzen einen tiefen Sinn für Familie und deren Traditionen und sind den PartnerInnen gegenüber sehr treu. Ihrer Verantwortung der Stammfamilie und der eigenen Familie gegenüber sind sie sich bewusst und gehen damit sorgsam um. Sie sind gewohnt, alles allein zu schaffen; ihre Ziele erreichen sie Schritt für Schritt. Sie sind überaus loyal und hartnäckig und können eine unglaubliche Willenskraft für das Erreichen ihrer Ziele aufbringen. Manchmal entwickeln sie jedoch das Muster, in ihren eigenen Vorstellungen und Wünschen blockiert zu sein.

Zwei Polaritäten prägen diese Persönlichkeit. Einerseits besitzt sie eine pragmatische Seite, die sie dazu motiviert, bewusst und Schritt für Schritt ihre Ziele zu verwirklichen. Andererseits kennzeichnet sie ein tiefer Wunsch, einflussreich zu sein, finanzielle Sicherheit zu erlangen und ihre persönliche Vision umzusetzen. Oft fühlt sie sich im Leben dazu berufen, etwas Großes zu erreichen, wobei sie hin und wieder Ungeduld an den Tag legt. Die Zahl 4 beweist ein hervorragendes Organisationstalent und zeigt sich häufig als starke Führungspersönlichkeit. Sie besitzt eine ausgeprägte Sensibilität, versteckt aber meist ihre Gefühle. Im Außen präsentiert sie sich selbstbewusst und kompetent und lässt keinerlei Schwächen oder Ängste erkennen. Diese Person besitzt ein scharfes Beobachtungsvermögen. Am Anfang einer Situation oder Beziehung beobachtet sie zunächst alles sehr aufmerksam und erst, wenn sie sich darüber ein Bild gemacht hat, wagt sie sich zu öffnen und setzt erste Schritte. Meistens ist sie der Welt und anderen Menschen gegenüber misstrauisch eingestellt. Sie führt ein methodisch geordnetes Leben und hat eine klare Vorstellung von dem, was sie will. Wenn jedoch die Dinge nicht so laufen, wie sie es sich vorstellt, dann hat diese Persönlichkeit nicht selten Schwierigkeiten, das Leben so anzunehmen, wie es ist. Dieser Mensch zeigt vielfach eine gewisse Sturheit, kann schwer mit Veränderungen umgehen und fühlt sich oft persönlich beleidigt, wenn andere in der Interaktion mit ihm schnell ihre Meinungen oder bestehende Vereinbarungen ändern. Die wesentlichste Lernaufgabe für ihn ist es, sich auf Veränderungen einzustellen, starre Vorstellungen und Erwartungen loszulassen und anderen Menschen Toleranz und Akzeptanz entgegenzubringen. Dann kann diese Person die Überraschungen, die ihr das Leben immer wieder bereitet, auch in einem positiven Sinn betrachten.

Familienthema der Ursprungsfamilie

Menschen mit der Lebenszahl 4 wirken in der Familie ausgleichend und versuchen diese „zusammenzuhalten". In der Kindheit stehen sie häufig im Hintergrund und fühlen sich weder wahrgenommen noch verstanden. Durch den Mangel an Aufmerksamkeit entwickeln sie oft das Gefühl, nicht gut genug zu sein oder zu kurz zu kommen. Als Reaktion auf diese Empfindung ziehen sie sich entweder in eine beobachtende Position zurück oder sie wollen ganz im Gegenteil im Mittelpunkt stehen. Für sie ist es von großer Bedeutung, ihr Selbstwertgefühl zu stärken.

Lebensphasen

Die Lebenszahl 4 zeigt sich IN DER KINDHEIT im Allgemeinen sehr weise. **Das Kind ist pflicht- und verantwortungsbewusst, es braucht viel Aufmerksamkeit, um auf sich selbst fokussiert zu bleiben.** Die Eltern können es unterstützen, indem sie es motivieren und für seine positiven Ergebnisse loben. Die 4er zeigen in der Kindheit die Tendenz, immer mehr von sich selbst zu verlangen und sich dadurch unter Leistungsdruck zu setzen. Manchmal sind diese Kinder stur und trotzig. Unterstützt man sie jedoch, spricht mit ihnen in einer entspannten Atmosphäre und erklärt ihnen, warum gewisse Dinge wichtig sind, dann zeigen sie sich oft sehr vernünftig und reif. Im Familiensystem übernehmen diese Kinder Verantwortung für die Schwächeren, z. B. für Geschwister oder denjenigen Elternteil, der weniger präsent ist. Vielfach sind 4er-Söhne Partnerersatz für die Mütter. Die Lebenszahl 4 kann schon in der Kindheit, wenn sie unterstützt wird und früh genug ihre Talente entdeckt, einen erfolgreichen Weg einschlagen.

IN DER PUBERTÄT wollen sich die 4er schon zeitig von der Familie abnabeln. Wenn diese Jugendlichen ein gut ausgebildetes Selbstwertgefühl haben, sind sie oft schon in der Pubertät Bezugspersonen für Gleichaltrige, übernehmen eine führende Rolle in der Schule, etwa als KlassensprecherIn, oder sie sind VorzugsschülerInnen.

Die 4er sind – ebenso wie die mit der Lebenszahl 5 – Menschen, die gerne reisen, jedoch nicht nur zum Vergnügen, sondern sie schätzen es, wenn die Reise mit einem tieferen, höheren Ziel verbunden ist. Diese Persönlichkeit hat – besonders im Lebensalter **ZWISCHEN 20 UND 30 JAHREN** – klare Vorstellungen, was die Zukunft anbelangt; sie ist pflichtbewusst, arbeitet gerne und fleißig, um sich etwas aufzubauen. Der Weg der Lebenszahl 4 zeigt meistens eine frühe Familiengründung. Es motiviert die 4er-Menschen ganz besonders, wenn sie sowohl in ihrem Beruf als auch in der Gestaltung des privaten Lebens Verantwortung für andere Menschen übernehmen können. Sie sind gute MitarbeiterInnen und lassen beeindruckende Fähigkeiten im Bereich Organisation und Entwicklung erkennen.

ZWISCHEN 32 UND 34 JAHREN beginnt sich dieser Mensch stark zu verändern. **Das Bedürfnis, sich zurückzuziehen und über das eigene Leben zu reflektieren**, leitet weitere Umstrukturierungen ein. Wenn sich der 4er in dieser Phase des Lebens nicht bewusst Zeit dafür nimmt, bringt das Leben selbst die Veränderung. Besonders **AB 34 BIS 36 JAHREN** gestaltet die Lebenszahl 4 ihr Leben um. Manchmal ergibt sich eine Neuorientierung auf Partnerebene oder es kommt zu einem Wohnungswechsel. Diese Lebensveränderung ermöglicht es dem Menschen, sich weiterzuentwickeln, wodurch in jener Phase auch ein Interesse für Spiritualität, Philosophie oder Persönlichkeitsentwicklung geweckt werden kann.

Der 4er tendiert **IM ALTER ZWISCHEN 36 UND 52 JAHREN** zu einem ruhigen Leben. Dabei sorgt er für die Zukunft der Familie und braucht eine gewisse Regelmäßigkeit. Seine Offenheit für Entwicklung und Veränderung kommt ihm besonders im Rahmen einer beruflichen Selbstständigkeit zugute, selten fühlt er sich in einem Angestelltenverhältnis wohl.

Eine entscheidende Wende vollzieht sich **im Alter zwischen 50 und 52 Jahren.** In dieser Zeit durchlebt er wiederum einige Veränderungen und heilt dabei alte emotionale Verletzungen aus seiner Vergangenheit. Es ist ratsam, am Familiensystem zu arbeiten, die eigenen Interessen, die man früher aus Verantwortungsbewusstsein vernachlässigt hat, zu pflegen und sich auch für spirituelle Themen zu öffnen. Bis zum Lebensende das Leben zu genießen und auf die eigenen Bedürfnisse zu achten lautet der Leitgedanke dieser Menschen. Ihre Herausforderung ist es, ein Gleichgewicht zwischen Pflichtbewusstsein und Spaß im Leben zu finden.

Denkmuster & Verhaltensstrategie mit Lösungsansätzen

Hier die Glaubenssätze, die einem 4er-Menschen im Weg stehen:

- *Das Leben ist ein Kampf.*
- *Ich muss richtig handeln.*
- *Ich brauche keine Hilfe.*
- *Ich bin stark und muss helfen.*

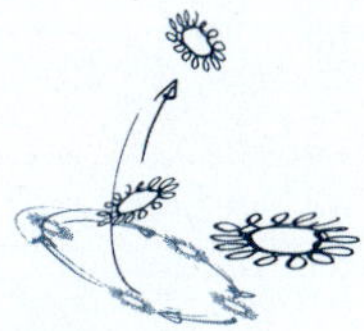

Die Themen gestalten sich ähnlich wie jene für die Zahl 1. Die Lebenszahl 4 kämpft in erster Linie mit einem bestimmten Glaubensmuster: **Sie empfindet das Leben als Kampf** und hat das Gefühl, um jeden Preis durchhalten zu müssen, um das zu erreichen, was sie will und sich wünscht. Der Drang, kämpfen zu müssen, bringt sie dazu, sich das Leben selbst schwer zu machen. Ein enormer Leistungsdruck ist das Ergebnis dieses Glaubenssatzes.

Um dieses Muster zu lösen, ist es notwendig, eine scharfe Beobachtungsgabe zu entwickeln und klare Schritte zu planen und zu setzen. Der 4er sollte lernen, das Positive und das, was er im Leben erreicht hat, wahrzunehmen und sich nicht auf die Mängel zu konzentrieren. Dankbarkeit und Vertrauen sind grundlegende Eigenschaften, die ihn auf seinem Lebensweg unterstützen. Auf der Basis dieser Fähigkeiten ist es ihm möglich, mit seiner Disziplin und seiner bemerkenswerten Willenskraft zügig den eigenen Weg zu gehen und eine innere Zufriedenheit zu erlangen.

Ein weiteres einschränkendes Denkmuster ist seine Starrheit: Der 4er-Mensch ist sehr auf seine eigenen Vorstellungen fixiert. Deshalb interpretiert er die eigene Weltsicht oft als universelles Gesetz und tendiert dazu, andere in seinem Umfeld unter Druck zu setzen. Er ist vielfach persönlich enttäuscht, wenn die anderen Menschen Vereinbarungen nicht einhalten können oder seine Erwartungen nicht erfüllen. Die größte Herausforderung für die Lebenszahl 4 ist es, loszulassen und Toleranz zu entwickeln. Zu lernen, den Mitmenschen mit Diplomatie und auf eine liebevolle Art und Weise die eigene Enttäuschung mitzuteilen, ist ein wesentlicher Entwicklungsschritt für sie. Denn häufig neigt sie dazu, sich verdrossen und ohne jegliche Erklärung zurückzuziehen.

4er-Persönlichkeiten haben oftmals eine pessimistische Einstellung gegenüber ihrem Dasein, was ihre Lebensfreude blockiert und dazu führt, dass sie negative Erfahrungen als persönliche Strafe interpretieren. Das Gefühl, nicht genug geleistet zu haben und nicht gut genug zu sein, prägt das Eigenbild. Regenerationspausen einzulegen und einen gewissen Raum für Gelassenheit und Spaß im Leben zu finden, bringt hier Entspannung. Hilfreich sind besonders Bewegung, Sport im Wasser, Tanzen und häufiges Reisen – auch in exotische Länder. Diese Persönlichkeiten sollten lernen, ihre eigenen Gefühle wahrzunehmen, jedoch ohne auf deren Analyse zu beharren. Vorteilhafter ist es für sie, wenn sie das, was sie spüren, anderen Menschen mitteilen, denn dadurch kann das Gefühl der Isolation vermieden werden.

Fragen zur Selbstreflexion

- *Kann ich Zeit für mich in Anspruch nehmen und diese Zeit entspannt genießen?*
- *Ist es für mich möglich, Veränderung anzunehmen?*
- *Kann ich mich von Altem trennen und alte Verletzungen und Situationen loslassen?*
- *Fällt es mir schwer, Altes zu entrümpeln?*
- *Entsprechen die Umstände meines Lebens meiner inneren Wahrheit?*
- *Lebe ich so, wie ich tatsächlich bin? Wer bin ich?*
- *Wie kann ich ein Beispiel für meine Mitmenschen sein?*
- *Wie gehe ich mit meinen Mitmenschen um?*

Meditationsübung

Das Herz öffnen und Liebe zulassen | ***Diese Übung hilft, das Gefühl von Dankbarkeit und Liebe zu empfinden. Es ist ratsam, sich regelmäßig, mindestens aber einmal in der Woche zwanzig Minuten Zeit für ihre Durchführung zu nehmen. Sie wirkt nachhaltig, wenn man sie zehn Wochen lang durchführt.***

Entspannen Sie sich und setzen Sie sich mit aufrechter Wirbelsäule hin. Bringen Sie die Hände vor dem Herzen in Gebetshaltung. Konzentrieren Sie sich auf den Bereich der Brustmitte, auf das Herzchakra. Atmen Sie fünfmal tief in den Bauch und anschließend fünfmal in den Brustbereich. Denken Sie an jemanden, den Sie sehr lieben, oder an das Gefühl, geliebt zu werden. Spüren Sie dieses Gefühl der Liebe in Ihrem Herzen und visualisieren Sie, wie in Ihrem Herzbereich eine Blume – eine Lotusblume – durch die Liebe aufgeht und strahlt. Sie können statt der Blume auch eine Sonne visualisieren, die immer strahlender und pulsierender wird. Wenn Sie wahrnehmen können, dass der ganze Körper von diesem Gefühl durchdrungen ist, bitten Sie Ihre Zellen, dieses Gefühl aufzunehmen. Wiederholen Sie dreimal den Satz: „Ich bin reine Liebe. Alles, was passiert, hat seinen Sinn. Ich bin mit dem Leben im Frieden.“ Nehmen Sie noch einige tiefe Atemzüge und öffnen Sie die Augen, sobald Sie das Bedürfnis danach verspüren.

Affirmationen

- *Ich bin reine Liebe.*
- *Alles, was passiert, hat seinen Sinn.*
- *Ich bin mit dem Leben im Frieden.*
- *Aus meinem Herzen fließt eine ewige Liebesquelle.*
- *Ich bin Ausdruck der Göttlichkeit.*
- *In dieser Situation bin ich für die göttliche Lösung offen.*
- *Ich freue mich auf diesen neuen Tag.*
- *Ich bin frei und lebe hier und jetzt.*

Wurzelzahlen

13/4 Diese Zahl offenbart eine besondere Kombination. Innerlich kämpft dieser Mensch mit dem starken Drang, alles unter Kontrolle zu haben. Sein großes Verantwortungsbewusstsein, das ihn dazu bringt, immer für die anderen da sein zu wollen und sich für das Glück der anderen zuständig zu fühlen, schränkt ihn stark ein. **Die 13/4-Persönlichkeit trägt in ihrem Unbewussten die Zahl 1 und erlebt den Zwiespalt zwischen dem Bedürfnis, mit hohem Tempo den eigenen Weg zu gehen, der Sehnsucht nach Harmonie rundum und dem Wunsch, für die anderen zu sorgen.** Sie hat eine besondere Ausstrahlung, zeigt eine positive Einstellung zum Leben und Lebensfreude. Nach außen hin kann sie überzeugend wirken und den inneren Trübsinn überspielen, sodass sie den Eindruck vermittelt, immer glücklich zu sein. Diese Persönlichkeit sollte in ihrem Umfeld Grenzen schaffen und sich regelmäßig für sich selbst Zeit nehmen, um die eigenen

Interessen pflegen und ihre Bedürfnisse stillen zu können. Wenn sie diesen Weg findet und ihn auch geht, kann sie ein erfülltes und harmonisches Leben führen. Sie erreicht dann das Gleichgewicht zwischen Geben und Nehmen und ist für die Mitmenschen in ihrem Umfeld zugänglich. Wenn der Druck im Innen und Außen zu intensiv wird, entscheidet sich der 13/4-Mensch für eine Veränderung, macht plötzlich im eigenen Leben „Tabula rasa" und zieht sich aus jeglichen Verpflichtungen zurück, ohne eine ausführliche Erklärung dafür abzugeben. Auslöser sind vielfach gesundheitliche Probleme, vor allem, wenn diese Person sich selbst in der Vergangenheit nicht genügend Aufmerksamkeit geschenkt hat.

31/4 Bis zu einem Alter von etwa 35 bis 38 Jahren entscheidet sich diese Lebenszahl nicht selten dazu, allein zu leben. Danach fühlt sich der Mensch emotional stabil und vermag Liebe zu empfangen und zu geben. Eine besondere Herausforderung stellt für ihn das ungezwungene Sprechen über die eigenen Gefühle, Empfindungen und Meinungen dar. Wenn das, was er in Beziehungen oder im Beruf erlebt, nicht den eigenen Vorstellungen entspricht, flüchtet er und sucht im Außen etwas Neues, Passenderes. Es fällt ihm schwer, Gegebenes zu akzeptieren, daher kämpft er immer wieder wie gegen Windmühlen, um die eigenen Erwartungen durchzusetzen.

Die Lebenszahl 31/4 hat einen natürlichen Drang nach Freiheit und Selbstentfaltung. Sie zeigt diese Bedürfnisse aber sehr selten. Innerlich leidet sie immer wieder unter der Last von Verantwortung und Pflichtbewusstsein und manifestiert eine starke Tendenz zur Somatisierung, die sich durch Symptome im Bereich des Verdauungstraktes oder der Atemwege äußert. Sich abzugrenzen ist für diese Menschen überaus herausfordernd. Sie übernehmen oft die Helfer- und Retterrolle, wollen die PartnerInnen, das Umfeld und die Stammfamilie beschützen und für deren Sicherheit sorgen. Häufig haben sie das Gefühl, dass sie erst dann glücklich sein dürfen, wenn auch die anderen rundherum bereits zufrieden sind. Hilfreich sind Bewegung und eine konstruktive therapeutische Arbeit mit dem Inneren Kind. Eine Verwirklichung der Träume, der ungestillten Wünsche und Bedürfnisse der Kindheit bedeutet für diese Menschen eine wesentliche Verbesserung ihrer Lebensqualität.

40/4 Diese Zahl zeichnet einen Menschen aus, der sehr sensibel ist und ausgeprägte empathische und mediale Fähigkeiten hat. Die Person ist überaus empfindsam, nimmt vielfach das Innenleben der Mitmenschen wahr und ist damit teilweise überfordert. Aus einer inneren Ausgeglichenheit und Ordnung heraus versucht sie, ihr Leben zu gestalten. Aufgrund ihres Einfühlungsvermögens empfindet sie den Wunsch, Menschen zu begleiten und ihnen zu helfen. Durch diese natürliche Zuwendung ist sie für therapeutische Berufe bestens geeignet. 40/4-Menschen benötigen eine intensive und unbeschwerte körperliche Betätigung, um sich tief gehender wahrnehmen zu können. Ein besseres Körperbewusstsein ermöglicht ihnen, die eigene Gefühlswelt klar und bewusst zu entdecken, und vermeidet das hohe Risiko der Kopflastigkeit. Im Alter zwischen 30 und 32 Jahren sowie Mitte 40 vollzieht diese Person einen Quantensprung in ihrer Entwicklung und braucht daher in diesen Phasen sehr viel Zeit für sich. Neue Prioritäten und eine neue Orientierung im Leben verlangen Selbstreflexion und Vertrauen auf das Bauchgefühl. In diesen Phasen der Veränderung, in denen alles unsicher und prekär ist, hilft es, auf die eigene Intuition zu hören. Vor allem dann, wenn der Kopf mit seinem logischen Verstand nicht alles begreifen kann und auf der Suche nach Sicherheit ist.

Notizen

Lebenszahl 5

Die Sehnsucht nach Freiheit

LEBENSZAHL 5 – DIE SEHNSUCHT NACH FREIHEIT

Persönlichkeitsbeschreibung

Ein freier Geist und eine ausdrucksvolle Sprache sind die typischen Merkmale der Zahl 5. Mit dieser elementaren Freiheit verfolgt sie ihre vielfältigen Interessen, Ziele und Positionen. Geistige Aktivität, Witz und unkonventionelle Ansichten ergeben eine charmante, faszinierende und optimistische Persönlichkeit. Diese fühlt sich zu Neuem hingezogen und ist von Veränderungen begeistert, wobei sie in der Lage ist, sich systematisch ihren Zielen zu nähern. Ihr Ordnungssinn ist aber eher Mittel zum Zweck als das eigentliche Ziel. Es besteht die Gefahr, dass sie ihre vielfältigen Fähigkeiten zu keinem Erfolg führen, sondern vielmehr ihr äußerst kühner Verstand zur Unbesonnenheit verleitet wird. Daher ist Disziplin erforderlich.

Die 5er-Persönlichkeit muss sich einerseits einen unabhängigen Geist bewahren und sich andererseits Veränderungen anpassen. Das größte Merkmal ist ihr Freiheitsbedürfnis, somit ist sie ständig auf der Suche nach Freiheit und Abenteuer. Sie will, wie die Lebenszahl 3, die Vielfalt des Lebens auskosten und genießen. Unabhängigkeit, Abwechslung, Veränderung und Gelassenheit sind für diese Person am wichtigsten.

Menschen mit der Lebenszahl 5 tragen einen ausgeprägten Sinn für Ästhetik und Schönheit, für alles, was Weite und Freiheit ausdrückt, in sich. Spiel, Kommunikation und Bewegung sind die Schlüsselwörter, die dieser Zahl erlauben, ein glückliches Leben zu führen. **Sie verkörpert das Bedürfnis, Sinnlichkeit, Schönheit und Ungebundenheit zu erfahren.** Der Lebensweg der Zahl 5 weist ein enormes Potenzial an Kreativität auf und ist erfüllt von der Energie der Bewegung, was sich im Archetypus des Wanderers manifestiert. Der Wanderer kann in den verschiedensten Rollen glänzen: Er ist vielfältig, flexibel, kann sich perfekt anpassen. Dieses Anpassen entspricht jedoch nicht dem Wunsch, geliebt zu werden, sondern seiner Spielernatur, die den natürlichen Wandel und die Vielfalt liebt.

Diese Menschen sind neugierig und beginnen immer wieder Neues, das sie, im Unterschied zur Lebenszahl 3, auch zu Ende führen. Sie brauchen ständig neue Reize im Leben, wollen sich verändern und sich immer weiter entfalten. Zu ihren Lernaufgaben gehört es, den eigenen Weg zu gehen, ohne sich zu isolieren und ohne Angst vor Einsamkeit zu haben. Ein bemerkenswerter Entwicklungsschritt gelingt ihnen, wenn sie mit Gelassenheit für sich annehmen können, dass zwischen Denken und Tun ein Zeitraum notwendig ist und dass sie nicht zu impulsiv handeln sollten.

Familienthema der Ursprungsfamilie

Innerhalb der Familie sind die 5er oft Außenseiter, da sie wegen ihrer Lebensansichten und ihres Freiheitsdranges vielfach nicht in die Familienstruktur passen. Sie sollten lernen, ihre Rolle anzunehmen und sich selbst treu zu bleiben, auch wenn ihnen von der Familie wenig Verständnis entgegengebracht wird. Dieser Lebensweg verlangt Mut, Authentizität und Konfliktbereitschaft. Wenn sie bereits als Kind gewaltsam in die Familienstruktur gepresst werden, können sie den Glaubenssatz „So, wie ich bin, bin ich nicht liebenswert" entwickeln. Für 5er-Persönlichkeiten ist es ratsam, folgenden Glaubenssatz zu verinnerlichen: „Ich bin auf dem richtigen Platz, auch wenn ich als Außenseiter gelte."

Lebensphasen

Der 5er wird normalerweise in eine Familie geboren, in der er **in der Kindheit** sehr blockiert ist. Oft wird er gewaltsam in die Familienstruktur hineingepresst. Seine Talente und seine Einzigartigkeit werden meist nicht erkannt. **Dieses Kind lebt oftmals in einem Familiensystem, in dem es als Rebell gilt, als eine Persönlichkeit, die Veränderung bringt, sich nicht anpassen will und alles infrage stellt.** Häufig ist es in der Familie das mittlere Kind und spielt die Rolle des Außenseiters.

Die Zahl 5 beweist in dieser Phase des Lebens Gelassenheit und kann mit Humor auf die Widerstände der Familie reagieren. In der Kindheit neigt diese Persönlichkeit sehr stark dazu, die Erziehungsmodelle der Eltern und der Gesellschaft infrage zu stellen. Das Kind sorgt sich um die Entwicklung auf unserem Planeten Erde und richtet den Blick auf die Zukunft. Es liest mit Vorliebe Bücher über Fernreisen, reist auch selbst gerne und wünscht sich, viel herumzukommen. Als erfindungsreicher Geist und freiheitsliebendes Wesen empfindet das Kind schnell Langeweile. **Für die Eltern dieses Kindes bedeutet seine Begleitung oft eine Herausforderung.** Andererseits ist es für sie aber auch ein Abenteuer, solch ein Kind zu erziehen, denn dieses wird sie ständig herausfordern und sie selbst immer wieder neue Erfahrungen machen lassen. Es bringt die Eltern oftmals in Verbindung mit dem eigenen Inneren Kind. Der 5er benötigt in der Kindheit klare Regeln und Grenzen. Er muss in seiner Entwicklung unterstützt werden, braucht eine gewisse Disziplin und Konsequenz.

Die Lebenszahl 5 zeigt und entwickelt **IN DER PUBERTÄT** zwischen 14 und 16 Jahren ihr Sprachtalent und die Fähigkeit, mehrere Sprachen zu erlernen. Aus diesem Grund wirkt sich ein Sprachaufenthalt im Ausland sehr positiv aus. Dieser könnte die Entwicklung der Persönlichkeit des Kindes insofern unterstützen, als es dadurch selbstständiger wird und besser schätzen kann, was es zu Hause hat. Die Zahl 5 hat in der Pubertät bereits sehr früh einen klaren Zugang zur Sexualität und ist neugierig auf alles, was mit Sinnlichkeit und Sexualität zu tun hat. Es ist wichtig für die Eltern, mit diesem Kind offen über Sexualität und eventuell auch Homosexualität zu sprechen sowie den Zusammenhang von Romantik und Sexualität zu betonen. Hilfreich ist dabei auch, wenn Eltern über die eigenen Erfahrungen berichten.

IM ALTER ZWISCHEN 20 UND 30 JAHREN führt der 5er-Mensch ein recht rasantes Leben. Immer wieder findet Abwechslung im beruflichen Leben statt, oft auch in Beziehungen. In dieser Phase des Lebens könnte es sein, dass er um die Welt reist und Schwierigkeiten hat, für sich einen fixen Platz im Leben zu finden und an einem bestimmten Ort zu leben. **Im Alter zwischen 29 und 31 Jahren** tauchen bei Menschen mit der Lebenszahl 5 allmählich Gedanken und Fragen zum bisherigen Verlauf ihres Lebens auf, die sie immer mehr beschäftigen. Die 5er ziehen nun in Betracht, Bindungen einzugehen, und erkennen oft im Vergleich mit Gleichaltrigen und im Gespräch mit Familienmitgliedern, dass eine Bindung im Privatleben durchaus ein großes Geschenk sein kann. In dieser Phase reflektiert die Zahl 5 häufig auch über das eigene Leben und die eigenen Werte. **Zwischen 31 und 35 Jahren** findet sie oftmals recht schnell zur eigenen Berufung und zu den tiefsten Bedürfnissen ihrer Persönlichkeit, wodurch es ihr gelingt, die eigene Vision umzusetzen. Meist entdeckt sie schon in dieser Zeit die Balance zwischen Bindung und dem Bedürfnis nach Freiheit. Mit dem ihr eigenen raschen Tempo kann die Person die eigene Vision verwirklichen, und letztendlich versteht sie, dass alle Erfahrungen – auch die der früheren Zeiten – durch einen unsichtbaren Faden miteinander verbunden sind, auch wenn der Zusammenhang an der Oberfläche nicht sichtbar ist.

Zwischen 30 und 41 Jahren, insbesondere zwischen 38 und 41, versuchen die 5er ihr Gleichgewicht zu finden. Ist ihnen bis zu diesem Zeitpunkt die Abgrenzung zu ihrem dynamischen Leben nicht gelungen, erfahren sie nun eine tiefe Krise, die sie oft in zwischenmenschlichen Beziehungen blockiert, vor allem im eigenen Umfeld, mit den PartnerInnen, der Stammfamilie, den eigenen Kindern und engsten FreundInnen. In dieser kritischen Phase haben diese Menschen das

Gefühl, etwas versäumt zu haben, und wollen daher vieles nachholen. Aufgrund dieser Krise können sie jedoch den Prozess der Lebensreflexion, der in der Zeit zwischen 29 und 31 Jahren begonnen hat, wieder aufgreifen und weiterverfolgen, bis sich dieser nun – im Alter zwischen 38 und 41 Jahren – in ihnen verwurzelt. Empfehlenswert ist in dieser Phase, eine professionelle therapeutische Hilfe in Anspruch zu nehmen, und zwar in Richtung Körper-, Mal- oder Gestalttherapie.

Der 5er bewahrt sich auch in den späteren Jahren seines Lebens einen jungen Geist. Oft widmet er sich Reisen und der Spiritualität, wobei er versucht, einen spirituellen Weg zu gehen, der auch die Entwicklung des Körpers umfasst, indem er zum Beispiel Tai-Chi, Qigong und/oder Yoga praktiziert. Fernreisen nach Indien, Asien oder Südafrika sind **IM LEBENSALTER ZWISCHEN 50 UND 65 JAHREN** von Bedeutung, um ein besseres, stabileres Gleichgewicht zu erreichen. Das Vertiefen in Philosophien und spirituelle Studien, wie etwa in die traditionelle indische Kultur, kann für diesen Menschen viele positive Hinweise bereithalten.

Denkmuster & Verhaltensstrategie mit Lösungsansätzen

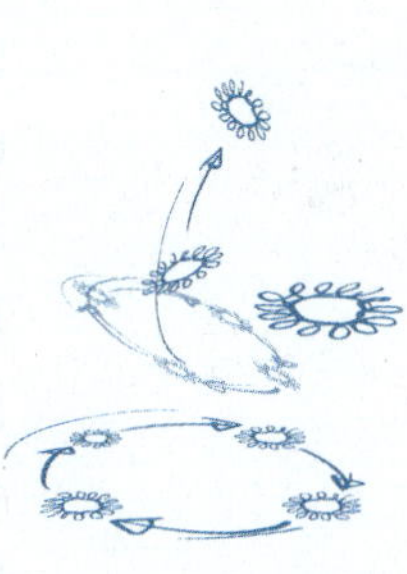

Folgende Glaubenssätze beschreiben die Einschränkungen der Lebenszahl 5:

- *Ich will mein Leben in Freiheit leben.*
- *Ich könnte etwas versäumen. Ich muss weiter.*
- *Ich brauche ein intensives Leben.*

Der 5er-Mensch lebt seine Vision sehr schnell und ist oft innerlich wie gespalten. Körperlich lebt er zwar in der Gegenwart, mit seinen Gedanken ist er jedoch schon in der Zukunft. Grundsätzlich wirken bei der Zahl 5 die drei oben genannten Denkmuster. Die Person hat Schwierigkeiten, sich fest zu binden und Vereinbartes einzuhalten. Durch ihre exzellente Diplomatie ist es ihr oft möglich, positive Auswege zu finden, ohne die Verantwortung für die eigenen Fehler tragen zu müssen.

Der 5er besitzt eine große Liebesfähigkeit. Anfänglich ist er meist begeistert und zeigt viel Liebe und Aufmerksamkeit, später fehlt es ihm an Ausdauer. Die Langeweile schwebt wie ein Damoklesschwert über der Seele dieses Menschen. Aus diesem Grund ist es für ihn vorteilhaft und beweist zugleich Wertschätzung für andere Menschen, wenn er vorerst einmal die eigenen Gefühle überprüft und mit vorschnellen Liebeserklärungen und voreiligen Versprechen vorsichtig ist.

Ein weiterer blockierender Glaubenssatz von Menschen mit der Lebenszahl 5 ist **die Angst, sich zu binden und in Beziehungen Tiefe zu erreichen.** Sie zeigen oft – ebenso wie die Lebenszahl 3 – die Neigung davonzulaufen, da sie Angst haben, verlassen zu werden. Aus diesem Grund entwickeln sie sehr schnell Strategien, durch die sie motiviert werden, ihre PartnerInnen zu verlassen oder Freundschaften aufzukündigen, wenn die Gefühle eine gewisse Tiefe erreicht haben. Für die PartnerInnen dieser Menschen ist es von Bedeutung, viel Geduld zu haben, die Personen nicht unter Druck zu setzen und eine gewisse Selbstständigkeit zu beweisen. Die Lebenszahl 5 interessiert sich oft für Menschen, die in ihrem Leben aktiv, dynamisch und selbstständig wirken. Sie sollte es vermeiden, durch Charme und Redegewandtheit andere Menschen in der Weise zu manipulieren, dass diese tun, was sie von ihnen möchte. Die 5er-Persönlichkeit hat oftmals das Gefühl, etwas zu versäumen, auch vergisst sie, das, was in ihrem Leben vorhanden ist, und das, was sie bereits erreicht hat, zu schätzen und dafür dankbar zu sein.

Für diese Menschen ist es wichtig, Klarheit zu finden, sich zu erden, immer wieder die eigenen inneren Werte zu spüren und die Prioritäten in ihrem Leben bewusst wahrzunehmen. Die Lebenszahl 5 hat – wie auch die Zahl 3 – die Tendenz, Idealvorstellungen nachzugehen und Ideale zu leben. Um dieses Muster zu lösen, ist es grundlegend, eine bewusste und dankbare Analyse der eigenen Lebenssituation und der Menschen im eigenen Umfeld durchzuführen. 5er-Menschen haben oft eine Idealvorstellung von Freundschaft, von Partnerschaft und von den PartnerInnen selbst. Da sie sich wünschen, dass die Mitmenschen aus dem eigenen Umfeld ihrer Vorstellung entsprechen, setzen sie diese dementsprechend unter Druck. Dadurch entstehen oft Konflikte und früher oder später machen solche Menschen die Erfahrung, dass sie von denen verlassen werden, auf die sie diesen Druck ausgeübt haben.

Fragen zur Selbstreflexion

- *Was blockiert mich, in Beziehungen eine Verbindlichkeit einzugehen?*
- *Welche Ängste habe ich in Bezug auf Bindungen? Die Angst, verlassen zu werden? Die Angst, eingeengt zu werden? Die Angst, etwas zu versäumen?*
- *Wie definiere ich meine innere Freiheit?*
- *Was brauche ich, um meine Freiheit zu leben?*
- *Was brauche ich, um in einer Beziehung treu zu sein?*
- *Was brauche ich, um eine erfüllte Sexualität zu leben?*
- *Was sind die inneren Werte und Prioritäten in meinem Leben?*

Meditationsübung

Die Kraft des Meeres spüren | ***Nehmen Sie sich eine halbe Stunde Zeit, suchen Sie sich zu Hause einen ruhigen Ort und legen Sie Ihre Lieblingsmusik auf. Atmen Sie fünfmal tief in den Bauch. Schließen Sie die Augen und achten Sie auf den natürlichen Rhythmus Ihres Atems.***

Stellen Sie sich vor, Sie sind am Meer. Sie gehen barfuß auf dem weißen Sand und hören den Möwen zu. Sie hören die Wellen, die mit ihrem unregelmäßigen Rhythmus die Stimme des Meeres ausdrücken. Verbinden Sie sich mit dem Gefühl der Freiheit. Spüren Sie den Wind, denken Sie an die befreienden Streicheleinheiten des Windes. Wenn Sie einen Platz am Strand finden, der Ihnen gefällt, setzen Sie sich hin. Setzen Sie sich entspannt und bequem hin und schauen Sie in Richtung Horizont. Beobachten Sie den Himmel und die Verbindungslinie zwischen Himmel und Meer. Atmen Sie tief und lassen Sie zu, dass Ihr innerer Raum sich erweitert. Machen Sie durch Ihre tiefen Atemzüge mehr Platz für Ihre Seele. Der Körper ist als Kleid für die Reise der Seele auf Erden bestimmt. Durch die Atmung verbinden Sie sich mit Ihrem spirituellen Teil, verbinden Sie sich mit Ihrer Seele. Bitten Sie Ihre Seele, sich an Ihren Lebensplan zurückzuerinnern. Beobachten Sie das Meer, die Wellen und atmen Sie ein und aus. Langsam und tief, im Einklang mit dem Rhythmus der Wellen. Entspannen Sie sich und fühlen Sie sich frei und gelassen.

Affirmationen

- *Ich bin reine Kraft und reiner Geist.*
- *Ich bin frei.*
- *Ich nehme die Veränderung an.*
- *Ich öffne mich für die Sinnlichkeit und lebe meine innere und äußere Schönheit.*
- *Ich öffne mein Herz und lasse Nähe zu.*
- *Ich bin gelassen und voll Vertrauen.*
- *Das Leben trägt mich.*

Wurzelzahlen

14/5 Diese Lebenszahl charakterisiert eine Person, die sehr selbstständig und hilfsbereit ist. Sie ist vielseitig und auf die eigene Freiheit bedacht. In der Kindheit sollte die Entfaltung ihrer Empathie gefördert werden, sodass sie lernt, auf andere Rücksicht zu nehmen, und so ihren natürlichen Altruismus entwickeln kann. Diese Menschen brauchen viel Bestätigung und Unterstützung, um die eigene Persönlichkeit herauszubilden. Sie wollen stets im Vordergrund stehen. Wenn sie zwischen 25 und 35 Jahren ein ausgeglichenes Innenleben entwickeln, können sie die eigenen Talente positiv umsetzen und anschließend die Früchte des Erfolgs ernten. Nach außen hin wirken sie teilweise distanziert und eher beobachtend, obwohl sie herzlich und sensibel sind. Diese Personen öffnen sich, wenn sie den Mitmenschen vertrauen können und das Gefühl haben, dass sich die anderen für sie interessieren.

Das starke Bedürfnis nach Freiheit und einem abwechslungsreichen Leben machen den Menschen mit der Zahl 14/5 innerlich etwas unruhig und emotional instabil. Für ihn ist es empfehlenswert, ein geordnetes Privatleben zu führen, um eigene Visionen verwirklichen und ein berufliches Leben aufbauen zu können.

23/5 Eine Persönlichkeit mit dieser Lebenszahl ist gefühlsbetont, kreativ, künstlerisch veranlagt und sehr kommunikativ. Diese Menschen brauchen eine regelmäßige Klärung ihrer zwischenmenschlichen Beziehungen und das Gefühl, dass das Umfeld und die Familie bei den wichtigsten Lebensentscheidungen hinter ihnen stehen. Die Lebenszahl 23/5 ist in ihrer Persönlichkeit instabil, wenn die Familienverhältnisse schwierig waren und es keine Möglichkeit zur Versöhnung gab. Ihre weiteren Beziehungen entwickelt diese Persönlichkeit nach den Mustern des Familiensystems. Wenn der Vater seine väterliche Rolle bzw. die Mutter ihre Mutterrolle nicht wahrgenommen hat, sucht diese Person einen Vater- oder Muttterersatz in Freundschaften mit älteren Menschen oder in Vorbildern.

Eine gefühlsbetonte Persönlichkeit wie die Zahl 23/5 braucht viel Zeit für sich, um sich erfahren zu können und bewusst wahrzunehmen, welche ihre reellen und primären Bedürfnisse sind. Wenn dieser Prozess der Selbstwahrnehmung und des Innehaltens regelmäßig stattfindet, ist dieser Mensch entspannt, lebt seine Kreativität, freut sich auf jede neue Begegnung und bleibt seinen zwischenmenschlichen Verbindungen treu. Diese tiefe Sensibilität kann jedoch durch einen falschen Blick oder ein unbedachtes Wort verletzt werden. Dann zieht sich diese Person, ohne etwas zu sagen, zurück. Es wäre jedoch erforderlich, die Verletzung anzusprechen und zu lernen, zu den eigenen Gefühlen zu stehen. Oft passt sich der Mensch aufgrund seiner Harmoniebedürftigkeit an und vergisst, seine tiefen Emotionen und Kränkungen mitzuteilen. Wenn er seine Persönlichkeit im Privatleben und in seiner künstlerischen Veranlagung authentisch lebt, kann er seine humorvolle Seite zulassen. Ein enormer Freiheitsdrang und das Bedürfnis, immer wieder Neues zu erfahren, machen diese Menschen besonders faszinierend, gebildet und flexibel im Umgang mit dem Leben. Der Schwachpunkt ist ihr emotionales Leben. Die Klärung der seelischen Belastungen und das Annehmen der instabilen Emotionalität machen aus ihnen einzigartige Lebemenschen und aufmerksame BegleiterInnen.

32/5 **Diese Lebenszahl spricht für eine Persönlichkeit, die in ihrem Innersten sehr fröhlich, humorvoll und gelassen ist.** Die Lebensumstände, vor allem in der Kindheit, prägen die sensible Natur dieses Menschen. Wenn im familiären Umfeld viel Schwere und Pessimismus herrschte, ist er sehr zerrissen. Die zwei Polaritäten, die ihn auszeichnen, sind einerseits eine extreme Flexibilität und Offenheit neuen Menschen und Erfahrungen gegenüber, andererseits tendiert er dazu, sich in eine Beobachterrolle zurückzuziehen. Gründe dafür sind die Angst, nicht gut genug zu sein, die Angst, nicht geliebt zu werden, so wie man ist, oder die Erwartung, dass ohnedies alles schlecht verlaufen werde, weil man es nicht verdient habe, glücklich zu sein. Dieser Glaubenssatz entwickelt sich, wenn Eltern oder Erziehungsberechtigte die Verwirklichung dieses Musters vorgelebt haben.

Der Mensch mit der Lebenszahl 32/5 lebt intensiv; er muss viel Zeit in der Natur verbringen, um sich selbst wahrnehmen zu können und körperlich wohlzufühlen. Er liebt den Sommer, das Meer und ist in seinem Ausdruck überaus kreativ und teilweise unberechenbar, vor allem im Umgang mit anderen Menschen und in seiner beruflichen Tätigkeit. Diese Eigenschaften machen aus ihm eine geheimnisvolle und anziehende Persönlichkeit. Hinter seiner persönlichen Sicherheit und seinem Selbstbewusstsein versteckt sich zumeist eine zerbrechliche Sensibilität. Im Außen ist er sehr rücksichtsvoll. Die 32/5-Menschen brauchen für ihre Entfaltung die Möglichkeit, ihre Kreativität zu leben, vor allem im beruflichen Bereich. Sie müssen lernen, klare Grenzen nach außen zu setzen. Sind solche nicht vorhanden, lassen sich diese Personen sehr stark von ihrer Helferrolle blockieren und vergessen auf die eigenen Bedürfnisse, indem sie sich für ihr Umfeld und die Menschen in ihrer unmittelbaren Nähe verantwortlich fühlen.

41/5 **Diese Lebenszahl bezeichnet eine Person, die eine tiefe Sehnsucht nach Freiheit hat, die kreativ, gut organisiert und mit einer schnellen Auffassungsgabe ausgestattet ist.** Sie besitzt einen klaren Geist, ist pflichtbewusst und zum Teil auf Sicherheit bedacht. Diese Seite des Charakters kämpft mit dem inneren Bedürfnis nach Freiheit und will aus der Routine des Alltags ausbrechen. Aus dem Grund ist es für diese Menschen ratsam, regelmäßig zu reisen und zu versuchen, sich selbst gegenüber immer treu zu sein. Der Mensch mit der Zahl 41/5 entwickelt im Laufe der Jahre die Neigung zu einer gewissen Anpassung und Diplomatie. Deshalb teilt er selten seine Meinungen und Bedürfnisse mit, um Konflikte zu vermeiden. Wenn dieses Muster in seiner Persönlichkeit stark verwurzelt ist und er verlernt, sich selbst wahrzunehmen und auf sich zu achten, entwickelt er gravierende Formen der Somatisierung, die ihm nicht erlauben, frei und gelassen zu sein.

Die schwierigste Prüfung für diesen Menschen tritt im Alter zwischen 38 und 41 Jahren auf. Er muss einerseits lernen, sich selbst treu zu bleiben, und andererseits hinnehmen, dass die Mitmenschen, wenn man nicht auf sie eingeht und sie zufriedenstellt, manchmal ungerecht und enttäuschend reagieren können. Der 41/5-Mensch bedarf einer gewissen inneren Klarheit und Struktur. Er liebt Regelmäßigkeit, versucht aber immer wieder, sie durch kreative Tätigkeiten und Reisen zu unterbrechen. Nach außen hin wirkt er selbstsicher und teilweise distanziert, weil er dazu tendiert, sich erst dann zu äußern, wenn alle anderen bereits ihre Meinung zum Ausdruck gebracht haben. Diese Menschen brauchen viel Sicherheit und Herzlichkeit, um sich zu öffnen. Wenn man zu ihnen eine tiefe Beziehung entwickelt hat, ist es möglich, dass diese ein Leben lang hält.

Notizen

Lebenszahl 6

Zur Quelle der Liebe

LEBENSZAHL 6 – ZUR QUELLE DER LIEBE

Persönlichkeitsbeschreibung

Eine Persönlichkeit mit dieser Zahl ist die Säule einer Familie und Gemeinschaft, sie ist Ratgeberin für jedes Seelenproblem. Als Gegnerin von Streitigkeiten bewirkt die Zahl 6 die von ihr ersehnte Harmonie und Schönheit. **Ein herausragender Wesenszug ist – wie bei der Zahl 2 – das Bedürfnis nach Freundschaft und Beziehung.** Die Bindung, die sie dabei eingeht, ist jedoch meist tiefer und dauerhafter. Ihr Streben nach Macht und gesellschaftlichem Rang entspringt weniger dem Wunsch zu herrschen als eher einem Sicherheitsbedürfnis. Diese Person steht zu einem begangenen Fehler und erwartet dasselbe auch von anderen. Sie rechnet mit der Hingabe und Zuwendung der geliebten Menschen, die sich jedoch aufgrund dieser hohen Anforderungen unter Druck gesetzt fühlen. Somit reagieren die anderen manchmal mit Misstrauen und Heimlichtuerei auf die Lebenszahl 6, um den Druck der unerfüllten Erwartungen auszuhalten. Diese Spannung spitzt sich zu, wenn der Zahl 6 keine uneingeschränkte Zuneigung gezeigt wird.

Der Wunsch, der Fels in der Brandung zu sein, auf den andere bauen können, treibt den 6er in den Perfektionismus. Ein ständiges Besorgtsein um andere kann zum Dauerzustand werden. Daher muss sich ein solcher Mensch vor einem Helfersyndrom hüten. **Die Lebenszahl 6 versucht, an Idealen festzuhalten, sollte sich dabei aber innerhalb annehmba-**

rer Grenzen bewegen und anerkennen, dass nicht jede/r die gleichen Prinzipien haben muss.

Der Lebensweg dieser Zahl ist von Verantwortung sowie der Suche nach Harmonie und Sicherheit geprägt. Die ethischen Werte der Familie, die zwischenmenschliche Beziehungen regeln, sind wichtige Orientierungen im Leben dieser Personen. Die Ideale der Liebe und der Hilfsbereitschaft begleiten stets ihren Lebensweg. Sie sind bereit, andere zu unterstützen, ihnen zu helfen und zu dienen. Ebenso wie die Werte der Familie achten diese Menschen jene der Ehe; in der Wahl ihrer LebenspartnerInnen agieren sie intuitiv und vorsichtig. Ein inneres und äußeres Zuhause für sich zu schaffen, in dem ihre Gedanken ruhen können und in dem ein inneres Gleichgewicht herrscht, ist für sie von großer Wichtigkeit. Aber auch ein äußeres Heim voller Wärme und Herzlichkeit, in dem sie sich wohlfühlen, ist für diese Menschen von immenser Bedeutung. Der 6er handelt stets altruistisch, ist tolerant, kreativ, sensibel, offen und zugänglich für seine Mitmenschen. Er fühlt sich zu charismatischen Persönlichkeiten hingezogen, strahlt aber auch selbst Lebensfreude und Kraft aus. Das Umfeld genießt die Gesellschaft und Weisheit dieser Lebenszahl.

Diese Menschen verhalten sich in der Familie oder in der Arbeit oft wie TherapeutInnen. Sie sind sehr einfühlsam, sodass es ihnen gelingt, mit ihrer Empathie ein Umfeld der Geborgenheit für den menschlichen Austausch zu schaffen. Diplomatie und Kommunikationsfähigkeit kennzeichnen ihre Beziehungen. Sie tendieren oft dazu, für andere Menschen Verantwortung zu übernehmen. Die Hauptaufgabe des 6ers ist es, Nein sagen zu lernen. Zu seinen Fähigkeiten zählt u. a. große Kreativität. Ausgesprochen idealistisch eingestellt, zieht er sich zurück und leidet, wenn die anderen nicht seinen Werten und Vorstellungen entsprechen. Oftmals wirkt sein starkes Bedürfnis nach Harmonie und Frieden einschränkend und verursacht in ihm eine tiefe Traurigkeit.

Menschen mit der Lebenszahl 6 sind extrovertiert, sehr sozial und stets auf der Suche nach Gleichgesinnten. Sie brauchen ein bewegtes soziales Leben um sich und zwischenmenschliche Beziehungen, die offen sowie herzlich sind und eine gewisse Regelmäßigkeit aufweisen. Wenn Mitmenschen ihre Großzügigkeit nicht erwidern, sind die 6er-Persönlichkeiten oft enttäuscht. HelferIn und ErzieherIn sind Rollen, die gut zu ihnen passen. Sie sind bereit, andere zu unterstützen, zu begleiten, ihnen in schwierigen Zeiten zu helfen und teilweise für sie Verantwortung zu übernehmen. Die Menschheit sieht der 6er als große Familie, an die er seine Werte weitergeben möchte. Sein großer Wunsch besteht darin, dass die Menschen herzlicher miteinander umgehen. Aus diesem Grund arbeitet er häufig sowohl in sozialen Bereichen als auch ehrenamtlich für Vereine, die versuchen, die Welt humaner zu gestalten, um anderen Menschen das Leben zu erleichtern. Oft fällt es ihm schwer, nur Leichtigkeit zu leben und Spaß zu empfinden, ohne einen tieferen Hintergrund zu haben oder produktiv zu sein.

Familienthema der Ursprungsfamilie

In der Familie suchen diese Personen Geborgenheit und Sicherheit. Sie brauchen ein glückliches familiäres Umfeld, sonst neigen sie dazu, die Spannungen und Probleme des Familiensystems zu tragen. Nur durch einen klaren Abnabelungsprozess können sie ihre Talente verwirklichen.

Lebensphasen

Diese sensible Persönlichkeit benötigt **in der Kindheit** innerhalb der Familie viel Harmonie und Ruhe; auch braucht sie viele Umarmungen und Berührungen. **Eine Bestätigung, dass es gut und hilfreich ist, was es für seine Familie tut, ist für das 6er-Kind unverzichtbar.** Es empfindet die Gefühle der anderen und spürt, wie es ihnen geht. Oft findet es sich in Resonanz mit dem seelischen Zustand der Eltern und zeigt auf, was die Erwachsenen im Familienkreis zu verdrängen versuchen. Es ist bedeutungsvoll, auf seine Mimik und Gestik zu achten. Dieses Kind ist meist wie ein kleiner Erwachsener. Wichtig ist, ihm die Sicherheit zu geben, dass alles in Ordnung ist, und falls Probleme oder Unstimmigkeiten die Familie stören, ihm diese auf kindgerechte Art zu vermitteln. Probleme zu verstecken würde die Lage verschlimmern, da das Kind in seiner Sensibilität ein schlechtes Gefühl haben und eventuell von unklaren Ängsten und Sorgen wegen der unausgesprochenen Konflikte geplagt werden könnte.

In der Pubertät sind die jungen 6er oft hin- und hergerissen zwischen Familie und FreundInnen, da sie zu allen hundertprozentig stehen wollen. Als Pubertierende brauchen sie viel Ruhe und Harmonie. In dieser Phase wäre es wichtig, dass die Familie bzw. die Eltern diesen jungen Menschen ins Leben „hinaus"begleiten und motivieren, sich für Freundschaften zu interessieren und auch eine Liebesbeziehung zu leben, damit er seine soziale Kompetenz entfalten kann. Die Eltern sollen den jungen Menschen entlasten und ihm das Gefühl geben, dass er „hinaus"gehen und beginnen darf, sein eigenes Leben zu gestalten.

Zwischen 20 und 22 Jahren ist es für ihn entscheidend, sich Zeit für Selbstreflexion oder für einen Rückzug zu nehmen. Der 6er weiß meist nicht gleich, was er im Leben machen soll. Ein Auslandsaufenthalt oder die Teilnahme an einem Projekt zwischen Matura und Studienbeginn wären gut für ihn. Heil- und Sozialberufe sind oft sehr geeignet für diese Persönlichkeit und verhelfen ihr zu der Möglichkeit, ihre Ideale und ihre soziale Einstellung zu leben.

Zwischen 20 und 30 Jahren befindet sich diese Person in vielen Fällen **in einem verspäteten Abnabelungsprozess von der Stammfamilie.** Manchmal empfindet sie recht früh das Bedürfnis, eine eigene Familie zu gründen. Dennoch spürt sie eine gewisse Verpflichtung der eigenen Stammfamilie gegenüber. Oft fühlt sie sich dabei hin- und hergerissen, einerseits den eigenen Weg zu gehen, andererseits für die Familie Verantwortung zu tragen. In diesem Fall sollte sie therapeutische Hilfe in Anspruch nehmen und die Abnabelung von der Stammfamilie einleiten. Es ist für Eltern empfehlenswert, den jungen Menschen darin zu unterstützen, seinen Weg zu gehen, wenn dies in der Pubertät noch nicht passiert ist.

Bis zum 35. Lebensjahr erleben die oft schon sehr reifen 6er **eine Lebenskrise, die sie dazu bringt, Bilanz zu ziehen.** Durch diesen Einschnitt erkennen zahlreiche 6er-Menschen, dass sie bisher ohne Rücksicht auf die eigenen Reserven zu viel gegeben haben. In einer anschließenden Rückzugsphase füllen sie dann die leeren Speicher wieder auf. In dieser Zeit fühlen sie sich oft traurig, nicht wahrgenommen und teilweise „ausgenützt". Dadurch verändern sich auch meistens die zwischenmenschlichen Beziehungen: Manche lösen sich auf, manche werden tiefer. Ein Klärungsprozess begleitet diesen Lebensabschnitt. Menschen mit der Lebenszahl 6 ziehen in ihrem Bedürfnis nach Abgrenzung neue Menschen an. Sie verlassen auf diese Weise alte Beziehungsmuster und werden dadurch offen für neue Verbindungen zu Personen, die ihre Bedürfnisse respektieren. In dieser Phase ist es wichtig, dass sie in ihren Partnerschaften neue Konstellationen finden, da die innere Unruhe der 6er zur Isolation ihrer PartnerInnen führen kann.

Zwischen 35 und 40 Jahren hat diese Persönlichkeit gelernt, Grenzen zu setzen und auf sich zu achten. Auch hat sie einen Bereich in ihrem sozialen Umfeld gefunden, in dem sie der Menschheit dienen kann. Sie wünscht sich eine bessere Welt.

Meistens findet der 6er, **der eine starke soziale Ader hat,** bis **SPÄTESTENS IM ALTER VON 40 JAHREN** die Möglichkeit, **Menschen zu unterstützen und sich für soziale Ziele einzusetzen.** Dies ist für ihn wertvoll, denn es erlaubt ihm, ein gutes Gefühl zu haben und das Leben ohne schlechtes Gewissen genießen zu können. In dieser Zeit ist der 6er-Mensch so weit, dass er sich abgrenzen kann. Er kann Familie, Partnerschaft und Arbeit genießen, achtet aber auch auf sich selbst. In späteren Lebensphasen lebt er die Archetypen des Lehrers und des Helfers. Er ist bereit, Zeit mit Kindern oder jungen Menschen zu verbringen, um seine Lebenserfahrung und gewonnene Weisheit weiterzugeben. **AB DER MITTE DES LEBENS** und fast bis an sein Lebensende ist er dazu berufen, sich sowohl um seine Familie zu kümmern und eine Brücke zwischen den Generationen zu bilden als auch seine Partnerschaft zu entwickeln. Die geklärte und ausgeglichene 6er-Persönlichkeit ist bis ans Ende ihrer Tage sehr sozial und aufgeschlossen und liebt ein offenes Haus. Sie versucht, die gesamte Familie und den Freundeskreis um sich zu versammeln und bei allen darauf zu achten, wie es ihnen geht und was sie brauchen. Wenn die Person ihre Muster nicht gelöst hat, dann zieht sie sich im Alter zurück und klammert sich an vergangene Verletzungen oder an die „schönen alten Zeiten".

Denkmuster & Verhaltensstrategie mit Lösungsansätzen

Folgende Glaubenssätze beschreiben die innere Prägung eines 6ers durch seine Glaubens- und Verhaltensmuster:

- *Ich bin für alles verantwortlich.*
- *Ich muss helfen, denn ohne mich finden die anderen keine Lösung.*
- *Ich habe zu wenig gegeben, getan …*

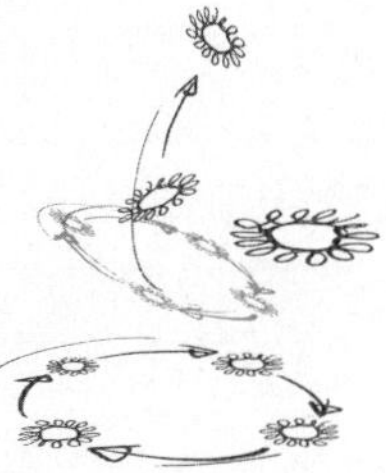

Die Lebenszahl 6 kann oft nur schwer Grenzen setzen, weil sie aufgrund ihrer Persönlichkeit ein ausgeprägtes Verantwortungsbewusstsein empfindet. Schon in der Stammfamilie ist das Kind in die Probleme seiner Eltern involviert. Es kann schwer von den Eltern loslassen und erst glücklich sein, wenn es das Gefühl hat, dass seine Familie glücklich und in Harmonie ist. Es entwickelt das Muster, Verantwortung für andere Menschen zu übernehmen, und kann schwer Nein sagen. Eigene Interessen und Bedürfnisse werden meist vernachlässigt, um andere unterstützen zu können.

Die 6er-Persönlichkeit begleiten oft Schuldgefühle. Wenn sie hilft, trifft sie häufig auf Menschen, die wenig Selbstwertgefühl haben und sehr bedürftig sind. **Aus diesem Grund kann es sein, dass diese Person das Gefühl hat, rund um die Uhr für die anderen da sein zu müssen.** Weil der 6er den Mitmenschen nicht immer so helfen kann, wie diese sich das vorstellen oder wie er es gerne tun würde, empfindet er Schuldgefühle, deren Entstehung meist bereits in der Kindheit liegt. Er braucht oft einige Jahre, um zu verstehen, dass andere Menschen manchmal die eigenen Schwierigkeiten benutzen, um Aufmerksamkeit und Liebe zu bekommen. In den seltensten Fällen sind diese bereit, sich von ihren Problemen zu befreien und selbst Verantwortung zu übernehmen. Dieses Muster loszulassen würde bedeuten, dass der 6er seine Schwächen und Grenzen zugeben müsste. Das ist jedoch schwierig, weil er sein Selbstwertgefühl darauf aufgebaut hat, von anderen gebraucht zu werden.

Der erste Schritt zur Lösung ist für diesen Menschen, auf die eigenen Bedürfnisse zu hören und regelmäßig aufzuschreiben, was er braucht und was ihm Freude bereitet. Es ist wesentlich, dass er sich dabei Zeit lässt, wenn er Nein zu sagen lernt, und dass er Möglichkeiten findet, allein zu sein und sich mit sich selbst zu beschäftigen. Von großer Bedeutung wäre, dass er sich mit seinem Inneren Kind befasst. Dazu könnte er etwa ein Kinderfoto von sich auf das Nachtkästchen stellen, damit er sein Inneres Kind, seine Spontanität und Lebensfreude nicht aus den Augen verliert. Er sollte erkennen, dass man anderen Menschen am besten helfen kann, indem man sie motiviert, die Eigenverantwortung zu übernehmen, und ihnen Instrumente gibt, die es ihnen ermöglichen, selbstständig zu werden und selbst Lösungen für die eigenen Probleme zu finden.

Um diese Muster zu lösen, sollte der 6er darauf achten, dass er bewusst seine Bedürfnisse mitteilt. Er hat oft Angst, die Liebe der anderen zu verlieren, wenn er beginnt, Nein zu sagen. Solch eine Veränderung hin zur Abgrenzung soll möglichst behutsam durchgeführt werden, denn dadurch gewinnt dieser Mensch langsam an Sicherheit und fühlt bewusst seine Kraft, ohne allzu viel Widerstand im Außen zu bewirken. Seine Familie und FreundInnen werden von seiner Wandlung sehr überrascht sein.

Fragen zur Selbstreflexion

- *Kann ich mich abgrenzen?*
- *Wie oft nehme ich mir Zeit für mich?*
- *Kann ich über meine Gefühle sprechen? Kann ich meine Bedürfnisse mitteilen?*
- *Ist es für mich möglich, anderen Menschen Verantwortung zu übergeben und mich dadurch von ihr zu befreien?*
- *Ist es für mich möglich, Augenblicke meines Lebens allein zu genießen, ohne Schuldgefühle zu empfinden?*
- *Fühle ich mich schuldig, wenn ich etwas bekomme?*

Meditationsübung

Lichtvolle Wurzeln | Diese Übung hilft, sich mit dem Gefühl der Präsenz und der Erdung zu verbinden. Es ist optimal, sie regelmäßig, mindestens jedoch einmal in der Woche durchzuführen. Sie wirkt, wenn man sie zwölf Wochen lang anwendet.

Nehmen Sie sich eine halbe Stunde Zeit, entspannen Sie sich und suchen Sie sich einen bequemen Ort, um diese Übung durchzuführen. Atmen Sie bewusst und entspannt einige Minuten lang ein und aus. Spüren Sie bewusst, wie die Luft Ihre

Lungen erfüllt und wieder verlässt und wie Sie mit jedem Atemzug entspannter werden. Spüren Sie Ihr Herz und Ihren Herzschlag. Legen Sie langsam beide Hände auf Ihr Herz und spüren Sie den Herzschlag. Fühlen Sie jetzt, wie Sie zu einem Baum, einem großen, starken Baum werden. Sie sind auf einer schönen Wiese und fühlen sich kraftvoll. Sie sind barfuß auf der Wiese. Fühlen Sie die Verbindung zwischen Ihren Füßen und der Erde. Schlagen Sie tiefe Wurzeln in die Erde. Durch diese Wurzeln fließt ein orangefarbenes Licht, weiter hinauf über die Beine bis zu Ihrem Bauch. Fühlen Sie, wie Sie Nahrung aus der Erde gewinnen und wie Ihre Beine langsam zum Stamm eines kraftvollen, souveränen Baumes werden. Sie wachsen und aus Ihrem Kopf erstreckt sich langsam eine sanfte, strahlende Baumkrone. Die Baumkrone erweitert sich und Ihr Körper wird langsam zu einem Stamm. Aus der Baumkrone fließt nach unten ein blaues Licht in Ihren Körper, durch den Hals, durch den Rumpf bis in den Bauch und vermischt sich in Ihrer Mitte mit dem orangefarbenen Licht, das aus der Erde hinaufströmt. Aus der Verbindung dieser beiden Farben entsteht eine leuchtende Flamme, die in Ihrer Mitte brennt und strahlt und später in Ihrem Herzen glänzt. Spüren Sie sich als starken Baum zwischen Himmel und Erde. Verbinden Sie diese beiden Prinzipien von Himmel und Erde. Halten Sie Ihren Kopf und Ihre Wirbelsäule aufrecht. Fühlen Sie jetzt, dass Sie das Recht haben, sich zu lieben und glücklich zu sein. Diese Liebe fließt durch Ihr Herz und wird eins mit Ihrem Körper. Langsam richten Sie Ihre Aufmerksamkeit auf das Jetzt. Spüren Sie bewusst, dass Ihnen die Liebe, die Sie in sich tragen, immer begegnen wird.

Affirmationen

- *Ich liebe und werde geliebt, so wie ich bin.*
- *Ich gebe und bekomme Liebe.*
- *Ich lasse mich von meiner Intuition führen.*
- *Ich bin immer frei, einen neuen Weg zu wählen.*
- *Ich liebe mich so, wie ich kann, und jeden Tag wird meine Liebe mehr.*

Wurzelzahlen

15/6 Diese Lebenszahl zeichnet ein Individuum aus, das zwei Polaritäten lebt: zum einen Selbstständigkeit und Freiheit und zum anderen Hilfsbereitschaft und das Bedürfnis, andere Menschen zu unterstützen und ihnen zu helfen.

Die 15/6-Persönlichkeit ist oft hin- und hergerissen. Einerseits braucht sie viel Zeit für sich, liebt es zu reisen und neue Leute kennenzulernen, denn solch ein abwechslungsreiches Leben hilft ihr, sich gut zu fühlen. Andererseits spürt sie aber auch eine starke Verbindung zur Familie, zu den Traditionen, in die sie geboren ist. Diesen Menschen fällt es sehr schwer, den eigenen Weg zu gehen und zu tun, was sie wollen, solange sie es nicht schaffen, sich abzugrenzen. Daher müssen sie im Alter zwischen 30 und 35 Jahren unbedingt lernen, Grenzen zu setzen, um das eigene Leben leben zu können. Im Außen höchst diplomatisch, sind sie jedoch im Inneren sehr unruhig und können ihr Unbehagen und Unwohlsein nicht zum

Ausdruck bringen. Wenn sie nicht auf sich achten, kommt es oft zu Erschöpfung oder zu einem Zusammenbruch. Erst durch eine extreme Situation sind sie in der Lage zu erkennen, dass sie Ruhe und Zeit für sich brauchen.

Ein Mensch mit der Zahl 15/6 kann Unterstützung für seine persönliche Entwicklung durch Bewegung, Tanzen, Reisen, autogenes Training oder eine systemische Familientherapie bekommen.

24/6 Diese Schwingung ist harmonisch und ausgeglichen. Die Person verspürt einen inneren Drang zu Ordnung und Harmonie. Sie ist sehr empathisch und empfindet die Bedürfnisse der anderen. Da sie Menschen gut begleiten kann, eignet sie sich bestens als Coach. Ohne sich aufzudrängen, hilft sie anderen, den eigenen Weg zu finden, und kann Hilfestellungen geben. Die Zahl 24/6 hat ein natürliches Harmoniebedürfnis. Zwar lernt sie schon in jungen Jahren, sich abzugrenzen, trotzdem hat sie eine gute Verbindung zur Stammfamilie. Diese sensible Persönlichkeit ist dazu fähig, belastende Beziehungen abzubrechen, aber sie trägt oft noch die Spuren der Vergangenheit in sich. In solch einem Fall ist es von Bedeutung, das Geschehene loszulassen und, wenn es allein nicht gelingt, eine therapeutische Begleitung in Anspruch zu nehmen. Der Mensch mit der Lebenszahl 24/6 ist besonders geeignet für Heilberufe und soziale Tätigkeiten. Oftmals versucht er, diplomatisch zu sein, um andere nicht zu beleidigen oder zu verletzen. Er sollte auf jeden Fall auf seine Intuition hören und jenen Menschen, die eine starke Bedürftigkeit zeigen, klare Grenzen setzen.

42/6 Innere Ausgeglichenheit ist ein typisches Kennzeichen der Menschen mit dieser Lebenszahl. **Sie sind überaus geduldig und brauchen viel Harmonie und Ruhe in ihrem Leben.** Manchmal zeigen sie eine gewisse Starrheit und sind sehr von ihrer Meinung überzeugt. Sie sind hilfsbereit, können viel Verantwortung für andere übernehmen und unterstützen sie auch gerne. Oft entwickeln sie das Verhaltensmuster, dass sie besonders dann mit Freude helfen, wenn man ihren Vorstellungen gemäß funktioniert. Denn sie können nur schwer eine Welt akzeptieren, die nicht ihren Erwartungen entspricht. Diplomatie, Toleranz und Zeit für sich selbst sind wichtige Aspekte, die diesen Menschen erlauben, ein gelassenes und entspanntes Leben zu führen. Die 42/6-Persönlichkeit hat einen inneren Drang zur Ordnung und eine sanfte und sympathische Ausstrahlung. Wenn es ihr gelingt, eine gewisse Lockerheit und Gelassenheit zu entwickeln, kann sie ein erfülltes und erfolgreiches soziales Leben führen. Sie ist zum einen bestens geeignet für Heilberufe, in denen sich soziale und wirtschaftliche Anforderungen verbinden, und zeigt zum anderen auch ausgeprägte Führungsqualitäten.

Lebenszahl 7

Die Suche nach dem tiefen Sinn des Lebens

LEBENSZAHL 7 – DIE SUCHE NACH DEM TIEFEN SINN DES LEBENS

Persönlichkeitsbeschreibung

Die Lebenszahl 7 gilt in der numerologischen Tradition als spirituelle Zahl. Sie markiert das Ende der Weltschöpfung, an dem Gott mit dem Ergebnis zufrieden war. Der 7er ist ein spirituelles Wesen, ein Mensch, der Fleiß und Gelassenheit in sich trägt. **Erfüllt von Zufriedenheit, beobachtet er das Leben und versucht, dessen unsichtbare Gesetze zu entdecken. In ihm verbindet sich eine ausgeprägte, klare Intuition mit einem analytischen Verstand.**

Die Menschen mit der Lebenszahl 7 sind intellektuell und tiefgründig. Im ersten Moment wirken sie eher introvertiert und beinahe aristokratisch. Teilweise schüchtern und reserviert, sind sie aber auch verständnisvoll und manchmal perfektionistisch. Sie verlangen von ihren Mitmenschen Präsenz und Aufmerksamkeit, geben aber auch selbst viel Liebe und Unterstützung und erweisen sich aufgrund ihrer inneren, angeborenen Weisheit als wertvolle Begleitung.

Sowohl die Aufmerksamkeit und das Verständnis dieser Persönlichkeit als auch ihr Fleiß und ihre Gelehrsamkeit mögen oftmals als Zeichen von Pedanterie und Humorlosigkeit erscheinen. Ihre Zufriedenheit könnte auch als Selbstgefälligkeit ausgelegt werden. Oftmals führt die Verbindung aus analytischem Verstand, intuitiven Fähigkeiten und ruhigem

Auftreten die 7er-Menschen dazu, eher passiv zu beobachten, statt sich aktiv zu beteiligen, oder sie üben sich eher in übertriebener Zurückgezogenheit als in verbindlicher Freundlichkeit. Jedoch dürfen diese DenkerInnen nicht zu TräumerInnen werden, denn der außergewöhnliche Verstand und der ausgeprägte Idealismus sind auf die Freundlichkeit anderer angewiesen.

Die Lebenszahl 7 muss ihre Fähigkeiten offen zeigen, statt sie im Verborgenen zu leben. Ihre Analysen werden am leichtesten akzeptiert, wenn damit spürbare Sympathie und Zuneigung einhergehen. Auf jeden Fall sollten ihren nachdenklichen Betrachtungen auch Taten folgen.

Die Lebenszahl 7 ist mit der Schwingung von Spiritualität und Kraft verbunden. Sie folgt dem Weg der Weisheit und des Wissens. Diese Persönlichkeit ist sehr reflektiert und braucht viel Zeit für sich und die Beobachtung des Lebens. Da sie sich oft mit dem Sinn ihres Daseins beschäftigt, fühlt sie sich zu Themen wie Spiritualität, Religion und Metaphysik hingezogen. In ihrem Leben entwickelt sich bereits in jungen Jahren ein intensives Bedürfnis, die Welt besser verstehen zu wollen und zu erkennen, wie Menschen miteinander leben und welche spirituellen Gesetze die zwischenmenschlichen Beziehungen und die Seele regeln. Diese Menschen sind PionierInnen, DenkerInnen, Weise. Theorie und Praxis sind für sie gleichermaßen interessant. Durch ihre schnelle Auffassungsgabe, mit der sie Zusammenhänge zu erkennen vermögen, können sie Wissen rasch umsetzen und anwenden. Da sie manchmal einen Schritt zurück machen und das

Leben aus der Distanz beobachten, vermitteln sie nach außen hin zuweilen den Eindruck, unnahbar und kühl zu sein. Der 7er besitzt jedoch die Fähigkeit, Gefühle und Emotionen intensiv wahrzunehmen und zu spüren. Diese innere Leidenschaft zeigt er aber selten im Außen. In der Begegnung mit Menschen, die geduldig sind und ihn kennenlernen möchten, kann er sich indessen gut öffnen. Die 7er-Persönlichkeit braucht viel Zeit für sich. Ihre seelische Aufgabe ist es, eine konstruktive Einsamkeit zu erfahren, deshalb benötigt sie, um ausgeglichen zu sein, eine Umgebung in großer Stille. Sie bedarf ihrer privaten, ruhigen Insel, um Kraft zu tanken und um dann wieder unter Menschen sein zu können. Diese Person hat eine scharfe Beobachtungsgabe. Methodisch und gut organisiert, kann sie perfekt planen und Projekte – lang- oder kurzfristige – zu Ende führen; ebenso erreicht sie gesteckte Ziele mit Gelassenheit und voller Kraft. Menschen mit der Zahl 7 reisen mit innerer Ruhe und der Einstellung von Suchenden durchs Leben; diese Suche vollzieht sich vielfach in großer Stille. Sie lassen sich vom Leben führen, können jedoch Dinge, Menschen und Situationen, von denen sie auf ihrem Weg begleitet werden, nicht leicht loslassen.

Sie suchen in ihrem Leben FreundInnen, PartnerInnen und Gleichgesinnte, die mit ihnen das Interesse für Spiritualität und Wissen teilen und für einen tieferen zwischenmenschlichen Austausch zugänglich sind. Sie öffnen sich Menschen, die neugierig und selbstständig sind. Im Alltag wirkt der 7er oft geistig abwesend, es fällt ihm schwer, sich mit Kleinkram zu beschäftigen. Andererseits beweist er eine ruhige, methodische Art, Alltägliches zu erledigen. Diese Menschen sind sehr anpassungsfähig und können mit viel Ruhe ihre Pflicht erfüllen. Danach ziehen sie sich – fast mit Leidenschaft – in ihre eigene Welt zurück. Um bei sich Einkehr zu halten, brauchen die 7er einen Platz in der Natur, an dem es ihnen möglich ist, zu sich zu finden, sich wieder zu spüren und mit sich allein zu sein.

In zwischenmenschlichen Beziehungen sind diese Persönlichkeiten vorsichtig. Am Anfang benötigen sie oft etwas Zeit und bleiben zunächst in der Beobachterrolle. Sie lassen zuerst die anderen handeln und warten, dass diese auf sie zugehen. Sie sind offen für tiefe Beziehungen, versuchen aber, oberflächliche Verbindungen zu vermeiden. Manchmal wird diese Einstellung von außen falsch interpretiert, indem sie fälschlich als eitel und distanziert eingeschätzt werden.

Familienthema der Ursprungsfamilie

Das zentrale Thema der Lebenszahl 7 ist das Loslassen von alten und einschränkenden Glaubenssätzen und Verhaltensmustern der Eltern und anderer Vorfahren. Der 7er-Mensch begreift, dass die Ereignisse und Erfahrungen in seinem Leben, auch wenn sie unangenehm und schmerzhaft sind, eine tiefere Bedeutung für seine spirituelle Entwicklung haben. Er versteht, dass sich alle, auch die Angehörigen seiner Familie, in ihrem eigenen Tempo entwickeln dürfen und er in dieser Hinsicht geduldig sein muss. Außerdem sollte er erkennen, dass er nicht jeden „retten“ kann.

Lebensphasen

In seiner Kindheit ist die 7er-Persönlichkeit oft ruhig und spielt gerne allein. **Dieses Kind braucht Eltern, die es unterstützen, nicht nur in seinem Wissensdurst, sondern auch in allen anderen Lebensfragen.** Sowohl das Spiel mit Gleichaltrigen als auch die Durchführung von spielerischen und einfachen Tätigkeiten wirken sich auf das Kind positiv aus.

In der Pubertät neigt der 7er dazu, Freundschaften mit älteren Menschen zu schließen. Er verbringt gerne Zeit mit Erwachsenen, zum Beispiel mit den Großeltern, denen er bereitwillig zuhört, wenn sie von ihrem Leben erzählen. Diese Jugendlichen sind oft sehr still, können aber gut beobachten. Sie überraschen Erwachsene vielfach mit „reifen" Kommentaren. Der 7er braucht in der Kindheit und Jugend das Gefühl, ernst genommen zu werden. Wichtig ist für den jungen Menschen die Unterstützung, wenn er sich zu spüren lernt und wenn er die Frage zu klären sucht, wer er eigentlich ist.

Zwischen 20 und 25 Jahren beginnt diese Person, über das Leben und die Gesellschaft zu reflektieren. In dieser Phase fällt es ihr schwer, den richtigen Berufsweg einzuschlagen. Sie möchte etwas Nützliches tun und gleichzeitig ihr Wissen und ihre Neugier befriedigen. Oftmals entscheidet sich der 7er in dieser Situation für einen Beruf, den er dann später wechselt. Er ist gut geeignet für soziale Arbeit und eine therapeutische Tätigkeit. Erst spät entdeckt er seine Berufung für soziale und erzieherische Funktionen.

Ein Wendepunkt im Leben der 7er-Menschen liegt **im Alter zwischen 29 und 31 Jahren.** In dieser Zeit gehen sie neue Wege. Sie geraten in eine leichte persönliche Krise und leiten in jedem Bereich ihres Lebens Veränderungen ein. Sehr oft nimmt der berufliche Weg nun einen anderen Verlauf. In dieser Phase benötigt der 7er viel Zeit für sich, um sich zurückzuziehen und zu verstehen, wohin er in seinem Leben will. In diesem Zustand versucht er, auf die eigene Intuition zu hören, und lässt sich nicht gerne von außen beraten oder führen. Bereits in diesem Alter entwickelt er ein großes Interesse für Gebiete, die mit Spiritualität und Metaphysik zu tun haben. Ebenso beginnt er sich in dieser Zeit darüber Gedanken zu machen, ob das Thema Partnerschaft und Beziehung schon wichtig für ihn ist.

Die Persönlichkeiten mit der Zahl 7 sind **etwa ab dem 36. Lebensjahr** bereit, sich auf eine Partnerschaft einzulassen, und fühlen sich erst dann in der Lage, eine dauerhafte Beziehung zu führen. Die Welt der PartnerInnen ist für die 7er sehr wichtig. **Sie suchen Menschen, von denen sie sich verstanden fühlen und die mit ihnen die Suche nach Spiritualität und einer bewussten Lebensführung teilen.** Die PartnerInnen müssen lernen, Geduld zu haben und loslassen zu können, denn die 7er brauchen immer wieder Zeit für sich selbst und nehmen diese auch in Anspruch, um sich zurückzuziehen und Kraft zu tanken.

Zwischen 40 und 47 Jahren beginnen diese Menschen sehr oft, mehr Zeit mit sich selbst zu verbringen. Sie fühlen sich immer stärker zu spirituellen Themen und Selbsterfahrungsprozessen hingezogen. In dieser Phase des Lebens macht der 7er einen Klärungsprozess durch, der ihn motiviert, seine Vergangenheit zu analysieren, mit allem, was nicht mehr aktuell ist, abzuschließen und das Unerledigte zu lösen. In dieser Klärungsphase werden sämtliche Beziehungen überdacht und es wird Platz für Neues geschaffen, also eine Bilanz vor allem des persönlichen Lebens gezogen. In diesem Lebensabschnitt verändern sich für die 7er-Menschen oft auch Wohnort und Freundeskreis, ebenso stellt sich in der Partnerschaft vielfach eine neue Dynamik auf der Beziehungsebene ein. Die Folge davon ist eine intensive Auseinandersetzung mit den eigenen Werten und der individuellen Weltanschauung. Der 7er will viel Zeit mit seiner Familie, besonders mit den Kindern, und mit seinen FreundInnen verbringen. Die zwischenmenschlichen Beziehungen stehen stets an erster Stelle.

Ab etwa 55 Jahren haben diese Persönlichkeiten der Lebenszahl 7 ihren Platz gefunden und ihre Werte gefestigt. Um den geistigen Horizont zu erweitern, sind sie aber immer auf der Suche nach neuen Impulsen. Sie interessieren sich sehr stark für Spiritualität, eventuell mit fernöstlichen Bezügen, oder für kulturelle Anthropologie und Soziologie. **Reisen mit spirituellem Hintergrund oder Weiterbildung zu diesen Themen können die 7er-Menschen motivieren, einen Weg als spirituelle BegleiterInnen oder TherapeutInnen einzuschlagen.**

Denkmuster & Verhaltensstrategie mit Lösungsansätzen

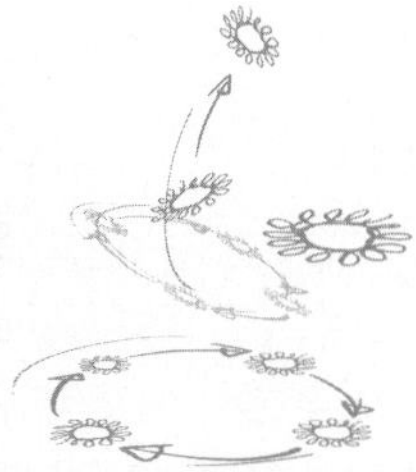

Die Lebensmuster des 7ers drücken sich in folgenden Glaubenssätzen aus:

- *Ich erkenne die Zusammenhänge dieser Situation nicht und muss darüber nachdenken. Ich handle nicht, ohne es verstanden zu haben.*
- *Lieber später als jetzt.*
- *Wenn ich Klarheit in der gerade anstehenden Sache habe, kann ich leichter loslassen.*
- *Ich brauche meine Ruhe und ziehe mich zurück.*
- *Ich helfe dir.*
- *Ich will das Leben verstehen und seinen Sinn für mich erkennen.*
- *Ich fühle mich „unrund", ich bin auf der Suche.*

Der 7er leidet manchmal unter Perfektionismus, eine Eigenschaft, die er mit Selbstironie und Gelassenheit betrachten kann. **Sehr oft sucht diese Person die absolute Wahrheit und entwickelt auf diesem Weg eine gewisse Starrheit.** Sie wird sehr kopflastig und agiert abgeschnitten von den eigenen Gefühlen. Sie sucht nach jenem Ideal, das ihr das Gefühl vermittelt, dass alles, was sie tut, richtig ist. Auf gewisse Weise strebt sie nach einer universellen Wahrheit, die ihr erlaubt, den tiefen Sinn des Lebens zu erkennen. Darum fühlt sich diese Persönlichkeit manchmal, vor allem in Lebensphasen, in denen sie emotional überfordert ist, einsam und isoliert. Es fällt ihr dann schwer, in Kontakt mit den Mitmenschen zu treten. Wenn sie in dieser Suche nach der absoluten Wahrheit gefangen bleibt, wird sie Opfer ihres Perfektionismus und ihrer kritischen Haltung dem Umfeld gegenüber.

Somit ist das Grundmuster, das bei einem 7er wirkt, die Tendenz zum Perfektionismus, die letztendlich aus seiner inneren Isolation kommt. Er trägt in sich das Bedürfnis, die Weisheit in seinem Inneren zu leben. Nur manchmal begibt er sich einen Schritt zurück in die Beobachterrolle und versucht dadurch, die Menschheit und das Leben an sich zu spüren, vor allem aber zu analysieren und eine gewisse Regelmäßigkeit im Geschehen des Alltags zu finden.

Diese Menschen sind sehr sensibel. Man kann sie durch einen falschen Blick oder ein unbedachtes Wort leicht verletzen, jedoch lassen sie sich das nicht anmerken. Selten finden sie den Mut, offen zu erklären, was sie wirklich empfinden. **Zwischen 35 und 45 Jahren integrieren die 7er-Persönlichkeiten ihre innere Weisheit und erkennen, dass es im Leben unterschiedliche Wege gibt.** Sie sehen auch, dass alle ihr Bestes geben und dass jeder Mensch mehr oder weniger in seinen eigenen Mustern, seiner Bedürftigkeit und seinen Ängsten gefangen ist. Später erkennen sie, dass es keine absolute Wahrheit gibt, da diese nur auf der Ebene der Göttlichkeit oder der Metaphysik existiert. Auf der Erde hingegen ist die Wahrheit relativ.

Ab diesem Lernschritt nimmt die Lebenszahl 7 die Mitmenschen besser wahr, verspürt vor allen den gleichen Respekt und entwickelt eine ehrfurchtsvolle Achtung vor jeder Lebensform. Eine zweite Herausforderung bzw. ein Muster des

7ers ist die Suche nach intellektuellen Kategorien, die ihm die Welt beschreiben können. Doch diese Suche gibt er irgendwann im Laufe seines Lebens auf. Er wendet sich vom Intellektualisieren ab und widmet sich dem intuitiven Spüren spiritueller Gesetze. Und er nimmt wahr, dass jede/r von uns in unterschiedlicher Art und Weise Ausdruck der Göttlichkeit ist. Sein Bedürfnis, einen Zustand der inneren Ruhe und Stille zu erreichen, kann sich der 7er durch Yoga oder Meditation erfüllen. Bhakti Yoga – der Weg des Herzens – ist besonders geeignet für diese mystische Persönlichkeit mit der Lebenszahl 7.

Der 7er-Mensch sollte auf seine kritische – manchmal richtiggehend Fehler suchende – Einstellung achten. Es ist wesentlich für ihn, eine gewisse Akzeptanz zu entwickeln und die anderen so sein zu lassen, wie sie sind, aus der Annahme heraus, dass jeder Mensch sein Bestes tut und ein verletztes Inneres Kind hat. Das entschuldigt zwar nicht das Verhalten oder die Absichten der anderen, macht den 7er aber individuell freier und gewährt ihm die bewusste Entscheidung, wen er in sein Leben lässt. Er findet seine innere Ruhe und konstruktive Einsamkeit, wenn er sich mit der Qualität der Dankbarkeit beschäftigt.

Für die 7er-Persönlichkeiten ist es bedeutungsvoll, das Leben auch zu bewundern und sich für die Geschenke, die uns auf Erden gegeben werden, zu bedanken. Wenn sie sich auf die Vielfalt des Lebens konzentrieren, erfährt ihr Herz die Weite und Tiefe der Liebe. Für die 7er ist es befreiend, das Leben als große Bühne zu erkennen und aufgrund ihrer scharfen Beobachtungsgabe die Menschen zu sehen, ohne sie zu verurteilen, sondern vielmehr die Hintergründe ihres Handelns zu erkennen und Verständnis dafür zu zeigen. Die Persönlichkeiten mit der Lebenszahl 7 haben die schwierige Aufgabe, Kopf und Herz zu verbinden. Darum sollten sie sich mit ihrem Körper beschäftigen, meditieren und ihren eigenen Atemrhythmus spüren. Dies stellt eine große Hilfe dar, um Vertrauen zu gewinnen, Energie zu tanken und sich von der eigenen Intuition führen zu lassen. Sie sollten zu folgender Einsicht kommen: „Alles, was passiert, darf sein. Alles hat einen Sinn und ist notwendig."

Fragen zur Selbstreflexion

- *Was sind meine ethischen Werte?*
- *Was macht mich innerlich frei?*
- *Was bereitet mir Freude?*
- *Wie gehe ich auf Menschen zu?*
- *Was kann ich tun, um die Welt zu verbessern?*
- *Wie lebe ich meine Spiritualität?*

Meditationsübung

Die Schönheit des Lebens bewundern | ***Das Ziel dieser Übung ist, sich mit der Schönheit und der Kraft des Lebens zu verbinden. Die Meditation verhilft zu Entspannung und innerer Ruhe. Es ist empfehlenswert, die Übung ein- bis zweimal pro Woche am frühen Morgen und das zwölf Wochen lang durchzuführen.***

Suchen Sie sich einen ruhigen Ort. Wenn Sie ein Buch über Berge haben oder Fotos, die Berge darstellen, schauen Sie sich diese einige Minuten an. Es kann auch eine Ansichtskarte sein oder ein Foto von einem Ausflug in die Berge. Wenn Sie das Gefühl haben, mit dieser Erinnerung an die Berge und deren Energie verbunden zu sein, legen Sie sich hin und schließen Sie die Augen. Atmen Sie zehnmal tief in den Bauch und fünfmal tief in den Brustkorb ein. Entspannen Sie den ganzen Körper. Stellen Sie sich einen Berg vor. Spüren Sie den Berg. Verbinden Sie sich mit der Kraft, der Stabilität und mit der Erdung dieses Berges. In Ihrer Vorstellungskraft spüren Sie, wie der Berg Ruhe, Stille, Kraft, Ausdauer und Gelassenheit ausstrahlt und weitergibt. Verbinden Sie sich mit dem Berg. Spüren Sie seine Kraft.

Spüren Sie, wie der Berg Himmel und Erde mit seinem Dasein vereint. Tiefe Wurzeln reichen in die Erde, der Gipfel strebt Richtung Himmel. Visualisieren Sie sich selbst als Berg. Sie sind entspannt, gelassen und Sie spüren, wie Sie in Ihrem Inneren zu diesem Berg werden. Sie sind ein Berg zwischen Himmel und Erde. Von oben – ruhig und gelassen – beobachten Sie den Fluss des Lebens. Sie sind jetzt ein Berg und aus Ihnen, aus dem Berg, fließt Wasser, eine sprudelnde Quelle des Lebens und der Kraft. Diese Quelle wird zu einem jungen, ungestümen Bach.

Der Bach wird zu einem Fluss. Immer stärker und kraftvoller – ruhig an gewissen Stellen, jedoch lebendig, aktiv, voller Kraft an anderen. Beobachten Sie den Fluss, wie er sich sein Bett schafft und entspannt und gelassen weiter und weiter fließt. Spüren Sie die Kraft des Fließens in Ihrem Körper, in Ihrer Mitte. Bringen Sie die Hände zum Bauch, in den Bereich rund um den Nabel. Wiederholen Sie dreimal folgende Sätze: „Ich fließe mit dem Leben mit. Ich öffne mich. Ich mache mein Herz auf. Ich stehe zum Leben. Ich umarme das Leben. Ich lebe gerne."

Atmen Sie noch ein paarmal ruhig durch. Denken Sie an Ihr Leben. Verbinden Sie sich mit dem Gefühl der Dankbarkeit. Entspannen Sie sich und wenn es für Sie passt und es stimmig ist, machen Sie langsam die Augen auf.

Affirmationen

- *Ich vertraue dem Leben.*
- *Ich werde vom Leben getragen.*
- *Ich vertraue meiner Intuition.*
- *Ich verzeihe mir und meiner Vergangenheit.*
- *Ich bin erfüllt von Liebe und Dankbarkeit.*
- *Ich bin Ausdruck der Göttlichkeit.*

Wurzelzahlen

16/7 Diese Personen zeigen eine ausgeprägte Sensibilität und brauchen viel Zeit für sich allein. Schon in der Kindheit erweisen sie sich als selbstständig und sind EinzelgängerInnen. Sie versuchen immer, allein zurechtzukommen und Probleme eigenständig zu lösen. Im Außen sind sie sehr hilfsbereit und liebevolle ZuhörerInnen. Sie gehen achtsam mit Menschen um und zeigen sich anderen gegenüber äußerst verantwortungsbewusst und tolerant. Der Mensch mit der Zahl 16/7 weist im Inneren eine Widersprüchlichkeit auf: Einerseits will er für seine Mitmenschen präsent sein und sie unterstützen, da er sehr sozial ist. Er kommt bei ihnen gut an und hat eine positive Ausstrahlung. Andererseits braucht er viel Zeit und Ruhe für sich selbst. Dieser Zwiespalt bringt die Persönlichkeit manchmal in ein Ungleichgewicht. Dadurch übersieht sie oft, dass sie ihre Grenzen überschreitet. Dann verhält sie sich zuweilen kühl und distanziert, weil sie sich abzugrenzen versucht, um die eigenen Reserven wieder aufzutanken. Für diese Lebenszahl sind körperliche Bewegung und der Kontakt zur Natur unverzichtbar, um sich wohlzufühlen.

25/7 Empathie und Harmoniebedürftigkeit sind charakteristisch für diese Person. In der Kindheit fühlt sie sich oft am Rande des Familiensystems und ausgeschlossen, fast nicht gesehen von den anderen Familienmitgliedern. Durch ihre herzliche und liebevolle Art und Ausstrahlung kann sie im Laufe der Zeit einen wichtigen Platz in der Familie einnehmen und ihre Angehörigen zur Spiritualität bringen.

Häufig sind diese Persönlichkeiten schon in jungen Jahren wichtige inspirierende BegleiterInnen für die Familie, den Freundeskreis oder das berufliche Umfeld und leisten immer wieder Hilfestellung in der Lösung von Problemen aller Art. Sie sind gute RatgeberInnen, brauchen jedoch sehr viel Freiheit und Zeit für sich. Und es gelingt ihnen auch, sich diese Zeit zu nehmen. Sich im Freien aufzuhalten tut ihnen äußerst gut. Langsame, lange Spaziergänge in Verbindung mit der Schönheit der Natur sind für diese Lebenszahl von großer Bedeutung. Schönheit, Ästhetik, Farben, Musik und Kunst stellen ihr Lebenselixier dar. Darum ist es für sie entscheidend, diese Aspekte zu pflegen, damit sie sich wohlfühlen kann.

Dieser Mensch ist bereit, sein eigenes Wissen und seine Lebenserfahrung weiterzugeben. Die Teilnahme an Seminaren und Kursen oder auch die Einladung einer Freundesrunde ist ihm wichtig, damit er über verschiedene Themen diskutieren kann. Bei ihm wechseln Zeiten des Rückzugs bzw. der Reflexion mit Zeiten der Kommunikation bzw. der Verbundenheit mit seinem sozialen Umfeld, besonders mit seinem Freundeskreis und seiner Familie.

Es ist für diese Lebenszahl ein grundlegender Entwicklungsschritt, Toleranz zu lernen und die anderen so sein zu lassen, wie sie sind, ohne Lösungen erzwingen zu wollen. Sie muss lernen, darauf zu vertrauen, dass für jede/n der richtige Zeitpunkt zur Veränderung kommt.

34/7 **Diese Menschen sind strahlend, liebevoll und gelassen. Sie sind stets fleißig, gute OrganisatorInnen und können aufgrund ihrer Führungsqualitäten andere Menschen mitreißen und motivieren.** Sie finden nicht nur Zeit für die Arbeit, sondern genießen auch das Leben in all seinen Facetten, wobei sie sich oft zur Ruhe zurückziehen. Für den Menschen mit der Zahl 34/7 ist es sehr wichtig, Zeit für Spaß, Freude und Bewegung zu finden, auch wenn das in seiner Kindheit vom Umfeld nicht verstanden wird. Normalerweise liebt er jede Form von Tanz, ist gerne in Gesellschaft, genießt die kleinen Dinge des Lebens und kann eine kindliche Begeisterung für das Dasein zeigen. Er besitzt die Fähigkeit, sich gut abzugrenzen, und wirkt daher manchmal auf extrem bedürftige Menschen sehr kühl. Dennoch kann er andere intensiv wahrnehmen und ist bereit, ihnen zu helfen und sie zu unterstützen. Wenn er fühlt, dass die Zeit für Reflexion und Entspannung gekommen ist, kann er klare Grenzen setzen, die eigenen Bedürfnisse artikulieren und sich zurückziehen. Diese Personen lassen sich nicht leicht durch Lebensprobleme destabilisieren und sehen immer die positive Seite jeder Schwierigkeit. Da sie praxisorientiert sind, erscheinen diese Menschen oft ungeduldig, wenn man nicht auf den Punkt kommt. Am Anfang sind sie stets misstrauisch und vertrauen mehr auf Taten als auf Worte. Sie somatisieren leicht, können aber durch Entspannung und Bewegung heilen. In diesem Fall ist ihnen zu empfehlen, Dinge zu tun, die Freude machen.

43/7 Diese Zahl zeigt eine Persönlichkeit, die schon in der Kindheit sehr reif, selbstbewusst und fleißig ist. Sie entwickelt früh das Muster, für andere Verantwortung tragen und stets präsent sein zu müssen.

Diesem Menschen fällt es schwer, sich zu entspannen und das Leben zu genießen. Denn er empfindet dies manchmal als Zeitverlust und Mangel an Produktivität. Es ist wesentlich, dass er sich ab etwa 25 Jahren mit seiner Kindheit beschäftigt und sich im Rahmen einer Therapie seinem Familiensystem widmet, um sich bereits in jungen Jahren von alten Mustern zu befreien. Wie auch die Zahl 16/7 ist er es gewohnt, mit seinen Problemen allein zurechtkommen zu müssen. Er sollte lernen, die eigenen Gefühle zu äußern und schwach sein zu dürfen.

Dieser gefühlsbetonte Mensch, der eine enorme Liebe und Empathie in sich trägt, zieht sich bei Verletzungen zurück und braucht viel Zeit, bis die seelischen Wunden heilen. Zwei wichtige Lernschritte für ihn sind, Konflikte austragen zu lernen und über sich selbst zu sprechen. Körperliche Bewegung und Reisen in andere Länder verhelfen zu neuen Perspektiven und zu einer gewissen Leichtigkeit. Die Persönlichkeiten können sich dabei von Altem befreien und zu sich selbst finden. Wenn sie aus der Routine des Alltags auszubrechen vermögen, gelingt es diesen Menschen, die eine schnelle Auffassungsgabe und ein gutes Durchsetzungsvermögen besitzen, die eigenen festgefahrenen Muster zu verstehen und das Leben sehr schnell in eine neue Richtung zu lenken.

Notizen

Lebenszahl 8
Auf dem Weg zu einer liebevollen Kraft

LEBENSZAHL 8 – AUF DEM WEG ZU EINER LIEBEVOLLEN KRAFT

Persönlichkeitsbeschreibung

Der Mensch mit der Zahl 8 ist kraftvoll, kommunikativ, mitreißend, emphatisch und ungeduldig. Oft neigt er dazu, wie ein „Kopfmensch" zu handeln und dabei seine Intuition zu vergessen. Deshalb sollte er lernen, seine Gefühle auszudrücken und auf seinen „Bauch" zu hören. Eine zentrale Rolle spielt für ihn seine berufliche Stellung, die er nutzt, um produktiv zu sein und einen finanziellen Gewinn zu erzielen, wenn auch nicht, um Macht auszuüben. Dennoch muss der 8er gegen seine Neigung zu autoritärem Verhalten ankämpfen. Das Streben nach materieller Anerkennung überdeckt häufig seinen Idealismus und seine Prinzipientreue. Wenn er jedoch empfindet, dass mit den Bedürfnissen und Rechten anderer unfair umgegangen wird, kann dies bei ihm ein starkes soziales Engagement in den Mittelpunkt rücken. Die 8er-Persönlichkeit flößt Vertrauen ein und besitzt einen Blick dafür, wie Menschen zu motivieren sind, daher kann sie mit Leichtigkeit Führungspositionen ausüben. **Sie ist mutig, abenteuerlustig und oftmals erfolgreich, kann aber auch scheitern, da sie von Extremen geprägt ist.**

Die duale Natur dieser Zahl steht noch für andere Gegensätze: Zerstörung und Erneuerung, Enttäuschung und Hoffnung, praxisbezogenes Denken und Großzügigkeit bei der Planung. Diese Ambivalenz belegt schon allein die Form der

Ziffer. Aufrecht stehend zeigt sie die beiden Kreise der Selbstgenügsamkeit. Ihre mathematische Größe ergibt sich aus der Verdoppelung der 4, der „erdverbundenen Zahl". Horizontal liegend ist die 8 jedoch das mathematische Symbol für „unendlich" – ein Hinweis auf Grenzenlosigkeit.

Diese Persönlichkeiten brauchen um sich PartnerInnen und FreundInnen, die sie intellektuell, künstlerisch und geistreich ergänzen. Sie sollten lernen, sich langsam vorzutasten, statt zielstrebig voranzustürmen. In zwischenmenschlichen Beziehungen sind die 8er sehr fordernd, aber auch großzügig, es fällt ihnen jedoch schwer, ihre schwachen Seiten zu zeigen. Sie sind ausgesprochen familienbezogen. Doch vergessen sie oft auf die emotionale Versorgung der Familie, weil sie sich eher für die materiellen Belange engagieren und darauf fokussiert sind, ihrer Familie, vor allem den PartnerInnen und den Kindern, den finanziellen Rückhalt zu gewährleisten.

Für den 8er-Menschen ist es von Bedeutung, immer wieder bewusst Verbindung zu seinem Herzen aufzunehmen, auch über Meditation und Regenerationsphasen. Er muss lernen, auf seine innere Stimme und seine Empathie zu hören, vor allem in den zwischenmenschlichen Beziehungen. Wenn er erkennt, dass etwas umzugestalten ist, kann er durch Disziplin und Ausdauer in kurzer Zeit Veränderungen einleiten. Sein Mitgefühl, seine Empathie und seine Herzlichkeit sind Charakterzüge, die er erst im Alter zwischen 35 und 40 Jahren aufgrund einer Lebenskrise wieder entdeckt, falls sie nicht davor schon gelebt worden sind.

Familienthema der Ursprungsfamilie

Diese Menschen sollten lernen, andere zu akzeptieren. Sie brauchen Freiheit und Anerkennung. Werden sie von der Familienstruktur und der Kontrolle der Eltern zu stark eingeengt, könnte dieser Druck, den sie empfinden, psychosomatische Erscheinungen hervorrufen. Wenn die 8er aufhören zu kämpfen und erkennen, dass jeder Mensch so sein darf, wie er ist, finden sie ihr inneres Gleichgewicht und ihren Platz in der Familie. Toleranz und Verständnis könnten ihnen somit die Versöhnung mit dem Familiensystem ermöglichen, in dem sie sich eigentlich als Fremde sehen und vorerst keinen eindeutigen Platz für sich finden.

Lebensphasen

Diese Persönlichkeit zeigt in ihren jungen Jahren, **in Kindheit und Pubertät,** einen starken Willen. Sie kann sich durchsetzen und ist darauf bedacht, sich zu entfalten. Um ihren eigenen Weg zu finden, will sie Unterschiedliches ausprobieren. Schon in frühen Jahren beschäftigt sie sich mit der Suche nach dem richtigen beruflichen Weg und nach materiellem Erfolg. Sie möchte vor allem Prestige gewinnen und eine Funktion für sich finden, in der sie selbstständig sein kann und etwas Sinnvolles zu leisten vermag – besonders auch für die Gemeinschaft.

In der Kindheit sollten die Eltern darauf achten, dass das 8er-Kind nicht auf das Spielen vergisst. In seinem Leben sollte genug Platz sein für Entspannung, Gelassenheit und das Gefühl, dass das Dasein auch von Leichtigkeit erfüllt sein kann und nicht nur Disziplin und Anstrengung bedeutet. **Für diese Zahl ist es ein wichtiger Entwicklungsschritt, wenn sie die Fähigkeit erlangt, über die eigenen Gefühle zu reden.** Aus diesem Grund sollten die Erziehungsberechtigten das Kind stets motivieren, über sich zu sprechen und seine Emotionen zu zeigen.

Im Alter zwischen 25 und 27 Jahren zeigt der 8er ein starkes Bedürfnis, aufzubrechen und seinen Weg zu suchen. Oft findet zugleich ein Abnabelungsprozess statt. In dieser Zeit könnte die Person ins Ausland gehen und einen Weg zur Selbstverwirklichung und Selbsterfahrung suchen. Denn es ist überaus bedeutungsvoll für sie, die eigenen Wurzeln und Bedürfnisse aufzuspüren.

Ab dem 33. Lebensjahr ist diese Persönlichkeit mit einer starken Veränderung beschäftigt. Sie wird mit folgenden grundlegenden Fragen konfrontiert: „Welche Werte habe ich? Wofür lohnt es sich, meine Energie zu nutzen? Was sind meine wahren Ziele?" Schon in jungen Jahren spürt der 8er den Wunsch, selbstständig zu sein und etwas Nützliches zu tun. Er hat das Bedürfnis nach einer Führungsposition, nicht zuletzt deshalb, um Menschen unterstützen und seine soziale Ader verwirklichen zu können. In dieser Lebensphase sollte sich dieser Mensch viel Zeit für die Selbstreflexion nehmen, denn die getroffenen Entscheidungen können die folgenden 20 Jahre stark beeinflussen. In seltenen Fällen kann es sein, dass er sich zwischen 29 und 32 Jahren vom Leben enttäuscht sieht und sich zurückzieht. Er zweifelt an der eigenen Kraft, fühlt sich schwach und als Opfer des Lebens. Wenn der 8er sich in diese Richtung entwickelt, ist er nicht mehr in der Lage, sein Leben allein in den Griff zu bekommen. In diesem Fall ist es für ihn wichtig, eine Selbsterfahrung in Form einer Psychotherapie anzustreben. Empfehlenswert ist auch eine systemische Familienarbeit, die ihn unterstützen kann, eine liebevolle Beziehung zum Inneren Kind zu entwickeln.

Ein wichtiger Entwicklungsschritt findet für die 8er-Menschen **zwischen 38 und 42 Jahren** statt. In dieser Phase ändern sie ihre Prioritäten und Werte. **Sie setzen sich mit ihrer persönlichen Entwicklung auseinander, interessieren sich für die Bedürfnisse ihrer Familie und vertiefen jene spirituellen Themen, von denen sie sich angezogen fühlen.** Ihre berufliche Tätigkeit versuchen sie mit ethischen Werten zu bereichern. Wenn sie sich zum Beispiel in einer Führungsposition befinden, streben sie danach, positiv und vorbildhaft auf ihre MitarbeiterInnen zu wirken, interessieren sich für deren Lebensumstände und bemühen sich, in der Firma ein angenehmes Arbeitsklima zu schaffen. Manchmal könnte es auch sein, dass der 8er in dieser Lebensphase erkennt, teilweise seine Macht missbräuchlich verwendet zu haben. Er hat die Gelegenheit, die Dinge wieder in Ordnung zu bringen. Ab diesem Zeitpunkt ist es für ihn ausgesprochen bedeutsam, sich selbst besser kennenzulernen. Allmählich lernt er, auf das emotionale Gleichgewicht zu achten.

Zwischen 40 und 45 Jahren öffnet er sich für eine tiefere Ebene der zwischenmenschlichen Beziehung und fühlt sich dazu berufen, Mitmenschen zu helfen. Er setzt Kraft und Macht ein, um andere in ihrer Entwicklung zu fördern. In der Übergangsphase können die 8er zahlreiche Menschen mit ihrer positiven Kraft motivieren. Durch diesen Prozess entdecken sie ihre Berufung. Als TrainerInnen, Coaches oder selbstständige FirmenberaterInnen für Persönlichkeitsentwicklung bzw. als Führungskräfte ergeben sich für sie optimale Betätigungsfelder.

Mit 50 Jahren wird der Mensch mit der Zahl 8, sollte er in jungen Jahren auf sich geachtet haben, noch immer sehr kräftig sein, sieht oft viel jünger aus, als er ist, und fühlt Begeisterung und Inspiration in seinem Handeln. Er ist für seine Familie da, liebt es zu reisen und Neues zu lernen. Im Alter der Weisheit wirken diese Persönlichkeiten vielfach als BeraterInnen und werden zu Bezugspersonen für viele junge Menschen. Aus dieser – meist zufälligen – Rolle ergibt sich manchmal auch eine Nebenbeschäftigung in der Pension. Der Kontakt zu jungen Menschen belebt die 8er und unterstützt sie dabei, jung zu bleiben. Bis ins hohe Alter möchten sie ein aktives Leben führen und es genießen.

Denkmuster & Verhaltensstrategie mit Lösungsansätzen

Die Glaubenssätze, die das Leben eines 8ers bestimmen, sind:

- *Ich habe die Kontrolle.*
- *Ich muss dies und das tun.*
- *Ich muss schneller und produktiver werden.*
- *Ich darf mich nicht entspannen, sonst bricht alles zusammen.*

Ein typisches Verhaltensmuster des 8ers ist die starke Intellektualisierung. Er ist misstrauisch und versucht, seine Emotionen mithilfe seines Intellekts zu überprüfen. Dadurch entwickelt er die Bereitschaft, alles zu kontrollieren – sowohl seine Gefühle als auch die Realität. Er ist manchmal enttäuscht, wenn die Wirklichkeit nicht so aussieht, wie er sie sich vorgestellt hat. Häufig hat diese Tendenz ihren Ursprung in der Kindheit, weil dem 8er-Kind bereits zu jener Zeit beigebracht wird, selbstständig und diszipliniert zu sein. **Die 8er lernen, sich nur auf sich selbst zu verlassen. Ihr ganzes Leben hindurch sind sie vorrangig damit beschäftigt, Ziele zu erreichen.** Sie vergessen oft auf das eigene Herz. Aus diesem Grund kann es sein, dass sie alles mit Vernunft erklären wollen. Auch die eigenen Gefühle werden kontrolliert. **Die 8er werden von ihrer männlichen Seite dominiert. So ist es ihnen oft unmöglich, die eigenen Gefühle zuzulassen und ihre weibliche – die emotionale und in sich ruhende – Seite zu leben.** Zu vertrauen fällt ihnen schwer. Sie haben das Gefühl, nur mit harter Arbeit zu erreichen, was sie wollen. Um dieses Muster aufzulösen, sollte der 8er-Mensch Zeit für sich selbst finden. Im Laufe seines Daseins entwickelt er auch Vertrauen zum Leben. Er lernt, dass es nicht möglich ist, alles aus eigener Kraft zu schaffen. Ihn erreicht die Botschaft, dass das Leben uns trägt und wir zulassen sollten, was sich unsere Seele für diese Inkarnation ausgesucht hat. Ihm wird offenbart, dass dasjenige, was uns im Augenblick vom Verstand her als richtig erscheint, auch tatsächlich das für uns Passende ist. Wesentlich ist, die ständige Kontrolle zu beenden und stattdessen Entspannung zuzulassen. Der beste Weg, dieses Muster aufzulösen, ist, die Atmung bewusst zu erziehen und die Atemzüge zu zählen. Das bringt Ruhe und erweitert die Wahrnehmung für die tieferen Zusammenhänge des Lebens. Wenn die Tendenz zur Kontrolle und Intellektualisierung sehr stark ist, sollte diese Person Tai-Chi, Yoga oder meditatives Tanzen lernen. **Auch wenn es am Anfang manchmal schwierig ist, sich fallen zu lassen und den Körper loszulassen, sollte daran gearbeitet werden.**

Diese Persönlichkeit hat ein ausgeprägtes Bedürfnis nach Bestätigung, vor allem, wenn sie ausgesprochen materiell (Besitz, Prestige) und im Außen orientiert gewesen ist. Dieses Muster bringt eine innere Unsicherheit und kann gelöst werden, indem die Person sich Zeit nimmt und mit ihrem Inneren Kind arbeitet. Oft hat sie ein schwieriges Leben und eine problematische Kindheit hinter sich. Der Mangel an Selbstwertgefühl wird vielfach durch finanzielle und berufliche Erfolge kompensiert. Die Betonung seiner materiellen Position und seiner beruflichen Entwicklung verwendet dieser Mensch als Bestätigung für seinen Selbstwert. Im Laufe der

Zeit sucht er immer wieder nach dieser Anerkennung, da sein Mangel an Selbstwertgefühl ständig größer wird. **Die Arbeit mit dem Inneren Kind und das Entdecken der eigenen Kraft verhelfen dazu, sich besser zu spüren. Früher oder später wird die Erfahrung gemacht, dass Selbstliebe ein Zeichen von innerer Ausgeglichenheit der Seele ist und nicht von außen bestimmt wird.** Teilweise ist dieses Muster mit einem anderen verknüpft, mit dem der ständigen Aktivität und des Sich-verpflichtet-Fühlens, sich weiterbilden und arbeiten zu müssen. Zum einen hat dies mit der enormen Kraft des 8ers zu tun, zum anderen dient es der eigenen Bestätigung, nicht untätig, sondern produktiv und in ständiger Entwicklung zu sein.

Im Laufe der Zeit lernt der 8er, sich zu entspannen und sich mit der Beschaffenheit des Lebens vertraut zu machen. Es kommt zu einem ständigen Wechsel zwischen aktiven und ruhigen Phasen. Aus diesem Grund ist es empfehlenswert, Wesenszüge wie Herzlichkeit und Gelassenheit zu entwickeln. Autobiografisches Schreiben würde den 8er-Persönlichkeiten ermöglichen, sich selbst besser zu verstehen und zu spüren. Selten sind sie dazu bereit, sich von TherapeutInnen oder anderen Personen von außen helfen zu lassen. Sich Zeit zu nehmen und Jahr für Jahr die eigenen biografischen Erfahrungen niederzuschreiben – wenn auch nur in Stichworten – könnte eine tiefe Reflexion über den eigenen Weg einleiten und erkennen lassen, in welchen Mustern die Person steckt. Um solchen Verhaltensstrategien begegnen, sollten die eigenen Werte überprüft werden. Hilfreich wäre es, sich zum Schreibtisch zu setzen, für sich eigene Prioritäten zu formulieren und sie zu Papier zu bringen. Dabei wäre es für den 8er von Vorteil, sich darauf zu besinnen, dass das Leben nicht endlos ist und er diese kostbare Zeit zwischen Arbeit, Familie, FreundInnen und sich selbst aufteilen muss. Er wird bald verstehen, dass seine Kraft und sein Leben das Wesentliche sind und sein größtes Kapital und seine größte Fähigkeit darin bestehen, lieben zu können.

Folgende kleine Übung im Sinne von Dankbarkeit hilft, eine positive Lebenseinstellung zu finden und die Vielfalt des Lebens zu erkennen: Zwei bis drei Monate hindurch sollten jeden Tag vor dem Einschlafen drei Dinge, für die man dankbar ist, aufgeschrieben werden. Oft ist der 8er auf den Mangel konzentriert, auf das, was noch zu erledigen ist, aber nicht auf das, was schon da ist bzw. was er bereits erreicht hat.

Um seine Blockaden zu lösen, sollte der Mensch mit der Lebenszahl 8 den Weg des Herzens entdecken und diesen dann auch gehen. Seine Herausforderung ist, einen Ausgleich zwischen materieller und spiritueller Welt zu finden. Er entdeckt in seiner Inkarnation, dass die Liebe ein wertvoller Besitz ist, der sich vermehrt, ohne weniger zu werden.

Fragen zur Selbstreflexion

- *Wie nutze ich meine Kraft?*
- *Habe ich ausreichend Zeit für mich selbst?*
- *Welche für Werte habe ich?*
- *Welche Rolle spielt die Arbeit für mich?*

- *Habe ich ein starkes Bedürfnis nach Bestätigung?*
- *Was brauche ich, damit es mir gut geht?*
- *Habe ich ausreichend Zeit für mich und meine Interessen?*
- *Welchen Stellenwert haben Geld und Besitz in meinem Leben?*
- *Was kann ich tun, um meine Spiritualität besser zu leben?*

Meditationsübung

Die Liebe fühlen | Diese Übung hilft, Entspannung und Geborgenheit zu empfinden. Es ist ratsam, die Meditation jeden zweiten Tag mindestens zehn Wochen lang durchzuführen. Die dafür am besten geeignete Zeit ist der Morgen.

Nehmen Sie einen Stift und suchen Sie sich einen bequemen Ort. Schalten Sie Ihr Telefon aus und versuchen Sie, eine gute Stunde Zeit für sich zu haben. Entspannen Sie sich und setzen Sie sich hin. Achten Sie darauf, dass Ihre Wirbelsäule aufrecht ist, und beobachten Sie Ihren Atem. Versuchen Sie sanft und liebevoll, die Atmung in den Bauch zu leiten, und entspannen Sie Ihren Körper. Spüren Sie, wie Ihre Schultern immer entspannter und gelassener werden. Spüren Sie Ihr physisches Herz und fokussieren Sie den Herzschlag. Spüren Sie diesen und wiederholen Sie innerlich siebenmal die Sätze: „Das Leben fließt in mir mit Freude und Liebe. Ich öffne mein Herz."

Spüren Sie, wie das Blut jeden Bereich des Körpers erreicht und wie es die Liebe überallhin trägt, zu jeder Zelle des Körpers. Spüren Sie nicht nur, wie durch das Herz die Liebe und das Blut verteilt werden, sondern auch, dass in Ihrem Herzen eine starke, sprudelnde Lichtquelle ist, in der das Licht des Lebens entspringt. Spüren Sie, wie dieses Licht langsam, Herzschlag für Herzschlag, den gesamten Körper durchflutet – die Organe, das Skelett, die Muskeln, die Haut und jede einzelne Zelle. Beobachten Sie, wie Blut, Liebe und Licht sich in Ihrem Körper verteilen. Nachdem Sie das gespürt haben, legen Sie eine Hand auf den Bauch, eine aufs Herz, atmen tief durch und wiederholen siebenmal den Satz: „Die Liebe heilt mich." Bleiben Sie noch einige Minuten in Beobachtung und spüren Sie nach, wie die Übung wirkt. Dann machen Sie behutsam, nach einem langsamen Ausatmen, die Augen wieder auf.

Affirmationen

- *Ich erkenne in jedem Menschen das Göttliche.*
- *Ich vertraue dem Universum und meinem Seelenplan.*
- *Ich vertraue meiner Intuition.*
- *Ich öffne mein Herz und lasse Nähe zu.*
- *Meine Innere Frau und mein Innerer Mann umarmen sich liebevoll und herzlich. Ich integriere beide in mein Herz.*
- *Ich spüre mein Inneres Kind und seine Freude.*
- *Ich ruhe in mir und bin geborgen in meiner Kraft.*
- *Ich bin ein Magnet, der spirituellen und materiellen Reichtum anzieht. Ich integriere beides in mein Herz.*

Wurzelzahlen

17/8 Diese Zahl zeichnet eine starke Persönlichkeit aus, die viel Freiheit braucht und oft ungeduldig ist gegenüber anderen Menschen, die langsamer sind. **Im Laufe ihrer Entwicklung zeigt diese Person die Tendenz, sich zurückzuziehen und nach ihrem eigenen Rhythmus zu leben.** Diese Eigenschaft macht zwischenmenschliche Beziehungen oft schwierig. In der Wahl ihrer Freundschaften offenbart sich die Person als überaus anspruchsvoll. Sie ist charismatisch, kraftvoll, teilweise ungeduldig. Zwei Seelen wohnen in ihrer Brust: Einerseits ist sie spirituell und würde gerne in einem Kloster leben, andererseits hat sie großes Interesse an der materiellen Welt und ist bestrebt, finanzielle Sicherheit zu erlangen.

Die Persönlichkeit mit der Zahl 17/8 kann Menschen begeistern und motivieren. Es fällt ihr schwer, schwach zu sein. Darum wirkt sie auf bedürftige Menschen recht anziehend, die ihre Weisheit, Kraft und Ausstrahlung genießen können. Manchmal entwickeln sich Beziehungen, die auf Basis einer Abhängigkeit erwachsen. So können tiefe Wunden entstehen. Wenn der 17/8-Mensch verletzt wird, zieht er sich zurück, erweckt aber nach außen hin den Eindruck, als wäre alles in Ordnung. Obwohl er innerlich sehr leidet, spricht er nicht gerne über seine seelischen Schmerzen. Für diese Menschen ist es wichtig, Zugang zu den eigenen Gefühlen zu finden, zur Ruhe zu kommen, sich bewusst Zeit für sich zu nehmen und auch allein zu reisen. Dies kann zu Inspiration, Entspannung und Gelassenheit führen. Tolerant zu sein, Respekt für den Lebensrhythmus anderer zu empfinden und loszulassen, das sind die seelischen Aufgaben dieser Menschen. Ihre enorme Kraft, ihre Intelligenz und ihre Herzlichkeit tragen sie wie verborgene Schätze in sich.

26/8 Diese Person ist sensibel, hilfsbereit und verantwortungsbewusst. Sie achtet auf ihre Familie, jedoch kaum auf sich selbst. Aufgrund der 6er-Schwingung empfindet diese Lebenszahl manchmal große Anstrengung, da sie die Verantwortung für ihr Umfeld deutlich wahrnimmt und nicht wagt, ihr eigenes Leben zu führen. Im Laufe der Zeit lernt sie, Grenzen zu setzen. Der Zwiespalt zwischen einerseits Wahrnehmen und Verwirklichen eigener Bedürfnisse und andererseits dem Wunsch, anderen zu helfen, begleitet diese Person auf ihrem Werdegang durchs ganze Leben. Sie braucht viel Kontakt mit der Natur, denn hier kann sie sich selbst am intensivsten spüren und nimmt über den Kontakt zu sich und ihren Körper das eigene Lebensumfeld wahr. Diese Menschen lieben die Ruhe und achten auf das Wesentliche im Leben. Die kleinen Dinge des Lebens machen sie glücklich. In der Partnerschaft benötigen sie viel Berührung. Es muss ausreichend Zeit für Dinge und Tätigkeiten vorhanden sein, die mit seelischer Leichtigkeit zu tun haben und Freude bereiten. Der 26/8-Mensch neigt dazu, alles sehr ernst zu nehmen und sich von der Arbeit völlig in Anspruch nehmen zu lassen. Deshalb stellt sich für ihn auch im beruflichen Umfeld die Aufgabe, auf sich zu achten und nicht perfekt sein zu wollen. Für diese Zahl ist es wichtig, ein gesundes Selbstwertgefühl zu entfalten und sich selbst mit Wertschätzung zu behandeln.

35/8 Diese Persönlichkeit zeigt ein ausgeprägtes Bedürfnis nach Freiheit, Abwechslung und Reisen. Für sie ist es grundlegend, immer wieder frische Impulse zu bekommen, neue FreundInnen zu gewinnen und das Gefühl zu verspüren, dass ihr Leben im Fluss und sie selbst voll Leben ist. Sie ist kraftvoll und intelligent und besitzt eine scharfe Beobachtungsgabe. Da sie ausgesprochen empathisch ist, spürt sie, wie es den Mitmenschen geht und was diese brauchen. Sie hat eine zuversichtliche, stärkende Einstellung zum Leben, wenn sie in der Kraft ist. Doch vermag bei dieser Persönlichkeit – wie auch schon bei der Zahl 8 erwähnt – das Gefühl spürbar werden, das eigene Leben nicht leben zu können und eingeschränkt zu sein. Diese Blockade wirkt sich in einer ewigen Suche nach Bestätigung aus. Die Gefühle von Machtlosigkeit, Traurigkeit und Blockiertsein können das Leben des 35/8-Menschen stark belasten. Ist diese Empfindung sehr ausgeprägt, leistet er Widerstand gegen sich selbst und kämpft dagegen an. Zuweilen wäre es wichtig, sich Hilfe zu suchen. Allerdings ist es manchmal eine Frage der Zeit, wann diese Person in die Kraft kommt. Die Phase, in der dies geschieht, beginnt oft erst im Alter von 42 oder 43 Jahren. Durch die Beziehung zu Menschen, die positiv und inspirierend wirken, schöpft der 35/8-Mensch Lebensenergie und kann die Ziele, die er sich gesteckt hat, verwirklichen. Ab diesem Zeitpunkt beginnt das Leben reibungslos zu verlaufen. Vertrauen, Gelassenheit und eine nachhaltige Beschäftigung mit spirituellen Themen erlauben diesem Menschen, tiefere Zusammenhänge des eigenen Lebens sowie sein individuelles Potenzial zu erkennen.

Ungeduld und innere, leidenschaftliche, emotionale Impulse sind die Achillesferse dieses Menschen. Alle Empfindungen und Gefühle lebt er äußerst intensiv. Manchmal ist er in diesen inneren emotionalen Stürmen so stark gefangen, dass es ihm nicht möglich ist, seine Kraft zu bündeln und konkrete Schritte zu setzen.

Es ist wichtig für ihn, mit den eigenen Emotionen und Gefühlen umgehen zu lernen, sie konstruktiv auszudrücken und darauf zu vertrauen, dass für alles der richtige Zeitpunkt kommt. Weiters muss er Zeit für Bewegung finden, wie etwa für Ausdauersport, oder sich gemeinsam mit Tieren (Hund, Pferd) oder FreundInnen körperlich betätigen. Empfehlenswert wäre für ihn, auf dem Land zu leben. Dies erlaubt ihm, sich zu erden, zu sich zu finden und sich zu besinnen.

44/8 Diese Zahl tritt sehr selten auf. Solche Personen zeigen eine besonders ausgeprägte mediale Fähigkeit, Empathie und Interesse für Okkultismus, Metaphysik und Spiritualität. Sie sind sehr bodenständig und klar in ihren Fähigkeiten. Schon in ihrer Kindheit beweisen sie viel Gespür. Diese Begabung verstecken sie in den meisten Fällen lange Zeit und können erst im späteren Alter dazu stehen, nachdem sie ihren Platz im Leben und eine gewisse finanzielle Sicherheit erreicht haben. Sie sind für viele Menschen in ihrem Umfeld PsychologInnen, BegleiterInnen oder BeraterInnen. Sie strahlen eine innere Ruhe aus und gehen respektvoll mit jedem Lebewesen um. Da der 44/8-Mensch den Schmerz der anderen in sich spürt, können seine Empfehlungen und tiefen Analysen zu einer Situation sehr hilfreich sein. Er unterstützt die Mitmenschen und lässt sie so sein, wie sie sind. Sehr oft hat diese Person eine schwierige Kindheit hinter sich und musste mit viel Kraft und Weisheit etliche Prüfungen des Lebens bestehen. Sie trägt Werte wie Loyalität, universelle Liebe und Gelassenheit in sich. Eine starke Verbindung mit Erde und Natur gibt diesen Menschen Kraft, den Alltag zu bewältigen und zur Ruhe zu kommen. Im Umgang mit Kindern zeigen sie sich ausgesprochen liebevoll. Sie können sehr gut in sozialen Berufen tätig sein oder als LehrerIn, ErzieherIn, PsychologIn bzw. KörpertherapeutIn arbeiten. Ab 45 bis 50 Jahren ist bei diesen Menschen das Interesse für Schamanismus und Energetik sehr ausgeprägt.

Notizen

Lebenszahl 9
Das Verlangen nach universeller Liebe

LEBENSZAHL 9 – DAS VERLANGEN NACH UNIVERSELLER LIEBE

Persönlichkeitsbeschreibung

Die 9 ist eine ganz besondere Zahl: Ihre nach außen gerichtete Persönlichkeit, ihr innerer Antrieb und ihr Lebensweg können im Sinne der Numerologie eigentlich zu jeder anderen Zahl passen, denn sie ist wie ein Chamäleon, das nach Belieben die Färbung und die charakteristischen Merkmale anderer Zahlen annehmen kann. Demnach ist es der Lebenszahl 9 möglich, ihr Ich je nach Grad der Beeinflussung und Stufe der Motivation gemäß den Umständen und in Übereinstimmung mit den jeweiligen numerologischen Merkmalen auszurichten. Ihre grundlegenden Eigenschaften und Fähigkeiten bleiben jedoch bestehen: Vielseitigkeit, Denkvermögen und Einfühlsamkeit. Ist die 9 im Allgemeinen zwar tolerant, uneigennützig und weitblickend, so können doch Naivität, Realitätsferne und Verletzlichkeit eine Gefahr darstellen.

Der Zahl 9 ist zu raten, trotz ihrer globalen Weitsicht auch die materiellen Bedürfnisse einzelner Mitmenschen zu berücksichtigen und den unmittelbar vor ihr liegenden Weg nicht aus den Augen zu verlieren.

Diese Persönlichkeit ist sehr liebevoll, mitfühlend und idealistisch. Die 9er haben eine besonders starke Ausstrahlung und fallen durch ihre Großzügigkeit und Hilfsbereitschaft auf. Es sind Menschen, die von anderen sehr liebevoll behandelt und oft gesucht werden, weil sie zuhören und helfen können sowie selbstlos Liebe und Aufmerksamkeit geben. Sie sind auch auf eine gewisse Art und Weise LebenskünstlerInnen. Da sie mit Mimik, Gestik und Sprache andere Menschen faszinieren, mitreißen, motivieren und seelisch berühren, gelingt es ihnen auf einfache Weise, im Mittelpunkt zu stehen. Sie sind oft tief in ihre Gedanken versunken und machen den Eindruck, nicht präsent zu sein. Da sie sich gerne zurückziehen, vermitteln sie einen zerstreuten Eindruck. In Wahrheit sind sie jedoch scharfe BeobachterInnen und können die tieferen Zusammenhänge der zwischenmenschlichen Verhaltensmuster spüren. Sie fühlen genau, wie es anderen geht und was diese für ihre nächsten Entwicklungsschritte brauchen. Der 9er ist sehr idealistisch und weist ein reiches Innenleben auf. Spirituelle Werte sind dieser Persönlichkeit besonders wichtig. Sie wünscht sich eine bessere Welt und trägt die Botschaft einer spirituellen Gemeinschaft unter Menschen in sich. Die 9er sind „Herzmenschen", das Herz führt sie. Die Mitmenschen in ihrem Umfeld spüren ihre liebevolle Ausstrahlung und intensive Liebe und fühlen sich daher zu ihnen hingezogen. Als gute LehrerInnen und RatgeberInnen versuchen sie, für alle Zeit zu finden, um ihnen Aufmerksamkeit schenken zu können. Aus diesem Grund verzettelt sich der 9er leicht beim Versuch, allen zu helfen, da er nicht Nein sagen kann. Zuweilen interessiert er sich schon in jungen Jahren für das Thema Spiritualität und versucht, diese auch in den Beruf einfließen zu lassen. **9er-Persönlichkeiten haben vielfach die Aufgabe, andere Menschen auf den Weg der Spiritualität zu führen. Sie sollen Menschen darauf aufmerksam machen, wie wichtig der Weg des Herzens ist,** denn wo es Liebe gibt, ist es möglich, Toleranz, gegenseitigen Respekt und Offenheit im zwischenmenschlichen Umgang und in der Beziehung zu sich selbst zu leben. Für die 9er-Menschen ist es bedeutungsvoll, harmonische Kontakte zu pflegen, denn sie haben ein großes Bedürfnis nach Liebe. Die Art zu lieben, die ihnen eigen ist, gestaltet sich jedoch sehr frei. Sie geben Liebe, lassen sich aber nicht einschränken und blockieren. Es ist unmöglich, die Liebe eines solchen Menschen nur für sich allein haben zu wollen. Der 9er ist im Außen sehr offen und braucht immer wieder neue Personen in seinem Umfeld. Obgleich es ihm ziemlich schwerfällt, sich zu binden und verbindlich zu sein, ist er keinesfalls oberflächlich. Er ist innig verwoben mit dem Fluss des Lebens. Daher nimmt das Dasein dieses Menschen mit dem nächsten Impuls, den das Leben bringt, manchmal eine vollkommen neue und überraschende Wendung.

Familienthema der Ursprungsfamilie

Menschen mit der Lebenszahl 9 zeigen die Tendenz, Verantwortung zu tragen und den Eltern helfen zu wollen. Sie leben ihr „Kindsein“ nicht und entwickeln vielfach das Muster „Ich bin nicht wichtig – ich warte“. Für sie ist es notwendig, dass sie lernen, Freude und Leichtigkeit zuzulassen, und dass sie die alten Kindheitsverletzungen heilen. Oft haben sie ein Geburtstrauma erlebt.

Lebensphasen

In der Kindheit ist der 9er ausgesprochen sensibel und liebevoll. Er braucht viel Liebe und Unterstützung. Sehr gut gefallen dem 9er-Kind Märchen und Geschichten; es erzählt diese selbst sehr gerne, hört aber auch begeistert zu. Das Kind sucht eine enge Verbindung zu den älteren Familienmitgliedern. Obwohl es möglichst viel über seine Familie erfahren möchte, liebt es nicht nur Familiengeschichten, sondern will allgemein viel von der Welt wissen. Deshalb ist es für Eltern und LehrerInnen eines solchen Kindes empfehlenswert, viel Zeit mit ihm zu verbringen und es im Ausdruck seiner Fantasie zu unterstützen. Es könnte sein, dass dieses Kind sich intensiv damit beschäftigt, Geschichten zu erfinden, sich dazu zurückzieht und fast ein wenig isoliert. Wichtig ist es, seine fantasievolle Arbeit zu unterstützen und ihm gleichzeitig den Ansporn zu geben, sich nach außen zu öffnen und der Umwelt mitzuteilen, was es spürt und wahrnimmt. Ein 9er-Kind tendiert dazu, sehr empathisch zu sein und alles zu fühlen, was in der Familie passiert, vor allem, wenn es sich um unausgesprochene Spannungen handelt. Es zeigt Konflikte offen auf und demonstriert durch das, was es sagt und wie es die Dinge zum Ausdruck bringt, dass es notwendig ist, über die ungelösten Probleme zu sprechen. Je intensiver man versucht, jene zu verstecken, umso mehr werden sie thematisiert: Denn diese Kinder haben eine besonders einfache und direkte Art, Gefühle anzusprechen. Wenn man ein solches Kind begleiten darf, ist es wichtig, auch eine gefühlsmäßige Klärung durchzuführen und sich bewusst um die emotionale Gesundheit der Familie zu kümmern.

Die 9er-Persönlichkeit neigt **in der Pubertät** stark dazu, andere Gleichaltrige zu unterstützen und ihnen helfen zu wollen. Sie ist sehr hilfsbereit und lässt die anderen nicht im Stich. Eine Art zweite Familie finden die 9er in engen Beziehungen zu FreundInnen, die öfters auch älter sind als sie selbst. In dieser Phase zeigen sie zwei unterschiedliche Tendenzen: Einerseits suchen sie sich ältere FreundInnen, mit denen sie sich über die tiefere Bedeutung des Lebens austauschen können – ältere Menschen sind bisweilen fasziniert von der Weisheit der jungen 9er. Andererseits pflegen sie Verbindungen zu Gleichaltrigen und Jüngeren, denen sie sich innerlich verpflichtet fühlen und deshalb Unterstützung zukommen lassen. **Eltern sollten den Jugendlichen in dieser Phase deutlich machen, dass sie auch an sich selbst denken müssten und Abgrenzung sehr wichtig sei.** Diese jungen Menschen dürfen sich nicht ausnutzen lassen und nicht immer nur geben, sondern sie sollten sich auch daran gewöhnen, ihre Bedürfnisse klar zu äußern und selbst etwas für sich zu bekommen. Die schulischen Leistungen des jungen 9ers sind oft besonders gut. Es ist aber wichtig, dass er etwas lernt, was ihm Spaß macht. **Denn aus Pflichtbewusstsein vergisst er vielfach das, was einfach nur Freude und Spaß bereitet. Der 9er will in seiner Pubertät Neues erfahren. Spiritualität und Idealismus zeigen sich meist schon in dieser Phase des Lebens.** Die 9er-Jugendlichen engagieren sich oft in Vereinen, vor allem in solchen mit sozialer Ausrichtung. In der Pubertät sollten die jungen Menschen ein Gleichgewicht zwischen ihrer natürlichen Weisheit und Reife und dem Bedürfnis, Kind zu sein, finden. Sie sollten Gelassenheit lernen und sich nicht immer für alles verantwortlich fühlen, das heißt, es geht darum, ein Gleichgewicht zwischen dem Tragen von Verantwortung und dem An-sich-selbst-Denken zu finden.

Zwischen 20 und 22 Jahren ist der 9er in einer Lebensphase, die sehr schwierig werden kann. In diesem Stadium spürt er des Öfteren das Bedürfnis, die ursprüngliche, vertraute Umgebung zu verlassen und eine neue zu finden. Es ist empfehlenswert, in dieser Zeit in eine andere Stadt oder ins Ausland zu gehen, beispielsweise, um dort zu studieren. Der 9er soll in einem anderen Umfeld Erfahrungen sammeln, um Gewohntes und Vertrautes mit neuen Erfahrungen vergleichen zu können. **Zwischen 22 und 29 Jahren** könnte der 9er in eine Krise geraten. In dieser Zeitspanne hilft es, sich in der schon erwähnten neuen Umgebung zu befinden. **Zwischen 27 und 29** sind die 9er-Persönlichkeiten stark mit ihren Idealen konfrontiert. Teilweise ist es für sie problematisch zu verkraften, dass die Welt nicht so ideal ist, wie sie es sich zum Teil vorgestellt haben. In dieser Zeit tun sie sich schwer, eine berufliche Richtung einzuschlagen, die ihnen das Gefühl gibt, motiviert zu sein und etwas Nützliches für die Gesellschaft und die Welt generell zu leisten. Wenn die 9er nicht schon vorher einen Beruf oder ein Studium gefunden haben, mit dem sie etwas Zweckmäßiges und Sinnvolles bewirken können, geraten sie **zwischen 27 und 29 Jahren** in eine Lebenskrise. **In dieser stark spürbaren Existenzkrise ergibt sich für den 9er möglicherweise die Chance, den richtigen Beruf zu finden.** Wenn er entspannt und gelassen seine intuitive Seite gelebt hat, kann es sein, dass er den Beruf auf sein künstlerisches Können ausrichtet oder auch vorhandene therapeutische Fähigkeiten mit Kunst verbindet. **Für diese**

Person ist es wichtig, sich selbst zu spüren und in einem Heilberuf tätig zu werden, im Zuge dessen sie auch spirituelle Tätigkeiten wie Yoga oder Shiatsu lehren kann. Sogar Medizin in Kombination mit Homöopathie und anderen holistischen Therapieformen ist denkbar. Der Weg zum Beruf ist für die 9er gleichzeitig der Weg zur Berufung. Sie haben Schwierigkeiten, etwas zu tun, in dem sie keinen tieferen Sinn sehen – sie wollen ihre Ideale verwirklichen.

Zwischen 34 und 36 durchläuft der Mensch mit der Lebenszahl 9 die nächste bedeutsame Lebensphase. In dieser Zeit befasst er sich tief gehend mit seiner spirituellen Weltanschauung. Er setzt andere Prioritäten und entwickelt sich in eine neue Richtung, seine Ideale verändern sich. Er beginnt, mehr auf sich zu achten, und sucht eine konkrete Möglichkeit, Menschen spirituell zu unterstützen. Durch seine Weiterentwicklung weg von hohen Idealen und theoretischer Spiritualität wird sein Zugang zur selbstlosen Liebe nun persönlicher. Er widmet sich jetzt verstärkt ganz konkret einzelnen Menschen und begreift, dass das Bemühen und der Einsatz für eine bessere Welt sowohl bei sich selbst beginnt als auch bei Menschen, die sich im engen persönlichen Umfeld befinden. In dieser Phase vollziehen sich auch ein Prozess der Klärung und eine Versöhnung mit der Stammfamilie, vor allem dann, wenn in der Kindheit Verletzungen und andere negative Erfahrungen stattgefunden haben. **Diese zwei Jahre verlaufen für den 9er sehr intensiv.** Dabei ist es ebenfalls wesentlich, dass er sich um seinen eigenen Körper kümmert, indem er körpergerechte Übungen durchführt, welche erdend und harmonisierend sind, wie z. B. Yoga, Tai-Chi oder

Qigong. Es ist ebenso notwendig, dass in dieser Lebensphase die künstlerischen Talente, auch wenn nur in dilettantischer Form, zum Ausdruck kommen.

Zwischen 35 und 45 Jahren haben die 9er-Persönlichkeiten eine Phase, in der sie sich intensiv ihren FreundInnen und der Familie widmen und versuchen, auch im Beruf ihre Position zu festigen. **Ab 50 Jahren** folgen sie dem Lebensziel, Harmonie und Liebe in ihrem Umfeld zu verbreiten. Sie werden zu Persönlichkeiten, die immer für FreundInnen und die Familie da sind, vor allem für junge Menschen. Dadurch nehmen sie die Rolle von ErzieherInnen oder BegleiterInnen ein.

Denkmuster & Verhaltensstrategie mit Lösungsansätzen

Die Glaubenssätze von 9er-Menschen sind:

- *Ich will die Welt verbessern.*
- *Ich bin für alles verantwortlich.*
- *Ich will meine Freiheit.*
- *Niemand versteht mich.*

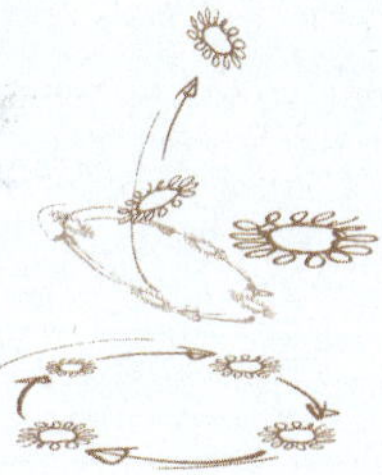

Die 9er-Persönlichkeit ist idealistisch. Ihren Idealismus mit Realitätssinn zu verbinden, ist eine der größten Herausforderungen in ihrem Leben. Sie glorifiziert ihre Aufgaben, ihre Ideale. Oftmals ist es ein Filter, durch den sie ihre Mitmenschen wahrnimmt und spürt. Von außen erwartet sie sich nur das Allerbeste, darum ist sie häufig desillusioniert und enttäuscht.

Die Weltanschauung, die der 9er hat, führt zu einem unbewussten Mechanismus. Um Enttäuschungen zu vermeiden, verdrängt die Person sehr oft alle Unstimmigkeiten und geht mit einer rosaroten Brille durchs Leben. Sie will die Schwierigkeiten und negativen Aspekte nicht sehen bzw. versucht sie zu verdrängen und konzentriert sich nur auf das Positive. Darum hört sie nicht auf erste Signale einer Veränderung und bleibt weiterhin in Beziehungen und Situationen, die sie blockieren und belasten. Indem der 9er dieses Muster lebt, verdrängt er seine innere Kraft und Weisheit. Des Öfteren bringt das Leben diesen Menschen dazu, sich verändern zu müssen. Um dies zulassen zu können, muss er jedoch seine Lebensvision und sein Verhalten infrage stellen. In diesen Phasen konfrontiert er sich vielfach mit den Umständen des Lebens, ist traurig über enttäuschte Erwartungen und muss sich mit Wut, Verzweiflung und Traurigkeit auseinandersetzen. Das langsame Loslassen von alten Erwartungen und das Annehmen des Istzustandes ermöglichen dem 9er, wieder einen neuen Weg zu gehen.

Der 9er hat ein starkes Bedürfnis, sehr schnell zu leben und seine Lebensumstände des Öfteren zu verändern. Er will nichts versäumen und möchte sich weiterentwickeln. Vor allem der Mensch mit der Zahl 36/9 hat diese Facetten in seiner Persönlichkeit. Teilweise kann dieses Verlangen nach Weiterentwicklung und Abwechslung zu einem Verhaltensmuster werden. Es manifestiert sich darin, dass sich diese Person nur schwer in einem Haus oder einer Stadt niederlassen kann. Man hat das Gefühl, sie sei ständig auf der Flucht und suche immerfort nach einer Möglichkeit, um glücklich zu sein. Wenn ein Mensch in diesem Muster gefangen ist, passiert es selten, dass er sein Glück „erhascht". Er ist zwar immer einen Schritt voraus, hat aber doch das Gefühl, dass sich das Glück ihm entzieht. Was diese Person glücklich macht, ist eigentlich die Vorfreude, aber nicht das Erreichen des gewünschten Zieles. Wenn sie diesen Aspekt integriert, ihren Idealismus mit dem Realitätssinn verbindet und lernt, bewusst zu spüren, was sie braucht, um sich wohlzufühlen, ist es ihr möglich, in die Kraft zu kommen und ihr Leben bewusst zu gestalten.

In manchen Fällen zeigt sich beim 9er einerseits eine extreme Tendenz zur klaren Abgrenzung, andererseits das Bedürfnis, mit anderen zu verschmelzen. Menschen mit den Zahlen 27/9 und 45/9 tendieren stark dazu, sich der Bedürfnisse, Lebenssituationen und Probleme anderer Menschen anzunehmen, ohne sich um das eigene Leben zu kümmern. Ihre Aura ist sehr labil, fast durchsichtig und kaum vorhanden. Wenn es diesen Menschen zu viel wird, leben sie zwei Polaritäten: Entweder legen sie eine enorme Präsenz und Hilfsbereitschaft an den Tag oder sie üben sich in eiserner Abgrenzung.

Um sein Denkmuster zu bewältigen, braucht der 9er-Mensch Körperarbeit. Denn Bewegung und Sport helfen ihm, sich selbst zu spüren und Grenzen zu setzen. Unterstützend ist auch, im Hier und Jetzt präsent zu sein und dieses Gefühl zu trainieren, um bewusst die Botschaften des Lebens zu erkennen. Für den 9er-Menschen wäre es hilfreich, wenn er ein bis zwei Monate lang jeden Abend die Botschaften des Tages aufschreiben würde. **Körperlichkeit und Sinnlichkeit zu leben sowie die Verletzungen der Sexualität zu heilen, sind entscheidende Aspekte für die 9er-Persönlichkeiten.** Sie sollten sich bewusst mit der Frage, was innerlich frei macht, befassen und diese neuen Erkenntnisse jeden Tag notieren. Das Bewusstmachen solcher inneren Bedürfnisse trägt dazu bei, sich selbst zu finden und dem eigenen Leben einen Impuls in Richtung Freiheit und Präsenz zu geben.

Personen mit der Lebenszahl 9 vergessen oftmals auf sich selbst, stehen jedoch den Mitmenschen in ihrem Umfeld zumeist zur Verfügung. Dadurch entwickeln sie eine gewisse Selbstentfremdung. Sie spüren sich nicht mehr und verlieren die Verbindung zu ihrem Inneren Kind. Indem der Kontakt immer von außen bestimmt ist, verlieren sie die Beziehung zu den eigenen Emotionen. Sie sollten jedoch in erster Linie auf sich selbst achten. Erst wenn es ihnen selbst gut geht, haben sie die Kraft, die Gelassenheit und den nötigen Abstand, um anderen zu helfen und sie zu unterstützen.

Für den 9er ist es grundlegend, ein Gleichgewicht zu finden zwischen seiner natürlichen Bereitschaft, für andere da zu sein und ihre Probleme zu lösen, und seinem Bedürfnis, sich zurückzuziehen und wieder zu spüren. Der Rückzug wirkt als Selbstschutzmechanismus. Dieser Schalter wird umgelegt, wenn sich die Person den emotionalen Belastungen von außen ausgeliefert fühlt. Der 9er-Mensch muss lernen, **auf sich selbst zu schauen und über seine Probleme und Bedürfnisse mit anderen zu sprechen. Er sollte nicht immer auf andere Rücksicht nehmen, sondern sich anderen gegenüber öffnen**

und sie auch um Hilfe bitten. Darum könnte es für den 9er sinnvoll sein, jeden Tag die eigenen Bedürfnisse und Wünsche niederzuschreiben und diese letztendlich in Beziehungen auch mitzuteilen. Besonders hilfreich sind Körperarbeit wie Shiatsu, Cranio-Sacral-Therapie oder Yoga und Meditationsübungen, die es ihm ermöglichen, sich selbst wahrzunehmen, bewusst die eigene emotionale Welt zu spüren und seine Gedanken zu erkennen. Für 9er-Persönlichkeiten ist es wichtig, die eigenen künstlerischen Fähigkeiten zu entwickeln, auch wenn sie manchmal davon nicht recht überzeugt sind und daher keine Zeit dafür investieren wollen. Sie sind jedoch musisch ausgesprochen begabt und können, wenn sie sich künstlerisch ausdrücken, daraus sehr viel Kraft für die Seele und ihr gegenwärtiges Dasein schöpfen. Förderlich für diese Menschen ist es auch, aus gewohnten und belastenden Situationen auszusteigen, indem sie lernen, Nein zu sagen und sich abzugrenzen, ohne sich für die Lebensumstände der Mitmenschen verantwortlich zu fühlen.

Fragen zur Selbstreflexion

- *Ist es für mich möglich, mich abzugrenzen und über meine Verletzungen zu sprechen?*
- *Wie gehe ich mit enttäuschten Erwartungen um?*
- *Ist es mir möglich, weiterhin bei mir zu bleiben, die notwendigen Grenzen zu setzen und mich selbst nicht zu vernachlässigen, wenn ich mit jemandem sehr verbunden bin?*
- *Bin ich zu unzufrieden mit dem Verlauf meines Lebens, weil ich noch auf der Suche nach einem tieferen Sinn bin?*

- *Welchen Platz hat Spiritualität in meinem Leben?*
- *Wie fühle ich mich, wenn ich in der Natur bin?*
- *Wie oft gehe ich in die Natur?*
- *Wie gehe ich mit meiner Empathie und Sensibilität um?*

Meditationsübung

Die Kraft des Herzens | ***Diese Übung hilft, die Heilung des Herzens zu erlangen und die Selbstliebe zu entfalten. Man sollte sie viermal pro Woche zwölf Wochen lang durchführen, um eine dauerhafte Heilung zu bewirken.***

Nehmen Sie sich eine Stunde Zeit und suchen Sie sich einen ruhigen Ort. Wenn es die Jahreszeit erlaubt, halten Sie Ausschau nach einem ruhigen Platz in der Natur, am besten am Ufer eines Flusses, wo Sie in Flussrichtung schauen. Setzen Sie sich hin und beginnen Sie, langsam und regelmäßig zu atmen. Lassen Sie sich dadurch den natürlichen Rhythmus der Atmung zeigen und beginnen Sie dann, im Körper einen Lichtfluss zu visualisieren. Vom Kopf über die Schulter bis zu den Fingerspitzen, über die einzelnen Organe zum Becken, weiter zu den Knien, Knöcheln und Zehen. Lassen Sie das Licht länger fließen, wo Sie Anspannung spüren, wo Sie fühlen, dass ein Thema steckt oder Sie körperlich blockiert sind. Fühlen Sie, wie das Licht den Körper und jede einzelne Zelle reinigt und in Ihrem Herzen ein strahlendes Licht verbleibt. Spüren Sie die Landschaft rund um sich. Spüren Sie, wie Sie an einem ruhigen Ort sind, wie Ihr Körper vollkommen entspannt ist, und legen Sie dort Ihre Belastungen ab.

Spüren Sie an diesem Ort Geborgenheit und Kraft. Nehmen Sie Ihren Körper wahr und fühlen Sie in der Mitte Ihrer Brust Ihr Herz. Spüren Sie den Herzschlag und wie durch diesen Rhythmus in Ihnen das Leben pulsiert und sich entfaltet. Atmen Sie fünfmal tief in den Brustkorb und visualisieren Sie anschließend eine hell strahlende Sonne in Ihrem Körper, in der Mitte der Brust. Spüren Sie, wie sich diese Sonne erweitert und immer strahlender wird. Aus der Sonne fließt ein klares Lichtbündel. Dieses strahlt ein kraftvolles, liebevolles Licht aus. Es bildet vor Ihren Augen einen Lichtweg. Dieser ist der Weg des Herzens, der von Kraft erfüllt ist.

Spüren Sie, dass der Weg, der vor Ihnen liegt, aus Licht ist. Spüren Sie den Weg des Herzens, der vor Ihnen liegt. Entscheiden Sie sich jetzt bewusst für den Weg der Vollkommenheit, der Kraft, der Liebe. Visualisieren Sie, wie Sie diesen Weg gehen, der gepflastert ist mit der Liebe Ihres Herzens. Befreien Sie sich von allen alten, einschränkenden Gedanken, allen Formen der Abhängigkeit und Einschränkung. Spüren Sie die Weite Ihres Geistes und die in Ihnen ruhende Fähigkeit, sich bewusst für die Liebe zu entscheiden. Spüren Sie sich selbst als Ausdruck der Göttlichkeit und spüren Sie, wie in Ihrem Herzen das Potenzial der allumfassenden Liebe regiert. Spüren Sie, wie dieser Weg strahlt und immer heller wird. Spüren Sie, wie Sie in jedem Schritt und jedem Augenblick Ihres Daseins von Licht begleitet sind. Atmen Sie dreimal tief ein und aus und spüren Sie, wie Ihr Herz pulsiert, sich entfaltet und bewusst in die Kraft kommt. Atmen Sie und entspannen Sie jeden Bereich Ihres Körpers durch einen sanften, langsamen Atemzug. Alles ist neu. Sie haben das Tor des Herzens für die Entfaltung der inneren Liebe geöffnet. Bedanken Sie sich bei der Erde für ihr mütterliches Mitgefühl allen Menschen gegenüber und freuen Sie sich über Ihr Dasein. Atmen Sie tief, und wenn es für Sie stimmig ist, machen Sie die Augen auf.

Affirmationen

- *Ich bin Ausdruck der Göttlichkeit.*
- *Ich öffne mein Herz und lasse Nähe zu.*
- *Ich verbinde mich mit der allumfassenden Liebe.*
- *Ich entfalte meine Liebe und werde vom Leben getragen.*
- *Ich bin beschützt, geführt und im Fluss des Lebens geborgen.*

Wurzelzahlen

18/9 Diese Zahl ist sehr kraftvoll, hat ein bewegtes Innenleben und fühlt sich leicht. Sie hat ein hohes Verantwortungsbewusstsein und ist auf Selbstständigkeit bedacht. Diese Menschen sind schon in der Kindheit sehr intelligent und fähig, eigenständig zu entscheiden. Dadurch stellen sie eine Herausforderung für Eltern oder Erziehungsberechtigte dar. Diese selbstständige und teilweise rebellische Persönlichkeit entwickelt ein starkes Bedürfnis, alles allein schaffen zu wollen, ohne Hilfe von außen. Wenn sich diese natürliche Tendenz im Laufe der Zeit zum Verhaltensmuster entwickelt, wirkt die Person oft sehr gestresst und angespannt. Man gewinnt den Eindruck, dass sie versucht, alles allein und so schnell wie möglich zu erledigen. Nach außen hin wirkt sie sehr selbstbewusst und teilweise distanziert, aber sie ist immer bereit, anderen zu helfen und sich selbst zurückzunehmen, wenn es um Familie, FreundInnen oder die eigenen Kinder geht.

Der Mensch mit der Zahl 18/9 ist bestrebt, immer schnell weiterzukommen, er fühlt einen inneren Druck. Schon in jungen Jahren – vor allem zwischen 25 und 35 – verspürt er das Bedürfnis, sein eigenes Reich zu schaffen und dieses zu gestalten. Diese Persönlichkeit ist hin- und hergerissen zwischen einerseits hohem Idealismus und Altruismus und andererseits dem sicheren Instinkt für Materielles und Geschäftliches. Eine der größten Herausforderungen für sie ist, ihre Kraft konstruktiv zu entfalten und Konflikte auszutragen. Latent vorhanden ist die Bereitschaft, aus Rücksicht und Harmoniebedürftigkeit der Meinung der anderen mehr Gewicht zu verleihen und sich anzupassen. Wenn der 18/9-Mensch diese Verhaltensstrategien in seiner Familie gelebt hat, setzt er sich im Lebensalter von 20 bis 30 Jahren mit diesem Thema auseinander und löst es. Wenn jenes Muster jedoch mehrere Jahre oder sogar bis ins hohe Alter unbearbeitet bleibt, ist es für diese Personen notwendig, dass sie mit therapeutischer Hilfe und durch die Arbeit mit dem Inneren Kind lernen, zu sich selbst zu stehen, sich selbst treu zu sein und dadurch in die Kraft zu kommen.

27/9 Diese Persönlichkeit ist vielfältig, geheimnisvoll, altruistisch und schwingt im Einklang mit dem Umfeld. Sie zeigt eine ausgeprägte Empathie sowie mediale Begabungen. Manchmal ist sie jedoch überfordert mit dem, was sie empfindet. Der 27/9-Mensch spürt innerlich den tiefen Wunsch, andere zu unterstützen und etwas Sinnvolles und Nachhaltiges für die Menschheit zu erreichen. Aus diesem Grund bevorzugt er schon in frühen Jahren einen Beruf, der mit sozialen Bestrebungen verknüpft ist, ob dieser nun im Wirtschaftsbereich oder in anderen Gebieten liegen mag. Er verspürt eine innere Unruhe, will intensive und bedeutende Beziehungen aufbauen und gibt stets hundert Prozent. Nur mit wenigen Menschen pflegt er intensive Kontakte und Verbindungen. Nach außen hin wirkt er sehr offen und herzlich. Wenn er sich zu intensiv auf Beziehungen einlässt und das Gefühl bekommt, die eigenen Grenzen nicht mehr zu spüren und sich daher nicht mehr wohlzufühlen, kann er sich schlagartig zurückziehen, ohne den Grund mitzuteilen. Diesen Menschen zeichnen eine große Offenheit und ein besonderer Zugang zur Liebe aus. Er stellt hohe Ansprüche an die Liebe, die Partnerschaft und die Freundschaft. Aus diesem Grund wird er in jungen Jahren oft Opfer von Enttäuschungen und Missverständnissen. **Um neue Kräfte zu tanken, benötigen die 27/9-Persönlichkeiten Zeit für Selbsterfahrung und eine Verbindung zur Natur.** Schon in jungen Jahren bemerken sie ein starkes Bedürfnis, Kenntnisse im spirituellen Bereich und zum Teil auch in Geschichte und Philosophie zu erlangen. Wenn sie diesen Neigungen nachgehen, gelingt es ihnen, mit dem Umfeld und dem Leben bewusst umzugehen, weil sie dadurch eine konkrete Antwort auf ihre Frage zum

Sinn des Lebens finden. Diese Menschen können manchmal nach außen hin sehr distanziert und abwesend wirken, vor allem wenn sie mit tief gehenden Gedanken befasst sind oder ein Problem zu lösen haben. In erster Linie versuchen sie, selbst mit ihren Problemen und Fragen zurechtzukommen. Sie sind bereit, anderen zu helfen, aber selbst um Hilfe zu bitten ist für sie außerordentlich schwierig.

36/9 Kreativität, künstlerische Fähigkeiten, das Bedürfnis nach viel Raum und Bewunderung sowie ein tiefes Vertrauen ins Leben sind charakteristisch für diesen Menschen. Er ist sensibel, poetisch, mutig und lebt das Leben als konstruktive Herausforderung, indem er immer auf Weiterentwicklung bedacht ist. Nach außen hin wirkt er wie ein fröhlicher, gelassener, entspannter und positiver Mensch. Viele heischen nach seiner Aufmerksamkeit und fühlen sich geehrt, wenn sie die Gesellschaft, Freundschaft oder Liebe einer solch faszinierenden Persönlichkeit genießen dürfen. Hinter dieser Fassade verstecken sich jedoch meist eine innere, tiefe und zerbrechliche Sensibilität sowie das Bedürfnis nach Geborgenheit, Ruhe und Liebe. Diese Person will Leben und Liebe erfahren und in vollen Zügen genießen. Berührung, tiefsinnige Gespräche und im Fluss zu sein sind die wichtigsten Aspekte, die sie in zwischenmenschlichen Beziehungen sucht. Das Privatleben gestaltet sich manchmal schwierig, denn oft bekommt man von diesen Menschen den Eindruck, sie wären ichbezogen und oberflächlich. Lernt man sie jedoch näher kennen, erschließt sich einem ihre tiefe Sensibilität, ihr starkes Bedürfnis, anderen zu helfen, und ihre Herzlichkeit. Diese Menschen brauchen vor allem in der Kindheit besondere Unterstützung, um einen positiven Selbstwert zu entfalten. So können sie in frühen Jahren lernen, sich selbst anzunehmen und auf die eigene Intuition zu hören. Wenn das nicht geschieht und sie das Gefühl entwickeln, nicht gut genug zu sein, sind sie oft von außen bestimmt und sehr empfänglich für die Meinungen anderer Menschen. Die Anpassung, die darauf folgt, ist häufig eine Einschränkung in der Entwicklung der vielfältigen Talente, die diese Persönlichkeit in sich trägt. Selbsterfahrung und ein positives Eigenbild, viel Verständnis und ein liebevolles Innehalten in bzw. bei sich selbst sind die Voraussetzungen, die dieser Person erlauben, sich voll zu entfalten.

45/9 Diese Zahl zeigt sich sehr strukturiert, mit einem klaren Geist und dem tiefen Bedürfnis, anderen zu helfen sowie ihnen neue Wege der Entfaltung zu ermöglichen. Die Person entwickelt schon in jungen Jahren ein Bedürfnis nach Ordnung und Klarheit und beweist eine sehr starke Willenskraft. In der Kindheit überfordert sie die Eltern oder Erziehungsberechtigten durch ihre Selbstständigkeit, ihren Freiheitsdrang, ihr rebellisches Wesen und ihr Bedürfnis, frei entscheiden zu wollen. Diese Eigenschaften begleiten die Person ein Leben lang in ihrer Entwicklung und machen aus ihr einen entschlossenen, bewussten, verlässlichen Menschen. Nach außen hin wirkt sie hilfsbereit, gelassen, selbstsicher und zeigt natürliche Führungsqualitäten. Sie verbindet Idealismus und Realitätssinn mit einem tiefen Sinn für Philanthropie. Berufe wie LehrerIn, ErzieherIn oder TherapeutIn passen sehr gut zu dieser Zahl.

Notizen

Meister- und Lebenszahl 11
Die heilende Kraft

der Liebe

MEISTER- UND LEBENSZAHL 11 – DIE HEILENDE KRAFT DER LIEBE

Persönlichkeitsbeschreibung

Die Meisterzahl 11/2 lässt auf ungewöhnliche Begabungen und äußersten Scharfblick schließen; in der Auffassungsgabe übertrifft sie die Zahl 9. Diese Menschen gehen nicht schnell Partnerschaften ein, sind aber auch keine EinzelgängerInnen. Ist es zu einer Beziehung gekommen, setzen sie sich leidenschaftlich für die jeweiligen PartnerInnen oder FreundInnen ein. Sicheres Urteilsvermögen und die Fähigkeit, Prioritäten zu setzen, sind die charakteristischen Merkmale dieser Persönlichkeit. Selbstsucht, Reserviertheit und Fanatismus stellen Gefahren für sie dar. Führungsqualitäten und Originalität der Zahl 1 werden verstärkt.

Ein Mensch mit der Lebenszahl 11/2 darf sich nicht von seinen Träumen überwältigen lassen oder sich zu emsig seiner eigenen Sache verschreiben. Er sollte auch mehr auf die Bedürfnisse seiner Mitmenschen eingehen. Der 11er muss sich etwas zurücknehmen (was der Zahl 2 entspräche, der Quersumme von 11), dabei jedoch seine Kreativität und Individualität bewahren, als eine Verdoppelung der Kraft, die sich in der Zahl 1 manifestiert.

Die 11/2-Persönlichkeiten sind LehrerInnen – LehrerIn als Archetypus – und auch HeilerInnen. Sie spüren ausgesprochen gut, sind medial begabt und sehr empathisch (auch die 7er und die 9er haben diese Fähigkeit). Sie kommen mit der Aufgabe auf die Welt, ihr intuitives Wissen und ihre Erkenntnisse weiterzugeben. **Sie beschäftigen sich schon in jungen Jahren mit Spiritualität, manchmal in intuitiver Form. Dies erkennt man zum Beispiel daran, dass 11er-Kinder mit Bäumen sprechen.** Durch sein großes Potenzial kann der 11/2-Mensch bei anderen sehr viel bewegen. Im Gegensatz dazu kann er sich aber auch zurückziehen und damit riskieren, sich in depressiven Verstimmungen zu vergraben. Denn dieser Mensch birgt auch eine gewisse Traurigkeit in sich.

Die Persönlichkeit mit der Meisterzahl 11/2 ist künstlerisch veranlagt, sehnt sich nach Verbundenheit, Gleichgewicht und Harmonie mit den Mitmenschen. Sie trägt eine tiefe Liebe in sich. Intensive Empfindungen im Alltag werden zur Herausforderung für diese mitfühlende und gefühlsbetonte Person, die ein fantasiereiches und ausgeprägtes Innenleben hat. Diese Menschen sind erfindungsreich, kreativ und leben teilweise schon in ihrer Kindheit in einer eigenen Welt. Sie haben ein reflektierendes, philosophisches, meditatives Wesen und denken über den Sinn des Lebens nach. Vielfach grübeln sie auch über die Beweggründe der Handlungen ihrer Mitmenschen. Sehr oft erfährt der 11/2-Mensch in seiner Kindheit eine grundlegende Isolation: Er kommt in einer Familie zur Welt, in der er sich nicht zu Hause fühlt und das Gefühl hat, anders zu sein als alle anderen im Familiensystem. Es ist sehr wichtig, dem 11/2-Kind das Gefühl zu geben, dass es willkommen ist und in seiner Einzigartigkeit angenommen wird. Diese Menschen zeigen schon früh eine ausgeprägte Medialität. Sie empfinden intensiv die Gefühle und Seelenzustände der Mitmenschen. In manchen Fällen ist es für sie schwierig zu entscheiden, ob es sich um eigene Gefühle oder fremde Empfindungen handelt. **Aufgrund dieser ausgeprägten Sensibilität sollte der Mensch mit der Zahl 11/2 rechtzeitig lernen, sich bewusst zu spüren und wahrzunehmen. Zwei Seelen wohnen in seiner Brust: einerseits der introvertierte und andererseits der offene, humorvolle Mensch. Durch diese Polarisierung seiner Persönlichkeit verspürt er ein starkes Bedürfnis, sich zurückzuziehen.**

Die Persönlichkeiten mit der Meisterzahl 11/2 sind durch ihre Bipolarität blockiert. Auf der einen Seite wollen sie sich zurückziehen und mit ihren eigenen Gedanken beschäftigen. Sogar im alltäglichen Austausch mit Familie und FreundInnen sind sie zum Teil überfordert, vor allem wegen ihrer Harmoniebedürftigkeit und starken Empathie. Auf der anderen Seite sind sie jedoch extrovertiert, humorvoll und wollen intensive zwischenmenschliche Verbindungen erleben. Diese Zerrissenheit behindert die 11/2-Persönlichkeiten in ihrer Entfaltung und erlaubt ihnen nicht, ihre Fähigkeiten stabil zu entwickeln. Sie schwanken de facto zwischen diesen zwei Extremen hin und her. Selten ist es ihnen in jungen Jahren möglich, eine Art Gleichgewicht zu finden. Die Lösung liegt in einer guten Selbstwahrnehmung. Diese Menschen können sich helfen, indem sie sich Zeit für sich selbst nehmen, bewusst Sport betreiben oder körperliche Tätigkeiten mit spirituellem Hintergrund wie Yoga, Qigong oder Kampfkunst im traditionellen Sinn ausüben.

Wenn der 11/2-Mensch lernt, auf dem Boden zu bleiben, ist es möglich, dass er seine Talente und seine mediale Begabung konstruktiv einsetzen kann. Er neigt dazu, in der Zukunft zu leben, und fühlt sich aus diesem Grund in der Gegenwart nicht verstanden. Er ist auf der Suche nach Vorbildern, die ihn vollends verstehen, ohne dass er viel sagen oder sich selbst erklären muss.

Die Einzigartigkeit des 11/2-Menschen sticht bereits auf den ersten Blick hervor. Es ist für ihn schwierig, sich selbst als „normal“ zu empfinden. Oft fühlt er lebenslang ein starkes Bedürfnis nach Zugehörigkeit. Seine Einzigartigkeit zu erfassen hilft ihm, sich selbst anzunehmen, und gibt ihm die Kraft, authentisch zu wirken. Er hat mit der Welt und der Geschwindigkeit des Lebens hart zu kämpfen. Grundsätzlich idealistisch eingestellt, lernt er jedoch im Laufe des Lebens aufgrund mancher Enttäuschungen, diese Ideale loszulassen und einen Realitätssinn zu entwickeln, der es ihm ermöglicht, seine Mitmenschen mit all ihren Fehlern und positiven Eigenschaften zu akzeptieren. **Seine Idealvorstellungen wirken besonders stark in der Partnerschaft, in der er dazu neigt, sein Gegenüber zu glorifizieren. Doch lernen die 11/2-Persönlichkeiten in der Auseinandersetzung mit den PartnerInnen, diese realistisch zu betrachten. Mehr noch, sie entwickeln die Tendenz, immer wieder die Schwächen ihrer PartnerInnen zu verzeihen und sehr verständnisvoll zu sein.** Der 11/2-Mensch sollte jedoch vermeiden, dass er aufgrund seiner Harmoniebedürftigkeit und seines Verständnisses für die Schwächen der Mitmenschen ausgenützt wird. Er kann sich entweder positiv entwickeln und alle Facetten seiner vielfältigen und freien Persönlichkeit entfalten oder er führt aufgrund seiner depressiven Verstimmungen und seiner äußerlichen Anpassung ein stilles Leben, in dem er sich innerlich isoliert und ausgeschlossen fühlt. Diesem Gefühl, anders oder ausgeschlossen zu sein, sollten diese Menschen eventuell auch mit therapeutischer Hilfe entgegenarbeiten. Einen spirituellen Weg zu gehen, bei dem sie sich geborgen fühlen, hilft ihnen, ihre Persönlichkeit zu entfalten und Zugehörigkeit unter Gleichgesinnten zu finden. Durch ihre Empathie nehmen die 11/2-Persönlichkeiten die Empfindungen der Mitmenschen wahr und wünschen sich, dass sie selbst auch von den anderen verstanden werden. Sinnvollerweise sollten sie lernen, vor allem wenn sie sich verletzt oder nicht beachtet fühlen, dass sie ihre Gefühle, Bedürfnisse und Erwartungen mitteilen, und zwar ganz ohne Angst, verlassen und nicht geliebt zu werden.

Familienthema der Ursprungsfamilie

Da 11/2-Menschen von der Familie in vielen Fällen nicht verstanden werden, fühlen sie sich in der Kindheit oft alleingelassen. In der Einsamkeit können sie jedoch eine große Sensibilität entwickeln, die ihnen dabei hilft, andere Kinder zu verstehen. Dies kann ihnen später in Berufen wie LehrerIn oder TherapeutIn von Nutzen sein.

Wenn diese Personen Anschluss in der Familie suchen, dann sind sie bereit, sich anzupassen und die Werte und Verhaltensmodelle der Ursprungsfamilie anzunehmen. Sie brauchen viel Liebe, Aufmerksamkeit und Anerkennung, um Mut zu ihrer Authentizität aufzubringen. Werden sie gebraucht, fühlen sie sich wohl. Menschen mit der Meisterzahl 11/2 sollten versuchen, ihre emotionale Reife zu erreichen und die Bedürfnisse ihres Inneren Kindes selbst zu stillen.

Lebensphasen

Diese Persönlichkeiten zeigen **IN DER KINDHEIT** eine ausgeprägte Empathie und sind in ihrer Fantasiewelt versunken. **Die 11/2-Menschen kommen oft in einer Familie zur Welt, in der sie sich als AußenseiterInnen sehen und sich demzufolge nicht wohlfühlen. Sie entwickeln schon in jungen Jahren ein Gefühl des Andersseins.** Um geliebt zu werden und die Sehnsucht nach Anerkennung zu stillen, passen sich diese Persönlichkeiten vielfach ihrer Umgebung an. Dieses Verhalten mündet erst in der Zeit zwischen 20 und 30 Jahren in eine positive Entwicklung.

Das 11/2-Kind fühlt sich in seinem Ausdruck und in seinem Sein meist nicht unterstützt oder von der Familie getragen. Es ist ein guter Beobachter, aber es fällt ihm schwer auszudrücken, was es braucht bzw. was es im Innersten fühlt. Seine Bedürfnisse manifestiert das 11/2-Kind vor allem, indem es somatisiert. Wenn es im Familiensystem keine Ruhe und Geborgenheit findet, wird es bisweilen krank. Dabei kommt es meistens zu Problemen mit den Atemwegen oder dem Magen, den zwei Schwachpunkten dieser Lebenszahl.

Da sich 11/2-Kinder zurückziehen, lenken sie oft die Aufmerksamkeit auf sich. Um sie zu unterstützen, ist es wichtig, regelmäßig etwas mit ihnen zu unternehmen und zu versuchen, sie zu verstehen und ihre Welt kennenzulernen. **Es sind Kinder, die wie kleine Erwachsene behandelt werden wollen. Der Umgang mit ihnen wird schwierig, wenn sie nicht wissen, woran sie sind.** Sie legen viel Wert darauf, zu wissen, wie es den anderen geht. Deshalb sollten diese dem Kind immer wieder versichern, dass es ihnen gut geht. Für das Kind ist es von Bedeutung, dass Eltern, FreundInnen und Großeltern Zeit für es haben und sich ihm uneingeschränkt widmen können. Es braucht regelmäßig Zeitfenster, in denen es das Gefühl hat, dass sich jemand ausschließlich um seine Belange kümmert. Das muss nicht oft sein, von Bedeutung ist dabei nur die Qualität der Zuwendung.

Wenn die 11/2-Persönlichkeit in gleichmäßigen Abständen Bestätigung erfährt, auch wenn dies beispielsweise nur einmal im Monat geschieht, so fühlt sie sich in ihrer Kindheit und Pubertät der Familie zugehörig. Dann hat sie die notwendige Gewissheit, dass sie für die Familienmitglieder wertvoll ist und sich darauf verlassen kann, dass jemand für sie da ist. Wenn Eltern bzw. ein Elternteil auf dieses Bedürfnis achtet, kann man davon ausgehen, dass die Entwicklung des Kindes sehr positiv und bewusst abläuft. Der 11/2-Mensch braucht regelmäßige Zuwendung in Form von Berührung und ein von den Eltern gezeigtes Interesse für seinen Alltag. Es ist wichtig, dass man ihn immer wieder fragt, wie es ihm geht, was er braucht bzw. wie man ihm helfen kann. Sehr hilfreich für die Entwicklung dieser Persönlichkeit ist die regelmäßige

Ausübung von Sport. Dazu eignen sich am besten folgende Sportarten: Yoga, Qigong, intuitives Tanzen, Jazzdance und Kampfkunst von Tai-Chi bis Karate oder Aikido.

Ein wichtiger Aspekt für diese Menschen ist die Umsetzung ihrer künstlerischen Talente. Wenn die Eltern also merken, dass das Kind gerne malt, singt oder musiziert, sollten sie es in diese Richtung fördern. Das Kind könnte einen Malkurs besuchen oder ein Musikinstrument lernen, denn das begünstigt die Persönlichkeitsentwicklung dieser teilweise introvertierten Menschen und kann schon in frühen Jahren eine glückliche Basis für konstruktive soziale Verbindungen schaffen.

Ein weiterer wichtiger Aspekt ist die mediale Begabung des 11/2-Menschen, die sich schon früh zeigt. Es könnte sein, dass diese Kinder viel Gespür für unterschiedlichste Wahrnehmungen haben. In dem Fall ist es wichtig, dies ernst zu nehmen und ihnen nicht zu sagen, dass sie sich etwas einbilden. Die Persönlichkeit eines 11/2-Kindes kann teilweise **eine ausgeprägte Sensibilität und Medialität** zeigen. Wenn das Kind von einer Wahrnehmung erzählt, sollte man es bitten zu erklären, was es dabei fühlt. Das Gefühl, ernst genommen zu werden, gibt ihm eine gute Möglichkeit, sich selbst zu spüren. Diese Kinder verfügen meist über eine ausgeprägte Fantasie und Vorstellungskraft. Ihre Wahrnehmungen stellen in einer symbolischen Form ihre Empfindungen dar. Es ist von größter Bedeutung, dass das Kind deswegen nicht ausgelacht oder ausgegrenzt wird.

In der Pubertät gibt es zwei unterschiedliche Gruppen von Jugendlichen. Die einen weisen eine ausgeprägte Sozialkompetenz auf und haben viele FreundInnen. Sie stehen oft im Mittelpunkt, sind sehr beliebt, werden zu guten RatgeberInnen und sind aufgrund ihrer persönlichen emotionalen Reife Bezugspersonen für Gleichaltrige. Die anderen ziehen sich zurück und wollen nur Kontakt mit Menschen, bei denen sie sich gut aufgehoben und verstanden fühlen. Es kann sein, dass sie Gleichgesinnte suchen, diese aber im schulischen Bereich nicht finden. In dem Fall sollten die Jugendlichen die Möglichkeit haben, Sport- oder Musikvereinen beizutreten, um sich Menschen zuzuwenden, die ihre Leidenschaft teilen.

Für den 11/2-Jugendlichen ist es wichtig, Spaß und Gelassenheit zu leben und vor allem Zeit für FreundInnen und entspannende Tätigkeiten zu finden. Denn es könnte sein, dass er in dieser Phase des Lebens dazu tendiert, sich zurückzuziehen und zu erwachsen für sein Alter zu sein, vor allem auch, weil er sich oft – bereits von Kindheit an – für andere verantwortlich fühlt. Aus diesem Grund ist es wirklich empfehlenswert, diesen jungen Menschen diese Bürde abzunehmen und sie ihre kindlichen oder jugendlichen Bedürfnisse spüren zu lassen.

Die 11/2-Personen leiden, wie schon erwähnt, oftmals unter der Empfindung, anders als die anderen zu sein und nicht dazuzugehören. Indem man ihre Gefühlswelt wahrnimmt, könnte ihre extreme Empathie in eine konstruktive Begabung für die berufliche Zukunft gelenkt werden. **Im Alter zwischen 20 und 25 Jahren** ist die 11-Persönlichkeit sehr reif, sie weiß, was sie will, und interessiert sich für Bereiche der Alternativmedizin, für Heilberufe oder Tätigkeiten mit sozialem Hintergrund. Sehr gut geeignet ist diese Person für die Arbeit mit Menschen und somit für Berufe, die es ihr ermöglichen, ihre Hilfsbereitschaft und Empathie zu leben. Das kommt ihr und den anderen, die mit ihr den Arbeitsplatz teilen, zugute. Oft ist sie in dieser Phase des Lebens sehr mit sich beschäftigt.

Die 11/2-Menschen weisen eine extreme Widersprüchlichkeit auf. Entweder haben sie ein gutes Selbstwertgefühl und sehr viel Kraft, ihre Ziele umzusetzen, oder sie fühlen sich unfähig, ihr Leben in die Hand zu nehmen, und brauchen Hilfe von außen. In dieser Phase kristallisiert sich die Grundtendenz dieses Charakters heraus. Entweder sind die jungen Menschen sehr selbstbewusst, schreiten entschlossen und erfolgreich durchs Leben oder sie fühlen sich nicht am richtigen Platz, zweifeln an jeder Entscheidung und brauchen viel Bestätigung von außen. Wenn sich letzterer Aspekt manifestiert, ist es wichtig, dass sich die 11/2-Menschen professionelle Hilfe bei PsychotherapeutInnen, PersönlichkeitstrainerInnen oder Coaches holen, um ihre Kindheit und ihre Verhaltensstrategien zu durchleuchten.

Zwischen 25 und 27 Jahren beginnt der Mensch mit der Lebenszahl 11/2, sich selbst zu finden und seine Lebensrichtung bewusst wahrzunehmen. In der Phase braucht diese Persönlichkeit viel Zeit für sich. Sie sollte sich nicht zu früh binden, weil sie sich in einer Beziehung zu sehr anpassen könnte und berufliche sowie persönliche Bedürfnisse hintanstellen würde. Diese zwei Jahre ihres Daseins, in denen sie eine Lebenskrise erleben kann, sind sehr wichtig für diese Person, da die Krise einen Schritt in der Persönlichkeitsentwicklung bedeutet und ihr ermöglicht, sich selbst zu entdecken und zu spüren.

Ab etwa 30 bis ungefähr 34 befindet sich der 11/2-Mensch in einer positiven und aufbauenden Phase. **Zwischen 27 und 34** beginnt er, die Weichen für seine Zukunft zu stellen. Viel Veränderung, Abwechslung und teilweise Enttäuschungen in zwischenmenschlichen Beziehungen sind die Aspekte, die den 11/2-Menschen in dieser Zeit begleiten. Maßgeblich ist für ihn, nicht alles persönlich zu nehmen und nicht nur von sich auszugehen. In der Zeit muss der Mensch mit der Zahl 11/2 meist der Realität ins Auge blicken. Er muss lernen, sich mit seinem Idealismus auseinanderzusetzen und zu verstehen, dass nicht alle Menschen im gleichen Ausmaß hilfsbereit, ehrlich und „gut" sind. Oft hat er eine zu positive und manchmal auch zu naive Einstellung zum Leben, die die Ursache vieler Enttäuschungen ist. **Diese Menschen geben sehr viel und fühlen sich am Ende ausgenützt, weil sie im Rahmen des Gebens nur auf das Helfen fokussiert sind und das Ausmaß der Bedürftigkeit der anderen Person nicht gut einschätzen können.** In dieser Phase ist für sie relevant, dass sie lernen, auf die eigenen Bedürfnisse zu achten und das, was ihnen am Herzen liegt, auch umzusetzen. Außerdem werden sie in diesem Alter mit der Verwirklichung ihrer Lebensvision konfrontiert. Gegen Ende dieser Phase, **im Alter zwischen 34 und 36 Jahren,** wäre es optimal für sie, auf dem Land zu leben oder zumindest in der Nähe eines Parks.

Zwischen 35 und 39 Jahren ist der Mensch mit der Meisterzahl 11/2 häufig mit seinen besonderen Fähigkeiten, zum einen Menschen zu helfen und zum anderen seine mediale Begabung einzusetzen, befasst. Sein Einfühlungsvermögen verursacht in ihm oft eine gewisse Betroffenheit angesichts der Art, wie andere miteinander umgehen. Es stellt aber für ihn einen Beweggrund dar, einen überaus bewussten Umgang mit seinen Mitmenschen zu pflegen. Aufgrund seiner Wesensart setzt sich der 11/2-Mensch in dieser Lebensphase zumeist mit spirituellen oder sozialen beruflichen Tätigkeiten auseinander. Blockiert wird diese Beschäftigung oftmals durch die Werte und kulturellen Paradigmen seiner Familie, die ihm das Gefühl gibt, anders zu sein. Er muss sich zu diesem Zeitpunkt damit konfrontieren und den Weg gehen, der ihm Glück und Zufriedenheit ermöglicht.

Für ihn ist es wichtig, dass sein Beruf auch seine Berufung ist, denn es ist für ihn noch schwerer als für andere, wenn das Arbeitsfeld nicht den eigenen ethischen Werten entspricht. Dieser Mensch beginnt sich in dieser Phase oft für Spiritualität zu interessieren und entdeckt einen tieferen Sinn im Leben. Wenn keine großen Veränderungen angebracht sind, wäre es an der Zeit, Tätigkeiten mit sozialem oder spirituellem Hintergrund zu suchen und auszuüben. Wenn dieser Person der Alltag langweilig erscheint, sollte sie sich daraus befreien und ihren Horizont erweitern. Achtet sie jedoch in dieser Zeit nicht auf ihre Bedürfnisse, könnten sich eine Depression oder depressive Verstimmungen manifestieren. In diesem Fall wäre es empfehlenswert, sich durch eine Therapie helfen zu lassen. Wichtig ist auch, die Veränderung im Außen zuzulassen, wenn man mit dem eigenen Bedürfnis nach Sicherheit, Liebe und Anerkennung konfrontiert ist.

Die Tendenz zur Depression äußert sich in dieser Phase vor allem dann, wenn der 11/2-Mensch schon in der Kindheit gelernt hat, sich anzupassen. Was er braucht sind Selbstvertrauen und Glaube an die eigene Kraft sowie die Richtigkeit seiner Gefühle. Besonders wichtig ist für ihn, diese Herausforderung positiv zu bewältigen, um sein späteres Leben besser genießen zu können.

Zwischen 40 und 55 Jahren, nachdem der Mensch mit der Zahl 11/2 die Kraft, sich selbst zu erfahren und zu spüren, gefunden hat, kann er die Lehrerrolle – die auch dem Archetypus dieser Person entspricht – leben. Häufig haben diese Persönlichkeiten in genannter Zeitspanne einen neuen Beruf im Bildungsbereich als Coach, LehrerIn oder TrainerIn ergriffen. Sie finden sich in dieser Lebensphase in der Rolle von Gebenden, leben ihre Fähigkeiten und Talente und freuen sich über jede Möglichkeit, ihre Weisheit weiterzugeben. Wenn sie es nicht schon früher tun, sind sie in späteren Jahren mit spirituellen Philosophien beschäftigt und suchen Antworten auf Fragen, die das eigene Leben bestimmen oder verändern können. Ein 11/2-Mensch ist **in der späten Lebensphase** sehr mit seiner Entwicklung befasst und will Talente entfalten, die er bis zu dem Zeitpunkt nicht zeigen konnte. Bis ins hohe Alter lebt diese Person ihre mediale Begabung und es könnte sein, dass sie in einem Beruf im Bereich der Alternativmedizin oder im sozialen Bereich aufblüht. Die Jahre sind außerdem von Reisen und vielen neuen Begegnungen gekennzeichnet.

In dieser Zeit sollten die 11/2-Persönlichkeiten einen neuen Wohnort wählen, ein eigenes Grundstück oder einen Garten erwerben, wo sie Pflanzen pflegen und sich mit der Kraft von Erde und Natur auseinandersetzen können. Das erlaubt ihnen, sich zu stärken, sich dem Leben näher und im Fluss mit diesem zu fühlen, ohne viel über ihre Vergangenheit und ihre Blockaden nachzudenken.

Denkmuster & Verhaltensstrategie mit Lösungsansätzen

Die Glaubenssätze von Menschen mit der Meisterzahl 11/2 lauten:

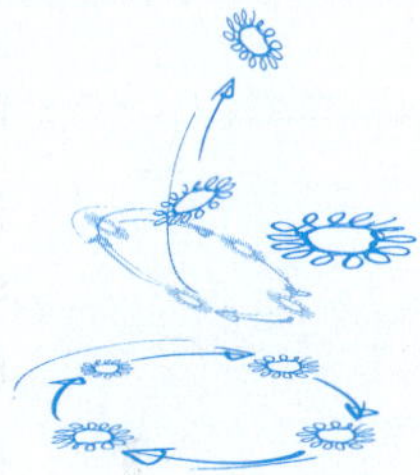

- *Ich bin anders als die anderen.*
- *Niemand versteht mich.*
- *Ich helfe dir.*
- *Ich brauche nichts.*

Das Gefühl, anders als die anderen zu sein, ist das Grundthema dieser Persönlichkeit. Es ist mit der Empfindung gekoppelt, im eigenen Leben nicht weiterzukommen. Diese Personen fühlen sich wie ein Baum voller Früchte, der sich aber nicht sichtbar machen kann, damit diese geerntet werden können. Sie identifizieren sich oft mit der Rolle von AußenseiterInnen, vor allem wenn sie in der Kindheit den Eindruck hatten, in ihrer Einzigartigkeit nicht erkannt worden zu sein.

Wenn sich dieses Muster stark auswirkt, ist die Person zurückgezogen, introvertiert und mit ihrer Fantasiewelt und ihren Träumen verbunden, die ihr helfen, die Realität und den Alltag zu bewältigen. Lesen, Sich-Zurückziehen und die Beziehung zur Natur unterstützen diese Person, ihr Leben zu bewältigen und ihr starkes Bedürfnis nach Liebe zu leben. Oftmals widmet sie ihre Liebe Kindern und Tieren, von denen sie sich verstanden fühlt und bei denen sie keine Angst hat, verletzt zu werden. Wesentlich wäre es, dass sie aus der Einsamkeit heraustritt, **den Mut fasst, sich zu öffnen, und die Geduld aufbringt, Gleichgesinnte zu finden.** Die eigenen Interessen zu fokussieren und zu praktizieren und so einen positiven, konstruktiven Austausch mit den Mitmenschen zu erreichen, bietet eine gute Gelegenheit dafür.

Ein weiteres Muster des Menschen mit der Lebenszahl 11/2 ist das Eintauchen in die Opferrolle. Er fühlt sich nicht verstanden, schwach und vom Leben ungerecht behandelt. Hilfreich ist, dieses Empfinden – eventuell mit therapeutischer Hilfe – aufzulösen und zu beginnen, die eigene Kraft zu sehen. Weiters gilt es, die Verletzungen, die in der Kindheit passiert sind, aufzuarbeiten, ohne der Vergangenheit die Macht über die Gegenwart zu überlassen. In diesem Fall ist es für den 11/2-Menschen wichtig, seine Talente und seine Einzigartigkeit ans Licht zu bringen und auf künstlerischem Wege den alten Schmerz aufzuarbeiten. Musische Tätigkeiten wie Malen oder Schreiben helfen, den Weg der Selbstheilung zu gehen. Es ist von Bedeutung, die eigene Größe zu spüren und sich durch Atem- oder Meditationstechniken oder in spirituellen Gruppen, in denen Herzlichkeit und Offenheit gelebt werden, mit sich selbst auseinanderzusetzen. Eine Spiritualität, die auch den Körper miteinbezieht, ist für die sensible

Natur der Lebenszahl 11/2 günstig, damit sie ihre Persönlichkeit entfalten kann. Dadurch findet sie den Mut, ihre Einzigartigkeit zu leben, auch wenn von außen unangenehme Rückmeldungen kommen. Diesen Mut, zu sich selbst zu stehen, sowie die Kraft zur Entfaltung erfährt der 11er ebenso, indem er seine Empathie und seine Fähigkeit, anderen zu helfen, im beruflichen und privaten Bereich bewusst einsetzt.

Fragen zur Selbstreflexion

- *Fühle ich mich ausgegrenzt in meinen Beziehungen?*
- *Wie zeigt sich mein Bedürfnis nach Zugehörigkeit?*
- *Wie habe ich mich in der Kindheit gefühlt?*
- *Habe ich mich als in die Familie integriert empfunden oder habe mich nicht verstanden gefühlt?*
- *Warum habe ich mich nicht verstanden gefühlt? Wie manifestiere ich meine Abgrenzung?*
- *Wie viel Zeit im Vergleich zu anderen Tätigkeiten widme ich meinen Interessen und meinem Bedürfnis nach Spiritualität?*
- *Welche Form von Spiritualität hilft mir, in die Kraft zu kommen?*
- *Welche Form der körperlichen Betätigung erlaubt mir, mich zu erfahren und meine innere Ruhe zu erreichen?*

Meditationsübung

Begegnung mit dem Inneren Kind | ***Das Ziel dieser Übung ist es, die eigene Kraft zu spüren und sich selbst zu fühlen. Es ist empfehlenswert, diese Übung zweimal in der Woche zehn Wochen lang durchzuführen. Am besten dafür geeignet ist die Zeit kurz vor dem Einschlafen.***

Nehmen Sie sich eine gute Stunde Zeit für diese Übung. Die Übung soll Ihnen die Möglichkeit geben, sich selbst besser zu spüren sowie Ihre tiefsten Bedürfnisse und Wahrnehmungen zu integrieren.

Suchen Sie sich einen ruhigen Ort und setzen Sie sich so, dass Ihr Rücken aufrecht ist. Entspannen Sie sich und atmen Sie tief in den Brustkorb. Der Körper ist entspannt. Fühlen Sie Ihren Körper und nehmen Sie die Bereiche wahr, in denen Sie eventuelle Anspannungen und Schmerzen spüren. Atmen Sie bewusst in diesen Bereich und achten Sie darauf, dass das Ausatmen langsam und entspannt erfolgt. Nehmen Sie allmählich wahr, wie Ihre Atmung und Ihr Körper ruhiger und gelassener werden. Wenn Sie das Gefühl haben, entspannt zu sein, visualisieren Sie sich an einem schönen, sicheren Platz, an dem Sie sich wohlfühlen. Sie sitzen dort und beobachten die Natur und alles rundum. Sie freuen sich über das, was Sie umgibt. Nachdem Sie sich mit dem Ort auseinandergesetzt und verbunden haben, spüren Sie, wie es sich anfühlt, sich geborgen und ruhig zu fühlen. Wenn es für Sie passt, visualisieren Sie Ihr Inneres Kind und seine Fähigkeit, sich mit Ihnen zu verbinden und Ihnen Liebe, Bewusstsein und Klarheit zu schenken. Visualisieren Sie bewusst den Kleinen bzw. die Kleine. Spüren Sie Ihre Kraft und achten Sie auf Ihre Reaktionen. Spielen Sie mit diesem Kind und fragen Sie es, was es braucht, damit es ihm gut geht und es sich wohlfühlt. Versuchen Sie, Ihr Inneres Kind bewusst zu umarmen. Erzählen Sie ihm, wie sehr Sie es lieben, und sagen Sie ihm, dass es sich entspannen kann. Sie sind für es da und sind bereit, ihm zu helfen. Unterstützen Sie das Kind und sagen Sie ihm, dass es seine Fähigkeiten und Talente entfalten darf. Spüren Sie, wie es zu Licht wird und tief in Ihr Herz fließt. Achten Sie darauf, wie sich das Licht Ihres Inneren Kindes im ganzen Körper verteilt. Halten Sie dann die Hände auf das Herz und wiederholen Sie innerlich dreimal: „Ich erkenne meine Kraft, ich stehe zu mir und finde einen neuen Weg für die Entfaltung meiner Seele. Ich verwirkliche meine Seelenvision.“ Atmen Sie anschließend fünfmal tief und langsam und visualisieren Sie sich noch einmal an diesem sicheren Ort. Bedanken Sie sich bei diesem, weil Sie immer wieder zu ihm zurückkehren können, wenn Sie die Seele baumeln lassen möchten. Öffnen Sie langsam und entspannt die Augen.

Affirmationen

- *Ich freue mich über die Wunder des Lebens.*
- *Ich entzünde meine vitale Kraft. Ich bin der Regisseur/die Regisseurin meines Lebens.*
- *Ich strahle Liebe aus und meine Herzlichkeit ist für alle erfahrbar.*
- *Ich verwirkliche meine Visionen und Talente.*

Wurzelzahlen

29/11/2 Diese Persönlichkeit ist facettenreich, sensibel und emotional teilweise instabil. Sie beweist eine besonders ausgeprägte Empathie und die Fähigkeit, sich einzufühlen. Schon in der Kindheit sind diese Menschen für Empfindungen aus ihrem Umfeld empfänglich. Aus diesem Grund ist es für sie oft schwierig, die eigene Identität zu spüren und sich selbst wahrzunehmen.

Der Mensch mit der Zahl 29/11/2 ist künstlerisch begabt, liebt die Natur und braucht Harmonie in seinem Umfeld. Wenn diese Aspekte vernachlässigt werden oder der Mensch sie nicht leben kann, wird er unsicher und unzufrieden. Dann entwickelt die Person das Muster, sich vom Leben verlassen und bestraft zu fühlen. Sie könnte eine unbewusste Neigung zur Opferrolle entwickeln. In diesem Fall sollten sich diese Persönlichkeiten Unterstützung holen, eventuell professionelle Hilfe von TherapeutInnen. Es geht vor allem darum, sich mit der Vergangenheit auseinanderzusetzen, insbesondere mit den Verletzungen aus der Kindheit. Diese Menschen sind außergewöhnlich sensibel und erinnern sich an vergangene Situationen, als ob diese gestern gewesen wären. Sie spüren das Gewicht von emotionalen Verletzungen sehr tief. Diese Last übt eine lähmende Wirkung auf ihre Lebensfreude und Kraft aus. Wenn sich diese Persönlichkeit in der Kindheit nicht angenommen und geliebt fühlt, kann sie ihre Talente und Visionen kaum umsetzen. Nach außen hin wirken diese Menschen fröhlich, herzlich und kontaktfreudig. Wenn es ihnen aber nicht gut geht, übernehmen sie die distanzierte Beobachterrolle. Sie benötigen viel Klarheit und Konzentration auf sich selbst und müssen lernen, klare Grenzen zu setzen, um Gleichgewicht und innere Ausgeglichenheit zu erfahren. Für diese Persönlichkeiten ist es empfehlenswert, viel Zeit in der Natur sowie in Stille und Meditation zu verbringen.

38/11/2 Eine ausgeprägte Fröhlichkeit und eine positive Einstellung zum Leben kennzeichnen das Wesen dieser Zahl, die sehr motivierend ist und Menschen begeistern kann. Viel Kraft, eine bewusste Wahrnehmung der eigenen Lebensvision und das Bedürfnis, diese Vision umzusetzen, sind diesen Menschen eigen. In ihnen steckt viel Kraft, sie sind aber auch sehr empathisch und rücksichtsvoll. Die Person schwankt oft zwischen dem Bedürfnis, auf sich selbst zu achten und an sich zu denken, und der stark wirkenden sozialen Einstellung, anderen helfen zu wollen – was in ihr eine innere Zerrissenheit verursacht. Um die Helferrolle ausüben zu können, verzichtet sie zum Teil auf ihre eigenen Bedürfnisse und ihr Leben. Deshalb ist es empfehlenswert, dass sich diese Persönlichkeiten regelmäßig Zeit für sich selbst nehmen und innehalten.

Dieser Mensch orientiert sich stark an der Außenwelt; dadurch vergisst er, sich selbst und die eigene Situation wahrzunehmen bzw. das, was er braucht. Irgendwann, wenn dieses Muster sehr ausgeprägt ist, tritt eine gewisse Unzufriedenheit ein und die Person leidet unter Anspannung und ist nervös. Ihre immense Sensibilität und ein starker, innerer Impuls zur Weiterentwicklung setzen sie unter Druck, wodurch sie ständig unter Spannung steht. Diese Menschen haben immer das Bedürfnis, das Leben in hohem Tempo zu leben, und werden ungeduldig bei anderen, die langsam und unentschlossen sind. Ein weiteres Thema, das von außen kaum wahrgenommen werden kann, weil sich der Mensch mit der Zahl 38/11/2 sehr diplomatisch gibt, ist eine gewisse Konfliktscheu. Er spürt die Konflikte, wagt es aber nicht, diese anzusprechen, oder er versucht, sie rücksichtsvoll zu vermeiden, aus Angst jemanden zu verletzen, vor allem wenn die Auseinandersetzung ein Risiko für die Beziehung darstellen könnte. Nach außen hin wirken diese Personen sehr entschlossen und klar. Sie sind optimale MitarbeiterInnen und verlässliche PartnerInnen.

Um seinen Weg gehen zu können, braucht dieser Mensch regelmäßige Auszeiten. Es ist wichtig für ihn, diese an einem Ort zu verbringen, wo es keine Ablenkung gibt, wie beispielsweise auf dem Land oder an einem Strand am Meer. Solch eine hilfreiche bewusste Einkehr sollte er einmal im Jahr vollführen, um eine Balance zwischen Innen- und Außenleben zu schaffen. Diese Zahl sollte auch in gleichmäßigen Abständen eine Bilanz hinsichtlich der Partnerschaft ziehen, um zu klären, ob und welche Veränderungen notwendig wären. Da sich diese Persönlichkeit fortwährend Erneuerung und Entwicklung wünscht, sollte sie sich bewusst mit folgenden Fragen beschäftigen: Was für Bedürfnisse habe ich? Welche Vision habe ich für das nächste Lebensjahr? Welche meiner aktuellen Beziehungen bedürfen einer Klärung oder Veränderung?

47/11/2 Spiritualität, Klarheit, Struktur, Ordnung und Gelassenheit sind die Leitgedanken dieser Lebenszahl. Diese Menschen benötigen geordnete Zustände. Sie verfügen über einen klaren Geist und sind sehr belastbar. Innerlich verbinden sie eine entwickelte Empathie mit einer ausgeprägten inneren Kraft. Sie sind im Allgemeinen ausgesprochen analytisch, jedoch gleichzeitig in der Lage, mit dem Herzen zu denken. Zeit für sich zu haben, allein zu sein und nur in Kontakt mit solchen Menschen zu stehen, die für sie einen wertvollen Austausch darstellen, bereichert sie am stärksten. Der Mensch mit der Lebenszahl 47/11/2 ist vor allem in Bezug auf seine Fähigkeit, andere Menschen wahrzunehmen und intuitiv über deren Charakter Bescheid zu wissen, eine besondere Persönlichkeit. Nach außen hin wirkt diese Person sehr klar, teilweise distanziert. Sie könnte zwei Gefühlsmuster entwickeln: einerseits die Angst, in ihrer Freiheit eingeschränkt zu werden, was sie oft zur Flucht veranlasst, andererseits die konkrete Angst, sich für Beziehungen zu öffnen und das Risiko einzugehen, verlassen zu werden. Diese Person sollte Selbsterfahrungsprozesse in entsprechenden Seminaren mit künstlerischem Ausdruck wie Tanzen, Malen oder Singen in Gang setzen. Empfehlenswert wäre zudem Körperarbeit, weil Hilfestellungen aus Osteopathie, Cranio-Sacral-Therapie und Shiatsu ihr die Möglichkeit bieten können, sich selbst bewusst und auf einer ganzheitlichen Ebene zu spüren.

Meister- und Lebenszahl 22

Die schöpferische Kraft des Seins

MEISTER- UND LEBENSZAHL 22 – DIE SCHÖPFERISCHE KRAFT DES SEINS

Persönlichkeitsbeschreibung

Die 22 Zahl

Der Mensch mit der Meisterzahl 22/4 ist eine Person, die idealistisch und gleichzeitig pragmatisch ist. Sie verfügt über eine enorme Kraft und ist in der Lage, die eigenen Pläne und Lebensvisionen umzusetzen. Einfühlungsvermögen, Charisma und Empathie zeichnen einen solchen Charakter aus. Sensibilität und Lebenskraft machen aus diesen Menschen besonders verlässliche Führungskräfte und MitarbeiterInnen, die sich engagiert und enthusiastisch einsetzen. Sie verfügen über eine starke Willenskraft und eine positive Lebenseinstellung. Wenn sie sich aber eingeschränkt fühlen, wirkt die große Menge an positiver Energie selbstzerstörerisch und richtet sich gegen die Person selbst. **Manchmal neigt der 22/4-Mensch dazu, sich anzupassen, und führt aus dem Bedürfnis nach Liebe und Anerkennung sowie aus Rücksicht auf andere nicht das Leben, das zu ihm passt.** In diesem Fall werden seine konstruktiven Kräfte zu seelischem Gift und verursachen starke Belastungen. Teilweise äußern sich diese in Zurückgezogenheit und in psychosomatischen Beschwerden.

Im Laufe ihres Lebens verspüren die 22/4-Personen immer wieder das Bedürfnis, sich weiter zu entfalten. In jeder Situation und durch jeden Menschen, mit dem sie in Kontakt treten, finden sie eine Chance für ihre Persönlichkeitsentwicklung sowie für die Umsetzung ihrer Pläne und Wünsche. Sie brauchen einen gewissen Druck und ein Ziel vor Augen, um sich lebendig zu fühlen. Routine und festgefahrene Gewohnheiten langweilen sie und bringen sie dazu, sich anders zu orientieren. Aus diesem Grund werden Beziehungen oder Freundschaften, die diese Menschen nicht herausfordern, uninteressant. Nach außen hin zeigt sich diese Person teilweise nüchtern und kontrolliert. Es scheint, als hätte sie alles im Griff. Diese äußere Fassade entspricht jedoch oft nicht dem Innenleben. Es ist fast unmöglich, diese Menschen zu durchschauen.

Gerechtigkeit und Beobachtungsgabe zeichnen den Menschen mit der Meisterzahl 22/4 aus. Durch diese Eigenschaften wirkt er ruhig und gelassen. Er öffnet sich, wenn er das Gefühl hat, wahrgenommen zu werden, und wenn der Austausch mit dem Gegenüber fruchtbar ist. Zwei Seelen wohnen in seiner Brust: Einerseits ist er materiell orientiert, andererseits besitzt er eine übersensible und poetische Seele. Sein Idealismus und seine hohen menschlichen Ansprüche führen ihn dazu, sich viel von den anderen zu erwarten. Zwischen 20 und 30 Jahren legt er seine starre Weltanschauung ab und wird seinen Mitmenschen gegenüber tolerant. Wird er von seinem Umfeld sehr enttäuscht, distanziert er sich. Diese Menschen zeigen ihren Schmerz nicht offen, sondern ziehen sich zurück und lassen eine gewisse Kälte spüren. Sie müssen Ordnung, Klarheit und Struktur haben, sonst bleiben sie unorganisiert, können sich nur schwer konzentrieren und sind unproduktiv. Dadurch kommt es oft zum Streit mit den PartnerInnen, den Kindern oder KollegInnen. Die Personen sind intuitiv veranlagt und verfügen über eine gute Menschenkenntnis. Sie schätzen es, die eigenen Visionen umzusetzen. Durch ihre mitreißende Begeisterung wirken sie ausgesprochen motivierend und können auch anderen helfen, deren Visionen zu verwirklichen. In zwischenmenschlichen Beziehungen ist der 22/4-Mensch zwar bereit, viel zu geben, will aber auch seine Grenzen wahren. Wenn er merkt, dass jemand von ihm abhängig wird, bringt es ihn auf lange Sicht dazu, die Beziehung abzubrechen. Er ist sehr entschlossen, resolut und stur. Wenn er von seiner Meinung überzeugt ist, zieht er seine Vorhaben ohne Rücksicht auf die anderen durch.

Persönlichkeiten mit dieser Lebenszahl sind intelligent und kreativ und versuchen, Klarheit und Struktur in ihrem Umfeld zu schaffen. Bezeichnend ist ein starker Sinn für Gerechtigkeit. Wenn dieser Mensch es nicht schafft, die Sicherheit, die er sucht, in sich selbst zu finden, dann hält er im Außen Ausschau nach ihr: entweder, indem er etwas schafft und leistet, oder, indem er sich stark an Prinzipien hält und einen Ehrenkodex entwickelt. Jedenfalls klammert er sich fest an Sicherheiten, wobei es ihm schwerfällt, diese wieder loszulassen. Wie die Zahl 33/6 hat auch der 22/4-Mensch einen starken Hang zum Polarisieren, daher ist er entweder völlig in seiner Kraft oder er lässt sich ganz und gar gehen. Er kann einerseits eine gute Bezugsperson für andere darstellen, denn er trägt die archetypischen Züge des Richters und auch die des Schamanen in sich, andererseits kann er auch ein strenger Mensch sein, der starr seine eigene Überzeugung als Allheilmittel sieht und sich im späteren Alter in sein Inneres zurückzieht und nichts mehr von der Welt wissen will.

In der Lebenszahl 22/4 steckt immer eine Spur Gegensätzliches. Die Person trägt viel Verantwortung für andere Menschen und versorgt diese auch. Tendenziell gelingt es ihr leicht, viel Geld zu verdienen, mit dem sie auch andere unterstützen kann. Finanzielle Sicherheit ist ihr wichtig.

Familienthema der Ursprungsfamilie

Oft übernehmen diese Menschen die Führung in der Familie, sind Autoritätspersonen und geben vor, was und wie etwas zu tun ist. Sie wollen ihre Familienangehörigen führen und unterstützen, kontrollieren und beraten. Wenn ihre Ratschläge nicht befolgt werden, sind diese Persönlichkeiten manchmal beleidigt, auch werden sie unruhig, wenn Familienmitglieder Fehler machen. Sie sind Familienmenschen und äußerst verlässlich.

Lebensphasen

In der Kindheit zeigt sich der 22/4-Mensch voller Kraft, ist resolut und entschlossen. Gleichzeitig erweist er sich aber auch als sensibles Kind, das Zuwendung und reichlich Berührung braucht. Es verlangt von den Erwachsenen viel Zeit und Zuwendung, weil es eine tiefe und brillante Intelligenz besitzt. Das 22/4-Kind lässt sich nicht leicht erziehen und äußert gerne seine Meinung. Manchmal ist es sehr schwierig, den kleinen Menschen dazu zu bringen, etwas zu tun, was er nicht will. Empfehlenswert ist es, ihn die Entscheidung zwischen zwei Optionen treffen zu lassen, denn durch diese Wahlmöglichkeit fühlt er sich frei und wertgeschätzt. **Die Kinder mit der Meisterzahl 22/4 brauchen unbedingt Freiheit und Aufmerksamkeit.** Normalerweise verbringen sie sehr gerne Zeit mit Erwachsenen. Aufgrund ihrer brillanten Intelligenz und schnellen Auffassungsgabe ist es ratsam, sie in der Entwicklung ihrer intellektuellen und empathischen Fähigkeiten zu unterstützen, indem man sich konstruktiv und intensiv mit ihnen auseinandersetzt. Es ist wichtig, ihre Fragen ernst zu nehmen und diese zu beantworten, auch Gespräche über das Leben an sich sind mit diesen Kindern möglich. Man sollte mit ihnen viel Zeit in der Natur verbringen, sie umgeben sich auch gerne mit Tieren. Für sie wäre es gut, ein Haustier zu haben, für das sie sich verantwortlich fühlen und zu dem sie eine tiefe Bindung aufbauen können.

Bereits **in der Pubertät** erweist sich der junge 22/4-Mensch als überaus selbstständig und löst sich relativ früh von der Familie. Er sucht Kontakt im Außen, oft zu Gleichaltrigen oder zu älteren FreundInnen. Sehr wichtig ist für ihn in dieser Lebensphase, Sport zu treiben oder anderen Tätigkeiten nachzugehen, die ihm ermöglichen, sich zu spüren und die fehlende Herausforderung abzudecken. Kampfkunst, Mannschafts- oder Leistungssport sind für diese Persönlichkeit bestens geeignet und unterstützen sie in der Jugendzeit. Die Person ist in der Pubertät sehr stur und angespannt. **Auch fühlt sie sich in ihrer Freiheit eingeschränkt. Diese jungen Menschen erleben sich schon als reif und verantwortungsbewusst und wollen deswegen keine Regeln von Eltern oder Erziehungsberechtigten befolgen.** Wenn man versucht, sie zu erziehen, fühlen sie sich oft unfair behandelt. Überhaupt ist Gerechtigkeit ein wichtiger Wert für diesen Menschen. Er verfügt über eine starke Willens- und Lebenskraft, von der er Gebrauch macht, um sich durchzusetzen. Im Umgang mit dieser Persönlichkeit sind Diplomatie und Einfühlungsvermögen gefragt. Man sollte auf sie eingehen, um ihre Bedürfnisse zu verstehen: Einerseits bedeutet dies, ihr entgegenzukommen und ihre Wünsche zu unterstützen, andererseits aber auch, sie dementsprechend zur Verantwortung zu ziehen, denn Freiheit braucht klare Grenzen und Verantwortung.

Der Mensch mit der Lebenszahl 22/4 verspürt **zwischen 22 und 25 Jahren** einen immer stärkeren inneren Druck, seine Ziele und Visionen umzusetzen. In dieser Phase wächst in ihm tiefe Unzufriedenheit. Die Person ist mit sich selbst sehr streng und hat das Gefühl, viel leisten zu müssen, um den richtigen Platz zu finden. In dieser Zeit definiert sich der Mensch über Leistungen und richtet sich nach dem von außen bestätigten Erfolg.

Bis zum Alter von 30 bis 32 Jahren versuchen diese Persönlichkeiten für sich selbst eine aussichtsreiche wirtschaftliche Position zu finden und konkretisieren ihre finanziellen Ziele. Eine gute Aus- und Allgemeinbildung sind sehr wichtig für sie. Bis ins fortgeschrittene Alter spüren sie den ständigen Impuls, sich weiterentwickeln zu wollen. Sie interessieren sich schon früh für spirituelles, teilweise für esoterisches Wissen. **Bis zum 34. Lebensjahr** sind sie damit befasst, sich eine materielle Lebensgrundlage zu schaffen.

Zwischen 34 und 38 Jahren kann beim 22/4-Menschen eine unterschwellige Sinnkrise auftreten. In der Zeit sollte er vor allem die eigene Unzufriedenheit ergründen und sich bewusst über die inneren Werte klar werden. Die Lösung der Krise liegt im Erkennen der eigenen spirituellen Natur, die bei diesen Menschen oft sehr ausgeprägt ist. Dazu ist eine tiefe innere Auseinandersetzung mit der eigenen Vergangenheit notwendig, vor allem mit der Kindheit und Pubertät. Ebenso ist die Beschäftigung mit den Werten des Familiensystems der Stammfamilie sinnvoll.

Zwischen 38 und 42 begleiten die 22/4-Persönlichkeit Themen der Kindheit, die nun gelöst werden. In dieser Zeit spürt sie ihre innere Ruhe. Sie ist in der Lage, ihre Lebenskraft zu leben. **Die Person ist nun bereit, ihre Ideale und Träume, die anderen manchmal zu risikoreich erscheinen, umzusetzen.** Solch ein positives Vertrauen in Veränderung kann ganz plötzlich eintreten oder sich auch erst im Laufe der Jahre zeigen. Dies hängt davon ab, wie viel Vertrauen die Person der eigenen Intuition entgegenbringt. Eine weise innere Stimme, außerordentliche Kreativität und analytische Intelligenz zeichnen diese Menschen aus. Wenn sie es wagen, den eigenen inneren Bildern Glauben zu schenken, ist es ihnen möglich, ab diesem Alter vieles in kurzer Zeit zu erreichen.

In der Lebensphase bis 50 erreicht der 22/4-Mensch eine gewisse Ruhe und Stabilität in seinem Dasein. Er widmet sich der Entfaltung seiner Fähigkeiten und der Verwirklichung der inneren Visionen. Oft spürt er in sich den starken Impuls, anderen zu helfen. Dann setzt er sich für soziale Ziele ein, tritt

Vereinen mit sozialem Hintergrund bei oder versucht konkret, Menschen in seinem Umfeld zu helfen.

Ab 50 Jahren haben diese Persönlichkeiten ein starkes Bedürfnis, etwas zu verändern. Dieser innere Drang könnte sich regelrecht als Prüfung für sie herausstellen, weil sie in vielen Fällen nicht hinschauen oder -hören wollen, wenn der innere Impuls kommt, etwas radikal zu verändern. Es kann sein, dass sie sich dazu getrieben fühlen, sich aus der aktuellen Situation oder Verbindung zu lösen. **Doch kann in dieser Phase auch manchmal der Wunsch auftauchen, diese Bedürfnisse zu verdrängen. Deshalb wird es für diese Menschen darum gehen, sorgsam hinzuhören und sich über die Einschränkungen, die sich im Laufe der Jahre angesammelt haben,** klar zu werden. Diese sollten in Ruhe und Entspannung gelöst werden, ohne sich vom inneren Freiheitsgefühl zu entfernen. Sollte dieser innere Freiheitsdrang in dieser Phase nicht wahrgenommen oder sogar dagegen angekämpft werden, könnten sich für diese Persönlichkeiten **im Alter zwischen 54 und 58 Jahren** radikale Veränderungen ergeben. Oftmals spüren wir intuitiv den Wunsch nach einem Wandel, lassen uns aber von alltäglichen Situationen ablenken, ohne auf unsere innere Wahrheit zu hören. Wenn die Veränderung zu unserem Seelenplan gehört, ist es das Leben, das uns dorthin begleitet, wo wir hingehören. Genau das passiert den Personen mit der Lebenszahl 22/4 oft. Wenn sich besagte Menschen nicht frei fühlen und sich nicht bewusst um ihre enorme Kraft kümmern, kann sich diese mit selbstzerstörerischer Wirkung gegen die Person selbst richten.

Nach der bewegten und ereignisreichen Lebensphase **zwischen 50 und 60 Jahren** wendet sich der 22/4-Mensch einer Aufgabe zu, die davon bestimmt ist, anderen zu helfen und für andere da zu sein. Vielfach gilt sein Interesse nun der Spiritualität und dem Buddhismus, was er auch in der Öffentlichkeit kundtut. In manchen Fällen, wenn es der Seelenplan vorsieht, verläuft sein Leben nun Richtung Lebensberatung, Coaching oder Training. Wenn er mit seinem Alter und dem Prozess des Älterwerdens gut umgeht, kann er andere Menschen auf dem Weg zum Alter der Weisheit gut unterstützen.

Denkmuster & Verhaltensstrategie mit Lösungsansätzen

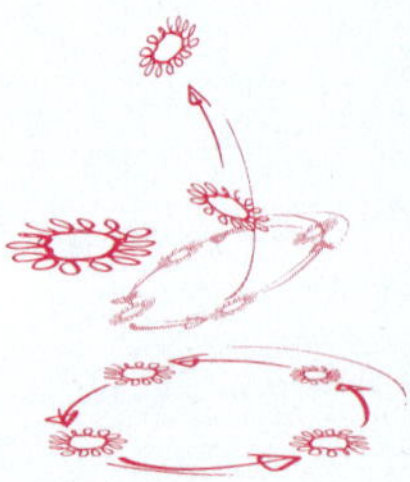

Die Glaubenssätze der Meisterzahl 22/4 sind:

- *Ich muss Sicherheit schaffen.*
- *Ich muss meine Arbeit erledigen.*
- *Ich bin verantwortlich.*

Der Mensch mit der Meisterzahl 22/4 zeigt eine Persönlichkeit, die extrem zwischen zwei Gegensätzlichkeiten schwankt. **Einerseits fühlt sie sich sehr zu materiellen Aspekten hingezogen wie auch zu Sinnlichkeit und Sexualität, andererseits ist sie poetisch, sensibel und sehr emotional.** Ein häufig auftretendes Verhaltensmuster besteht darin, dass die Person sich nur auf einen dieser Pole konzentriert und die anderen Aspekte ihres Wesens vergisst bzw. diese verdrängt. Sie ist sehr in der Geschäftswelt engagiert und darauf bedacht, eine sichere finanzielle Lage für sich zu schaffen. Als

Gegenpol dazu ist sie gefangen in ihrem Idealismus und ihrer Unfähigkeit, aufgrund ihrer starken, emotionalen Belastungen das eigene Leben in die Hand zu nehmen und die eigene Kraft in eine positive Richtung zu lenken. Sollte letztere Denkweise zu stark dominieren, ist es entscheidend, dass die Person sich mit allen Facetten ihres Wesens auseinandersetzt und beginnt, zu sich selbst ehrlich zu sein. Es gilt herauszufinden, was sie wirklich glücklich macht. In diesem Fall ist es empfehlenswert, Selbsthilfebücher zu lesen oder einige Therapiestunden in Anspruch zu nehmen, um wichtige Fragen zur eigenen Identität beantworten zu können. Vielfach zeigt der 22/4-Mensch einen Zwiespalt zwischen Berufs- und Privatleben. Im Beruf zeigt er sich pflichtbewusst, teilweise distanziert und kühl, privat ist er hingegen ausgesprochen sensibel und idealistisch. Dieser Idealismus kann eine unangenehme, belastende Wirkung auf seine Beziehungen ausüben. Oft sind solche Persönlichkeiten viel zu sehr ihren Maßstäben und Erwartungen verpflichtet und lassen daher nicht zu, dass sich die Menschen in ihrem Umfeld frei entwickeln können, sondern erwarten sich, dass diese so handeln, wie sie selbst es für richtig halten. Sie suchen sich häufig jüngere, unreife PartnerInnen. In dieser Beziehungskonstellation werden die meist unsicheren, jüngeren Menschen von der Reife der 22/4-Persönlichkeiten angezogen.

Eine spezielle Verhaltensstrategie dieser Lebenszahl zeigt sich im Umgang mit ihrem starken Willen und ihrer Lebenskraft. Wenn sie sich vom Leben enttäuscht und nicht wirklich wahrgenommen fühlt, entwickelt sie die Tendenz, ihre Kraft und ihren Altruismus zu vergessen, ist innerlich aggressiv und destruktiv dem Umfeld gegenüber. Dieses Gefühl ist sehr oft unklar und undefinierbar. Die Person fühlt sich streitsüchtig, die Menschen in ihrem Umfeld gehen ihr auf die Nerven. Die Wurzeln ihrer eher impulsiven Reaktionen liegen vielfach bei den Eltern und haben mit unerfüllten Erwartungen aus der Vergangenheit zu tun. Der passende Weg ist in dem Fall, diese Gefühle wahrzunehmen und das jeweilige Handeln schriftlich festzuhalten, um den Auslöser des emotionalen Ausbruchs erkennen zu können. Dabei sollte man sich Folgendes fragen: Was stört mich an meinen Mitmenschen? Wie reagiere ich, wenn ich diese Art von Störung erlebe? Wann habe ich zum ersten Mal so reagiert? Wenn sich die Person Zeit nimmt und sich diese Fragen zwei- bis dreimal in einer Zeitspanne von drei Monaten stellt, wird ihr immer bewusster, was die Ursache dieses Musters ist. Es zeigt sich dann ein Weg, sich von dieser Verhaltensweise zu trennen. Die Auflösung seiner emotionalen Blockaden erlaubt dem 22/4-Menschen in bewussten Kontakt mit seiner inneren, spirituellen Quelle zu treten.

Ethische Werte und spirituelle Ansätze sind für diese Menschen sehr wichtig. Wenn sie sich von diesen Aspekten getrennt fühlen, führen sie Handlungen, vor allem jene mit materiellen Zielen, auf eine gewisse Weise „steril“ aus und lassen Herz und Emotionen beiseite. Aus dem Grund ist es empfehlenswert, sich regelmäßig Zeit für sich selbst zu nehmen, Meditation, Reflexion und unterschiedliche Formen der Selbsterfahrung auszuprobieren, um die innere, spirituelle Wahrheit zu erfahren. Für die Meisterzahl 22/4 ist es von Bedeutung, die eigene Lebenskraft und -energie bewusst zu nutzen. Darum fühlt die Person oft ein starkes Bedürfnis, auf irgendeine Weise „tätig“ zu sein, und beweist damit ihre natürlichen Kraftreserven und ihre ausgeprägte Handlungsfähigkeit. Diese Menschen sollten viel Zeit in der Natur verbringen und sich unbedingt regelmäßig bewegen, um die eigene Kraft auszudrücken. Es ist wichtig für sie, sich bewusst Zeit zu nehmen, um zur Ruhe zu kommen. Die 22/4-Persönlichkeiten sollten ihre Berufsentscheidung achtsam und überlegt treffen. Beruf und Berufung sind für sie untrennbar miteinander verbunden. Sie arbeiten sehr gerne und identifizieren sich mit ihren beruflichen Aufgaben. Soziale und ethische Werte sind notwendig, damit sie einen tieferen Sinn in der ihrer Arbeit sehen. Die optimale Entscheidung steht meist in Verbindung mit Träumen aus der Kindheit, es ist für diese Personen jedoch durchaus üblich, im Laufe des Lebens verschiedensten Broterwerben nachzugehen.

Der 22/4-Mensch sollte sich regelmäßig mit den eigenen Bedürfnissen und Projekten befassen. Das ist wesentlich, um die eigenen Visionen zu spüren und sich zu entspannen. Es kommt immer der richtige Moment, um das umzusetzen, was die Intuition einem sagt. Daneben ist es für diese Persönlichkeit bedeutsam, sich mit der Qualität und der Kraft der eigenen Gedanken auseinanderzusetzen. Die Gedanken erlauben uns, Werte zu prägen und unser Dasein zu gestalten. Sehr oft sind unsere Lebensumstände ein Spiegel unserer Überlegungen und Meinungen über uns selbst. Vor allem für diese Lebenszahl, die eine ausgeprägte Gedankenkraft besitzt, ist es wichtig, regelmäßig Gedankenhygiene zu betreiben und eigene, positive Impulse niederzuschreiben.

Fragen zur Selbstreflexion

- *Fühle ich mich in meinem Leben eingeschränkt?*
- *Fühle ich mich in meinem Leben und in meinen zwischenmenschlichen Beziehungen authentisch?*
- *Kann ich den Sinn meines Lebens erkennen?*
- *Entspricht der Beruf, den ich ausübe, meinen Idealen?*
- *Empfinde ich Freude bei der Ausführung meiner beruflichen Tätigkeit?*
- *Wie gehe ich mit meiner Kraft um? Erlebe ich plötzliche Wutausbrüche?*
- *Wie gehe ich damit um, wenn andere Menschen meine Erwartungen nicht erfüllen, zu langsam oder unklar sind?*
- *Interessiere ich mich für Spiritualität?*
- *Welche Werte habe ich?*
- *Was ist meine persönliche Weltanschauung?*

Meditationsübung

Die Liebe heilt | ***Das Ziel dieser Visualisierungsübung ist es, dass die Person sich ihrer eigenen Kraft bewusst wird und diese spirituelle und körperliche Kraft mit ihrer Herzlichkeit verbindet. Man sollte diese Übung drei Monate lang zweimal pro Woche am Morgen durchführen.***

Suchen Sie sich einen ruhigen Platz, setzen Sie sich hin und achten Sie darauf, dass Sie entspannt sitzen und Ihre Wirbelsäule aufrecht bleibt. Schließen Sie die Augen und atmen Sie so tief wie möglich. Lassen Sie zu, dass sich Ihr Körper entspannt und Sie den natürlichen Rhythmus Ihrer Atmung spüren. Fühlen Sie bewusst Ihren Körper. Fokussieren Sie Ihre Aufmerksamkeit auf die Mitte Ihres Körpers, auf den Bereich rund um den Nabel. Atmen Sie tief und entspannt. Fühlen Sie, wie sich dieser Bereich entspannt, wie gelassen er wird. Visualisieren Sie rund um Ihren Nabel eine strahlende, pulsierende Sonne, die sich erweitert und sich mit jedem Atemzug weiter ausdehnt und kraftvoller wird. Sie wird immer größer, sodass Ihr ganzer Körper darin Platz hat. Sie strahlen Kraft aus Ihrer Mitte aus, fühlen sich gelassen und entspannt. Sie leben frei. Atmen Sie tief und voller Kraft. Wiederholen Sie innerlich siebenmal: „Ich bin in meiner Kraft."

Füllen Sie jede Zelle in jedem Bereich des Körpers mit Kraft. Nehmen Sie Ihre Kraft wahr und spüren Sie, wie Sie durch diese Kraft Ihr Leben bestimmen können. Lenken Sie jetzt Ihre Aufmerksamkeit auf Ihr Herz in der Mitte Ihrer Brust. Fühlen Sie sich frei und entspannt. Visualisieren Sie, wie das Herz aufgeht und eine weitere Sonne entsteht. Spüren Sie die Wärme Ihrer Liebe. Denken Sie an das Gefühl, zu lieben, und an das Gefühl, geliebt zu werden. Atmen Sie tief, bewusst und entspannt. Fühlen Sie die Liebe in Ihrem Herzen. Nehmen Sie die Liebe bewusst wahr. Atmen Sie Liebe und verbinden Sie sich mit dem Gefühl der Liebe. Spüren Sie, wie sich die Liebe im Herzen ausdehnt. Konzentrieren Sie sich jetzt auf wichtige Aspekte Ihres Lebens, für die Sie dankbar sind. Spüren Sie, wie Atemzug um Atemzug, Gedanke um Gedanke, positive Eingebungen voller Dankbarkeit die Sonne in der Mitte Ihres Herzens erweitern und heilen. Spüren Sie, wie sich diese Sonne ausdehnt. Die Sonne des Herzens dehnt sich aus und wird so groß, dass Ihr gesamter Körper darin ruhen kann. Spüren Sie, wie sich die beiden Sonnen verbinden. Spüren Sie die Kraft Ihres Herzens und wiederholen Sie innerlich siebenmal den Satz: „Die Liebe heilt mich."

Fühlen Sie, wie sich beide Herzen verbinden und die strahlende Sonne, die aus Ihrer Mitte kommt, eine heilende, stärkende, befreiende Wirkung auf Sie hat. Spüren Sie diese Klarheit. Atmen Sie fünfmal bewusst entspannt und tief in den Bauch. Atmen Sie frei. Legen Sie eine Hand auf Ihr Herz und die andere auf den Bauch. Spüren Sie, wie ein Lichtstrahl vom Nabel ausgeht und Nabel und Herz miteinander verbindet. Atmen Sie fünfmal tief und wiederholen Sie dreimal den Satz: „Ich ruhe in meiner Mitte, ich bin Ausdruck der Göttlichkeit." Oder: „Ich bin geborgen in meiner Kraft. Die Liebe heilt mich. Aus meinem Herzen fließt eine ewige Liebesquelle."

Affirmationen

- *Ich verwirkliche meine Vision.*
- *Ich bin eins mit dem Leben und im Fluss.*
- *Ich bin der/die SchöpferIn meiner Existenz.*
- *Alles, was ich brauche, wird mir gegeben.*
- *Alles, was ich wissen muss, wird mir vom Leben offenbart.*
- *Ich erinnere mich an meine Vision und verwirkliche in jedem Augenblick meinen Seelenplan.*

Notizen

Meister- und Lebenszahl 33
Die Manifestation universeller Liebe

MEISTER- UND LEBENSZAHL 33 – DIE MANIFESTATION UNIVERSELLER LIEBE

Persönlichkeitsbeschreibung

Als Meister- oder Hauptzahl ist die 33 mit Harmonie, Gefälligkeit und Mitgefühl verbunden. Die Bedeutung dieser Zahl wird auf verschiedene Weise dokumentiert, so nimmt etwa bei den Freimaurern die 33 die höchste Stelle ein. In der Meisterzahl 33 verdoppelt sich die Zahl 3, was besondere Ausdruckskraft verheißt, und ihre Quersumme 3 + 3 ergibt die Lebenszahl 6, was auf Entschlossenheit verweist, somit kann die Kombination dieser Zahlen den Hang zu revolutionären Ideen und zum Infragestellen von Autoritäten bedeuten. **Diese nonkonformistische Persönlichkeit erreicht ihre Ziele jedoch weniger durch Konfrontation und Umsturz als vielmehr durch Überzeugungskraft, Aufmunterung und Freundschaft.** Sowohl Arroganz als auch ihr Gegenteil, das Aufgeben der eigenen Prinzipien, sollte sie auf jeden Fall vermeiden.

Diese Zahl ist anders als die übrigen Lebenszahlen – und das ist von großer Bedeutung. Es gibt nur ganz wenige Menschen, die die Meisterzahl 33 leben, viele leben nur die 6. Die meisten erfahren diese Schwingung nur, wenn sie die Zahl 9 oder die 11 in ihrem Numeroskop haben. Der Weg der Meisterzahl 33/6 gestaltet sich auf ganz besondere Weise. Dieser Mensch trägt ein großes Potenzial in sich, ist aber auch sehr vielen Herausforderungen ausgesetzt. Er ist außerordentlich intelligent, kann andere führen und beraten, aber bis er dazu in der Lage ist, vergehen oft Jahrzehnte. Eine erste Herausforderung ist es für ihn, loslassen zu können und nicht auf die eigene Vorstellung fixiert zu sein, eine zweite, sich auch abgrenzen zu können und auf sich selbst zu achten. Eine dritte Herausforderung ist es, den Mut dazu zu finden, dass man zu sich steht und Veränderungen vornimmt. Es gibt auch viele 33/6-Persönlichkeiten, die nicht zu sich selbst stehen und sich lieber anpassen, dadurch aber blockiert sind. Sie suchen zwar innerlich eine Lösung, können diese aber aufgrund der seelischen Blockade nicht finden. Das Leben der Meisterzahl 33/6 ist ungemein schwer zu leben. Der Mensch mit dieser Zahl ist oftmals sehr stark vom Muster der Familie geprägt und verhält sich z. B. wie der Vater, die Mutter oder andere Menschen im näheren Umfeld. Seine Fassade entspricht nicht dem, was er wirklich ist. Irgendwann bekommt er das Gefühl, nicht sein eigenes Leben ausleben zu können, und vermeint sich in einem Gefängnis. Aus diesem will er ausbrechen und entwickelt dabei viel Wut. Das ist auch oft eines der Kennzeichen der 33/6-Persönlichkeit: eine versteckte, nicht aufgearbeitete Wut, die irgendwann hochkommt.

Des Öfteren zwingt ihn auch einfach das Leben dazu, sich zu verändern. Die Grundempfindungen sind: „Ich bin blockiert, ich bin gelähmt, ich fühle einen Druck auf der Brust." Eine Kompensation ist auf zwei Arten möglich: Die eine ist, dass sich der Mensch zurückzieht und nicht über Gefühle sprechen will, die andere, dass er stark ist und sich sagt: „Ich habe recht und die anderen liegen falsch." In der Zeit zwischen dem 50. und 60. Lebensjahr entwickelt sich diese Persönlichkeit aufgrund der angesammelten Lebenserfahrung insofern, als nun auch Liebe, Herzlichkeit und Respekt gelebt werden können. So gibt es z. B. viele Paare, die nach zahlreichen Jahren der Gemeinsamkeit nunmehr in der Beziehung eine neue Qualität gewonnen haben. Der Mensch mit der Meisterzahl 33/6 kann sich entfalten, wenn er die Muster der Stammfamilie ablegt und sich dabei selbst entdeckt. Dann kann er wirklich zu einer großartigen Persönlichkeit reifen. Um sich so entfalten zu können, müssen diese Personen vielfach mit der Stammfamilie brechen. Die Trennung müssen sie in Kauf nehmen, um zu sich stehen zu können. Entweder nehmen sie also Abschied vom Alten und machen einen neuen Schritt oder sie setzen ihr Leben fort wie bisher. Sie sind als Kind, PartnerIn oder FreundIn eine große Herausforderung.

Wenn der **33/6-Mensch den Weg der Selbsterfahrung beschritten hat, endlich Grenzen setzen und sich selbst treu sein kann, ist er sehr liebevoll und in der Lage, stabile Bindungen einzugehen.** Vorher will er sich nicht binden und sucht immer wieder Ausreden, z. B. um eine Hochzeit zu verschieben. Er birgt jedoch auch die gegensätzliche Tendenz in sich, indem er „klammert" und nicht loslassen kann. Bedeutsam ist es, die Zahl 6 zu spüren, wenn diese im Geburtsdatum, im Raster oder in der Seelenzahl vorhanden ist. Wenn die Zahl 6 häufig vorkommt, ist die Meisterzahl leichter zu leben, wenn die 6 selten vorkommt, ist es schwieriger. Die höhere Schwingung der Lebenszahl 6, also die Berufung, als WeisheitslehrerIn oder PhilosophIn, als suchender bzw. spiritueller Mensch zu leben, ist sehr selten. Zunächst muss der

Mensch immer erst die Herausforderung schaffen, mit sich ins Reine zu kommen und die emotionale Reife zu entwickeln.

Mitgefühl, geistige Klarheit, Hilfsbereitschaft sowie die Fähigkeit, viel wahrzunehmen und zu spüren, sind kennzeichnend für diese Menschen. Sie sind sehr verantwortungsbewusst und tragen die Verantwortung auch für andere. Sie kümmern sich um deren Bedürfnisse, im beruflichen wie im privaten Bereich. Pflichtbewusstsein und Gerechtigkeitssinn sind wesentliche Eigenschaften dieser Lebenszahl. Sie nimmt ihre Aufgaben sehr ernst und hat oft das Gefühl, eine wichtige Vision umsetzen zu müssen. In zwischenmenschlichen und beruflichen Beziehungen sind die Personen sehr kontaktfreudig und im gegenseitigen Austausch überaus präsent. Sie sind beliebt und es kommt manchmal vor, dass sie aufgrund ihrer uneingeschränkten Hilfsbereitschaft ausgenutzt werden. **Diese Personen empfinden eine tiefe Liebe für die Menschheit und die Natur und leiden oftmals sehr, wenn sie missverstanden oder nicht angenommen werden.** Es fällt ihnen schwer, loszulassen und zuzulassen, dass die geliebten Menschen andere Interessen haben als sie. Die größte Herausforderung für sie ist es, wenn sie zusehen müssen, dass Menschen, die sie lieben, Fehler machen.

Familienthema der Ursprungsfamilie

Personen mit der Meisterzahl 33/6 fühlen sich in ihrem Familiensystem fremd und sind traurig, wenn zwischen den Eltern oder den Familienmitgliedern Unstimmigkeiten herrschen. Sie sollten lernen, über die Bedürfnisse und Verletzungen zu sprechen, und nicht die Vergangenheit als Hindernis und Ursache für ihre jetzigen Probleme wahrnehmen.

Lebensphasen

In der Kindheit zeigt diese Lebenszahl eine liebevolle und soziale Art, mit Familienangehörigen und anderen Menschen umzugehen. Diese Kinder brauchen viel Berührung und Körperkontakt. Es ist wichtig für sie, unterschiedliche Bezugspersonen und viele Kinder zum Spielen rund um sich zu haben. Das ermöglicht dieser sensiblen und teilweise zurückgezogenen Natur, sich zu öffnen und zu entfalten. **Die 33/4-Kinder sollten schon in frühen Jahren dazu motiviert werden, Sport zu betreiben, und dazu angeregt werden, einen guten Kontakt zu verschiedenen Menschen aufzubauen.** Oft tendieren die Kinder dazu, sich gewisse Menschen auszusuchen und sich dann auf diese zu fixieren. Wenn der 33/6-Mensch schon in jungen Jahren lernt, einen liebevollen Umgang mit anderen Menschen zu pflegen, kann er besser loslassen und mit der eigenen Empathie umgehen.

In der Pubertät bzw. im Alter zwischen 9 und 13 Jahren ist dieser junge Mensch, wenn er sich in der Kindheit geborgen gefühlt hat, sehr sozial und beliebt. Bereits in diesem Lebensalter sind die Kinder Bezugsperson für andere, sind in ihren Ansichten sehr sozial und helfen MitschülerInnen und FreundInnen. Im Familienverband zeigen sie sich verantwortungsbewusst, es muss jedoch darauf geachtet werden, dass sie nicht zu schnell erwachsen werden oder die Rolle von Erwachsenen übernehmen, wenn die Familiensituation labil ist. Sie tendieren auch dazu, in eine partnerschaftliche Rolle zu schlüpfen. Der Mensch mit der Lebenszahl 33/6 zeigt sich in der Pubertät bereits recht erwachsen und bevorzugt Freundschaften mit älteren Personen. Er ist entweder extrovertiert und kontaktfreudig oder – vor allem wenn das Familiensystem belastend ist und der junge Mensch sich für die Eltern verantwortlich fühlt – introvertiert und in seinem sensiblen Charakter durch eine gewisse Schwere blockiert. Die Abnabelung von der Familie erfolgt **zwischen 20 und 25 Jahren.** In dieser Phase ist die Person sehr **mit ihrer Zukunft beschäftigt und hat Probleme, sich von der Stammfamilie zu trennen.** Sie kämpft mit den Werten der Stammfamilie, sodass es für sie schwierig ist, sich selbst treu zu bleiben und beruflich das auszuüben, was sie intuitiv spürt oder will. Zu dem Zeitpunkt ist es für sie von großer Bedeutung, sich kritisch und ehrlich mit diesen Familienwerten auseinanderzusetzen. Die 33/6-Persönlichkeiten entwickeln nun eine starke Empathie für ihre Verwandten und befassen sich bewusst mit den Familienthemen. Es fällt ihnen äußerst schwer, sich abzugrenzen, deshalb sollten sie unbedingt loszulassen lernen. Zuweilen kommt es vor, dass sie **bis zum Alter von 31 Jahren** im Familiensystem der Stammfamilie gefangen bleiben und das starke Bedürfnis haben, allen Familienmitgliedern zu helfen. Etwa **um das 30. Lebensjahr herum** orientieren sich diese Menschen beruflich in eine neue Richtung.

Ab 30 bis 32 Jahren spüren die Persönlichkeiten mit der Meisterzahl 33/6 einen intensiven Impuls, für andere Menschen da sein und ihnen helfen zu wollen. Sie fühlen sich berufen, als LehrerIn oder TherapeutIn zu arbeiten oder als Führungsperson andere in der Entfaltung ihrer Fähigkeiten zu unterstützen. Wenn sie bis zu dieser Lebensphase ein positives Eigenbild entwickelt haben, können sie echte Vorbilder, wertvolle FreundInnen und PartnerInnen sein, somit Menschen, auf die man sich verlassen kann und die für die Entwicklung der Mitmenschen in ihrem Umfeld förderlich sind. Der 33/6-Mensch fühlt sich im Grunde zufrieden, wenn er seine Ressourcen und seine enorme Kraft sowohl für andere als auch zur Verwirklichung der eigenen Vision einsetzen kann. Deswegen könnte **zwischen 30 und 35 Jahren** ein Berufswechsel stattfinden oder diese Person beginnt, sich ein zweites Standbein aufzubauen.

Zwischen 30 und 40 Jahren befinden sich diese Menschen in einem starken Zwiespalt zwischen dem, was sie wollen, und dem, was sie spüren bzw. was ihre spirituelle Aufgabe sein sollte. Sie sind ausnehmend sensibel und kämpfen in dieser Phase oft gegen die Werte und Prinzipien der Stammfamilie. In vielen Fällen sind sie in eine Familie hineingeboren, die traditionelle Werte und Sichtweisen verkörpert und von der sie sich nicht verstanden fühlen. Aus Bedürfnis nach Liebe und Anerkennung verhalten sie sich so, wie es die Familie oder die Gesellschaft verlangt. Nun aber versuchen sie Heilung zu finden, indem sie sich aus diesem Muster lösen. **Eine Heilung tritt ein, wenn die Person es zulässt, dass sich ihre wahren Interessen und ihre Berufung offenbaren. Sie**

ist oftmals gefangen in dem, was sie als Kind gelernt hat, und in Prinzipien, die von außen her versuchen, ihr Leben zu regeln und zu prägen. Darum fällt es ihr schwer, zu sich selbst zu stehen. Sie ist vielfach verwirrt und will Bestätigung von außen bekommen, vor allem, wenn sie zunächst spürt, dass sie etwas verändern sollte, und dann erst merkt, dass dies massive Konsequenzen haben würde. Aus diesem Grund ist es für sie wirklich problematisch, die Veränderung zuzulassen und liebevoll anzunehmen. Sie ist konfrontiert mit dem Versuch, ihr eigenes Leben unter Kontrolle zu halten.

Zwischen 40 und 48 Jahren durchlebt diese Persönlichkeit einen Prozess der Klärung, der besonders dann tief greift, wenn sie jahrelang im Außen lediglich eine Fassade aufrechterhalten hat. **Im Alter von 50 Jahren** findet die Persönlichkeit ihre innere Ruhe und ihre Kraft. In dieser Zeit reflektiert sie ihre Vergangenheit und empfindet ein tiefes Bedürfnis, sich weiterzuentwickeln. Der 33/6-Mensch zieht nun Bilanz in Bezug auf die zwischenmenschlichen Beziehungen der Vergangenheit und findet die Kraft, wesentliche Muster und Verhaltensstrategien, die ihn in seiner Authentizität einschränken, zu lösen.

Ab dem 55. Lebensjahr entfalten sich diese Menschen und leben sehr intensiv die spirituelle Berufung im Rahmen der eigenen Familie oder sie beschäftigen sich aktiv mit Spiritualität, dies oft innerhalb entsprechender Kreise. Sie experimentieren mit verschiedenen spirituellen Ausdrucksformen, bis sie das Gefühl haben, an ihrem Ziel angekommen zu sein. Die Meisterzahl 33/6 sucht eine Form der Spiritualität, die konkret, alltäglich, leicht zu erfassen und fundiert ist und die die Seele in der Tiefe berührt. Aus diesem Grund kann es bisweilen länger dauern, bis sie die für sie passende Form gefunden hat. Diese Menschen sind pragmatisch und zugleich idealistisch und philosophisch ausgerichtet. Im späteren Alter können sie mit Freude auf ihre Vergangenheit zurückblicken – vor allem wenn sie ihre einschränkenden Verhaltensstrategien und Glaubenssätze transformiert haben – und leben sehr intensiv ihre Bestimmung als GeberIn, HelferIn und auch als LehrerIn. Selten, aber doch ergreifen diese Menschen in jenem Alter beratende Berufe wie Coach, TrainerIn oder spirituelle/r BegleiterIn.

Denkmuster & Verhaltensstrategie mit Lösungsansätzen

Die Persönlichkeit des 33/6-Menschen ist ausgesprochen sensibel, kreativ, sozial und unabhängig.

Die Glaubenssätze und Muster, die diese Zahl definieren, sind:

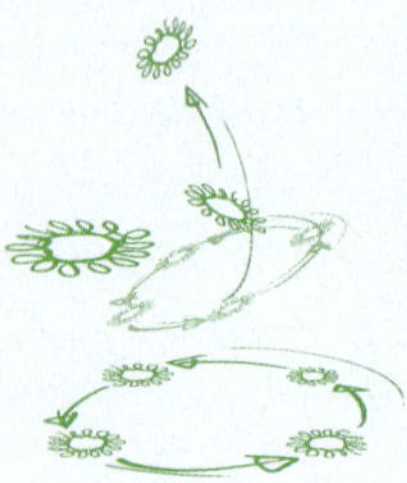

- *Ich ziehe mich zurück und beobachte die Welt.*
- *Ich bin verantwortlich für mein Umfeld.*
- *Ich muss mich weiterentwickeln und verbessern.*
- *Ich bin nicht gut genug.*

Die Menschen mit der Meisterzahl 33/6 haben die Tendenz, sich selbst wenig wertzuschätzen und kaum zu beachten. Sie sind zumeist mit ihren Gedanken beschäftigt und deshalb nicht präsent. Dichte Gedankenfolgen fesseln ihre Aufmerksamkeit, sodass sie nicht in der Lage sind, abzuschalten und ihre fröhliche und humorvolle Seite zu zeigen. Oft fühlen sie sich angespannt, vor allem wenn sie das Gefühl überkommt, nicht gut genug zu sein. Es fällt ihnen sehr schwer, die Kontrolle aufzugeben, solange sie nicht das Gefühl haben, in der richtigen Rolle zu sein. Menschen aus ihrem Umfeld können ihnen ein positives Feedback vermitteln. Da 33/6-Persönlichkeiten stets auf der Suche nach solch positiven Rückmeldungen sind, haben sie sich im Laufe der Jahre zu scharfen BeobachterInnen entwickelt. Sie brauchen Zeit für sich und viel Mut, um sich von diesem verkrampften Muster – dem stärksten Muster dieser Lebenszahl – zu trennen und nunmehr bereit zu sein, dass sie sich intuitiv, spontan und nicht perfekt zeigen.

Der Mensch mit dieser Meisterzahl trägt wie erwähnt die Aspekte der Lebenszahl 6 in sich, daher empfindet er in gleicher Weise wie die 6 das intensive Bedürfnis, anderen zu helfen. Er fühlt sich schon von Kindheit an für die Harmonie in seiner Umgebung und für das Glück der Familienangehörigen verantwortlich. Wenn er nach außen und auf die Bedürfnisse der Mitmenschen fokussiert ist, besteht die Gefahr, dass er die fremden Ansprüche als seine eigenen interpretiert und sich nicht auf sein persönliches Leben konzentriert. Oftmals sind klare Zeichen des Körpers erforderlich, damit die 33/6-Personen aus diesem Verhaltensmuster aussteigen. Sie somatisieren zwar überaus intensiv, doch muss der seelische Schmerz den Körper ganz besonders stark quälen, bevor sie auf die Beschwerden achten und etwas verändern. Ihre innere kritische Stimme macht sich oft bemerkbar, zusätzlich haben sie die bereits erwähnte Tendenz, sich klein zu fühlen und zu machen. Sie haben ständig den Eindruck, nicht in Ordnung zu sein, sind immer auf ihre Mängel konzentriert und fühlen stets den Drang, sich weiterzuentwickeln, sich weiterzubilden, sich besser zu kleiden, besser zu sprechen, anders zu gehen usw. Ihre Heilung beginnt in dem Augenblick, in dem sie bewusst das Positive und das Besondere an sich wahrnehmen und zu betonen vermögen. Empfehlenswert für die Auflösung dieses Musters ist eine Auseinandersetzung mit der Vergangenheit, mit der Kindheit, vor allem aber mit der Art der Beziehung, die diese Menschen zu ihrem Vater, zur Mutter oder zu einer anderen elterlichen Figur entwickelt haben.

Die Zahl 33/6 bleibt vielfach in den alten Erziehungsmustern, die sie in der Kindheit erlebt hat, gefangen. Sie kann sich jedoch bewusst für das Freiwerden von solchen Mustern entscheiden und dies auch erlangen, wenn sie sich in Bezug auf ihre Vergangenheit der Analyse und der emotionalen Reinigung widmet. Der 33/6-Mensch ist offen für Veränderungen. Sobald er die tiefen Ursachen seiner Muster erfasst und verstanden hat, ist es ihm möglich, Veränderungen blitzartig umzusetzen. Er lernt, auf sich zu achten und sich zu lieben, indem er seine Talente entdeckt und verwirklicht. Dies zu tun und dafür die Zeit zu nützen, macht ihm viel Freude und motiviert ihn, sich auch weiterhin dafür Zeit zu nehmen. Diese

Freude begleitet ihn behutsam zum Ziel, zu sich selbst Ja und zu überfordernden fremden Ansprüchen Nein zu sagen.

Die Menschen mit der Lebenszahl 33/6 brauchen Zeit für sich und ihr eigenes Leben. Sie sollten in erster Linie nur dann helfen, wenn sie gefragt werden, und nicht wie edle Ritter durch die Welt ziehen, immer auf der Suche nach Menschen, die sie retten und auf Händen tragen können. Oft sind diese Persönlichkeiten aufgrund ihrer inneren Einstellung körperlich sehr angespannt und leiden unter Schmerzen, die durch intensive und starre Nackenverspannungen verursacht werden.

Fragen zur Selbstreflexion

- *Kann ich Nein sagen?*
- *Erfahre ich Freude, wenn ich mich allein beschäftige?*
- *Welche Hobbys und Interessen pflege ich nur für mich selbst?*
- *Wie reagiere ich, wenn die anderen meine Empfehlungen nicht ernst nehmen?*
- *Habe ich meine/n PartnerIn, meine Kinder, meine Familie, meine FreundInnen durch meine scharfe Beobachtungsgabe und Kraft kontrolliert?*
- *Wenn sich jemand von mir wegentwickelt, fühle ich mich dann verlassen?*
- *Wie war die Beziehung zu meiner Mutter, zu meinem Vater?*
- *Erlebe ich in den Beziehungen, die jetzt in meinem Leben wichtig sind, immer wieder eine ähnliche Dynamik?*

Meditationsübung

Die Kraft fühlen | ***Diese Übung hat zum Ziel, die Selbstwahrnehmung und die Selbstachtung zu unterstützen; sie verbindet die Person mit ihrer inneren Kraft und löst den Impuls aus, Grenzen zu setzen. Mit dem Bewusstsein, dass es gesund ist, Grenzen zu setzen, ermöglicht man den Mitmenschen, Eigenverantwortung zu übernehmen. Es ist empfehlenswert, diese Übung zwölf Wochen lang durchzuführen, idealerweise ein- bis zweimal in der Woche vor dem Einschlafen.***

Legen Sie sich hin, fühlen Sie sich frei und entspannt. Atmen Sie tief und klar und genießen Sie den natürlichen Rhythmus des Atmens. Fühlen Sie die Kraft Ihrer Atemzüge, die Kraft Ihres Körpers, die Leichtigkeit, die Sie Atemzug für Atemzug immer lebendiger und freier werden lässt. Entspannen Sie sich und genießen Sie diese Zeit für sich selbst. Fühlen Sie sich frei und entspannt, die Zeit gehört Ihnen. Fühlen Sie Ihren Körper, seine Kraft und die Lebendigkeit der Atemzüge. Legen Sie die Hände auf den Bauch und fühlen Sie bewusst die Bewegungen und die Wärme der Atmung in Ihrer Mitte. Entspannen Sie sich, fühlen Sie die Kraft der Entspannung und freuen Sie sich auf diese einzigartige Gelegenheit, jetzt mit sich allein zu sein, auf sich zu achten und die Leichtigkeit der Atmung in Ihrem Körper zu spüren. Fühlen Sie sich frei, genießen Sie Ihr Leben.

Beginnen Sie jetzt eine sanfte und entspannende Seelenreise. Sie sind an einem wunderschönen Platz, auf einer Wiese. Es ist Sommer, die Luft ist klar, es ist lebendig rund um Sie. Die

Kraft der Bäume strahlt und stärkt Ihren Rücken. Hinter Ihnen begrüßt Sie ein Wald mit starken, kräftigen alten Bäumen. Vor Ihnen ist ein Bach. Das klare Wasser wirkt auf Sie entspannend, erfrischend und einladend. In der Mitte dieser schönen Wiese finden Sie zwei runde Felsen, die bequeme Sitzgelegenheiten darstellen. Setzen Sie sich auf einen der beiden und entspannen Sie sich. Ihnen gegenüber ist ein Platz frei. Laden Sie Ihr Inneres Kind dazu ein, dort Platz zu nehmen. Es ist voller Freude und Gelassenheit, freut sich einfach auf die Begegnung, um mit Ihnen Wünsche, Bedürfnisse und Träume zu teilen. Das Innere Kind fühlt sich entspannt und gelassen. Empfinden Sie die Freude des Kindes in sich und beobachten Sie, wie es sicher und agil auf dem Felsen gegenüber Platz nimmt. Das Kind sieht Sie mit seinen großen Augen an und will von Ihnen geliebt und geachtet werden.

Nehmen Sie das Kind jetzt in Ihre Arme, umarmen Sie es, fühlen Sie die Verbindung, spüren Sie, wie Ihr Herz sich öffnet und die Liebe zwischen Ihnen beiden fließt. Eine lichtvolle Verbindung, ein Lichtstrahl, verbindet jetzt Ihrer beiden Herzen. Fühlen Sie diese Verbindung. Nach und nach kommen jetzt, einer nach dem anderen, Menschen auf die Wiese, die mit Ihnen verbunden sind. Menschen, für die Sie vielleicht viel Verantwortung tragen, für die Sie immer wieder wie ein Fels in der Brandung sind und die Ihnen kaum Luft zum Atmen lassen. Diese Menschen sammeln sich vor Ihnen beiden in einem Halbkreis und schauen zu Ihnen und zu Ihrem Inneren Kind. Halten Sie dieses Kind und legen Sie jetzt eine Hand auf das Herz und eine auf den Bauch. Sagen Sie zu den

Menschen: „Ich gebe euch meine Liebe, aber nicht meine Energie. Ich bleibe in meiner Kraft."

Fühlen Sie, wie diese Menschen plötzlich geerdet, aufrecht, klarer und stärker wirken. Wenn Sie genau hinsehen, erblicken Sie hinter jeder Person einen Schutzengel, denn jede/r von uns wird im Leben geführt. Jede/r von uns ist für sich selbst verantwortlich, kommt allein in die Welt und verlässt die Welt auch allein. Fühlen Sie die liebevolle Verbindung mit den Menschen, achten Sie und lieben Sie Ihr Inneres Kind.

Wenn es für Sie passend ist, wiederholen Sie innerlich: „Ich gebe euch meine Liebe, aber nicht meine Energie. Ich bleibe in meiner Kraft." Nehmen Sie einen tiefen Atemzug in den Bauch, atmen Sie weiter tief in den Bauch und fühlen Sie sich leicht und klar. Wenn es für Sie stimmig ist, öffnen Sie langsam die Augen.

Affirmationen

- *Ich lebe in meiner Kraft.*
- *Ich bin göttlich und authentisch.*
- *Ich löse meine alten Glaubenssätze und lasse mich vom Leben tragen.*
- *Ich bin im Hier und Jetzt verankert.*
- *Ich lebe meine Seelenvision.*
- *Ich erinnere mich daran, dass Gott auf mich achtet.*

Notizen

Symbolik und Bedeutung der Buchstaben in der Psychologischen Numerologie nach Dr. Mazza ®

A | Numerologischer Wert: 1

Symbolische Bedeutung: Sonne, Vater, Urkraft.
Wirkung: Selbstverwirklichung, Autorität, Mut, Kraft; das Leben als Herausforderung und Entwicklungschance sehen.
Disharmonische Wirkung: Ungeduld, Aggressivität.
Als Namensinitiale: Bedürfnis, im Mittelpunkt zu stehen; Tendenz, die Führung zu übernehmen; Suche nach Anerkennung und Bewunderung.

B | Numerologischer Wert: 2

Symbolische Bedeutung: Meer, Mond; ruhende, weibliche Kraft.
Wirkung: Freundschaft, Liebe, Zärtlichkeit; Suche nach Wohlbefinden, Freiheit und Liebe.
Disharmonische Wirkung: Streitigkeiten, emotionale Insta-

bilität; Dramen im emotionalen Bereich mit der Absicht, Menschen zu manipulieren.

Als Namensinitiale: ausgeprägte Emotionalität, Empathie, Sehnsucht nach Erdung und Zugehörigkeit, Sinn für Ästhetik, liebevoller Umgang mit den Mitmenschen.

C | Numerologischer Wert: 3

Symbolische Bedeutung: Wald, Vielfalt und Reichtum des Waldes an Lebensformen und Naturwesen.

Wirkung: Freiheit, Intuition, geistige Flexibilität, Kreativität, Offenheit, weltoffene Mentalität.

Disharmonische Wirkung: Aufregung, Nervosität, Ängste; Tendenz, sich zu verzetteln.

Als Namensinitiale: Kreativität, Extrovertiertheit, Geselligkeit; Bedürfnis nach vielen Kontakten, Unternehmungen, Veränderungen, Entspannung, Reisen und Abwechslung.

D | Numerologischer Wert: 4

Symbolische Bedeutung: Familie, Erde, Kraft, Sicherheit.
Wirkung: regelmäßige Entwicklung, Zielstrebigkeit, innere Ruhe, Familiensinn.
Disharmonische Wirkung: zu starkes Bedürfnis nach Sicherheit, Blockiertsein, Sturheit, Dogmatismus, Starrheit, Ängste; Tendenz, sich zurückzuziehen.
Als Namensinitiale: Loyalität, Entschlossenheit, Ehrlichkeit; Bedürfnis, zu lieben und geliebt zu werden; einschränkende, fixe Vorstellungen.

E | Numerologischer Wert: 5

Symbolische Bedeutung: Efeu, Natur, Felsen.
Wirkung: Aktivität, Dynamik, Veränderung, Reisen, Kreativität, Lebendigkeit, Bedürfnis nach Veränderung, Entspannung, liebevoller Umgang mit dem Umfeld; Fähigkeit, immer stark und präsent zu sein.
Disharmonische Wirkung: Instabilität, Übertreibung, zu viel Reden und wenig Handeln, Lügen.
Als Namensinitiale: Energie, Verlangen nach Kommunikation und Ausdruck; Bedürfnis, sich ständig zu bewegen und unterwegs zu sein; Bedürfnis, immer wieder neue Beziehungen auf körperlicher und spiritueller Ebene zu schaffen; große Bedeutung von Sexualität.

F | Numerologischer Wert: 6

Symbolische Bedeutung: Kloster, Feuer.
Wirkung: Verantwortungsbewusstsein, Bedürfnis nach Zärtlichkeit; Drang, im Mittelpunkt zu stehen, bzw. nach einer wichtigen Rolle in der Öffentlichkeit; Wunsch nach konstruktiven, ausgeglichenen zwischenmenschlichen Beziehungen; Fähigkeit, die Zusammenhänge des Lebens zu verstehen; Stärke nach außen, Sensibilität und Bedürftigkeit im Inneren.
Disharmonische Wirkung: Reizbarkeit, Überempfindlichkeit, innere Spannungen; Polarität zwischen Kraft und innerer Instabilität, daher Tendenz zum plötzlichen Rückzug.
Als Namensinitiale: Offenheit; Bedürfnis nach Ruhe, Innenschau und Ethik; Liebe zur Kunst; Sehnsucht, das Leben zu spüren, um bewusst zu leben.

G | Numerologischer Wert: 7

Symbolische Bedeutung: Offenheit, Mund, Alchemie, Erforschen des Lebens.
Wirkung: Reflexion, Konzentration, Meditation; Mut, Fleiß, Konzentration und höheres Bewusstsein; Fähigkeit, die eigenen Ziele und Pläne zu spüren und umzusetzen.
Disharmonische Wirkung: Aufregung, Egoismus, Kritik, Zynismus.
Als Namensinitiale: Sehnsucht nach ethischen Werten; spirituelles Erforschen; Bedürfnis, das Richtige und Gute zu tun; Aufmerksamkeit für Details; innerliches Blockiertsein, wenn die materielle Ebene zu wichtig wird.

H | Numerologischer Wert: 8

Symbolische Bedeutung: Rückkehr, Bogen, Verbindung.
Wirkung: Bedürfnis nach materiellem Erfolg und Selbstständigkeit; Arbeit mit Kraft, Umsetzungsvermögen und Strategie; praktischer Sinn, Realitätssinn, Kraft.
Disharmonische Wirkung: zu wenig Aufmerksamkeit für zwischenmenschliche Beziehungen, Verschlossenheit, Individualismus.
Als Namensinitiale: Bedürfnis nach Prestige und Erreichen von finanziellem Wohlstand, um frei und selbstständig zu sein; Suche nach Gleichgewicht und etwa ab 35 Jahren Auseinandersetzung mit der Frage: „Was ist Liebe? Wie liebe ich?"

I | Numerologischer Wert: 9

Symbolische Bedeutung: Obelisk (frei stehender Pfeiler mit pyramidenförmiger Spitze).
Wirkung: Aktivität, Leidenschaft, Rezeptivität, Altruismus; Tendenz, nach konstruktiver Einsamkeit zu suchen; Idealismus, verknüpft mit Realitätssinn.
Disharmonische Wirkung: Impulsivität, extreme Subjektivität, häufige Gedankensprünge.
Als Namensinitiale: Leidenschaft, Offenheit, Sensibilität, Ehrlichkeit, Aufmerksamkeit für die Probleme der Mitmenschen, Sicherheit und Entschlossenheit, Selbstlosigkeit, Wahrheitsliebe, Bedürfnis nach Harmonie in zwischenmenschlichen Beziehungen.

J | Numerologischer Wert: 10/1

Symbolische Bedeutung: sanfte und weibliche Hügel.
Wirkung: Intelligenz, Aktivität, Dynamik, Bedürfnis nach Entwicklung, Fortschritt, Reisen, Spontanität; Fähigkeit, sich schnell anzupassen, für Veränderung offen zu sein; Suche nach dem inneren Gleichgewicht.
Disharmonische Wirkung: Aufregung, innere Spannung, Ängste.
Als Namensinitiale: Bedürfnis nach geistiger und körperlicher Bewegung; hohe Ideale bzw. erhabene Zukunftsvisionen und die Bereitschaft, diese zu verwirklichen; philosophischer Geist; auf der Suche nach dem Gleichgewicht von Körper, Geist und Seele.

K | Numerologischer Wert: 11/2

Symbolische Bedeutung: alter, „weiser" Baum.
Wirkung: ausgeprägte Kreativität, Intelligenz, Inspiration, Weisheit, Verantwortung, Wahrhaftigkeit.
Disharmonische Wirkung: innere Spannung und Zwiespalt; Tendenz, dominant zu sein.
Als Namensinitiale: tiefe Verbindung zu konstruktiver Einsamkeit; Bedürfnis nach Schutz und Geborgenheit; Gestaltung des Umfelds wie eine glückliche private Insel mit wenigen, auserwählten Menschen; scharfe Intelligenz, Beobachtungsgabe und Flexibilität; rasche persönliche Entwicklung, vor allem ab 35 bis 40 Jahren.

L | Numerologischer Wert: 12/3

Symbolische Bedeutung: Frau, Weiblichkeit als Verbindung zwischen Himmel und Erde.
Wirkung: Intelligenz, Sicherheit, Geselligkeit, Selbstlosigkeit; Hausverstand und konkrete, alltägliche Spiritualität.
Disharmonische Wirkung: Harmoniebedürftigkeit; zu ausgeprägte Tendenz, anderen Menschen helfen zu wollen.
Als Namensinitiale: romantische Einstellung zum Leben, Bedürfnis nach emotionaler Sicherheit; Wahrnehmung des Lebens als Plattform für Spiritualität und liebevollen Austausch mit Mitmenschen.

M | Numerologischer Wert: 13/4

Symbolische Bedeutung: Berg unter klarem Himmel.
Wirkung: Wunsch, etwas Stabiles langsam und bedacht aufzubauen; weitsichtiger Fortschritt.
Disharmonische Wirkung: Pedanterie, Melancholie, Misstrauen.
Als Namensinitiale: Kontinuität und Sicherheit als Hintergrundwerte, Produktivität, Klarheit, Bedürfnis nach finanzieller Sicherheit.

N | Numerologischer Wert: 14/5

Symbolische Bedeutung: Wind, Freiheit, Kraft.
Wirkung: geistige Offenheit, schnelle Auffassungsgabe, Ver-

handlungsfähigkeit, analytisches Denken.
Disharmonische Wirkung: Starrsinn und Sturheit; Risiko, von anderen ausgenutzt zu werden.
Als Namensinitiale: kritische und misstrauische Haltung, ausgeprägte Schutzmechanismen, großes Interesse für das Verhalten von Menschen und die Beweggründe ihrer Handlungen.

O | Numerologischer Wert: 15/6

Symbolische Bedeutung: Wasser, Herz, Herzlichkeit.
Wirkung: menschliche Wärme, Zärtlichkeit, Sinnlichkeit, Verantwortungsbewusstsein, Ausstrahlung, Kraft.
Disharmonische Wirkung: Egoismus, Zurückgezogenheit, unterdrückte Leidenschaft.
Als Namensinitiale: instabile Emotionalität, Klammern an Familienleben und Vergangenheit.

P | Numerologischer Wert: 16/7

Symbolische Bedeutung: Vogel; klarer Himmel mit Wolken, die vom Wind spazieren getragen werden.
Wirkung: geistige Aktivität, Denken, Reflexion, Analyse, mediale Begabung, Unabhängigkeit, individualistische Lebenseinstellung.
Disharmonische Wirkung: Gefühl der Isolation und Einsamkeit, Abstand und Distanz aufgrund einer schon in frühen Jahren entwickelten Schüchternheit.

Als Namensinitiale: Reflexion, innere Ruhe, Gelassenheit, Güte, Einfühlungsvermögen, Bedürfnis nach Stille und Rückzug, tiefe Verbundenheit mit der Natur.

Q | Numerologischer Wert: 17/8

Symbolische Bedeutung: Wasser, das eine klare Form annimmt, wie z. B. Bach, Fluss, See oder Teich.
Wirkung: Neugierde, Erforschen, tiefgründige Persönlichkeit, Optimismus, Intuition; will Wissen erfahren und umsetzen, Visionen konkretisieren.
Disharmonische Wirkung: Hochmut, hohe Risikobereitschaft, Leichtsinn.
Als Namensinitiale: aktiver, kraftvoller, starker Mensch; immer bereit, Kompetenz und Tatendrang zu zeigen; natürliche Führungsqualitäten.

R | Numerologischer Wert: 18/9

Symbolische Bedeutung: Thron, König, Macht.
Wirkung: Intelligenz, lebendiger Geist, ausgeprägte Vorstellungskraft, Idealismus, Bedürfnis nach Bewunderung und Anerkennung; Bedürfnis, Kraft und Abwechslung zu leben.
Disharmonische Wirkung: geduldige Passivität, Strenge, innere Anspannung, launische Verhaltensweise.
Als Namensinitiale: Willensstärke, Unabhängigkeit, teilweise Ungeduld; fehlende Entspannung mit der Tendenz, oft Entscheidungen für andere zu treffen und Ängste zu haben.

S | Numerologischer Wert: 19/10/1

Symbolische Bedeutung: Schlange, Heilung, Geheimwissen.
Wirkung: Kraft, Klarheit in Denken und Handeln, intuitives Wissen, Weisheit, Bewusstsein für spirituelle Weisheiten; Kraft, um nachhaltige Veränderung im eigenen Leben und im familiären Umfeld zu schaffen; instabiles Privatleben.
Disharmonische Wirkung: Irritation, Eitelkeit, Überempfindlichkeit, depressive Verstimmungen.
Als Namensinitiale: Bedürfnis nach Anerkennung von außen; Bedürfnis, im Mittelpunkt zu stehen und andere zu beeindrucken; wenig Vertrauen zur eigenen Weisheit und Orientierung an der Meinung anderer.

T | Numerologischer Wert: 20/2

Symbolische Bedeutung: Turm, Waage, Gerechtigkeit.
Wirkung: Inspiration, Verständnis, Bewusstsein für die Grundregeln des Lebens, inneres Gleichgewicht; Bedürfnis, Zweisamkeit zu leben.
Disharmonische Wirkung: Ängste; Angst, loszulassen bzw. Veränderung zuzulassen; Verwirrung und mangelnder Realitätssinn.
Als Namensinitiale: Harmoniebedürftigkeit, Anpassungsfähigkeit; starkes Bedürfnis, zu lieben und zu geben; Familienmensch mit gleichzeitigem Bedürfnis nach Freiheit und individuellen Lebensräumen.

U | Numerologischer Wert: 21/3

Symbolische Bedeutung: Hufeisen, Kelch.
Wirkung: Intuition, Kraft, Kommunikationsfähigkeit, Offenheit, Sensibilität; Bedürfnis, die eigenen Talente und Visionen verwirklichen zu wollen.
Disharmonische Wirkung: Bedürfnis, im Mittelpunkt zu stehen; Tendenz zur Sturheit und Taktlosigkeit; Tendenz, sich zu verzetteln.
Als Namensinitiale: Offenheit, Großzügigkeit, Herzlichkeit, Rolle und Aufgabe als NetworkerIn, Verbindung und Vermittlung zwischen Menschen, zu viel Aktivität im Außen, zu wenig Zentriertheit, bewusster Umgang mit Zeit.

V | Numerologischer Wert: 22/4

Symbolische Bedeutung: Feuer, Weisheit.
Wirkung: Kreativität, große Lebensvisionen, viel Gespür, Kommunikationsfähigkeit, Selbstständigkeit, Mut, Willenskraft; Bedürfnis, im Mittelpunkt zu stehen; Anerkennung der eigenen Werte.
Disharmonische Wirkung: Sturheit, Exzentrik, Nervosität und Melancholie.
Als Namensinitiale: Pflichterfüllung, EinzelkämpferIn, Mut; geht allein durchs Leben ohne Vorbilder; Leben an unterschiedlichen Orten; Bedürfnis, die eigenen Visionen umzusetzen.

W | Numerologischer Wert: 23/5

Symbolische Bedeutung: Zwillinge, Verbindung zwischen Himmel und Erde.

Wirkung: Handlungsfähigkeit, Kraft und Charisma, Intelligenz, Sicherheit und Stabilität.

Disharmonische Wirkung: Unsicherheit, Egoismus, Hochmut; Wunsch, im Mittelpunkt zu stehen und zu dominieren.

Als Namensinitiale: Bedürfnis nach Neuem, Kreativität und Flexibilität, Liebe zu Kindern, tiefe Empathie für Mitmenschen; Bedürfnis, zu lieben und die Welt zu verbessern.

X | Numerologischer Wert: 24/6

Symbolische Bedeutung: Schwert, Sexualität.

Wirkung: Energie, Kraft, Wunsch nach Veränderung, Leben von Sinnlichkeit und Sexualität; Bedürfnis, im Mittelpunkt zu stehen.

Disharmonische Wirkung: Opferrolle, Verzögerung, Ungeduld, Ängste; Tendenz, alles infrage zu stellen.

Als Namensinitiale: Nervosität; Verlangen, geführt zu werden, sich zu entspannen und zu meditieren; Wunsch nach einer positiven höheren Führung und deren Rat; Bedürfnis nach materieller Sicherheit.

Y | Numerologischer Wert: 25/7

Symbolische Bedeutung: Trichter, Scheitelchakra.
Wirkung: Sensibilität und Sicherheit, gute Auffassungsgabe, analytische Fähigkeiten, Forschen, Entdecken, Instabilität und Angst.
Disharmonische Wirkung: Instabilität, Angst, Unsicherheit, extremes Verantwortungsbewusstsein; Tendenz, aus der Realität in Gefühl der Enttäuschung und unrealistische Erwartungen zu flüchten.
Als Namensinitiale: Unabhängigkeit; Wunsch, zu reisen; Bedürfnis, Flexibilität und eigenen Lebensrhythmus zu finden und zu leben; gute Intuition, aber zu wenig Bereitschaft, auf sie zu hören; Bedürfnis nach Schutz und Geführtwerden.

Z | Numerologischer Wert: 26/8

Symbolische Bedeutung: Waage, Blitz.
Wirkung: Kraft, Erfolg in jedem Bereich des Lebens, spirituelle Führung, materieller Erfolg, Willenskraft.
Disharmonische Wirkung: Abhängigkeit, Koabhängigkeit, Aggressivität, Inkonsequenz, Bindungsangst bzw. Bindungsunfähigkeit.
Als Namensinitiale: Dienen und Helfen mit einer ausgeprägten sozialen Einstellung, Sensibilität, poetische Natur, bewusster und kreativer Umgang mit den eigenen Ressourcen.

Notizen

Die numerologische Transkription der Buchstaben des Namens

In der Numerologie haben das Geburtsdatum und die Zahlen rund um dieses Datum große Bedeutung. Zusätzlich hat auch die numerologische Transkription des Namens enorme Relevanz. Die Zahlen, die sich daraus ergeben, helfen dem Menschen, sein Unterbewusstsein, seine Wirkung nach außen, seine Verhaltensstrategien und seine Berufung zu erkennen. Eine der wesentlichen Fragen der Numerologie ist immer, welcher Name für das Ermitteln der Zahlen gewählt wird. In der Numerologie ist der gesamte Name sehr wichtig. Zu beachten ist der **Geburtsname,** der aus einem oder mehreren Vornamen und dem Nachnamen besteht.

Der **erste Vorname** gibt Auskunft über die Individualität der Person, über ihre Wünsche, Bedürfnisse und den Zugang zum Leben.

Weitere Vornamen sind als Schwingung weniger aktiv und oft verbunden mit Einflüssen aus dem früheren Leben der Person.

Der **Familienname** zeigt die geistige Erbschaft, die die Person von ihrer Stammfamilie übernimmt.

Die Namensauswahl in einer numerologischen Berechnung

Um eine professionelle numerologische Studie zu erstellen, muss zunächst bewusst eine Entscheidung getroffen werden, welcher Name für das Erstellen eines Numeroskops gewählt wird. Für eine positive, konstruktive und ergiebige Numerologie ist der **Wohlfühlname** der Person zu bevorzugen. Als Wohlfühlname kann jener Name definiert werden, mit dem sich eine Person am meisten identifiziert. Dazu ist es notwendig, die Person zu fragen, wie sie sich gewöhnlich vorstellt. Eine relevante Frage ist auch, ob sie die Namen, die sie nicht benutzt, trotzdem als Teil ihres Namens empfindet oder nicht. Wenn ja, ist es sinnvoll, diese in die Analyse mit einzubeziehen. Bei gewissen Zahlen ist es empfehlenswert zu vergleichen, wie sich die Zahl zwischen Geburtsnamen und Wohlfühlnamen verändert.

Allgemein zeigt die Zahl, die mit dem **Geburtsnamen** errechnet wird, die Prägung aus dem Familiensystem und wie das Umfeld die Person gerne hätte.

Die Zahl, die mit dem **Wohlfühlnamen** errechnet wird, lässt deutlich gewahr werden, in welche Richtung sich die Person entfaltet und was ihre tiefsten Wünsche und Tendenzen in der persönlichen und seelischen Entwicklung sind.

Der verheiratete Name oder Namenswechsel

Im Laufe des Lebens können sich die Vor- und Familiennamen von Menschen ändern. Numerologisch betrachtet wirkt sich eine Namensänderung endgültig erst sieben Jahre nach der offiziellen Änderung aus. Nach den ersten drei Jahren nach dem Namenswechsel kann die Person eine erste Wirkung bewusst wahrnehmen. Doch selbstverständlich kommt der vorherrschende Einfluss noch vom Geburtsnamen. Um eine komplette und aussagekräftige numerologische Analyse durchzuführen, ist es unerlässlich, die Aspekte der genannten Namen – **Geburtsname, Wohlfühlname** und **aktueller (verheirateter, angenommener) Name** – zu berechnen und sie dann gründlich zu vergleichen. Nur dann kann die Entwicklung eines Menschen verstanden und können die Veränderungen genauer beobachtet werden.

Abkürzung des Namens oder Spitzname

Wenn der Mensch regelmäßig mit seinem **Spitznamen** oder einer **Namensabkürzung** gerufen wird, ist es wichtig, dies in der numerologischen Analyse zu berücksichtigen. In der numerologischen Berechnung ist der Spitzname zusammen mit dem Vornamen und dem Familiennamen als Bestandteil des Wohlfühlnamens zu interpretieren. Würde zum Beispiel Viola Rosenberger von ihren FreundInnen mit der Abkürzung „Vivi" gerufen, dann müsste für die numerologische Berechnung der Wohlfühlname Viola Vivi Rosenberger herangezogen werden.

Das Zahlenraster

Über das Zahlenraster wird jeder Buchstabe einer Zahl zwischen 1 und 9 zugeordnet. Es ist ein System in Anlehnung an die hebräische Kabbala und das pythagoreische System. Die Umlaute **Ä, Ö** und **Ü** werden auf ihre Grundbuchstaben zurückgeführt, d. h., **Ä** wird zu **AE, Ö** zu **OE** und **Ü** zu **UE.**

1	2	3	4	5	6	7	8	9
A	B	C	D	E	F	G	H	I
J	K	L	M	N	O	P	Q	R
S	T	U	V	W	X	Y	Z	

Die Häufigkeit und der Platz der Buchstaben sind von Bedeutung:

Der jeweilige Buchstabe muss im Namen **mindestens zweimal** vorhanden sein, damit sich seine Schwingung zeigt. Kommt er öfter vor, zeigt sich seine Schwingung stärker. Bei seltenen Buchstaben (**Q, X, Y**) genügt einmaliges Vorhandensein, um die Schwingung zu spüren.

Über die Zuordnung von J und Y

In der Interpretation der Buchstaben und der Zuordnung ihrer numerologischen Werte ist es von Bedeutung, die Rolle von **J** und **Y** genauer zu betrachten.

J ist der **10.** Buchstabe des lateinischen Alphabets. Es gibt in der deutschen Sprache aber eine unterschiedliche Verwendung für diesen Buchstaben. Teilweise wird das J als Konsonant, teilweise aber auch als Halbvokal verwendet.

Y ist der **25.** Buchstabe des lateinischen Alphabets. In vielen Sprachen ist er ein Vokal, in einigen aber auch ein Konsonant. So wie das J kann auch Y ein Halbvokal sein. Im Deutschen wird Y ausschließlich in Lehn- und Fremdwörtern und in Eigennamen verwendet.

J und Y können also, sprachlich betrachtet, Konsonanten oder Halbvokale, sogenannte Gleitlaute, sein. **Im vorliegenden numerologischen System werden J und Y ausschließlich als Konsonanten betrachtet,** auch wenn dies nicht hundertprozentig mit der phonologischen Erklärung dieser Laute übereinstimmt. Dies hat vor allem für die Berechnung der **Ausdruckszahl,** der **Berufszahl** und natürlich der **Seelenzahl** weitreichende Auswirkungen. Die Entscheidung für die Auslegung von J und Y als Konsonanten gründet auf den langjährigen Erfahrungen im Rahmen der Psychologischen Numerologie und der daraus gewonnenen Einsicht, dass die eben erwähnten Zahlen, insbesondere die Seelenzahl, wenn sie mit den reinen Vokalen A, E, I, O, U – den Selbstlauten – errechnet werden, ein viel stimmigeres Bild des jeweiligen Persönlichkeitsaspektes ergeben, als wenn J und Y als Vokale mitberücksichtigt würden. Dennoch ist es empfehlenswert, sich beide Varianten anzuschauen und selbst zu entscheiden, welche errechnete Seelenzahl für die jeweilige Person am stimmigsten ist.

Notizen

Vornamenszahl

Die Manifestation unserer Kreativität

Die Vornamenszahl gibt Auskunft über die Kreativität einer Person, über ihre Einstellung zu Kunst und Leichtigkeit und darüber, was ihr Freude bereitet. Sie wird auch als **Entwicklungszahl** bezeichnet und definiert klar, welcher kreative Bereich die Entfaltung des jeweiligen Menschen unterstützt.

Die Vornamenszahl ergibt sich aus dem Zahlenwert des Initialbuchstabens des ersten Vornamens.

Beispiel Vornamenszahl (VNZ)

Geburtsname

V	I	O	L	A	–	A	L	T	E	A		
4						1					= 5	**VNZ = 5**

Wohlfühlname

V	I	O	L	A		
4					= 4	**VNZ = 4**

Beispiel: Beschreibung der Vornamenszahl

Im Fall des Namens Viola-Altea ergibt sich, wenn wir diesen Namen als Doppelnamen betrachten, die Vornamenszahl aus der Summe der numerologischen Werte der Initialen V und A. Dazu ordnen wir zuerst den Buchstaben ihre jeweiligen numerologischen Werte zu: V hat den Wert 4, A den Wert 1. Dann errechnen wir daraus die Quersumme: Die Summenzahl 5 ist daher die Vornamenszahl des Doppelnamens Viola-Altea. Fühlt die Person sich wohl, wenn sie nur Viola genannt wird, und lässt den zweiten Vornamen stets weg, so wird für die Berechnung dieses sogenannten Wohlfühlnamens auch lediglich der Name Viola herangezogen. Die Vornamenszahl ergibt sich daher aus dem Zahlenwert des Initialbuchstabens des ersten Vornamens: V hat den numerologischen Wert 4, deshalb ist in diesem Fall die Vornamenszahl 4.

Beim Doppelnamen Viola-Altea zeigt die Vornamenszahl, dass die Person viel Abwechslung im Leben braucht, weil ihr schnell langweilig wird. Sie benötigt Reisen und Kreativität und hat eine Vorliebe für Abenteuer. Ihre Kreativität drückt sich über den Körper aus, z. B. durch Bewegung und Tanz, aber auch durch Malen.

Wird jedoch nur der Name Viola zur Berechnung herangezogen, beschreibt die Vornamenszahl einen Menschen, der ein Bedürfnis nach Ruhe und Stille zeigt. Diese Person interessiert sich für Kunst, aber eher als Betrachterin denn als aktiv Tätige. Wenn sie jedoch den Wunsch verspürt, künstlerisch produktiv zu sein, wäre es für sie sinnvoll, ihre Gedanken aufzuschreiben oder sich fotografisch auszudrücken.

Wenn wir dieses Beispiel analysieren, sehen wir, dass die beiden Vornamenszahlen, die aus dem Wohlfühlnamen bzw. dem Doppelnamen errechnet worden sind, nahezu konträre Bedürfnisse aufweisen: Einerseits ergibt sich die Zahl 4, die auf ein in sich ruhendes Wesen verweist, und andererseits die Zahl 5, die viel Bewegung, geistige Flexibilität und Abwechslung lebt. Aus diesem großen Unterschied zwischen den beiden Vornamenszahlen lässt sich schließen, dass dieser Mensch viel Energie und Kraft braucht, um seinen kreativen Ausdruck zu finden. Es besteht die Möglichkeit, dass die Person einmal in die eine und dann wieder in die andere Richtung tendiert. In einer Beratung dieser Persönlichkeit sollte man ihr empfehlen, die Aspekte beider Vornamenszahlen zu integrieren, auch wenn sie auf ihrer bewussten Ebene natürlich eher die Schwingung der Vornamenszahl 4 ihres Wohlfühlnamens leben wird.

ERKLÄRUNG DER EINZELNEN VORNAMENSZAHLEN

1 | Diese Menschen sind Ästheten, die ihre Kreativität eher passiv als BetrachterInnen ausleben. Die Beschäftigung mit Schönheit und Kunst wie auch der Aufhalt in der Natur helfen ihnen, zur Ruhe zu kommen, um die eigene Stabilität ausbilden zu können. Die künstlerische Begabung, die in Richtung Malen oder Schreiben geht, wird oft erst in späteren Jahren entdeckt.

2 | Personen mit der Vornamenszahl 2 leben ihre Kreativität im Bereich Inneneinrichtung, Gebäudeplanung und Gestaltung der eigenen Lebensräume aus. Sie lieben es, auf ihr Aussehen zu achten, und entwickeln schon früh einen persönlichen Stil. Diese Menschen kommen zur Ruhe, wenn sie die Schönheit der Natur bewundern. In einem fortgeschrittenen Lebensalter könnte es sein, dass sie sich mit Gartenarbeit beschäftigen, um ihr inneres Gleichgewicht zu finden.

3 | Körper und Geist sind bei diesen Menschen sehr beweglich. Sie lieben es, sich in der Natur aufzuhalten, zu wandern und zu laufen. Ihnen ist das Gefühl wichtig, dass der Körper entspannt und nicht zu schwer ist und sie gelassen sind. Sie tanzen sehr gerne und achten auf eine natürliche Bauchatmung. Ausdruckstanz und Bewegung allgemein sind für diese Menschen empfehlenswert, um geistig und körperlich in Form zu bleiben. Autobiografisches Schreiben hilft ihnen, ihre Gedanken, Visionen und Bedürfnisse zu klären.

4 | Diese Menschen ruhen gewöhnlich in sich und brauchen Stille, um über sich und das Leben nachdenken zu können. Oft fühlen sie sich zur Kunst hingezogen, spüren die Faszination der Antike und interessieren sich für Kunstgeschichte, Kunststätten oder archäologische Ausgrabungen. Personen mit dieser Vornamenszahl ähneln in ihrer Verhaltensweise insofern jenen mit der Zahl 1, als auch sie die Kunst und die Schönheit der Natur eher passiv genießen. Eine Form des kreativen Ausdrucks, der zu dieser Zahl passt, wäre es, Improvisationstheater zu spielen. Dadurch könnten diese Menschen lernen, ihre gegebene Unsicherheit zu bewältigen und die Glaubenssätze, nicht gut genug zu sein und nicht im Vordergrund stehen zu wollen, zu heilen. Charakteristisch für sie ist, dass sie sehr auf Details achten. Wenn sie den Wunsch verspüren, sich fotografisch zu betätigen oder ihre Gedanken niederzuschreiben, sollten sie dem Drang nachgeben. Beide Handlungen würden ihnen helfen, bewusster nach innen zu schauen und dadurch klarer zu werden.

5 | Diese Person braucht Abwechslung im Leben, da ihr schnell langweilig wird. Sie sollte reisen, weil das mit stets neuem Entdecken von Kulturen und mit einer mobilen Lebensweise in Zusammenhang steht. Unterwegs zu sein ist für sie mit einer kindlichen Freude fürs Abenteuer verbunden. Diese Menschen wechseln oft PartnerInnen, Haus oder Beruf. Ihren kreativen Ausdruck erleben sie beim Tanzen oder Malen. Sehr hilfreich für diesen unsteten Geist ist es auch, innere Reisen durchzuführen. Die Personen achten auf ihr Aussehen und tragen gerne grelle Farben. Sie lieben das Was-

ser und sollten daher an einem See, Fluss oder am Meer wohnen.

6 | Von Natur aus haben diese Menschen ein kontemplatives, meditatives Wesen und sind überaus sensibel und empathisch. Sie sind an allem interessiert, was die Tiefgründigkeit der Seele erforscht und Belastungen zu lösen hilft. Wenn sie ein gutes Selbstwertgefühl entwickelt haben, schreiben sie gerne Monologe über die eigenen Gefühle, fotografieren oder beobachten einfach gerne, lassen die Seele baumeln und speichern die Eindrücke des Tages in sich. Sie lieben verschiedenste Formen des Theaterspielens, wie z. B. das Psychodrama, und vor allem solche, in denen der Ausdruck nicht nur auf verbaler Ebene erfolgt, sondern durch Tanz und Musik bereichert wird. Für sie ist es ratsam, sich mit positivem Denken und kreativem Schreiben zu beschäftigen. Geschichten, Erzählungen und Gedichte in Kurzform zu verfassen, wäre für diesen kreativen Menschen eine Möglichkeit, seinem Geist neue Horizonte zu eröffnen.

7 | DenkerInnen und PhilosophInnen gehören zu dieser Vornamenszahl. Diese Personen sind gerne unterwegs und lieben es, die Natur und das Verhalten der Menschen zu beobachten. Sie fühlen tief und analysieren mit Vorliebe die Emotionen und Beweggründe des eigenen Handelns. Während ihr Geist schnell und lebendig ist, wirken diese scharfen BeobachterInnen nach außen hin ausgesprochen ruhig. Sie interessieren sich für Kunst, die symbolische Aspekte integriert, wie etwa bei der abstrakten Malerei, und für die Symbolik selbst. Es wäre sinnvoll für sie, sich mit kreativem Denken, Schreiben, Malen und Fotografieren zu beschäftigen, Ausstellungen zu besuchen und künstlerische Orte zu besichtigen. Denn solche Impulse ermöglichen diesem lebendigen Geist, bis ins hohe Alter aktiv zu bleiben, und geben seinem Leben einen Sinn. Somit sollte er sich gerade für diese Seite seines Charakters öffnen, weil dies hilft, seine von Natur aus pessimistische Ader zu überwinden und sein Denken in eine konstruktive Richtung zu lenken.

8 | Kräftig und bewusst schreiten diese Menschen durch das Dasein, wollen das Leben erfahren und mit allen Sinnen wahrnehmen. Die kreative Form, die für sie am besten passt, drückt sich materiell aus. Spüren, angreifen und alles, was dreidimensionaler Ausdruck des eigenen Geistes und der Inspiration ist, gibt diesen Menschen das Gefühl der Lebendigkeit und macht sie glücklich. Bildhauerei, Bodypainting, Malerei, Kampfkunst und Tanzen – vor allem mit Bewegungen, durch die der Körper zu einem kraftvollen Ausdruck seiner Harmonie kommt, wie bei Tango oder Flamenco – sind für diese Menschen empfehlenswert. Sie sollten sich die Zeit nehmen, diese leidenschaftliche, künstlerische Seite auszudrücken, und nicht nur die eigenen Pflichten wahrnehmen.

9 | Diese Menschen verbinden ausgeprägte Sensibilität, Empathie und Hilfsbereitschaft mit einer poetischen Lebensvision. Da sie davon ausgehen, dass jeder ein guter Mensch ist, hat ihre Form des kreativen Ausdrucks natürlich mit dieser Anschauung zu tun. Sie sind gerne in Gruppen kreativ, besuchen mit Vorliebe Kurse und wollen ihre einfallsreiche und schöpferische Botschaft anderen mitteilen. Der kreative Ausdruck erfolgt für sie zuerst in ihrer lebendigen Fantasie und findet erst dann eine konkrete Ausformung. Demzufolge leben sie einerseits ein recht präsentes Leben, andererseits sind sie im inneren Dialog mit sich selbst und denken viel über das Leben nach. Alles, was ihnen helfen kann, ihre Eindrücke festzuhalten, ist für sie eine Bereicherung. Das Aufschreiben von Aphorismen und kurzen Gedichten oder das Anfertigen von intuitiven Schnappschüssen mit dem Fotoapparat sind für diese Menschen förderliche Möglichkeiten, die Weite und Tiefe ihrer Seele zu erfahren. Sie fühlen sich lebendig und innerlich angekommen, wenn sie sich erlauben, ihren Abenteuergeist zu leben. Meistens handelt es sich bei ihnen um geistesgegenwärtige Menschen, die viel Zeit und Freiheit brauchen, um ihre Lebensvision umzusetzen.

Nachnamenszahl

Die Erwartungen der eigenen Familie uns gegenüber

Die Nachnamenszahl, oder auch **Familiennamens-, Erbschafts-** oder **Pflichtzahl** genannt, gibt Auskunft über die Erwartungen unserer Stammfamilie oder jetzigen Familie uns gegenüber. Diese Zahl lässt uns auch die Pflichten, die uns unsere Familie auferlegt, erkennen und insofern Lösungen finden, als es möglich sein sollte, sowohl für die anderen da zu sein und auf sie einzugehen als auch sich selbst treu zu bleiben und authentisch zu sein.

Die Nachnamenszahl wird errechnet, indem der numerologische Wert des Anfangsbuchstabens des Nachnamens ermittelt wird. Im Fall eines Doppelnamens bildet man die Quersumme der Initialen jedes einzelnen Familiennamens. Zum Beispiel lautet bei dem Namen Rosenberger durch den Anfangsbuchstaben **R** die Nachnamenszahl **9,** während im Fall Hell-Rosenberger die Zahlen der Anfangsbuchstaben **H = 8** und **R = 9** zusammengezählt werden, wodurch sich die Zahl **17** ergibt. Da diese Summe aus einer zweistelligen Zahl besteht, müssen **1 und 7** nochmals addiert werden und die **Nachnamenszahl** ist daher **8.**

Beispiel Nachnamenszahl (NNZ)

					R	O	S	E	N	B	E	R	G	E	R		
					9											= 9	NNZ = 9

H	E	L	L	–	R	O	S	E	N	B	E	R	G	E	R		
8					9											= 17	NNZ = 8

Beispiel: Beschreibung der Nachnamenszahl

Trägt die Person den Namen Viola Rosenberger, ist ihre Nachnamenszahl 9. Nimmt Viola bei der Heirat einen Doppelnamen an und heißt nun Viola Hell-Rosenberger, errechnen wir die Nachnamenszahl aus der Summe der Anfangsbuchstaben der einzelnen Nachnamen, was nun die Zahl 8 ergibt. Zur Bedeutung der Zahl lesen wir unter der Beschreibung der Zahl 8 den Abschnitt „Eigene Familie". In diesem Fall birgt die Beziehung einige Herausforderungen. Die größte Prüfung besteht darin, sich treu zu bleiben und im Rahmen der Partnerschaft die Konflikte bewusst und ohne Impulsivität auszutragen.

Viola und ihr Mann sollten es vermeiden, sich voneinander zu entfernen. Sie sollten die Leidenschaft und die Gefühlsebene entfalten, ohne sich zu viele Ängste um materielle Aspekte zu machen. Wichtig ist für sie, eine gemeinsame Vision von der Beziehung zu haben.

Will man die Nachnamenszahl von Viola Hell-Rosenberger vor ihrer Heirat analysieren, verwendet man klarerweise nur den Namen Rosenberger. Initialbuchstabe ist dann das R mit dem numerologischen Wert 9. Um die Nachnamenszahl von Viola Rosenberger mit ihrem Mädchennamen zu deuten, lesen wir unter der Beschreibung der Zahl 9 den Absatz „Ursprungsfamilie“. Laut ihrer Nachnamenszahl war Viola ein besonders sensibles Kind, das vielleicht schon in frühester Kindheit Verantwortung für sich und die anderen Familienmitglieder getragen hat. Sie war schon in diesen frühen Jahren einfühlsam und reif.

ERKLÄRUNG DER EINZELNEN NACHNAMENSZAHLEN

1

Ursprungsfamilie

In diesem Familiensystem wird von einem Kind erwartet, dass es unabhängig und selbstständig ist. Beide Eltern sind meist berufstätig, das Familienleben ist hektisch. Die Person muss schon früh lernen, auf sich zu achten. Der Grundglaubenssatz dieser Familie ist, dass man Leistung erbringen muss. Deswegen bekommt das Kind nur dann Liebe und Anerkennung, wenn seine Leistung den Erwartungen der Erziehungsberechtigten entspricht. Manchmal trennen sich die Eltern, der Vater ist generell nicht sehr präsent. Eine wichtige Herausforderung ist, die Konflikte mit der Vaterfigur durch eine Familienaufstellung oder Therapie – auch noch im späteren Alter – zu lösen.

LÖSUNGSANSÄTZE | Die Eltern sollten hier versuchen, das Kind zu unterstützen, auch wenn es nicht immer die erwünschten Leistungen erbringt. Sie sollten ihm immer ihre Liebe bestätigen, die eigenen Erwartungen zurückschrauben, seine Persönlichkeit entdecken und nicht zuletzt erspüren, was es braucht, damit es ihm gut geht. Das individuelle Wachstum des Kindes hat Priorität, nicht die Wünsche der Eltern.

Eigene Familie

In dieser Konstellation übernehmen die Personen meist zu viel Verantwortung für ihre PartnerInnen und die eigenen

Kinder. Man stellt persönliche Träume und Bedürfnisse in den Hintergrund und lässt sich von Pflicht und Alltagsroutine sehr vereinnahmen.

LÖSUNGSANSÄTZE | Die Person sollte lernen, auf sich selbst zu hören, die eigenen Bedürfnisse in den Vordergrund zu stellen und Zeit für sich selbst zu finden, um diese bewusst für die eigene Entwicklung nutzen zu können. Diese Menschen sollten daran arbeiten, Nein sagen zu lernen, das schlechte Gewissen abzulegen und sich nicht von anderen manipulieren zu lassen.

Familie des Partners/der Partnerin im Fall der Übernahme des Familiennamens

Oft sollen sich diese Menschen dem Familiensystem der PartnerInnen anpassen und Verantwortung sowie Werte und Weltanschauung der neuen Familie ohne Kritik übernehmen. Konflikte werden meist nicht offen ausgetragen. Die Person muss ihren Stand im neuen Familiensystem erst finden, sollte dabei aber von Anfang an eine klare Position einnehmen.

LÖSUNGSANSÄTZE | Es ist wichtig, die eigene Stammfamilie klar zu sehen und von Anfang an deutlich zu definieren, was die eigene Position und die eigenen Werte in der „neuen" Familie sind. Damit die Beziehung in der Partnerschaft harmonisch bleibt, ist es von Bedeutung, Konflikte offen auszutragen und nicht aus einem Bedürfnis nach Frieden heraus Probleme lange Zeit zu verschweigen oder gar nicht anzusprechen. Wichtig ist auch, dass man nicht zu viel Verantwortung für das neue Familiensystem übernimmt und ein eigenes Zuhause, getrennt von der Stammfamilie des Partners/der Partnerin, hat.

Ursprungsfamilie

Die Herausforderung für diese Kinder besteht darin, zu lernen, auf sich selbst zu achten, emotional selbstständig zu sein und sich von den Problemen der Eltern abgrenzen zu können. Sehr oft entwickelt das Kind in dieser Konstellation eine tiefe Verbindung zur Mutter, übernimmt in Ansätzen die emotionalen Belastungen der Mutter und fühlt sich für ihr Wohlbefinden verantwortlich. Für den Vater ist es manchmal schwierig, eine Beziehung zu dem Kind aufzubauen, weil die Bindung zur Mutter so eng ist. Diese Kinder fühlen sich nicht wirklich in ihren Bedürfnissen wahrgenommen und können sich außerordentlich gut anpassen. Es wäre für sie bedeutsam, eine tiefe Beziehung zu unterschiedlichen Menschen zu entwickeln.

Lösungsansätze | Die Eltern sollten darauf achten, dass das Kind zu ihnen beiden eine konstruktive, positive Beziehung entwickelt. Dem Kind sollte klar sein, dass sowohl Mutter als auch Vater für es da sind. Sehr wichtig ist, dass die Mutter ihre eigenen Bedürfnisse überprüft und darauf achtet, ob das Kind Verantwortung für sie übernimmt oder nicht. Diese Kinder sind normalerweise ausgesprochen empathisch, daher ist es ratsam, Unstimmigkeiten in der Familie – auch in der erweiterten Familie (Onkel, Tante, Großeltern) – offen auszutragen. Häufig übernehmen die Kinder auch Belastungen von anderen Linien aus früheren Jahren. Es wäre interessant und hilfreich, sich die Rolle des Kindes im Rahmen einer Familienaufstellung anzuschauen.

Eigene Familie

Menschen mit dieser Nachnamenszahl erleben eine Beziehung, die sehr liebevoll, intensiv und tief ist. Es wird von ihnen verlangt, dass sie ihren PartnerInnen viel Zeit, Berührung, Zärtlichkeit und Anerkennung schenken. Oft tragen ihre PartnerInnen ein verletztes Inneres Kind aus der eigenen Familiengeschichte in sich. Sollten solch alte Verletzungen in die Partnerschaft projiziert werden, könnten sich Unstimmigkeiten ergeben.

Lösungsansätze | Für diese Menschen ist es sehr wichtig, dass sie lernen, zu sich selbst und zu den eigenen Bedürfnissen zu stehen, über Gefühle zu sprechen, ihren PartnerInnen Aufmerksamkeit zu schenken und auf sich selbst zu achten. Die Herausforderung dieser Beziehung liegt darin, einerseits offen für die Liebe und präsent für PartnerIn und Kinder zu sein, andererseits aber auch auf sich selbst zu achten. In der Partnerschaft sollten beide regelmäßig genug Zeit dafür verwenden, um bewusst über die eigenen Bedürfnisse zu sprechen.

Familie des Partners/der Partnerin im Fall der Übernahme des Familiennamens

Die „neue" Familie ist in diesem Fall sehr liebevoll, präsent – teilweise zu präsent – und verlangt vom neuen Familienmitglied Aufmerksamkeit, Liebe und Teilnahme. Vielfach ist diese Person zuständig für die Lösung von alten und langwierigen Problemen der Familie.

Lösungsansätze | Hier ist es besonders wesentlich, Grenzen zu setzen und nicht die Mediatorenrolle zwischen PartnerIn und Stammfamilie zu übernehmen. Sondern die Menschen mit dieser Nachnamenszahl sollten bewusst zulassen, dass die PartnerInnen Zeit mit deren eigener Familie verbringen und jeweilige Konflikte selbst mit ihr klären.

Ursprungsfamilie

3

Das Kind zeigt sich sehr aktiv, braucht viel Bewegung und beweist künstlerische Fähigkeiten. Des Öfteren neigt die Familie dazu, seine Lautstärke und Fröhlichkeit bremsen zu wollen. Ist diese Tendenz zu stark, könnte das Kind das Muster entwickeln, zu brav und zu angepasst zu werden.

Lösungsansätze | Für das Kind wäre es wichtig, dass es wagt, so zu sein, wie es tatsächlich ist, und dass es seine Lebendigkeit leben kann. Die Eltern sollten seine künstlerischen Talente fördern und es an Kindergruppen mit musikalischer Früherziehung bzw. an solchen, in denen es tanzen, singen oder malen kann, teilhaben lassen.

Eigene Familie

Um eine positive Beziehung leben zu können, sind in dieser Partnerschaft eine gemeinsam verbrachte Freizeit, Spaß, Leichtigkeit und Kommunikation von großer Bedeutung. Normalerweise sind beide Menschen in dieser Beziehung starke Persönlichkeiten, die Zeit brauchen, ihr Seelenleben zu ergründen. Sie benötigen Ruheoasen und Stille, um die eigenen Gefühle und sich selbst spüren zu können. Diese Menschen leben sehr aktiv, wenn das Leben jedoch in zu hohem Tempo verläuft, kann dies in der Beziehung zu einer Entfremdung führen.

LÖSUNGSANSÄTZE | Die Person sollte sich mit ihrem Bedürfnis nach Freiheit und Bewegung durchsetzen und aus dem Alltag aussteigen, um ein produktives, freudvolles Leben für sich einzurichten. In der Partnerschaft wäre es empfehlenswert, Freizeitaktivitäten gemeinsam zu gestalten und sich Zeit füreinander zu nehmen.

Familie des Partners/der Partnerin im Fall der Übernahme des Familiennamens

In diesem Fall kommen die Personen in ein Familiensystem, das wenig Stabilität und Klarheit besitzt. Sehr oft befinden sich im Hintergrund Konflikte, die nicht deutlich ausgesprochen werden. Alte ungeklärte Aspekte können die aktuelle Beziehung beeinflussen. Es besteht möglicherweise die Tendenz, dass die PartnerInnen eng an deren Familiensystem gebunden sind. Wenn Menschen mit dieser Nachnamenszahl durch Heirat oder Adoption in solch ein System kommen, ist es wichtig, dass sie sich der eigenen Position bewusst werden und versuchen, die Beziehung zu ihren PartnerInnen zu stärken sowie diese in ihrem Abnabelungsprozess zu unterstützen.

LÖSUNGSANSÄTZE | Die Menschen mit dieser Nachnamenszahl sollten ihre PartnerInnen beim Abnabelungsprozess von deren Stammfamilie unterstützen. Man sollte in der Partnerschaft nicht nur viel Zeit zusammen verbringen, sondern auch gemeinsam die Familie des Partners/der Partnerin regelmäßig besuchen, ohne eine zu intensive Bindung zu dieser einzugehen. Vielfach haben die PartnerInnen Schwierigkeiten auf dem Weg zur Selbstständigkeit. Daher wäre es gut, ihnen den Impuls für eine Therapie oder Familienaufstellung zu geben, damit sie ihre Rolle in der Stammfamilie klären können.

Ursprungsfamilie

4

Das Kind wird oft in eine starre Struktur gepresst. Beide Eltern sind meist berufstätig und die Betreuung der Kinder muss gut nebenher funktionieren. Es gibt wenig Freude, Gelassenheit und Leichtigkeit. Zwei Glaubenssätze werden gelebt: „Ohne Fleiß kein Preis“ und „Das Leben ist schwer, ohne Erfolg ist keine Entwicklung möglich“. Für die Eltern ist es wichtig, die Fassade nach außen hin aufrechtzuerhalten. Diese Kinder entwickeln die Verhaltensstrategien, brav zu sein und sich anzupassen.

LÖSUNGSANSÄTZE | Hier ist anzuraten, dass die Eltern den Kindern eine gewisse Freiheit zugestehen und sie in ihrer Kreativität und Selbstständigkeit unterstützen. Das Kind sollte mit anderen Kindern spielen und auch weitere erwachsene Bezugspersonen haben. Sport, Tanz und Bewegung sind zu empfehlen. Wesentlich ist auch, dass Eltern und Kinder zusammen Spaß haben und gemeinsam Zeit miteinander verbringen, vor allem in der Natur und mit spielerischen Tätigkeiten.

Eigene Familie

In diesem Familiensystem fühlt sich die Person in hohem Maße für PartnerIn und Kinder verantwortlich und verzichtet auf die eigenen Bedürfnisse. Sie steht unter starker innerlicher Anspannung und hat das Gefühl, viel tun und leisten zu müssen, um ihre Seele zu erreichen.
LÖSUNGSANSÄTZE | Es wäre nötig, eine gewisse Leichtigkeit und Vertrauen zu entwickeln, indem man sich weniger kontrolliert zeigt und für sich akzeptiert, dass die Umstände des Lebens die eigene Einstellung prägen. Innerhalb der Partnerschaft sollten regelmäßige Gespräche dazu beitragen, dass die Beziehung als gemeinsame Vision – angefangen von den seelischen bis hin zu den finanziellen Aspekten – gesehen wird.

Familie des Partners/der Partnerin im Fall der Übernahme des Familiennamens

Menschen mit dieser Nachnamenszahl sollten klare Grenzen gegenüber ihren PartnerInnen und deren Stammfamilie setzen. Den PartnerInnen sollte bewusst werden, dass sie sich für eine eigene neue Familie entschieden haben. Sinnvoll wäre es, wenn sie den Kontakt zu ihrer Stammfamilie etwas loser, aber doch freundlich und harmonisch gestalten. Denn so könnten sie sich von den strengen Glaubenssätzen ihrer Stammfamilie lösen. Die PartnerInnen werden durch diese Einstellungen des überaus vereinnahmenden Familiensystems oft stark blockiert.

LÖSUNGSANSÄTZE | Empfehlenswert ist, dass in der Partnerschaft so viel Zeit wie möglich miteinander verbracht wird und die beiden wenig Kontakt zu ihren Stammfamilien haben. Vor allem in den ersten sieben bis acht Jahren ihrer Partnerschaft ist es wichtig, dass sie viel füreinander da sind und eine gute, stabile Basis für die eigene Beziehung schaffen. Dadurch ergibt sich die Möglichkeit, die strengen Glaubenssätze, die in der Kindheit entstanden sind, loszulassen.

Ursprungsfamilie

5

Das Kind in diesem Familiensystem ist ausgesprochen sensibel und künstlerisch veranlagt. Es braucht viel Freiheit und Gelassenheit und ist immer auf der Suche danach, etwas Neues zu entdecken und zu erfahren. Am liebsten spielt es mit Erwachsenen. Das Kind ist sehr aufgeweckt, stellt viele Fragen und will stets im Mittelpunkt stehen. Oft belastet dieses massive Verlangen nach Aufmerksamkeit das Familiensystem und stellt somit eine starke Herausforderung für die Familie dar. Deswegen ist es wichtig, dem Kind einerseits klare Grenzen zu setzen und ihm andererseits viel Liebe zu schenken. Es tendiert dazu, die Grundwerte der Familie infrage zu stellen und verändern zu wollen.

LÖSUNGSANSÄTZE | Die Individualität des Kindes sollte von den Erziehungsberechtigten unterstützt werden. Vielfach ist das Kind anders, als die Eltern es sich vorstellen. Es ist künstlerisch überaus begabt, bewegt sich besonders gerne und kann sehr laut sein. Man sollte solchen Kindern viel Klarheit und Liebe schenken und sie nicht zum Bravsein erziehen, sondern auf ihre Individualität eingehen. Es ist wesentlich, auf Empathie und Sensibilität dieser Kinder zu achten und ihnen das Gefühl zu geben, dass sie in ihrer Gesamtpersönlichkeit gesehen werden und nicht nur als kleine Erwachsene, die gut zu funktionieren haben.

Eigene Familie

In dieser Konstellation braucht man viel Freiheit, viel Gelassenheit und das Gefühl, trotz Bindung an die Familie frei zu sein. Es besteht die Möglichkeit, dass sich die Personen mit dieser Nachnamenszahl durch PartnerIn und Alltag eingeschränkt sehen. In diesem Familiensystem fühlt sich die Person nicht immer wahrgenommen, sondern eher unter Druck gesetzt und innerlich blockiert. In der Partnerschaft bestehen oft Konflikte. Die größte Prüfung der beiden besteht darin, sich gegenseitig zu sagen, was sie empfinden, und sich nicht um des lieben Friedens willen anzupassen, in der Hoffnung, dass sich die Probleme von allein lösen. Denn das ist ein Muster, das sich vielfach in diese Familie einschleicht.

LÖSUNGSANSÄTZE | Diese Menschen sollten für sich klären, wie viel Freiheit sie brauchen, und vor allem, was Freiheit für sie bedeutet. Sie sollten beobachten, ob sie schnell das Gefühl haben, unter Druck zu geraten, und dann gegebenenfalls am liebsten sofort weglaufen wollen, und ob sie die PartnerInnen bzw. die Familie für die eigene Misere verantwortlich machen, ohne die eigenen Themen anschauen zu wollen. Für diese Familie ist es wichtig, immer wieder gemeinsam etwas zu unternehmen und zu reisen. Innerhalb der Partnerschaft sollte sich aber auch die Gewohnheit entwickeln, dass beide ohneeinander – also allein, mit FreundInnen oder auch mit Unbekannten, etwa im Rahmen einer Ausbildung – kleine Ausflüge unternehmen. Getrennt Urlaub zu machen, kann hilfreich für das Familiensystem sein. In der Ferne spürt man besser, was man am Partner bzw. an der Partnerin hat, und empfindet Freiheit nicht mehr nur als Gegensatz von Einschränkung, sondern als grundsätzlich positives Gefühl.

Familie des Partners/der Partnerin im Fall der Übernahme des Familiennamens

In diesem Familiensystem, in das man neu hineinkommt, zeigen sich oftmals sehr starke Spannungen. Teilweise gibt es viele Konflikte, die bisher nicht offen angesprochen worden sind und die es nicht zulassen, dass man sich wohlfühlt. Das Familiensystem nimmt zwar das „neue" Familienmitglied an und gibt ihm das Gefühl, viel Liebe und Aufmerksamkeit zu bekommen. Doch dann entwickelt die Familie des Öfteren die Tendenz, diesem Menschen viel abzuverlangen und ihn prägen zu wollen. Die größte Herausforderung ist in diesem Fall, entspannt und klar zu bleiben und sich nicht von Blockaden einschränken zu lassen. Vielfach sind diese Persönlichkeiten mit dem eigenen Glaubenssatz konfrontiert, dass es einem erst gut gehen darf, wenn es auch den anderen gut geht. Dann ist es ratsam, sich die eigenen Themen anzuschauen. In dieser Konstellation sind die PartnerInnen oft aufgrund der Muster der eigenen Eltern und des Familiensystems blockiert. Darum sollte man sie begleiten und unterstützen, aber trotzdem versuchen, für sich selbst glücklich zu sein.

LÖSUNGSANSÄTZE | Gemeinsam eine Therapie zu machen oder Seminare über Empathie- bzw. Kommunikationstraining zu besuchen würde der Partnerschaft viel Kraft schenken. Es wäre gut für den Menschen, der den Familiennamen mit dieser Nachnamenszahl übernommen hat, mit Abstand und Verständnis die Muster des Partners/der Partnerin zu betrachten und zu versuchen, trotz manch schwerer Belastung glücklich zu sein. Normalerweise tauchen Probleme erst im vierten oder fünften Jahr der Beziehung auf, weil sie vorher gut verborgen bleiben. Denn anfänglich zeigt das neue Familiensystem eher Leichtigkeit und Gelassenheit, Probleme werden eher verdrängt und man versucht sich einzureden, dass alles in Ordnung sei. Solche Muster, die von den Eltern übernommen werden, liegen meist sehr tief und bilden für

Kinder enorme Blockaden, weil nie darüber gesprochen wurde. Um eine Klärung herbeizuführen, braucht man therapeutische Hilfe.

Ursprungsfamilie

In diesem Familiensystem entwickelt das Kind zumeist frühzeitig seine sprachlichen Fähigkeiten, zeigt eine ausgeprägte Empathie und Wahrnehmung. Das familiäre System wirkt belastend, denn es herrscht die allgemeine Tendenz, das Kind nicht in seiner Individualität zu unterstützen, sondern es „gut" zu erziehen und ihm beizubringen, wie wichtig es ist, etwas zu leisten. Die Grundglaubenssätze sind: „Nur wenn man gute Leistungen erbringt, ist man liebenswert. Das Leben muss ernst genommen werden. Leichtigkeit und Spaß sind reine Verschwendung." Der junge Mensch wird in der Kindheit und Jugend nicht darin unterstützt, Beziehungen nach außen zu entwickeln, sondern alles wird innerhalb der Familie abgehandelt. Bis ins Erwachsenenalter hinein wird ihm nicht ermöglicht, seine soziale Kompetenz und seinen Freiraum zu entfalten. In dieser Familie wird erwartet, dass man immer stark ist, und es wird als nicht besonders schlimm angesehen, wenn sich jemand in emotionaler Not befindet. Durch diese Einstellung lernt das Kind nicht, mit seinen eigenen seelischen Schmerzen umzugehen, sondern es lernt, diese zu verdrängen. Seine Unfähigkeit, mit Gefühlen umzugehen, zeigt sich erst im späteren Alter.

LÖSUNGSANSÄTZE | Es wäre bedeutsam, diese Kinder in ihren spielerischen Aspekten zu motivieren und nicht zu früh von ihnen zu verlangen, dass sie selbstständig werden. Ihre Persönlichkeit sollte in Bezug auf Leichtigkeit und Unbeschwertheit unterstützt und die Liebe zu ihnen unabhängig von erbrachten Leistungen bestätigt werden. Diese Kinder brauchen viel Berührung.

Eigene Familie

Die Beziehung in der Partnerschaft zeigt sich zum Teil in einer schwierigen Konstellation. Beide Menschen sind sehr sensibel und haben ein hohes Verantwortungsbewusstsein. Sie fühlen sich für alles verantwortlich und haben das Empfinden, sich innerhalb des Familiensystems nicht frei ausdrücken zu können. Häufig sind sie überfordert mit dem, was sie zu leisten haben. Sie wollen bestens funktionieren und alles, was zu tun ist, gut erledigen. Oft sind sie aber nicht wirklich präsent. Die beiden verlangen in diesem System meist sehr viel voneinander. Sie wollen den Traditionen folgen, vergessen dabei aber auf sich und spüren sich selbst nicht mehr.
LÖSUNGSANSÄTZE | Hier ist es empfehlenswert, in der Partnerschaft regelmäßig über die eigenen Gefühle zu sprechen. Beide sollten daran arbeiten, sich für das Neue zu öffnen und delegieren zu lernen, um mehr Zeit miteinander verbringen und füreinander da sein zu können. Auch sollten sie viel Zeit in trauter Zweisamkeit genießen und sich in Krisen von ihren Stammfamilien zurückziehen.

Familie des Partners/der Partnerin im Fall der Übernahme des Familiennamens

Das „neue“ Familiensystem ist ausgesprochen traditionell orientiert, lässt dem Individuum wenig Freiraum und erwartet von diesem, dass es das vorhandene System unterstützt. Gegenüber dem neuen Familienmitglied herrscht am Anfang oftmals Ablehnung. Kommt ein Mensch in solch ein System, darf er nicht zu viel Anpassung zeigen. Teilweise ist die familiäre Stimmung zwar positiv und liebevoll, ist man jedoch anders oder hat andere Werte, wird man verurteilt.

LÖSUNGSANSÄTZE | Menschen, die in solch ein System kommen, sollten zu ihren PartnerInnen ehrlich sein und mit ihnen offen darüber sprechen, wie sie deren Familie empfinden. Man sollte versuchen, sich selbst treu zu bleiben, auch wenn von der Familie Widerstand kommt. Wichtig ist für die neuen Familienmitglieder, dass sie von Anfang an Konflikte bewusst austragen. Keinesfalls sollten sie sich verstecken oder anpassen nur aus dem Wunsch heraus, akzeptiert zu werden.

Ursprungsfamilie

7

Da das Kind sich in dieser Familie meist einsam, nicht wirklich angenommen oder unterstützt fühlt, lernt es früh, selbstständig zu sein. Vielfach sind die Eltern sehr mit sich selbst beschäftigt, daher fühlt sich das Kind übergangen und meint, allein zurechtkommen zu müssen. Manchmal herrschen Un-

stimmigkeiten zwischen den Eltern, was diese Kinder deutlich spüren. Auch traumatische Trennungen kommen vor.
LÖSUNGSANSÄTZE | Wichtig für diese Kinder ist, nicht nur die Eltern als Bezugspersonen zu haben, sondern auch andere Erwachsene. Sie sollten oft von FreundInnen und der erweiterten Verwandtschaft eingeladen werden und Menschen um sich haben, auf die sie zählen können. Die Eltern sollten sich bewusst Zeit für solch ein Kind nehmen, es viel berühren, umarmen und es ihrer Liebe versichern. Wenn es Probleme zwischen den Eltern gibt, sollten jene dem Kind erklärt werden, da es sehr feinfühlig ist.

Eigene Familie

Diese Menschen fühlen sich selten mit ihren PartnerInnen verbunden und wollen ihren Weg eher allein gehen. Wird die Partnerschaft nicht kontinuierlich gepflegt, lebt sich das Paar innerhalb der ersten sieben Jahre auseinander und trennt sich. Bisweilen fühlen sich die beiden wechselseitig gekränkt und unverstanden, die Kommunikation ist rar: Das blockiert beide und ermöglicht keine Freude und Entspannung.
LÖSUNGSANSÄTZE | Das Paar sollte sich immer wieder Zeit für sich nehmen und die Fragen klären, was sie beide von der Beziehung erwarten, was sie stört und was sie entwickeln wollen. Sie sollten lernen, aufeinander einzugehen und den eigenen Standpunkt offen und ehrlich zu kommunizieren. Mit solch einer Veränderung in der Innenschau und gegenseitigen Verständigung könnte die Beziehung einen Quantensprung machen. Wenn die Kommunikation eine stabile

Basis erreicht, hat diese Beziehung eine Chance auf Erfolg. Beide Menschen sind spirituell veranlagt und brauchen gemeinsame ethische Werte und Visionen im Hintergrund, um sich glücklich zu fühlen.

Familie des Partners/der Partnerin im Fall der Übernahme des Familiennamens

Das Familiensystem, in das man gerät, zeigt sich auf den ersten Blick oft kalt und unfreundlich. Dieser erste Eindruck darf jedoch nicht zu ernst genommen werden, sondern man sollte versuchen, offen, herzlich und freundlich auf die Eltern des Partners/der Partnerin und auf die anderen Familienangehörigen einzugehen. Wichtig ist zu erkennen und zu verstehen, dass es in dieser Familie nicht üblich ist, miteinander zu reden, und dass alte Konflikte meist nicht angesprochen werden. Spiritualität und Religion spielen in diesem System häufig eine übergeordnete Rolle. Um sich wohlfühlen zu können, sollten Menschen, die in solch eine Familie kommen, zunächst einmal deren positiven Seiten Aufmerksamkeit schenken. In einem weiteren Schritt sollten sie ihre PartnerInnen bitten, ihnen zu erklären, wie diese die eigene Familie einschätzen und die Beziehung der eigenen Eltern sehen. Vielfach leben die Eltern zusammen, führen aber keine liebevolle Beziehung.

Lösungsansätze | Wichtig ist, dass sich in dieser Partnerschaft beide Menschen füreinander öffnen und bereit sind, an den eigenen Verhaltensmustern und Glaubenssätzen zu arbeiten. Beide behaupten zwar, dass sie alles allein schaffen und niemanden brauchen, der ihnen hilft. Doch sollten sie die Möglichkeit erwägen, gemeinsam im Rahmen der Partnerschaft zu heilen und zu wachsen sowie zu lernen, sich gegenseitig zu vertrauen.

Die „neue“ Familie sollte urteilsfrei angenommen werden. Sinnvoll ist es, bewusst die positive Seite dieser Familienmitglieder zu sehen und immer die PartnerInnen als MediatorInnen zwischen ihrer Stammfamilie und der eigenen Familie wirken zu lassen. Zu empfehlen ist, dass der/die PartnerIn die Ursprungsfamilie allein besucht und die eingeheiratete Person nicht immer präsent ist. Eine liebevolle Verbindung zu dieser neuen Familie ist zwar ratsam, jedoch sollte der Kontakt nicht zu häufig aufgenommen werden, sodass die Partnerschaft bzw. die eigene gegründete Familie eine stabile Basis frei von anderen Einflüssen schaffen kann.

8 Ursprungsfamilie

In diesem Familiensystem ist das Kind oft eine starke Persönlichkeit, braucht klare Grenzen und fordert die Eltern heraus. Es benötigt Aufmerksamkeit, Begleitung, viel körperliche Bewegung, aber auch Entspannung. Wenn das Kind aufgeregt ist, was oftmals vorkommt, muss es wissen, dass die Eltern für es da sind, es wahrnehmen und bewusst spüren. Dieses Kind will im Mittelpunkt stehen und braucht viel Liebe. Im Familiensystem fühlt es sich häufig blockiert, wenn es das Gefühl hat, dass die Eltern seine Kraft nicht aushalten können. Es sind Kinder, die vielfach provozierend und herausfordernd wirken. Daher brauchen sie das Gefühl, dass die Erwachsenen in ihrem Umfeld stark sind, bewusst Grenzen setzen und auf sie eingehen können.

LÖSUNGSANSÄTZE | Unterstützung ist für diese Kinder sehr wichtig. Sie brauchen reichlich Bewegung im Freien und viel Ruhe. Im Familiensystem müssen sie sich geborgen und angenommen fühlen. Empfehlenswert ist, dass die Eltern bewusst viel Zeit mit dem Kind verbringen, jedoch eher jeder Elternteil einzeln und nicht unbedingt als Familie. Dieses Kind braucht bewusste Aufmerksamkeit und viel Präsenz. Man sollte sorgsam auf seine Fragen eingehen, es liebevoll behandeln und nicht mit irgendwelchen Beschäftigungen abfertigen. Diese Kinder sollten vom übermäßigen Fernsehen und Computerspielen abgehalten werden, vielmehr sollte man ihnen viel Zeit und Bewegung in der Natur ermöglichen, um ihre Entwicklung zu fördern. Was dieses Kind besonders braucht und liebt, ist berührt und herausgefordert zu werden. Es fühlt sich nur gelassen und entspannt, wenn es das Gefühl hat, Aufmerksamkeit und Liebe zu bekommen.

Wichtig ist ebenso, dass die Beziehung zwischen den Eltern – auch bei Problemen – geklärt ist, denn diese Kinder haben eine gute Wahrnehmung und ein feines Gespür, sodass sie darunter leiden, wenn es unausgesprochene Konflikte im Familiensystem gibt.

Eigene Familie

Die größte Herausforderung für diesen Menschen ist es, sich selbst treu zu bleiben. Die Familie und die Partnerschaft fordern ihn heraus. Es gibt Konflikte und Streitigkeiten, die jedoch in dieser Beziehung oft nicht ausgetragen werden. Beide Menschen haben eine sehr enge Verbindung zu materiellen Aspekten und versuchen, sich im Außen etwas aufzubauen. Wenn die finanzielle Stabilität das einzige Ziel der Partnerschaft bleibt, entfernen sich die beiden voneinander und werden zwar zu einem gut funktionierenden Team, zum Beispiel wenn sie eine gemeinsame Firma haben, aber die Romantik und die Liebesgefühle verlieren sich im Laufe der Jahre.

Lösungsansätze | In dieser Partnerschaft sollten die beiden gemeinsam die Beziehung reflektieren, nicht nur in Bezug auf die materiellen Pläne und konkreten Visionen, sondern auch hinsichtlich der eigenen Bedürfnisse. Sie sollten die Gefühle, die sie füreinander empfinden, klären und offen ausdrücken. Wenn es stimmig ist, sollten sie sich gegenseitig ihrer Liebe versichern und wertschätzend miteinander umgehen.

Familie des Partners/der Partnerin im Fall der Übernahme des Familiennamens

Hier hat man es mit einer Konstellation zu tun, in der materielle Aspekte, Erfolg und Leistung eine wichtige Rolle spielen. Die Menschen, die in eine „neue" Familie eintreten, sollten beobachten, wie das System auf sie wirkt. Es wäre für sie vorteilhaft, zu ihren PartnerInnen eine gute Beziehung zu haben, um ehrlich erklären zu können, was man im Umgang mit deren Familie empfindet. In diesem neuen Familiensystem werden die Menschen oft in Bezug auf das, was sie im Leben leisten und erreichen, beurteilt und nicht aufgrund ihrer Wesensart. Doch sollte sich das neue Familienmitglied auf jeden Fall treu bleiben und nicht versuchen, den anderen zu gefallen und auf irgendeine besondere Art zu wirken.

LÖSUNGSANSÄTZE | Wenn man nach der Namensänderung in so ein Familiensystem kommt, ist es sehr wichtig, sich selbst treu zu bleiben. Man soll sich das Gefühl bewahren, wertvoll und liebenswert zu sein, und nicht in das Muster fallen, dass man etwas Besonderes sein oder viel leisten muss, um wahrgenommen zu werden. Es ist empfehlenswert, dass die Person, die in das System hineinkommt, in der Partnerschaft offen über ihre Eindrücke von der neuen Familie spricht, und dass der/die PartnerIn unterstützend tätig wird, damit die eigene Stammfamilie das neue Mitglied akzeptiert und integriert. Wenn der Kontakt eher lose gehalten wird, hilft dies der eigenen Familie, eine Basis des Miteinanders zu finden. In der Partnerschaft ist es für beide notwendig, eine Unabhängigkeit vom alten Wertesystem der jeweiligen Stammfamilie zu erreichen und eine positive Einstellung zum Leben zu entwickeln, dadurch gelingt es zu verinnerlichen, dass das Leben auch unbeschwert, frei und leicht sein kann.

Ursprungsfamilie

9

Das Kind in diesem System ist besonders sensibel sowie liebevoll und verspürt eine entspannte, gelassene Stimmung in der Familie. Es wird von den Mitmenschen liebevoll angenommen und fühlt sich akzeptiert. Diese Kinder sind sehr spirituell und brauchen schon in frühen Jahren das Gefühl, ernst genommen zu werden. Man sollte bewusst auf die Fragen dieser Kinder eingehen. Die Eltern sind meist mit den eigenen Sorgen beschäftigt, in ihrer Beziehung herrscht eine gewisse Hektik und Anspannung. Die Kinder spüren das und benötigen daher eine klare Unterstützung und viel Gelassenheit, um sich entfalten zu können. Das Familiensystem wirkt nach außen hin sehr verbunden und harmonisch. Oft ist es aber so, dass nicht auf die Individualität geachtet wird, sondern vielmehr auf die allgemeinen Werte der Gesellschaft. Es ist wichtig, diese gesellschaftlichen Werte nicht absolut in den Vordergrund zu stellen, sondern vor allem auf die Individualität der Kinder zu achten.

LÖSUNGSANSÄTZE | In diesem System ist es vonnöten, sich mit den Kindern vor allem dann auseinanderzusetzen, wenn sie viel wahrnehmen und zahlreiche Fragen stellen. Sie haben in ihrem Familiensystem vielfach eine Pionierrolle und fordern die Eltern und andere Familienmitglieder zu mehr Ehrlichkeit heraus. Bisweilen sprechen diese Kinder manches an, was die Eltern nicht gerne offen austragen oder erklären wollen.

Eigene Familie

Die Beziehung in der Partnerschaft ist normalerweise sehr ausgeglichen. Beide Menschen spüren eine gemeinsame Vision, sind bereit, sich zu binden und für die Entwicklung des gemeinsamen Weges auf einiges zu verzichten. Sie können liebevoll miteinander umgehen und sind willens, viel zu geben. Wichtig ist jedoch, nicht zu viel vom Gegenüber zu verlangen und maßlos zu werden. Selbstständigkeit zu bewahren ist das Ziel dieser Beziehung.

LÖSUNGSANSÄTZE | In dieser Partnerschaft sollte das Paar unabhängig bleiben und nicht zu viel voneinander verlangen. Vor allem sollte sich jede der beiden Personen den Verletzungen aus ihrer Kindheit widmen und nicht die eigenen unerfüllten Bedürfnisse des Inneren Kindes aus jener Zeit auf den/die andere/n projizieren und diese/n für das eigene Glück verantwortlich machen. Es ist empfehlenswert, die eigene Individualität zu bewahren und neben der Partnerbeziehung auch Freundschaften zu pflegen, Zeit für sich zu haben und manchmal etwas allein zu unternehmen. Gemeinsame Aktivitäten in der Freizeit, wie Tanzen oder Spazierengehen oder ein gemeinsames Hobby vor allem in Verbindung mit der Natur, helfen diesen Menschen, sich selbst zu spüren und zu finden. In dieser Paarbeziehung ist es wichtig, dass zwar beide Menschen füreinander da sind, aber auch ohneeinander zurechtkommen.

Familie des Partners/der Partnerin im Fall der Übernahme des Familiennamens

Das Familiensystem, in das man hineingeheiratet hat, ist sehr liebevoll, freundlich und herzlich. Die Aufnahme erfolgt ohne Schwierigkeiten und die Person fühlt sich dort sehr wohl. Wichtig ist, keine Abhängigkeit von diesem System zu entwickeln, da es oft vereinnahmend ist. In schwierigen Situationen sollte der/die eigene PartnerIn als MediatorIn zwischen dem „neuen" Familienmitglied und der Stammfamilie ausgleichen. Das neue Mitglied sollte sich aber nicht dazu verpflichtet sehen, dem/der PartnerIn dabei zu helfen, Probleme mit der Stammfamilie zu klären. Diese Aufgabe sollte der Person überlassen bleiben, die in dieses Familiensystem hineingeboren wurde.

LÖSUNGSANSÄTZE | Eine gewisse Verbindung zum angeheirateten Familiensystem sollte man zulassen, jedoch ist auf eine bewusste Abgrenzung zu achten. Es sollte nicht die Vorstellung entstehen, dass man in der neuen Familie nachholen könnte, was man von der eigenen Familie in der Kindheit nicht bekommen hat. Für die neuen Familienmitglieder ist es sehr wichtig, dass sie ihre eigene Meinung äußern können, ohne Angst zu haben, verurteilt zu werden oder Konflikte ins Leben zu rufen. Gleichermaßen bedeutsam ist es für diese Menschen, dass sie eine harmonische Beziehung zur eigenen Stammfamilie entwickeln und nicht die unerfüllten Bedürfnisse des eigenen inneren Kindes auf das Familiensystem des Partners/der Partnerin übertragen. In diesem Sinne sollte man zur neuen Familie sowohl einen gewissen Abstand wahren als auch einen liebevollen Kontakt unter gegenseitiger Achtung und realistischer Einschätzung pflegen.

Notizen

Seelenzahl

Das verborgene Gesicht unserer Seele

Die Seelenzahl liefert Informationen über die eigene Identität und verhilft zur Selbstfindung. Das führt zu jenem Bereich in uns, der uns selbst nur zum Teil bekannt ist – zu unserer wahren Persönlichkeit. Diese Zahl gibt Auskunft über angeborene Stärken und Schwächen, über wahre Wünsche, Vorstellungen, Absichten und Ziele. Wenn man diese innere Antriebsfeder kennt, ist es möglich, eine Übereinstimmung zwischen Sehnsüchten, inneren Kräften und der tatsächlichen Vorgehensweise herstellen zu können.

Die Seelenzahl errechnet sich aus der Summe der Zahlenwerte der jeweiligen Vokale des Vornamens und des Nachnamens. Auch hier wird die Summe wieder auf eine einstellige Grundzahl reduziert, falls sich zunächst eine zweistellige Zahl ergibt. Hier nun ist die Tabelle für die Zahlenwerte der verschiedenen Vokale:

A	E	I	O	U
1	5	9	6	3

Für eine vertiefende und konstruktive Analyse ist es ratsam, die Seelenzahl, die aus dem Geburtsnamen errechnet wird, mit der Seelenzahl, die sich aus dem Wohlfühlnamen ergibt, zu vergleichen. Die **Seelenzahl des Geburtsnamens** zeigt die Erwartungen der Ursprungsfamilie und die Prägung der Seele dieses Menschen durch sein Familiensystem. Zusätzlich offenbart sie einige Muster des Familiensystems und erläutert auch die Einschränkungen, die der Mensch im Rahmen dieses Systems erfährt.

Die **Seelenzahl des Wohlfühlnamens** ist hingegen diejenige, die die Grundschwingung unserer Seele erfasst, somit unsere verborgenen Wünsche und Bedürfnisse, die uns erst mit etwa 30 Jahren bewusst werden.

Beispiel Seelenzahl (SZ)

Geburtsname

V	I	O	L	A	–	A	L	T	E	A		R	O	S	E	N	B	E	R	G	E	R			
	9	6		1		1			5	1			6		5			5			5		= 44	4 + 4 = 8	**SZ = 8**

Wohlfühlname

V	I	O	L	A								R	O	S	E	N	B	E	R	G	E	R			
	9	6		1									6		5			5			5		= 37	3 + 7 = 10 1 + 0 = 1	**SZ = 1**

Beispiel: Beschreibung der Seelenzahl

Die errechnete **Seelenzahl aus dem Geburtsnamen** am Beispiel von Viola-Altea Rosenberger ist die Zahl 8. Die Seelenzahl des Geburtsnamens eröffnet uns, was sich die Stammfamilie dieses Menschen, der auf die Welt kommt, erwartet, welche Glaubenssätze das Familiensystem aufweist und wie die Familienkonstellation auf den Menschen selbst wirkt.

In der Ursprungsfamilie der Seelenzahl (des Geburtsnamens) 8 gibt es oftmals unausgesprochene Konflikte, die von dieser Person mitgetragen werden. Sie ist in das System verstrickt und übernimmt häufig die Gefühle der anderen Familienmitglieder. Vielfach haben diese Menschen eine kämpferische Einstellung zum Leben und auch das Gefühl, sich gegen die Familie auflehnen zu müssen, um sich behaupten zu können.

Wenn man die **Seelenzahl aus dem Wohlfühlnamen** von Viola Rosenberger errechnet, ergibt sich die Zahl 1. In diesem Fall zeigt die Person die Tendenz, unabhängig, frei und kraftvoll zu sein. Sie will die eigene Vision umsetzen und lässt sich auch nicht von Glaubenssätzen, Meinungen oder Urteilen anderer Menschen beeinflussen. Die beispielhafte Person Viola Rosenberger lebt ihr Leben selbstbestimmt. Ihr größtes Anliegen ist es, in Freiheit zu leben. Sie zieht sich zurück, wenn jemand versucht, diese Freiheit einzuschränken oder ihre Handlungen zu beeinflussen.

Im **Vergleich der beiden Seelenzahlen** findet sich ein enger Zusammenhang von Seelenzahl 8 aus dem Geburtsnamen und Seelenzahl 1 aus dem Wohlfühlnamen:

Die natürliche Unabhängigkeit und das Bedürfnis nach Freiheit, die Viola Rosenberger laut Seelenzahl 1 (des Wohlfühlnamens) in sich trägt, werden durch die Familienumstände und die Familienkonstellation deutlich. Die Seelenzahl 8 (des Geburtsnamens) erklärt, warum Viola im Rahmen ihres Familiensystems in den Widerstand gehen und sich mit der Familie konfrontieren muss, die andere Werte und Ansichten hat als sie. Durch diese Auseinandersetzung mit dem Familiensystem lernt Viola, ihre Identität wahrzunehmen. Sie spürt auch die Unterschiede zwischen ihr und den anderen Familienmitgliedern. Durch die Auflösung der Konflikte innerhalb der Familie vermag sie letztlich die eigene Kraft und das persönliche Freiheitsbedürfnis wahrzunehmen und zu leben.

Fazit: In unserem Beispiel helfen sowohl die Seelenzahl aus dem Geburtsnamen als auch jene aus dem Wohlfühlnamen, die verborgenen Aspekte der Persönlichkeit und der Seele von Viola-Altea Rosenberger zu manifestieren. Für eine Analyse und Interpretation ist es also immer interessant, zunächst beide Seelenzahlen zu errechnen und danach zu fühlen, zu interpretieren und zu analysieren, wie die Zahlen zueinander stehen.

ERKLÄRUNG DER EINZELNEN SEELENZAHLEN, ERRECHNET AUS DEM GEBURTSNAMEN

Seelenzahl 1

Die Seelenzahl 1 ist ein Mensch, der selbstständig, kraftvoll und mutig in seinem Persönlichkeitsausdruck ist.

Die Familie erwartet sich von diesem Kind viel Selbstständigkeit, Ruhe und Unterstützung. Sehr oft ist es gefordert, eine wichtige Rolle in der Familie zu übernehmen. Dadurch sind die Kinder auch häufig Ersatz für den Elternteil, der in der Partnerschaft emotional nicht präsent ist. Sie haben die Tendenz, den Elternteil, der sich vernachlässigt fühlt, zu unterstützen, ihm zu helfen und ihn in seinem Leid zu trösten. Meist sind diese Menschen in einem Familiensystem gefangen, in dem sie sich unwohl fühlen. Einerseits belastet sie das Verantwortungsgefühl für ihre Familie, andererseits bekommen sie durch dieses Gebrauchtwerden auch Anerkennung und Liebe.

Für ihre Familienmitglieder empfinden diese Menschen eine tiefe Liebe, die sie vielfach belastet, weil sie sich nicht frei fühlen und auch nicht in der Lage sind, Nein zu sagen. Teilweise empfinden sie diese Liebe sogar als Falle, weil es ihnen schwerfällt, dass sie sich von diesem Gefühl, für andere verantwortlich zu sein, verabschieden und selbstständig ihr eigenes Leben gestalten.

Mit viel Aufwand gelingt Menschen mit dieser Seelenzahl der Abnabelungsprozess von der eigenen Stammfamilie. Sie sollten sich spätestens im Alter von 25 Jahren aus engen

Familienbindungen lösen und frei das eigene Leben gestalten. Es ist empfehlenswert, diesen Menschen in der Kindheit viel Freiheit zu geben und sie in jungen Jahren nicht mit familiären Problemen zu belasten.

Diese Menschen brauchen viel Zeit, Kraft und Gelassenheit für sich. Oftmals befinden sie sich auch im Konflikt mit ihrem Vater. Das Auflösen des Konfliktes und das Versöhnen mit den Ansichten des Vaters, die sich von den eigenen unterscheiden, ermöglicht der Person, ihre Identität zu erkennen und Schatten zu integrieren, die oft in der Beziehung zum Vater entstanden sind. Häufig dient der Vater für diese Menschen als Projektionsfläche für eigene Persönlichkeitsaspekte, die sie nicht annehmen können.

Seelenzahl 2

Die Familie erwartet sich von diesem Kind, dass es Werte und Traditionen des Familiensystems anerkennt und übernimmt. Sie will das Kind an sich binden, wodurch es ihr schwerfällt, es loszulassen und als eigenständigen Menschen zu sehen.

Aus dem Grund ist es für diese Menschen schwierig, sich zu entfalten, zur Kraft zu finden und ihren Weg bewusst gehen zu können. Sie fühlen sich vielfach durch das Familiensystem eingeschränkt und verurteilt, zum Teil auch blockiert. Diese Menschen sind sehr sensibel und haben Angst zu zeigen, wie sie wirklich sind. Sie neigen dazu, vieles hinauszuschieben, deshalb warten sie zunächst einmal ab, was passiert, bevor sie etwas bewusst in Angriff nehmen oder einen Konflikt ansprechen. Sie sind äußerst harmoniebedürftig. Es fällt ihnen schwer, ihren eigenen Platz im Familiensystem zu finden, vor allem wenn sie dadurch blockiert werden, dass man ihnen zu viel Verantwortung zumutet. Die Herausforderung für diese Seelenzahl ist, im Leben selbst bewusst Entscheidungen zu treffen oder Probleme zu lösen, ohne dass diese Hürde bereits im Vorfeld von außen bewältigt worden ist. Von dieser Blockade ist dieser Mensch vor allem in der Pubertät betroffen. Die Themen dieser Zahl 2 sind ähnlich denen der Seelenzahl 1.

Seelenzahl 3

Von diesem Kind wird in der Familie erwartet, dass es brav und begabt ist. Das Ausmaß der Liebe, die man ihm entgegenbringt, hängt jedoch von seinen Leistungen ab. Die Familie übt – zum Teil sehr stark – Kritik am Kind und will dieses dadurch motivieren, sich zu verbessern. Die Kritik wird als eine Art Hilfe zur Charakterentwicklung eingesetzt.

Diese Kinder ziehen sich häufig zurück und werden im Familiensystem nicht immer wahrgenommen. Um sich zu schützen, kapseln sie sich ab und verlieren den Zugang zu sich selbst und auch zu den Mitmenschen. Später könnte sich eine Form von Sturheit zeigen, weil die Kinder nicht mehr bereit sind, die Rolle der Braven zu spielen und die Erwartungen der Erwachsenen zu erfüllen. Sie rebellieren und wollen den eigenen Willen durchsetzen.

Diese Menschen sind in der Kindheit oft sehr traurig und finden eher außerhalb des Familiensystems FreundInnen und eine Möglichkeit, sich selbst auszudrücken. Sie sollten

Möglichkeiten der Selbstentfaltung außerhalb des Familiensystems suchen, auch der Schritt, aus dem Elternhaus auszuziehen, könnte den Einklang mit der Familie mit sich bringen.

Menschen, aus deren Geburtsnamen sich die Seelenzahl 3 ergibt, brauchen ständig Veränderung. Durch ihre Leichtigkeit und Gelassenheit sind sie auch in der Lage, frei zu werden für das Neue. Sobald sie das Gefühl verspüren, über sich selbst bestimmen zu können, belastet sie das Alte nicht mehr so stark.

Seelenzahl 4

Gehorsamkeit und Ordnungssinn erwartet die Familie von einem Kind mit der Seelenzahl 4. Man verlangt, dass es vorgegebene Regeln respektiert. Wenn zwischen den Eltern unausgesprochene Beziehungsprobleme vorhanden sind, zeigt das Kind diese versteckten Spannungen durch sein Verhalten auf, indem es oft chaotisch und zerstreut ist sowie sich widerwillig verhält. Sind die Familienverhältnisse sehr angespannt und ist die Situation allgemein belastet, dann ist es recht wahrscheinlich, dass der junge Mensch die bedrückende Atmosphäre wahrnimmt und sich für die Verbesserung dieser Umstände verantwortlich fühlt. In diesem Fall verhält er sich nun einwandfrei und nimmt vermehrt Rücksicht auf die Eltern oder auf die Geschwister.

Die Seelenzahl 4 reagiert in ihrem Familiensystem entweder mit totaler Anpassung und übernimmt die Rolle eines Erwachsenen oder sie verhält sich sehr unfähig und tollpatschig. Diese zwei Extreme sind die Antwort des jungen Menschen auf ein Familiensystem, das seine Persönlichkeit nicht akzeptieren kann.

Seelenzahl 5

Diese Familie wünscht sich ein Kind, das künstlerisch begabt ist und ihre Träume verwirklicht. In dem System regiert eine allgemeine Starrheit. Kaum jemand in dieser Familie lebt die eigene Vision und fühlt die individuellen Bedürfnisse. Die Eltern projizieren die eigenen Träume auf das Kind. In der Praxis könnte das folgendermaßen aussehen: War es dem Vater, aus welchem Grund auch immer, nicht möglich, Medizin zu studieren, obwohl er dies gerne getan hätte, wird er nun bei seinem Kind alles daran setzen, dessen Interesse in diese Richtung zu lenken. So wird er vermutlich schon dem Kleinkind einen Spielzeug-Arztkoffer oder vielleicht das Spiel „Der kleine Chirurg" kaufen.

In frühen Jahren erleben diese Kinder einen Mangel an Freiheit, weil sie nie gefragt werden, was sie wollen oder brauchen und wer sie sind. Stattdessen werden ihre eigenen Gefühle und Bedürfnisse von der Familie festgelegt. Sogar ihre Identität wird ihnen vorgegeben. Später kommt eine Zeit, in der sich diese Menschen von der Familie abgrenzen. Wenn der Konflikt nicht schon relativ früh gelöst wird, z. B. zwischen dem 18. und dem 25. Lebensjahr, könnte es sein, dass sich der Erwachsene komplett von der Familie abwendet. Interessant ist, dass diese Kinder häufig neue Impulse in die Familie bringen. Oft wird von ihnen viel Selbstständigkeit verlangt. Es könnte sein, dass ein Elternteil nicht vorhanden ist oder dass die Eltern sehr mit sich selbst oder beruflich beschäftigt sind.

Es gibt zwei Wege, die ein Mensch mit der Seelenzahl 5 in seinem Geburtsnamen einschlagen kann: Entweder ist er so stark in sich verwurzelt, dass er sich durchsetzt und schafft, das zu sein, was er ist, oder er passt sich an und findet erst spät beziehungsweise in einem zweiten Berufsweg den Mut, die eigenen Visionen umzusetzen.

Seelenzahl 6

Die Familie erwartet sich ein Kind, das weise und mitfühlend ist. Das kann dazu führen, dass die Eltern und andere Familienmitglieder sich mit diesem Kind oftmals auch über eigene Probleme unterhalten. Es spürt die Belastungen, die auf der Familie liegen, und kann selten in seinem Verhalten einfach Kind sein. Aufgrund seines großen Mitgefühls mit den Eltern will es diese nicht belasten. Ein anschauliches Beispiel aus der Praxisberatung: Ein Kind ersehnt sich zu Weihnachten ein Raumschiff, weiß aber, dass die Eltern Geldprobleme haben. Daher wünscht es sich stattdessen nur ein kleines, weniger teures Spielzeug.

Im Familiensystem braucht die Person mit der Seelenzahl 6 viel Mut und Kraft, um den eigenen Weg zu gehen. Oft fühlt sie sich auch später noch verantwortlich und wird von Schuldgefühlen geplagt, wenn sie für die Familie nicht präsent ist. Der Trennungsprozess fällt der Person leichter, wenn sie die Lebenszahl 1, 3, 5, 7 oder 8 hat.

Seelenzahl 7

Es kann sein, dass eine Person mit dieser Seelenzahl kein Wunschkind ist. Sie wird teilweise als Belastung für die Familie empfunden und man verlangt schon sehr früh von ihr, dass sie ihren Beitrag zum Familiensystem leistet. Diese Konstellation manifestiert sich zumeist auf eine sehr subtile Art und Weise. Der Mensch, der mit dieser Seelenzahl auf die Welt kommt, setzt sich viel mit dem Thema Ablehnung auseinander. Wenn er sich des Öfteren von anderen Personen abgelehnt fühlt, ist es ratsam, therapeutisch an diesem Thema zu arbeiten, zum Beispiel durch eine Rückführung in die embryonale oder pränatale Phase oder durch Aufarbeitung der Geburtssituation. Diese Menschen sind häufig eng mit den Eltern verbunden, manchmal auch aufgrund karmischer Verstrickungen. Sie sollten sich die Beziehung zu den Eltern in ihrer Dynamik in einer Familienaufstellung bewusst machen.

Seelenzahl 8

Der Familienhintergrund einer Person mit der Seelenzahl 8 enthält einige unausgesprochene Konflikte und Belastungen, die sich aus der Geschichte der Vorfahren herleiten lassen. Die Beziehung zwischen den Eltern ist durch eine kaum vorhandene Kommunikation sowie durch materielle Sorgen belastet. Beide Elternteile sind von ihren eigenen Familiensystemen geprägt und können sich auf der Gefühlsebene nicht wirklich öffnen. Oft bekommt das Kind zu wenig Berührung und allgemein meist nur spärlich Aufmerksamkeit. Schon in der Pubertät neigt der junge Mensch mit dieser Seelenzahl dazu, frühzeitig von der Familie fortgehen zu wollen, etwa um eine Schule mit Internat zu besuchen. Dieser Mensch empfindet die Blockade in der Familie als die eigene und ist immer auf der Suche nach innerfamiliären Lösungen. Nach einigen Jahren und mehreren Enttäuschungen hört diese Person jedoch auf, der Familie helfen und die Familienmitglieder verändern zu wollen. Von diesem Zeitpunkt an beginnt sie, auf sich selbst zu achten und ihr Leben erfolgreich zu gestalten. Systemisch an der Kindheit und den Familienverhältnissen zu arbeiten beschleunigt die persönliche Entfaltung dieser Seelenzahl.

Seelenzahl 9

In diesem Fall ist das Familiensystem durch einen liebevollen Umgang der Mitglieder miteinander gekennzeichnet. Es ist viel Berührung und Liebe vorhanden, jedoch wird dies des Öfteren nicht gelebt, da andere Probleme, wie etwa finanzielle, die Familie belasten. Die Eltern gehen zwar auf das Kind ein, sind aber häufig in einem Zwiespalt. Einerseits nehmen sie das Kind in seiner Persönlichkeit wahr, möchten aber andererseits auch, dass das Kind ihre eigenen Wünsche verwirklicht. Oft hat ein Elternteil bei der Verwirklichung seiner persönlichen Bedürfnisse viel Frustration erfahren. Die Eltern hoffen, dass das Kind an ihrer statt das verwirklichen kann, was ihnen nicht gelungen ist. In diesem Familiensystem fühlt sich das Kind eingeschränkt. Der junge Mensch braucht viel Bewegung und Austausch mit Menschen außerhalb des

Familiensystems. Er besucht gerne FreundInnen oder weitläufige Verwandte. Das Grundthema ist, dass beide Elternteile in mancher Hinsicht mit dem Leben überfordert und auch nicht in der Lage sind, die Ursache der eigenen Schmerzen zu klären und in die Kraft zu kommen. Das vorhandene Potenzial können die Eltern nicht wirklich leben. Allgemeines Familienthema ist ein unklares Gefühl der Lähmung. Die Menschen würden sich gerne weiterentwickeln, aber sie wissen nicht wie. Das Kind verinnerlicht in den meisten Fällen dieses Muster und beginnt erst später, oft nach einer intensiven Auseinandersetzung mit sich selbst, seinen Weg zu gehen und seine Vision zu leben.

ERKLÄRUNG DER EINZELNEN SEELENZAHLEN, BERECHNET AUS DEM WOHLFÜHLNAMEN

Seelenzahl 1

Streben nach innerer und äußerer Freiheit und Unabhängigkeit

Seelenvision

Die 1 Zahl

Diese Menschen möchten Unabhängigkeit, Freiheit und Kraft selbst erleben, aber auch andere Menschen spüren lassen. Die Seelenzahl 1 will Mitmenschen helfen und sie unterstützen, aber ebenso selbst wahrgenommen und respektiert werden. Sie hat das Gefühl, eine wichtige Vision für die Menschheit realisieren zu müssen. Schon in früher Kindheit tendieren diese Menschen zur Selbstständigkeit und können gut organisieren. Vorbilder haben sie keine. Oftmals finden sie sich in einer Pionierrolle wieder und haben das Gefühl, allein durchs Leben gehen zu müssen, da sie nicht leicht Gleichgesinnte finden. Auch ihren Platz im Leben zu finden, gelingt ihnen nicht mühelos. Es fällt ihnen schwer, wahrgenommen und anerkannt zu werden. Zu ihren Eigenschaften zählen außerdem eine starke Intuition und Ehrgeiz. Für sie ist es wichtig, ihre eigene Vision zu verwirklichen. Hohe kreative Energie und Flexibilität zeichnen diese Seele aus, die daher neue Wege beschreiten will. Der Beruf, den sie auswählt, weicht oft von dem der Eltern oder der Familienmitglieder ab. Diese Menschen fühlen sich vielfach im Ausland zu Hause und sind bereit, eine Zeitlang aus der Heimat wegzugehen.

Denkmuster & Verhaltensstrategie

- *Die Angst, nicht positiv wahrgenommen zu werden und keine Anerkennung zu bekommen, schränkt die sensiblen Menschen in ihrer Kraft ein. Durch dieses Muster wirken sie sehr blockiert in ihrem Sein. Obwohl sie von Natur aus eine starke Persönlichkeit besitzen, fehlt ihnen der Mut, ihre eigene Kraft einzusetzen. Sie befürchten, die Liebe und Nähe eines geliebten Menschen zu verlieren, wenn sie sich durchzusetzen versuchen.*
- *Ein weiteres hier auftretendes Muster ist, dass die Person meint, alles allein schaffen zu müssen. Sie hat auch ein starkes Bedürfnis danach. Ihr Stolz ist in dem Augenblick verletzt, in dem sie andere Menschen um Hilfe fragen muss. Unterstützung zu erbitten ist für sie eine sehr schwierige Herausforderung. Dies bekommt sie dann in den Griff, wenn sie lernt, auf sich selbst zu hören. Für die Seelenzahl 1 heißt die Lernaufgabe: „Auch unterstützt zu werden bedeutet geliebt zu werden."*
- *Folgende Verhaltensstrategie wird stark verdrängt und ist daher den Personen verständlicherweise nicht bewusst: Menschen mit der Seelenzahl 1 fühlen sich angegriffen, wenn sie darauf aufmerksam gemacht werden, wie dominant sie sind. Manchmal setzen sie sich auch auf eine passive Art und Weise durch. Und ausgerechnet diese Seite ihrer Persönlichkeit, die andere Menschen ihnen oft zum Vorwurf machen, können sie selbst nicht wahrnehmen. Wenn sich also dieses Verhalten zeigt, fühlen sich die Menschen stark überfordert, weil sie eben diesen Bereich nicht spüren können. Sich mit ihrer Identität und mit ihren tiefsten Bedürfnissen auseinanderzusetzen,*

hilft ihnen, eine ehrliche Basis in zwischenmenschlichen Beziehungen zu finden.

Lernaufgabe

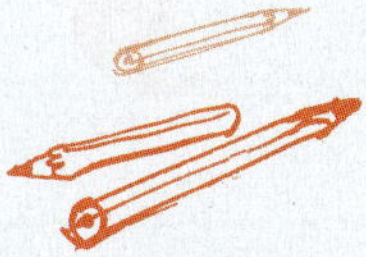

Die Lernaufgabe des Menschen mit der Seelenzahl 1 besteht darin, seine eigene Vision zu verwirklichen, auch wenn das Umfeld ihn nicht unterstützt und versteht. Wichtig ist, an die eigene Kraft zu glauben und sich treu zu sein. Diese Persönlichkeit sollte versuchen, voll Vertrauen zu bleiben, und nicht in das Verhaltensmuster fallen, das Leben als Kampf zu sehen.

Fragen zur Selbstreflexion

- *Habe ich ein starkes Anerkennungsbedürfnis?*
- *Kann ich offen sagen, was ich will und brauche?*
- *Welche Ängste beeinflussen mich?*
- *Möchte ich die Kontrolle über mein Leben haben?*
- *Möchte ich unbewusst meine/n PartnerIn und mir nahestehende Menschen kontrollieren?*
- *Will ich im Mittelpunkt stehen?*

Harmonierende Seelenzahlen: 2, 6, 7 und 9.

Übungen

Folgende Übungen helfen diesen Menschen, sich besser zu spüren und ihre Bedürfnisse wahrzunehmen, sodass sie sich durchsetzen können und ihre Angst, nicht wahrgenommen und geliebt zu werden, in den Griff bekommen.

Das Gute, das Strahlende in sich wahrnehmen | Nach dem Aufwachen, bevor Sie aus dem Bett steigen, nehmen Sie sich kurz Zeit und legen Ihre Hände auf den Bauch. Nehmen Sie drei tiefe Atemzüge. Stellen Sie sich vor, dass Sie sich an einem schönen Ort befinden: auf einem Strand, auf einer Wiese, in den Bergen oder an einem Ort, der Ihnen vertraut ist. Dort spüren Sie sich, wie Sie strahlen, wie Sie stark sind, wie Sie entspannt sind. Visualisieren Sie, wie aus Ihrem Herzen eine leuchtende Sonne strahlt und sich langsam ausdehnt.
Diese Sonne ist kraftvoll, stark, gelassen und wächst langsam rund um Ihren Körper. Sie sind frei. Spüren Sie, wie aus Ihrem Körper Licht nach außen strahlt und wie Sie frei und gelassen sein können. Spüren Sie anschließend, dass Sie sich im Bett befinden. Nehmen Sie bewusst Kontakt zu Ihrem Körper auf und sagen Sie innerlich: „Heute bringe ich mein inneres Licht zum Strahlen."

Sich selbst spüren | Nehmen Sie sich zwei- bis dreimal am Tag Zeit. Atmen Sie tief und gelassen und machen Sie folgende Übung: Setzen Sie sich bewusst hin und nehmen Sie wahr, was rund um Sie ist. Schließen Sie die Augen und lassen Sie die Gedanken – bewusst – vorbeiziehen. Stellen Sie sich die Fragen: „Was lässt mich strahlen? Was bereitet mir Freude?" Lassen Sie sich von Ihrer inneren Stimme führen.

Lassen Sie die Fragen auf sich wirken und nehmen Sie die Antwort ohne Urteil an.

FREUDE IM HERZEN SPÜREN | Legen Sie sich ein paar Stunden vor dem Einschlafen auf den Boden und entspannen Sie sich. Denken Sie an Ihre Kindheit. Lassen Sie ein Bild aus Ihrer Kindheit in sich aufsteigen und visualisieren Sie sich selbst als Kind. Halten Sie das Kind an der Hand. Spüren Sie dieses Kind und fragen Sie es: „Was brauchst du, damit es dir gut geht?" Spüren Sie, was das Kind braucht, um sich wohlzufühlen und sich zu entspannen, spüren Sie, was das Kind in der Vergangenheit gebraucht hätte, um fröhlich zu sein. Es ist nie zu spät, eine glückliche Kindheit zu haben. Lassen Sie sich dies bewusst durch den Kopf gehen. Beschließen Sie, einen besonderen Wunsch Ihres Inneren Kindes zu verwirklichen. Spüren Sie dann Ihr Herz und denken Sie an einen Moment der Freude, den Sie erlebt haben. Versuchen Sie, in die Erinnerung einzutauchen und diesen Augenblick des Glücks zu spüren.

Seelenzahl 2

Sehnsucht nach Liebe und Zuwendung

Seelenvision

Diese Seele möchte Liebe, Empathie und Zugehörigkeit in ihren zwischenmenschlichen Beziehungen erfahren. Sie ist geprägt durch Geborgenheit, Verbundenheit und Herzensverbindungen. Diese Aspekte des Lebens zählen für sie am allermeisten. Oft fällt es diesem Menschen schwer, nach außen hin zu seiner sensiblen und sanften Natur zu stehen. Er fühlt sich nicht wohl, wenn seine zwischenmenschlichen Beziehungen nicht harmonisch und geklärt sind. Diese Menschen brauchen Nestwärme und rund um sich ein klares Umfeld mit positiv eingestellten Bezugspersonen und einem stabilen Privatleben. Eine dauerhafte und ausgeglichene Partnerschaft gehört zu ihrem Seelenplan. Taktvoll, sensibel und höflich, ziehen sie es vor, im Hintergrund zu agieren. Manchmal sind sie zu zögerlich und unentschlossen, welcher ihrer Fähigkeiten sie sich zuwenden sollen. Sie sind künstlerisch interessiert, besitzen aber auch selbst diesbezügliche Talente, deren Umsetzung eine wertvolle Selbsterfahrung darstellt. Es gelingt ihnen nur schwer, zu einem eigenen Standpunkt zu finden, deshalb sollten sie es bewusst wagen, die eigene Meinung auch nach außen hin zu vertreten, ohne Furcht, sich unbeliebt zu machen. Familie zu haben und Kinder zu erziehen oder auch als FamilientherapeutIn bzw. ErzieherIn zu arbeiten sind Tätigkeiten, zu denen sich diese Person hingezogen fühlt und die sie zutiefst erfüllen und motivieren.

Denkmuster & Verhaltensstrategie

- *Die Person zeigt ein starkes Bedürfnis nach Ruhe und Harmonie, ist sehr sensibel und nimmt oft Rücksicht auf andere. Deswegen fällt es ihr schwer, sich bewusst abzugrenzen. Sie achtet mehr auf die Mitmenschen als auf sich selbst. Innerhalb dieses Musters zeigen sich eine sehr ausgeprägte Abgrenzungsschwäche und die Angst, zu sich selbst zu stehen. Sie befürchtet, durch ein zu entschlossenes und sicheres Auftreten die Liebe, Zuwendung und Anerkennung der geliebten Mitmenschen zu verlieren. Unentschlossenheit und Zweifel sind vielfach Begleiter dieser Menschen, wenn sie Entscheidungen treffen müssen und ihre natürlichen diplomatischen Fähigkeiten nicht ausreichen, um die Harmonie im Umfeld zu bewahren. Es ist empfehlenswert, sich in diesem Fall für eine Entscheidung Zeit zu lassen. Zuerst sollte man Klarheit bei sich selbst fühlen, bevor man mit anderen Menschen über Projekte oder Entscheidungen spricht. Zu viele unterschiedliche Meinungen von außen können eher verwirren statt helfen und entfernen die Person auch von der eigenen Wahrnehmung.*
- *Angst tritt bei diesen Menschen in unterschiedlichen Arten auf: als Furcht vor Liebesentzug und Zurückweisung, als Angst, nicht gut genug zu sein, sowie in Form von allgemeinen Existenzängsten. In vielen Fällen waren Ängste und finanzielle Schwierigkeiten ein Thema in der Ursprungsfamilie. In dieser früheren Prägung haben die aktuellen, teilweise unbegründeten Ängste ihre Wurzeln.*

Lernaufgabe

Die eigenen Bedürfnisse wahrzunehmen und zu äußern ist als grundlegende Lebenslektion dieser Seelenzahl zu sehen. Sie soll lernen, sich nicht nur auf andere Menschen zu konzentrieren, sondern sich auch selbst zu lieben und anzunehmen. Das innere Bedürfnis, Harmonie, Schönheit und Klarheit auch im Außen zu leben, und das Bemühen, ein schönes Zuhause für sich und die Familie zu schaffen, haben Priorität für sie. Wenn diese Menschen mit der eigenen tiefen Sensibilität umzugehen lernen und die zum Teil instabile Emotionalität annehmen, sind das für sie grundlegende Entwicklungsschritte. Von Bedeutung ist weiters, dass sie lernen, die Emotionen zu durchleben und deren konstruktive Kraft für sich zu nutzen.

Fragen zur Selbstreflexion

- *Kann ich mich abgrenzen?*
- *Habe ich Angst, dass mich jemand zurückweist, wenn ich Nein sage oder anderer Meinung bin?*
- *Nehme ich es oft persönlich, wenn jemand wenig rücksichtsvoll auf mich reagiert?*
- *Frage ich mich sofort, welchen Fehler ich gemacht habe, wenn es zu einem Konflikt kommt?*
- *Welche Strategien wende ich an, um Harmonie in meinem Umfeld zu schaffen?*
- *Wie kritisiere ich mich selbst?*

Harmonierende Seelenzahlen: 6, 9, 7 und 5.

Übungen

Selbstliebe und urteilslose Akzeptanz | Selbstliebe erfordert die Bereitschaft, sich mit sich selbst auseinandersetzen, um die eigenen Schatten zu erkennen, zu transformieren und zu integrieren. Auf diesem Weg begegnen wir immer wieder dem Glaubenssatz „Ich verdiene es nicht, dass es mir gut geht" und/oder anderen selbstzerstörerischen Glaubenssätzen. Unser Nervensystem erzeugt Gefühle über Botenstoffe. Jede Gefühlsschattierung wird durch ein komplexes Muster dieser unterschiedlichen Neurotransmitter an verschiedenen Nervenendigungen erzeugt. Wenn sich bestimmte angenehme oder unangenehme Empfindungen öfter wiederholen, gewöhnen wir uns an das Muster der Botenstoffe und wollen die von ihnen erzeugten Gefühle immer und immer wieder erleben. Zwar klingt es paradox, aber wir werden süchtig nach angenehmen wie auch nach unangenehmen Gefühlsmustern, besonders wenn wir diese in Anwesenheit geliebter Menschen, zum Beispiel der Eltern, erlebt haben und sie somit mit jenen Personen in Verbindung bringen. Es ist dann nicht einfach, diese Gewohnheiten abzulegen und neue Gefühle zuzulassen, weil sich das Innerste nach dem Vertrauten, Bekannten und daher Sicheren zurücksehnt. Etwas in uns verknüpft Geborgenheit mit den bekannten Empfindungen und wehrt sich gegen eine Veränderung, selbst wenn diese logischer, effektiver, angenehmer und befreiender ist als die bereits bekannte Lösung.

Um ein neues Gefühl, beispielsweise das der Selbstliebe und Selbstakzeptanz, zu verankern, muss das Unterbewusste überzeugt davon sein, dass diese neue Empfindung sicher und nicht gefährlich ist.

Alte Gefühle loslassen – neue Gefühle zulassen | Suchen Sie ein Foto von sich als Kind, auf dem Sie allein, und eines, auf dem Sie als Kind mit Ihren Eltern, Großeltern, Tanten, Onkeln und eventuell ihren Geschwistern abgebildet sind. Legen Sie beide Fotos nebeneinander. Blicken Sie eine Zeitlang zwischen beiden hin und her und lassen Sie Gefühle in sich aufsteigen. Schauen Sie jetzt ganz genau auf Ihre auf dem Foto abgebildeten Augen und sprechen Sie innerlich die Frage aus: „Liebe/r ... (sagen Sie hier Ihren Namen), wie geht es dir? Was empfindest du?" Empfangen Sie die Antwort in Form eines Gefühls, eines Bildes, einer Erinnerung, eines Wortes oder irgendeiner anderen Wahrnehmung. Wandern Sie mit Ihrem Bewusstsein zu diesem Kind zurück, das Sie damals waren, und nehmen Sie wahr, was Sie damals gebraucht hätten, um sich glücklicher zu fühlen, als Sie es waren. Stellen Sie sich vor, Sie hätten alles bekommen, was Sie für Ihre Selbstliebe und Selbstakzeptanz brauchten. Klopfen Sie leicht und angenehm mit den Fingern auf die Mitte Ihres Brustbeins und versuchen Sie die Gefühle von Selbstliebe und Selbstakzeptanz als kleines Kind zu empfinden. Merken Sie sich diese angenehmen Gefühle in all ihren Schattierungen. Merken Sie sich die Farben, die Sie dabei sehen, die Temperatur, die Sie dabei empfinden, die Geräusche, die Sie hören, das Gefühl, das Sie auf der Haut spüren, und so weiter. Finden Sie den Teil Ihres Körpers, der diese Gefühle am intensivsten wahrnimmt, und legen Sie die Hand darauf. Blicken Sie, während Sie noch immer die angenehmen Gefühle wahrnehmen, Ihren Körper berühren und mit der anderen Hand leicht auf das Brustbein klopfen, auf Ihr Foto. Bleiben Sie eine Minute dabei. Wechseln Sie dann zu dem Foto von sich und Ihrer Familie. Verankern Sie das neue Gefühl auch auf diesem Bild etwa eine Minute lang. Blicken Sie zum Schluss auf beide Fotos, lassen Sie sie innerlich ineinanderfließen und umarmen Sie sich.

Lassen Sie die Fotos auf Ihrem Schreibtisch und erinnern Sie sich mindestens zweimal am Tag in allen Details an das neue, angenehme Gefühl, während Sie den zum Gefühl gehörigen Teil Ihres Körpers berühren, leicht auf das Brustbein klopfen und sich schließlich umarmen. Es ist möglich, dass sich das Gefühl dabei weiter verändert und immer freier und angenehmer wird. Bleiben Sie mindestens eine Woche lang bei der Übung oder so lange, bis das neue Gefühl gleich hell und angenehm bleibt und „sitzt".

Seelenzahl 3

Sehnsucht nach Freude und schöpferischem Drang

Seelenvision

Die Person hat den Seelenauftrag, ihre natürliche Leichtigkeit sowie Fröhlichkeit zu leben und Seelenfreude zu empfinden. Diese Menschen sollten den Mut finden, ihren positiven Charakter erkennen zu lassen und Vertrauen ins Leben zu haben. Ihre größten Herausforderungen sind, sich dem Leben anzuvertrauen, im Fluss mit diesem zu bleiben und sich auch auf dieses einzulassen. Sie leben ihre negativen, belastenden Gefühle und Emotionen oft nicht und verstecken sie hinter einer Maske des Humors und der Leichtigkeit. Für sie ist es wichtig, das Leben mit all seinen Facetten anzunehmen, ohne sich einzureden, dass alles in Ordnung sei, obwohl dem nicht so ist. Irgendwann im Laufe des Lebens taucht der verdrängte seelische Schmerz auf, um aufgearbeitet zu werden. In dem Fall empfinden Menschen mit dieser Seelenzahl eine tiefe Leere und Sinnlosigkeit. Wenn es so weit kommt, ist es empfehlenswert, den Seelenzustand zu akzeptieren und eventuell therapeutische Hilfe in Anspruch zu nehmen. Wenn sie ihre sprachlichen oder künstlerischen Fähigkeiten einsetzen können, zum Beispiel beim Schreiben oder Schauspielen, so haben sie ihre Profession gefunden. Aber auch in anderen Berufen sind sie durchaus zu Hause, wenn man ihnen genug Freiheit lässt, ihre Inspiration und Fantasie zu entfalten.

Die 3 Zahl

Denkmuster & Verhaltensstrategie

- *In diesen Menschen verbirgt sich ein unruhiger und suchender Geist. Sie sehnen sich nach Abwechslung und beginnen immer wieder Neues, ohne es je zu beenden. Aufgrund dieser Haltung, die sich oft schon in der Kindheit zeigt, steht die Person häufig unter Zeitdruck. Aus diesem Zustand heraus hat sie das Gefühl, sich zu verzetteln und sich nicht konzentrieren zu können. Lösen lässt sich die innere Zerrissenheit durch eine bewusste Wahrnehmung des eigenen Körpers sowie eine tiefe Bauchatmung, um im Augenblick verwurzelt zu sein und das Hier und Jetzt in vollen Zügen genießen und leben zu können.*
- *Die Seelenzahl 3 besitzt ein intensives Einfühlungsvermögen. Aus diesem Grund empfindet sie das Bedürfnis, sich anzupassen, um Anerkennung zu bekommen und auch wahrgenommen zu werden. Der Anspruch auf Bewunderung steht oftmals ihrer Authentizität im Weg. Aus dem Grund ist es empfehlenswert, sich Zeit für sich selbst zu nehmen und bewusst auf die eigene innere Stimme zu hören. Eine hilfreiche Übung ist es, regelmäßig eine Art Tagebuch über die eigenen Bedürfnisse und intuitiven Gedanken zu führen.*
- *Ein großes Thema für diese Seelenzahl ist die Angst, sich fest zu binden. Aufgrund ihrer Sensibilität und ihres Enthusiasmus für das Leben empfindet sie jede Form von Bindung als Hindernis für neue Herausforderungen und Impulse im Leben. Wenn eine Freundschaft oder eine Beziehung zu eng, zu langweilig oder zu monoton wird, ist es für die Person sehr schwierig, in der Bindung zu verbleiben und sich zu öffnen. Sie braucht ein vielfältiges soziales Netz und Kontakte zu*

unterschiedlichen Menschen. Im Rahmen einer Beziehung ist es für diese Menschen sinnvoll, sich Zeit für die PartnerInnen zu nehmen, ihnen die eigene Gefühlswelt mitzuteilen und gemeinsame Unternehmungen durchzuführen.

Lernaufgabe

Ihre natürliche Fröhlichkeit zuzulassen und zu leben ist die schwierigste Aufgabe für Menschen mit der Seelenzahl 3. Sie sollten aber nicht nur diesen Frohsinn im Außen leben, sondern ebenso die häufig auftretende Schwermut, die sie zu verstecken suchen, für sich annehmen. Das Akzeptieren auch von belastenden Gefühlen ist notwendig, um innere Freiheit zu erlangen sowie Offenheit und Fröhlichkeit zuzulassen. Ziele dieser Seelenzahl sind somit, ihre Offenheit in zwischenmenschlichen Beziehungen sowie ihre Freimütigkeit, ihre Liebesfähigkeit und ihr Bedürfnis nach Berührung zu leben.

Fragen zur Selbstreflexion

- *Habe ich das Gefühl, dass es für mich problematisch ist, zu organisieren und zu planen?*
- *Wie wichtig ist Abgrenzung für mich?*
- *Was bin ich bereit zu tun, um Anerkennung zu bekommen?*
- *Fühle ich mich in Beziehungen wahrgenommen oder habe ich eher das Gefühl, dass ich nicht so gesehen werde, wie ich bin?*

- *Kann ich meine Empathie leben und andere Menschen wahrnehmen?*
- *Kann ich mit Langeweile und Stress umgehen oder bin ich in solchen Fällen auf der Flucht?*

Harmonierende Seelenzahlen: Sie harmonieren mit allen Seelenzahlen außer mit 4 und 8.

Übung

Diese Übung hilft der Seelenzahl 3, sich selbst besser anzunehmen und auf sich zu hören.

INNERER BEOBACHTER | Nehmen Sie sich zwanzig Minuten Zeit, suchen Sie sich einen ruhigen Platz und eine bequeme Position im Sitzen.

Atmen Sie zehnmal tief in den Bauchraum und zehnmal tief in den Brustraum und beobachten Sie ruhig Ihre Atmung, ohne sie zu kontrollieren. Bleiben Sie entspannt, aber wach und spüren Sie immer mehr den natürlichen Rhythmus Ihrer Atmung. Beobachten Sie, wie der Atem in Ihren Körper hineinfließt und wie Sie ausatmen. Spüren Sie durch die Atmung die Verbindung mit der Lebenskraft. Spüren Sie sich als perfekte/r BeobachterIn. Sie spüren weite innere Räume, die mit Frieden erfüllt sind. Alle Meinungen, Urteile, Muster gelten nicht mehr. Lassen Sie Ihre Gedanken vorbeiziehen, spüren Sie die Gefühle im Körper und wie sich langsam Entspannung breitmacht. Bedanken Sie sich bei jedem Teil des Körpers, lassen Sie Ihre Gedanken – ohne Urteile – vorbeiziehen. Beobachten Sie nur und lassen Sie alles geschehen, wie es ist. Spüren Sie und bleiben Sie in Ihrer Mitte. Atmen Sie tief. Gefühle und Wahrnehmungen tauchen auf. Nehmen Sie diese an und bleiben Sie in der Beobachtung. Nehmen Sie sich die Zeit, die Aufregungen des Alltags loszulassen. Lassen Sie die Gedanken im Kreise an sich vorbeiziehen, ohne sich mit den Emotionen, die damit verbunden sind, zu identifizieren. Geben Sie sich die Zeit, sich zu entspannen. Beobachten Sie die Atmung, nehmen Sie den gesamten Körper wahr, atmen Sie dreimal tief in den Bauch und öffnen Sie langsam die Augen wieder.

Wenn Sie diese Übung zweimal in der Woche in der Früh, unmittelbar nach dem Aufwachen, machen, werden Sie die Fähigkeiten Ihres inneren Beobachters steigern. Sie werden den Tag gelassener bewältigen und Ihre intuitiven Wahrnehmungen wachsamer und klarer spüren.

Seelenzahl 4

Die Kraft der Gerechtigkeit und eines klaren Geistes

Seelenvision

Das praktische Denken durchdringt das gesamte Wesen der Seelenzahl 4. Loyalität und Ehrlichkeit sind weitere charakteristische Eigenschaften. Für andere bieten diese Menschen Sicherheit aufgrund ihrer Zuverlässigkeit in Wort und Tat. Sie erfüllen sich ihre Träume durch planmäßige und praktische Arbeit. Jedoch sollten sie bereit sein, Veränderungen anzunehmen und Neues zu akzeptieren, auch wenn das Alte noch nicht abgeschlossen ist. Denn dies entspricht oft ihrem Ordnungssinn eigentlich überhaupt nicht.

Regelmäßigkeit, Struktur und Klarheit im Leben zu erfahren sind Ziele dieser Zahl. Die Seele kommt mit dem Auftrag auf die Welt, Loyalität, Ehrlichkeit und Fleiß zu leben. Diese Menschen sind mit den Traditionen verbunden und brauchen eine solide Basis im Leben, um sich selbst spüren und wohlfühlen zu können. Sie sind sehr diszipliniert und wirken in ihren Gefühlen kontrolliert. Obwohl sie ein tiefes Bedürfnis verspüren, zu lieben und geliebt zu werden, verstecken sie dies hinter einer Fassade des Selbstbewusstseins und der Selbstsicherheit. Sie fühlen sich durch ihre Sensibilität überfordert und versuchen mithilfe ihres Intellekts alles unter Kontrolle zu halten. Sie sollten die Stimme des Herzens mit der Logik des Intellekts verbinden und flexibel sein, vor allem den Schwächen der Mitmenschen gegenüber, denn nicht alle besitzen ihre Disziplin und ihren Anstand.

Denkmuster & Verhaltensstrategie

- *Priorität haben für diese Lebenszahl materieller Erfolg und die Verwirklichung der persönlichen Ziele. Eine gewisse Starrheit in ihren Lebensgewohnheiten und -einstellungen und ein unflexibler Fokus auf die Umsetzung der eigenen Pläne hindern sie daran, tiefe und ausgeglichene zwischenmenschliche Beziehungen zu führen.*
- *Menschen mit dieser Seelenzahl sind häufig mit dem Thema Ordnung und Struktur konfrontiert. Sie sind korrekt, verlässlich und gerecht. Eine Herausforderung besteht für sie darin, zu lernen, anderen Menschen gegenüber tolerant zu sein, sie wertzuschätzen und wertfrei auf jeden einzugehen, auch wenn jene ihre Prinzipien nicht teilen und ihren Erwartungen nicht entsprechen.*
- *Die Angst vor Veränderung und Verlust bewirkt bei diesen Menschen, dass sie oft auf den/die PartnerIn, den Beruf, die FreundInnen und ihr Zuhause in irgendeiner Form fixiert sind. Sie manifestieren oftmals ein starkes Bedürfnis nach Kontrolle, das sich ungemein subtil äußert. Aufgrund dessen ist es für sie nicht möglich, entspannt und gelassen im Fluss mit dem Leben zu sein. Wenn dieses Glaubensmuster sehr ausgeprägt ist, dann denken sie ständig an jede nur mögliche Schwierigkeit, die auftreten könnte, und überlegen sich Notlösungen, um die Probleme bewältigen zu können. Lernen zu vertrauen sowie die Erkenntnis, dass wir im Leben nicht alles bestimmen können, führt diesen Menschen in die Kraft.*
- *Ein großes Thema sind auch Existenzängste. Die Angst, zu wenig zu haben, um überleben zu können, und der Glaubenssatz, dass das Leben schwer ist und man sich anstrengen und*

fleißig sein muss, prägen im Hintergrund diese Seelenzahl. Aus diesem Grund hat sie oft das Gefühl, gegen das Leben zu kämpfen und viel leisten zu müssen, um ihren Lebensunterhalt und ihr Selbstwertgefühl zu verdienen.

Lernaufgabe

Mit Gelassenheit das breite Spektrum der Gefühle anzunehmen und diese im Außen offen zu zeigen sind wesentliche Aspekte der Lernaufgabe dieser Seelenzahl. Veränderungen wirken in jedem Bereich unserer Existenz und sind ein natürliches Gesetz unseres Lebens, dies zu akzeptieren ist eine große Herausforderung für die Seelenzahl 4.

Fragen zur Selbstreflexion

- *Welche Rolle spielt die Arbeit in meinem Leben?*
- *Was mache ich in meiner Freizeit?*
- *Wie gehe ich mit Veränderungen um?*
- *Wie reagiere ich, wenn etwas anders läuft, als ich es erwartet habe?*
- *Kann ich meine Gefühle wahrnehmen und mitteilen?*
- *Was würde ich gerne in meinem Leben verändern?*
- *Wie fühle ich mich, wenn ich an die Vergänglichkeit des Lebens denke?*
- *Wie fühle ich mich, wenn ich denke, dass das einzig Beständige der Wandel ist?*

Harmonierende Seelenzahlen: 2, 6, 8 und 9.

Übungen

Das Bewusstsein auf den Körper lenken | Uns soll bewusst werden, dass wir beständig Energie in unsere Umgebung ausstrahlen und zugleich die Fähigkeit haben, positive Veränderungen in unserem Umfeld auszulösen.

Suchen Sie nach einer angenehmen Position, in der Sie eine halbe Stunde bequem verharren können. Lüften Sie den Raum. Achten Sie darauf, dass die Atmosphäre so angenehm wie möglich ist und dass Sie nicht gestört werden. Atmen Sie bewusst, indem Sie den Atem mit Ihrem Bewusstsein begleiten, ohne ihn zu verändern. Nehmen Sie Ihren Körper wahr. Fühlen Sie seine äußere Grenze, die Haut. Achten Sie genau darauf, wo der physische Körper endet und wo die Umgebung (Kleidung, Luft) beginnt.

Nehmen Sie wahr, wie in Ihrem Solarplexus eine kleine, gelbe Sonne brennt und helle Lichtstrahlen in den Bauch aussendet. Bemerken Sie, wie in Ihrem Herzen eine grüne Lichtkugel pulsiert und hellgrünes Licht in den Brustraum schickt. Fühlen und sehen Sie, wie die beiden Lichtquellen sich ausdehnen und miteinander verbinden. Ihr Licht breitet sich auf den ganzen Körper aus. Diese Verbindung von Herz und Bauch löst sehr angenehme Gefühle aus: „Nach so langer Trennung endlich wieder zusammen ...“

Das Licht der beiden Lichtzentren nimmt weiter zu und wird so groß, dass es beginnt, den Körper zu verlassen. Es strahlt aus und erhellt die Umgebung, wobei es unaufhaltsam weiterwächst und sich stetig ausbreitet. Beobachten Sie dieses Wachstum aufmerksam, bis das Licht, das aus Ihrem Körper ausstrahlt, die ganze Welt einschließt. Sagen Sie jetzt einen ehrlich gemeinten Satz wie etwa: „Es möge viel Licht und Liebe in der Welt sein und in allen Menschen, die auf ihr leben." Dann kehren Sie langsam wieder zu sich zurück und beenden die Übung mit einigen bewussten Atemzügen.

Natürlich atmen | Nehmen Sie eine Haltung ein, bei der die Wirbelsäule gerade ist. Dies kann im Sitzen, Stehen oder Liegen sein. Legen Sie nun die Zunge an den oberen Gaumen hinter die Schneidezähne. Atmen Sie durch die Nase ein und aus. Beginnen Sie mit einem langen, gründlichen Ausatmen, so lange, bis die Lunge vollständig leer ist. Warten Sie einige Sekunden mit leerer Lunge.

Wenn der „Lufthunger" deutlich geworden ist, lassen Sie die Luft von selbst einströmen. Nehmen Sie wahr, wie sie in den Körper fließt. Versuchen Sie nicht, besonders tief einzuatmen oder den Körper beim Atmen zu dehnen. Der Atem kommt und geht, wie er will. Nach dem Einatmen warten Sie einige Sekunden mit voller Lunge. Lassen Sie die Luft wieder ausströmen und beobachten Sie, wie die Lunge sich leert. Bleiben Sie wieder einige Sekunden lang mit leerer Lunge und wiederholen Sie den Zyklus etwa zwanzigmal.

Widerstehen Sie der Versuchung, tief einzuatmen, denn dadurch würden Sie sich verkrampfen und Ihr Atemvolumen auf lange Sicht begrenzen. Die Luft nimmt sich ihren Raum von selbst. Der Körper ist in entspanntem Zustand viel dehnungsfähiger und nimmt auf lange Sicht weitaus mehr Luft in sich auf, als wenn wir ihn zum Atmen zwingen würden.

Seelenzahl 5

Sehnsucht nach Freiheit und Leidenschaft

Seelenvision

Im Gegensatz zu Menschen mit der Seelenzahl 4 lieben sie die Veränderung und brauchen diese geradezu, um wach und angeregt zu sein. Gleichförmigkeit langweilt sie. Eine erhöhte Risikobereitschaft, häufige Reisen und das ständige Entdecken neuer Interessengebiete lassen sie allerdings manchmal rastlos und nervös erscheinen. Ihr scharfer Geist, ihre philosophischen Neigungen und ihr Herz für Abenteuer müssen jedoch Entfaltung finden. Diese Person hat ein tiefes inneres Bedürfnis, die Vielfältigkeit und die Veränderungen des Lebens zu erfahren. Sie ist flexibel und dazu bereit, ein abwechslungsreiches, spannendes Leben zu führen. Da sie den Wandel liebt, ist sie oft unruhig, kann sich nicht festlegen und ist misstrauisch Menschen gegenüber, die starr sind und das Leben geradlinig ohne irgendwelche Umwege leben. Laut ihrem Motto ist das Leben ein Abenteuer. Diesen Menschen fällt es schwer, sich auf eine Meinung festzulegen, da sie für alles offen sind. Sie empfinden das Leben als Bühne und brauchen andere, die sie bewundern, die ihnen aber auch Geborgenheit und Sicherheit schenken. Sie sind künstlerisch begabt, deshalb sollten sie ihrem freien Geist und ihrer lebendigen Kreativität durch Malerei, Fotografie oder kreatives Schreiben einen klaren Rahmen für ihre Entfaltung geben.

Denkmuster & Verhaltensstrategien

- *Der Freiheitsdrang ist das Lebenselixier für diese Seelenzahl. Sie fürchtet sich sehr davor, eine dauerhafte Beziehung leben zu müssen und eingeschränkt zu sein. Außerdem hat sie eine Idealvorstellung davon, wie Beziehungen sein sollten, was in der Folge eine gewisse Bindungsunfähigkeit mit sich bringt. Dies kann nur durch Lebenserfahrung und durch die Sehnsucht nach Geborgenheit und Zugehörigkeit geheilt werden. Diese Menschen sollten sich eher langsam auf eine Beziehung einlassen und in Bezug auf eine Partnerschaft nicht nur das wahrnehmen, was ihnen fehlt, sondern auch das, was ein/e PartnerIn ihnen bietet. Es ist wichtig, dass diese Seelenzahl im Rahmen einer Beziehung ihre Freiräume behält und es überdies wagt, ehrlich ihre Gefühle auszudrücken. Sie sucht Geborgenheit, hat aber Angst vor Langeweile. Deswegen schwankt sie zwischen einer tiefen Verbundenheit in der Partnerschaft und dem Gefühl, auf der Suche nach etwas anderem zu sein. Für sie stellt sich die bedeutsame Frage, was sie innerlich frei macht.*
- *Druck ist allgemein ein Lebensthema für diese Seelenzahl, weil sie sich selbst unter Zeitdruck setzt und vieles in kurzer Zeit erledigen will. Diese Menschen sollten lernen, sich zu entspannen und sich Augenblick für Augenblick auf das, was sie gerade tun, zu konzentrieren. Auch auf emotionaler Ebene ist dieses Gefühl des Druckes für sie präsent. Verlangt jemand von den Menschen mit der Seelenzahl 5 Zuwendung und Geborgenheit, so fühlen sie sich ebenfalls unter Druck gesetzt. Jegliche Erwartung von außen verursacht bei ihnen Unruhe und das Gefühl, eingeengt zu werden. Die Reaktion*

darauf ist oft ein Rückzug ohne Erklärung. Wenn sie dieses Verhaltensmuster aufarbeiten, ohne die Verantwortung für ihre eigene Missstimmung nach außen abzuschieben, stellt dies einen enormen Entwicklungsschritt dar.

- *Sexualität mit Spiritualität und Liebe zu verbinden ist für diese Zahl ein natürliches Bedürfnis. Wenn sie in der Partnerschaft die Einheit zwischen Herzensliebe und Sexualität nicht empfindet, ist sie unzufrieden und sucht nach einer neuen Beziehung. Diese Menschen sollten lernen, mit den eigenen Gefühlen umzugehen und sich frei den eigenen Empfindungen zu öffnen. Sinnvoll wäre es auch, eine Art „Tagebuch der Gefühle" zu führen.*

Lernaufgabe

Ein wesentlicher Lernprozess besteht darin, mit emotionaler Instabilität, Impulsivität, innerer Unruhe und dem starken Bedürfnis nach Veränderung umzugehen und die enorme Willenskraft, die diese Seelenzahl auszeichnet, konstruktiv einzusetzen. Im Laufe des Lebens gelingt es ihr, das Spielerische mit einer gewissen Lebensreife zu verbinden, dadurch kann sie in allen Lebensbereichen eine dauerhafte Stabilität schaffen.

Fragen zur Selbstreflexion

- *Wie gehe ich mit meiner Freiheit um?*
- *Welchen Stellenwert hat für mich die Freiheit?*

- *Was brauche ich, um mich innerlich frei zu fühlen?*
- *Kann ich meine Gefühle wahrnehmen und mitteilen?*
- *Wie reagiere ich, wenn eine Beziehung zu eng wird?*
- *Wie reagiere ich, wenn es mir langweilig wird und ich das Gefühl habe, keine Fortschritte zu machen?*
- *Wie reagiere ich auf die Forderungen meines Partners/meiner Partnerin?*

Harmonierende Seelenzahlen: 1, 9, 7 und 3.

Übungen

In der Gegenwart präsent sein – die Aufmerksamkeit fokussieren | Alles, worauf wir unsere Gedanken fokussieren, manifestiert sich auf der materiellen Ebene. Ein bewusster Umgang mit dieser Kraft erlaubt, in der energetischen Behandlung große Wirkungen zu erzielen. Im Leben ist die Kraft der Gedanken noch wichtiger, weil die Konzentration auf ein Problem die Blockade noch mehr festigt und den Weg zur Lösung versperrt.

Gute Gedanken pflegen – traurige Gedanken löschen | Setzen Sie sich am Ende des Tages einige Minuten lang auf einen bequemen Stuhl oder auf die Erde. Lassen Sie den Tag nochmals wie einen Film an sich vorüberziehen. Teilen Sie dabei die Ereignisse des Tages in angenehm und unangenehm ein. Sagen Sie sich bei jedem an Ihnen vorbeiziehenden Ereignis: „Das war angenehm“ oder „Das war unangenehm.“

Nachdem Sie damit fertig sind, lassen Sie den Tag noch einmal an sich vorüberziehen. Wenn Sie zu einer angenehmen Situation kommen, halten Sie den inneren Film kurz an und genießen Sie dieses Ereignis dankbar. Taucht eine unangenehme Situation auf, sehen Sie sich diese sehr genau an, bedanken Sie sich auch für dieses Ereignis und löschen Sie es dann aus dem Film, sodass die Stelle der inneren Leinwand leer und weiß bleibt.

Lassen Sie dann den Film ein drittes Mal ablaufen. Sehen Sie sich diesmal nur noch die angenehmen Situationen an und genießen Sie diese.

Seelenzahl 6

Wunsch nach Harmonie und Frieden

Seelenvision

Ihr Heim und ihre Familie sind für Menschen mit der Seelenzahl 6 das Wichtigste im Leben. Dort leben sie alles aus, was sie an Verantwortungsgefühl, Fürsorge, Mitgefühl und Treue zu bieten haben. Sie müssen sich allerdings hüten, überfürsorglich oder zu bestimmend zu sein. Da sie es jedoch wirklich gut meinen und nicht manipulieren wollen, sollte man sie lediglich auf ihre übertriebene Fürsorglichkeit hinweisen und ihnen damit die Möglichkeit geben, auch mehr Zeit für sich selbst zu finden.

Diese sensible und empathische Natur will in ihrem Leben vor allem jene Dimension der Liebe erfahren, die auf Verantwortung, Selbstlosigkeit und Harmonie basiert. Solche Menschen suchen eine Möglichkeit, anderen Personen zu helfen, und sie brennen danach, Liebe zu leben und Liebe zu geben. Sie sind zutiefst überzeugt von der heilenden Bedeutung der Liebe und wollen diese weitergeben. Ihre wärmende sowie positive Ausstrahlung lässt Güte, Zärtlichkeit und eine liebevolle Geduld spüren. Sie haben die Fähigkeit, jeden zu verstehen und anzunehmen, wie er ist. Sogar wenn sie tief enttäuscht worden sind, können sie die Beweggründe, welche die Mitmenschen dazu getrieben haben, sie zu verletzen, verstehen. Aus diesem Grund fällt es ihnen leicht, anderen zu verzeihen und ihnen eine zweite Chance zu geben.

Denkmuster & Verhaltensstrategie

- *Diese Menschen zeigen ein ausgeprägtes Verantwortungsbewusstsein für andere. Sie haben den Eindruck, dass sie alle in ihrem Umfeld unterstützen müssen, vor allem jene, zu denen sie eine innige Verbundenheit empfinden. Deshalb bedeutet es für sie eine große Herausforderung, den Mitmenschen zuzumuten, dass diese das eigene Leben selbst in die Hand nehmen und selbstverantwortlich die persönlichen Sorgen und Probleme bewältigen sollen. Die fortwährende Sorge und Unterstützung für andere Personen schafft eine gewisse Abhängigkeit und hindert diese Menschen daran, in ihrer eigenen Entwicklung Schritte zu setzen. Eine wertvolle Lernaufgabe für diese Seelenzahl könnte es sein, Mitmenschen zwar zu unterstützen, jedoch hauptsächlich in der Hinsicht, dass diese zu ihrer eigenen Verantwortung finden.*
- *Aufgrund der idealistischen Vorstellungen, die Menschen mit der Seelenzahl 6 haben, beurteilen sie andere Personen oft nach eigenen Prinzipien. Es sollte demnach für sie ein wichtiges Lernziel sein, jedem Menschen zuzugestehen, seine eigene Wahrheit und seine individuelle Art zu leben. Respektvoll und tolerant mit den Weltanschauungen der anderen umzugehen ist in dem Seelenauftrag dieser Menschen vorgesehen. Es bedarf keiner theoretischen Projektionen über das, was richtig ist – es genügt, wenn sie mit offenem Herzen und Realitätssinn dem Alltag begegnen, denn das erlaubt ihnen, freie und positive zwischenmenschliche Beziehungen zu führen.*
- *Menschen mit der Seelenzahl 6 wollen eine tiefe Zugehörigkeit empfinden. Es fällt ihnen auch schwer, die eigene Familie, die Stammfamilie, die eigenen Kinder und FreundInnen los-*

zulassen. Sie sind oft von der familiären Bindung abhängig und empfinden ein intensives Bedürfnis, die Mitmenschen zu beschützen. Dieses Denkmuster bewirkt, dass sich andere Menschen von ihnen entfernen, wenn sie das Empfinden haben, entmachtet und abhängig zu werden. Das Leben führt diese Seelenzahl zu dem Bewusstsein, dass das Dasein einem ständigen Wandel unterliegt. Dies führt dann schließlich zur Auflösung der einschränkenden Lebenseinstellung.

Lernaufgabe

Diese Menschen müssen lernen, mit ihrer Emotionalität umzugehen und einen bodenständigen Idealismus zu entwickeln. Sich selbst durchzusetzen, der eigenen Intuition zu vertrauen und auf sich selbst zu achten, gehört ebenso zu den wesentlichen Lernschritten dieser Seelenzahl. Absolute Priorität sollte für sie haben, dass sie ihrer fürsorglichen und den Mitmenschen dienenden Haltung Grenzen setzen und diese nicht vollkommen ihre eigene Persönlichkeit bestimmen lassen.

Fragen zur Selbstreflexion

- *Bin ich bereit, etwas Neues zu beginnen und dafür Altes aufzugeben?*
- *Habe ich Angst vor Veränderung?*
- *Helfe ich gerne?*
- *Helfe ich anderen Menschen, ohne sie vorher zu fragen, ob sie meiner Hilfe bedürfen?*

- *Verurteile ich Menschen, die anders agieren als ich?*
- *Was sind meine ethischen Werte?*
- *Wie viel Verantwortung trage ich, die nicht wirklich zu mir gehört?*
- *Nehme ich meine Bedürfnisse wahr?*
- *Nehme ich mir genug Zeit für mich selbst?*
- *Spüre ich die Verbindung zu meinem Inneren Kind?*

Harmonierende Seelenzahlen, wenn die Zahl 5 ihren Freiheitsdrang ohne Angst leben kann: 9, 2 und 5.

Übungen

Der Baum | Stehen Sie aufrecht. Visualisieren Sie Wurzeln aus Licht, die aus Ihren Füßen tief in die Erde wachsen, so wie ein Baum sich in der Erde verwurzelt. Dazu schicken Sie mit jedem Ausatmen das Licht in die Erde und spüren dabei die Festigkeit Ihrer Wurzeln. Aus der Erde strömt über diese Wurzeln orangefarbenes Licht in das Hara, Ihr energetisches Zentrum oberhalb des Bauchnabels. Vom hohen Himmel strömt helles silbernes oder goldenes Licht über den Kopf und das Kronenchakra ein und vermischt sich mit dem orangefarbenen Licht im Hara. Verbinden Sie mit beiden Händen, die Sie oberhalb des Bauchnabels übereinandergelegt haben und kreisförmig bewegen, die beiden Farben. Es entsteht daraus intuitiv eine andere Farbe. Das neu entstandene Licht verteilt sich in allen Bereichen des Körpers. Als Affirmation können Sie innerlich sagen: „Ich ruhe zwischen Himmel und Erde."

Bei dieser Übung wäre es gut, sie einmal zu wiederholen, um sie zu festigen.
Anmerkung: Diese Übung kann auch im Liegen durchgeführt werden. Der Baum wächst dann aus dem Solarplexus nach oben und unten.

Tanz des Lebens – Tanz des Herzens | Am Morgen nach dem Aufwachen stehen Sie auf und schalten Ihre Lieblingsmusik ein. Tanzen Sie voller Freude einige Minuten lang. Schreiben Sie dann auf einen Zettel: „Ich beginne ein neues Leben. Ich bin eine neue Person. Ich verwirkliche meine innere Vision." Legen Sie den Zettel auf den Boden und stellen Sie sich auf ihn. Visualisieren Sie rund um sich einen Lichtkreis, aus dem eine Lichtsäule entsteht. Nehmen Sie drei tiefe Atemzüge und fühlen Sie sich durch diese Lichtsäule mit Himmel und Erde verbunden.

Inneres Fliegen | Nehmen Sie sich an einem Tag drei- bis viermal Zeit. Gehen Sie zu einem besonderen Ort, der Ihnen Freude bereitet. An diesem Ort suchen Sie sich einen bequemen Platz. Lassen Sie Ihre Seele baumeln. Schließen Sie die Augen und denken Sie an das Gefühl des Fliegens. Spüren Sie, wie Ihr Körper leicht wird, und beobachten Sie dabei die Reaktionen Ihres Körpers.
Stellen Sie sich vor, dass Sie immer leichter und leichter werden, so leicht wie der Wind. Versuchen Sie Kontakt mit Ihren Zellen aufzunehmen. Spüren Sie, wie Sie aus Millionen von Zellen bestehen. Sagen Sie zu Ihren Zellen: „Ich speichere in dir das Gefühl der Leichtigkeit und das Gefühl, dass alles, was geschieht, eine tiefere Wahrheit in sich birgt."

Seelenzahl 7
Sehnsucht nach dem tiefsten Sinn des Lebens

Seelenvision

Viel Zeit und Ruhe für sich selbst sind für diese Seelenzahl wichtig. Der Seelenplan dieses Menschen sieht vor, dass er Stille und Unabhängigkeit erfahren soll. In diesem Dasein will er mit den tiefsten Wahrheiten des Lebens in Verbindung kommen, hat ein starkes Bedürfnis nach Spiritualität und meditativer Tätigkeit sowie einen enormen Wunsch nach Wissen. Er möchte den Sinn des Lebens für sich herausfinden. Diese Menschen sind gute BeobachterInnen und nehmen wahr, wie andere leben, fühlen und handeln. Sie können hinter deren Fassaden und Verhaltensstrategien blicken. Für sie ist das Innenleben von großer Bedeutung. Sie ziehen sich oft zurück, um regelmäßig neue Kräfte zu tanken und sich selbst besser spüren zu können. Es fällt ihnen manchmal schwer, ihre Gefühle zu zeigen. Ängstliche, hektische Menschen ertragen sie schlecht. Diese Seelenzahl benötigt Klarheit und Kraft, um bei sich zu sein und sich für ihr Umfeld zu öffnen.

Denkmuster & Verhaltensstrategie

- *Die Seelenzahl 7 zeigt die Tendenz, sich teilweise zurückzuziehen und über das Leben zu reflektieren. Diese Neigung zur Innenschau und Beobachtung führt bei diesen Menschen zu gewissen Schwierigkeiten in zwischenmenschlichen Beziehungen. Sie sind oft in Gedanken versunken und es fällt ihnen schwer, Kontakt zu den Mitmenschen zu finden und offen über ihre Empfindungen zu sprechen. Um sich von diesem Muster zu lösen, ist es empfehlenswert, sich regelmäßig zu bewegen, sich Zeit zum Philosophieren und für soziale Kontakte zu nehmen. Dies könnte dazu führen, dass man mehr Spaß hat und das Leben genießen kann.*

- *Diese Menschen neigen dazu, alles infrage zu stellen. Sie sind auf der Suche nach der absoluten Wahrheit und zweifeln nicht nur alles an, was von außen kommt, sondern auch sich selbst. Sie sind abhängig von der Meinung ihrer Mitmenschen und werden unruhig, wenn sie keine innere Sicherheit mehr spüren. Die Suche nach Schutz und Wahrheit führt sie oftmals dazu, sich für Spiritualität und Religion zu interessieren. Das Denkmuster löst sich in dem Augenblick, in dem sie entdecken, dass jede Wahrheit relativ ist. Am Ende dieses Prozesses gelingt es der Person, Toleranz zu zeigen und bei sich zu bleiben.*
- *Angst vor den eigenen Empfindungen und Gefühlen zu haben ist kennzeichnend für diese Seelenzahl. Ihre ausgeprägte Empathie ist für sie zeitweise eine Belastung. Sie fürchtet sich vor den eigenen Fähigkeiten, überprüft ständig ihre Wahrnehmungen und versucht vieles durch das intellektuelle Denken zu erklären. Durch Aufarbeitung dieser Ängste vermag sie zu lernen, auf die Weisheit des Bauchgefühls zu vertrauen.*

Lernaufgabe

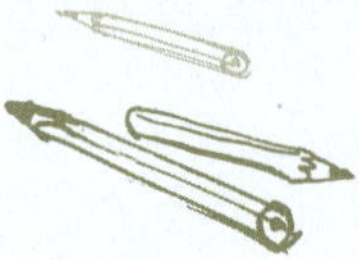

Das höchste Ziel eines Menschen mit der Seelenzahl 7 ist es, sich für Gefühle zu öffnen und nicht nur für die analytische Ebene zugänglich zu sein, die ihm üblicherweise Sicherheit verleiht. In Beziehungen sehnt er sich nach Authentizität und will sich nicht mehr hinter der Maske des Beobachters verstecken, auch wenn er sich dahinter sehr wohl und beschützt fühlt. Diese Persönlichkeit hat zweifellos zu akzeptieren, dass sich auf manche Fragen keine Antworten finden lassen, und sollte lernen, das Leben geschehen zu lassen und auf dessen Weisheit zu vertrauen.

Fragen zur Selbstreflexion

- *Was für ethische Werte habe ich?*
- *Kann ich meine Gefühle wahrnehmen und äußern?*
- *Vertraue ich meiner Intuition?*
- *Wonach suche ich im Leben?*
- *Welche spirituellen Werte prägen meine Lebensweisheit?*
- *Wie offen bin ich im Austausch mit anderen Menschen?*
- *Was brauche ich, um mich zuhause zu fühlen?*

Harmonierende Seelenzahlen: 5, 7, 9 und 3.

Übung

Ritual der Absichtserklärung | Nehmen Sie sich Zeit und gehen Sie zu einem Fluss. Setzen Sie sich hin und beobachten Sie das Dahinfließen des Wassers. Stellen Sie sich folgende Fragen:

„Was bereitet mir Freude? Was möchte ich bewirken? Was brauche ich, damit es mir gut geht? Welche Veränderung brauche ich in meinem Leben?" Schreiben Sie alles auf, was neu werden soll.

Lesen Sie mindestens einen Monat lang Ihre Aufzeichnungen jeden Tag durch und ergänzen oder korrigieren Sie diese. Verbrennen Sie anschließend Ihre Aufzeichnungen und übergeben Sie auf einer schönen Wiese die Asche dem Wind, am besten an einem Ort, den Sie für einen Kraftort halten.

Dieses Ritual unterstützt Sie in Veränderungsphasen des Lebens, in denen Sie einen neuen Weg gehen wollen, aber die Widerstände der alten Muster deutlich spüren. Der Wind mit seiner reinigenden und frischen Energie hilft, sich mit Schwung in das Neue zu wagen.

Seelenzahl 8
Sehnsucht nach Weitblick und Stärke

Seelenvision

Diese Menschen sind sehr kraftvoll, ehrgeizig und hartnäckig. Außerdem besitzen sie die Fähigkeit, Pläne oder Ideen gut umzusetzen. Sie sehen das Leben als Herausforderung und haben die Vorstellung, etwas Bedeutsames verwirklichen zu wollen. Sie besitzen viel Mut und sehr viel Kraft. In dieser Seelenvision will der Mensch lernen, seine Kraft zuzulassen. Er ist bereit, die eigene Vision über alles andere zu stellen und deswegen zwischenmenschliche und familiäre Beziehungen zur Seite zu schieben. Bisweilen ist er zu stark fixiert auf seine Projekte und Bedürfnisse und setzt sich in vielen Belangen sehr kämpferisch ein. In diesem Fall sollte er mehr auf die Meinung von anderen Personen hören, einen Schritt zurückzutreten und die Situation aus einem neuen Blickwinkel betrachten, vor allem wenn die Dinge nicht so laufen, wie er sich dies vorgestellt hat. Diese Seele lernt, dass die Quelle der Kraft in der Ruhe liegt und dass eine kämpferische Einstellung ohne Reflexion nicht unbedingt zum Erfolg führt.

Denkmuster & Verhaltensstrategie

* *Diese Menschen sind entschlossen, neugierig und bereit zu kämpfen. Materieller Erfolg und Anerkennung sind für sie wichtig und erstrebenswert. Diese Seelenzahl entwickelt die*

Tendenz, das Leben als Kampf zu betrachten. Oft wird sie von dem Impuls geleitet, ihre persönliche Kraft zu leben. Sollte dieses Verhaltensmuster aktiv sein, ist es für diesen Menschen von Belang, dass er lernt, sich selbst wertzuschätzen, und das Gefühl, um Anerkennung und Aufmerksamkeit kämpfen zu müssen, loslässt. Das Vertrauen in die eigene Ausstrahlung und Kraft bringt diese Persönlichkeit von Natur aus dazu, im Vordergrund zu stehen und schon in jungen Jahren eine wichtige Rolle in der Gesellschaft zu übernehmen. In dieser Rolle setzt sie sich oftmals auch für soziale Belange ein.

- *Die geringe Selbstsicherheit, die diese Menschen auszeichnet, bringt sie dazu, dass sie viel leisten, um sich liebenswert zu fühlen, und sich auch sehr anstrengen, um die eigenen Pläne und Visionen umsetzen zu können. Selbstliebe, Selbstwertgefühl und Selbstachtsamkeit zu entwickeln sind daher Ziele, die von ihnen angestrebt werden sollten. Aufgrund ihres Glaubenssatzes tendieren sie dazu, Entscheidungen oder Aufgaben hinauszuschieben. So schützen sie sich vor Misserfolg. Denn sie haben Angst, im Zuge der Umsetzung ihrer Vorhaben zu erfahren, dass sie doch nicht gut genug sind – so wie sie es sich ohnehin bereits gedacht haben.*
- *Menschen mit der Seelenzahl 8 weisen eine ausgeprägte Fähigkeit auf, die eigene Realität und ihr Umfeld mit ihren Gedanken positiv oder negativ zu beeinflussen. Wenn die Gedanken zu negativ ausgerichtet sind und eher in Pessimismus münden, sollten sich die Menschen mit Gedankenkraft beschäftigen und lernen, wie wichtig Gedankenhygiene ist. Es ist sinnvoll, in der Früh nach dem Aufwachen die Gedanken auf das Positive, das der Tag mit sich bringt, zu fokussieren.*

Lernaufgabe

Die Kontrolle über das Leben loszulassen, die Sturheit abzulegen und der eigenen inneren Stimme zu vertrauen sind grundlegende Entwicklungsschritte für diese Menschen. Je mehr sie kämpfen, umso schwieriger wird es für sie, klar und ruhig zu bleiben. Doch mit Flexibilität und Geduld können sie ihre volle Kraft nutzen. Wenn sie sich mit den eigenen Werten auseinandersetzen, werden sie erkennen, dass für ein erfülltes Leben neben der Umsetzung der persönlichen Vision auch erfüllende zwischenmenschliche Beziehungen entscheidend sind.

Fragen zur Selbstreflexion

- *Nehme ich mir Zeit für mich?*
- *Habe ich Existenzängste? Wenn ja, wie beeinflussen diese meine Entscheidungen?*
- *Welchen Stellenwert haben Erfolg und Geld für mich?*
- *Habe ich das Gefühl, dass das Leben ein Kampf ist?*
- *Will ich im Vordergrund stehen?*
- *Fühle ich mich von außen wahrgenommen?*

Harmonierende Seelenzahlen: 5, 6, 4, 2 und 3.

Übungen

Die Liebe spüren | Fühlen Sie am Morgen nach dem Aufwachen Ihren ganzen Körper. Atmen Sie ruhig und spüren Sie Ihre innere Kraft, indem Sie die Hände auf den Bauch legen. Spüren Sie die innere Liebe, indem Sie die Hände auf das Herz legen. Stehen Sie auf, gehen Sie zum Spiegel, betrachten Sie Ihr Spiegelbild und fühlen Sie in sich hinein. Versuchen Sie, Liebe für sich selbst und für Ihr äußeres Erscheinungsbild zu empfinden.

Sagen Sie zu Ihrem Spiegelbild: „Ich nehme dich an, wie du bist, ich liebe dich." Sollten Sie sich müde fühlen oder sollte Ihnen die Kraft fehlen, es aussprechen zu können, dann schreiben Sie Ihre inneren Reaktionen auf und entspannen Sie sich. Notieren Sie Widerstände, die aufsteigen, wenn Sie das Gefühl haben, sich nicht lieben und annehmen zu können.

Das Herz öffnen | Nehmen Sie sich im Laufe eines Tages zweimal Zeit und suchen Sie einen ruhigen Ort, an dem Sie allein sein können. Atmen Sie tief und entspannt, schließen Sie die Augen und visualisieren Sie, dass Sie sich an einem schönen, ruhigen Ort, z. B. an einem Strand, befinden.

Dort imaginieren Sie Menschen, bei denen Sie das Gefühl haben, es sei mit ihnen zurzeit etwas schwierig, oder Personen aus der Vergangenheit, mit denen es Probleme gab und deshalb noch etwas zu klären ist. Unterhalten Sie sich mit diesen Menschen und bringen Sie zum Ausdruck, was einer Lösung bedarf. Sagen Sie abschließend: „Ich lasse dich los, ich gebe dich frei, ich gehe meinen Weg in Klarheit und bin bereit, mein Glück anzunehmen." Umarmen Sie, wenn möglich, die Person und beobachten Sie, wie sie strahlend von Ihnen Abschied nimmt.

Die Herzöffnung vertiefen | Wenn Sie abends im Bett liegen, nehmen Sie zehn tiefe Atemzüge und visualisieren Sie einen Lichtfluss, welcher beim Einatmen in Ihr Herz hineinfließt und beim Ausatmen aus dem Herzen heraus, wobei er alles mitnimmt, was nicht geklärt ist. Atmen Sie tief und entspannt und sagen Sie vor dem Einschlafen: „Ich bin offen, ich lasse mich vom Leben überraschen."

Wiederholen Sie diese Übung drei Wochen lang jeden Abend.

Seelenzahl 9

Der „große Bruder“ der Menschheit

Seelenvision

Diese Seele kommt mit der Aufgabe auf die Welt, Weisheit und Vollkommenheit in der Liebe zu erfahren und den Menschen zu dienen. Schon in ihrer Kindheit wirkt sie sehr weise. Sie ist intuitiv und empathisch, folgt ihren Impulsen und ist in der Lage, tiefe Liebe zu empfinden und auch zu zeigen. Diese Menschen suchen nach einem tieferen Sinn im Leben. Sie versuchen, ihr eigenes Glück durch Dienen und Helfen zu finden. Immer wieder brauchen sie Ruhe und Stille und sind oft sehr betroffen von gewissen Gegebenheiten des Lebens, vor allem wenn es ihnen und ihren Mitmenschen nicht gut geht. Sie ziehen sich gerne zurück und reflektieren über das Leben. Nach einiger Zeit wird ihnen dies jedoch zu langweilig, weil sie meistens einen tiefen, liebevollen und sinnvollen Austausch mit Menschen brauchen.

Denkmuster & Verhaltensstrategie

* *Diese Menschen sind ausgesprochen idealistisch und haben Mühe, mit der Realität zurechtzukommen, die für sie oft eine Belastung ist. Sie leben teilweise in ihrer eigenen Welt und können mit realen Enttäuschungen nicht umgehen. In diesem Fall ziehen sie sich dann zurück, entwickeln eine eigene spirituelle Lebensanschauung und eine Art Ablehnung dem*

Umfeld und der Welt gegenüber. Sie suchen meist Menschen, die wie ein Anker für sie sind, und wollen, dass diese ihnen helfen, einen Sinn im eigenen Leben zu finden. Für diese Seelenzahl ist es wichtig zu lernen, dass im Universum alles seinen Sinn und seine Zeit hat. Sie sollte sich mit der Angst konfrontieren und erkennen, dass es keine Gerechtigkeit auf der Welt gibt und dass das Leben schmerzhaft sein kann. Die Schmerzen zu integrieren ermöglicht diesen Menschen, sich selbst besser zu spüren, mit Veränderungen umzugehen und andere zu akzeptieren.

- *Blockierend wirkt für diese Seelenzahl die Tendenz, ihre Empathie und ihre teilweise übersinnliche Wahrnehmung nicht zu akzeptieren, weil sie Angst davor hat. Sie versucht mit Intellekt und logischem Denken Sicherheit aufzubauen, denn sie vertraut dem eigenen Empfinden nicht. Das Bedürfnis, anderen Personen zu helfen und eine sinnvolle Aufgabe in dieser Welt zu finden, liegt diesen Menschen zwar am Herzen, doch auch davor fürchten sie sich.*
- *Sie kämpfen in ihrem Leben immer wieder mit der Angst, nicht genug zu wissen und zu tun. Diese Menschen spüren einen inneren Druck, produktiv und ständig aktiv zu sein sowie immer etwas Neues zu lernen. Um die eigenen Interessen leben zu können, brauchen sie sehr viel Stille und Zeit, sie benötigen aber auch den Austausch mit anderen Personen. Im Umgang mit der Zeit müssen sie Gelassenheit entwickeln. Nicht in Bücher oder verschiedene Ablenkungen zu flüchten, präsent zu bleiben und die Erfahrung der Stille zuzulassen sind wichtige Lernschritte, die dieser Seelenzahl erlauben, ihre enorme spirituelle Kraft und ihre vollkommene Liebe, die sie in sich trägt, im Außen zu leben.*

Lernaufgabe

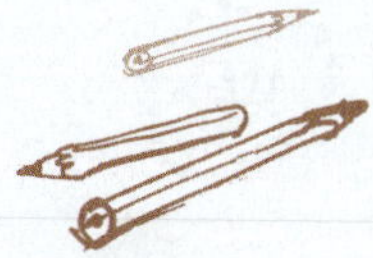

Die eigenen Ideale zu bestimmen und mit einem gesunden Realitätssinn zu verbinden zählt zu den Lernaufgaben der Menschen mit der Seelenzahl 8. Ihre Herausforderung ist es, dass sie die persönliche Großzügigkeit und Menschenliebe nicht nur zu ihren Lasten leben, sondern dass sie jene in eine sinnvolle Richtung lenken, ohne sich ausnützen zu lassen. Da sie eine enge Verbindung mit ihrem Umfeld anstreben, ist es wichtig, in diesem Prozess des Verschmelzens und der liebevollen Hingabe dennoch das Bewusstsein für die eigene Identität und die eigenen Grenzen zu bewahren. Liebe zu geben beginnt damit, dass man auf sich selbst achtet und somit auch für sich selbst prüft, was man braucht, um in Harmonie mit den eigenen Bedürfnissen leben zu können.

Fragen zur Selbstreflexion

- *Wie gehe ich mit meiner Zeit um?*
- *Was sind meine Ideale?*
- *Verurteile ich Menschen wegen ihrer Ideale?*
- *Habe ich Angst, nicht gut genug zu sein?*
- *Fühle ich mich frei im Umgang mit Mitmenschen?*
- *Brauche ich viel Zeit und Kraft, um innerlich frei zu werden?*
- *Nehme ich mir regelmäßig Zeit für die Stille?*
- *Kann ich Toleranz und Respekt empfinden?*

Harmonierende Seelenzahlen: 2, 3, 6 und 9.

Übung

Neuinterpretation unserer Kindheit | Nehmen Sie sich drei bis vier Tage Zeit für diese Übung.

Am ersten Tag gönnen Sie sich eine Stunde Zeit und Ruhe. Außerdem suchen Sie einige Fotos aus Ihrer Kindheit, auf denen Sie als Baby, als kleines Kind im Alter von drei Jahren und im Schulkindalter von neun, zwölf und fünfzehn Jahren zu sehen sind. Sollten Sie keine Fotos von sich haben, suchen Sie solche, die Sie an Ihre Kindheit erinnern in Zeitschriften oder im Internet. Machen Sie eine Collage, die Sie jeden Tag betrachten, um das Innere Kind zu beobachten und es zu fragen, wie es ihm geht und was es braucht. Fragen Sie es täglich, was es momentan braucht, damit es ihm gut geht. Fragen Sie es, was es gerne tun würde, was ihm gefiele. Wenn alte, belastende Gefühle wie Leere, Einsamkeit oder Unaufmerksamkeit hochkommen, versuchen Sie Ihrem Inneren Kind zu geben, was es braucht, um diese Gefühle auszugleichen.

Am zweiten Tag nehmen Sie sich eine halbe Stunde Zeit und setzen Sie sich vor Ihre Collage. Beantworten Sie ohne Unterbrechung folgende zwei Fragen: „Was braucht mein Inneres Kind, um geliebt zu werden? Was hätte es gerne von den Eltern bekommen?“ Anschließend schauen Sie die Bilder an, drücken Ihre Dankbarkeit aus, loben das Innere Kind und erklären ihm, dass es ein einzigartiges Lebewesen ist und niemand es einschränken darf. Sie übernehmen die Verantwortung für das Kind, das nun in diesem Augenblick sein Leben ändern darf. Schließen Sie Ihre Augen und spüren Sie, wie Sie dieses Kind umarmen.

Am dritten Tag spüren Sie Ihr Inneres Kind. Platzieren Sie auf der Collage neben Ihr Inneres Kind auch die Inneren Kinder Ihrer Eltern. Dafür benötigen Sie Kinderfotos von Ihren Eltern oder Sie schreiben die Namen Ihrer Eltern neben Ihr Inneres Kind. Versuchen Sie sich in die Inneren Kinder Ihrer Eltern einzufühlen, sich in deren Lage zu versetzen. Welche Gefühle hatte das Innere Kind Ihrer Mutter, das Ihres Vaters? Nehmen Sie die Gefühle wahr, lassen Sie sie wirken und notieren Sie sie. Am Ende visualisieren Sie, wie die Kinder miteinander spielen, und umarmen die Inneren Kinder Ihrer Eltern. Verabschieden Sie sich von jedem: „Ich akzeptiere dich, wie du bist, ich lasse dich los. Ich weiß, dass du alles für mich getan hast, was du konntest." Bleiben Sie dann bei dem erwachsenen Kind und sagen Sie ihm, wie sehr Sie es lieben.

Am vierten Tag nehmen Sie die Collage und schreiben einen kurzen Brief an Ihre Eltern. Schreiben Sie, dass Sie bereit sind, die Verantwortung für Ihr Inneres Kind zu übernehmen, und notieren Sie auch alles, was Ihnen sonst dazu noch einfällt. Verbrennen Sie den Brief und verstreuen Sie die Asche einige Tage später auf einer schönen Wiese. Sprechen Sie jetzt mit Ihrem Inneren Kind. Erinnern Sie es daran, dass es seine Bedürfnisse äußern darf und dass es auf andere Menschen Rücksicht nehmen soll. Fragen Sie, was es braucht bzw. was die anderen von ihm brauchen. Erinnern Sie es daran, die Mitmenschen zu respektieren, flexibel und veränderungsbereit zu sein, so wie das Leben es von uns verlangt. Umarmen Sie das Kind in Ihrer Vorstellung und spüren Sie, wie es aus reinem Licht besteht und dazu wird. Anschließend fließt das Licht in Ihr Herz und von dort in den gesamten Körper, bis in die Finger- und Zehenspitzen und in den Kopf.

Intensitätszahl

Die Schwingung, die Lebenszahl und Seelenzahl verbindet

Die Intensitätszahl lässt uns spüren, wie wir unsere Lebenszahl und unsere Seelenzahl miteinander verbinden. Die Manifestation der Intensitätszahl geschieht teilweise unbewusst und deckt den Bereich zwischen Lebens- und Seelenzahl ab. Wenn diese beiden Zahlen in einem starken Kontrast zueinander stehen und in der Schwingung nicht übereinstimmen, werden die Aspekte der Intensitätszahl eher unbewusst gelebt. Schwingen die beiden jedoch harmonisch, so sind uns die Aspekte der Intensitätszahl stärker bewusst. Diese Zahl ist wichtig, weil sie uns gestattet, Impulse und teils nicht bewusst wahrgenommene Emotionen zu klären. Mithilfe der Intensitätszahl können wir auch jene Bereiche fokussieren, zu denen wir uns hingezogen fühlen, die aber teilweise nicht zur Mentalität und Tradition unserer Stammfamilie passen. Zum Beispiel könnte es sein, dass wir die Intensitätszahl 5 haben und somit ein starkes Bedürfnis nach Abenteuer und Reisen spüren. Dem könnte jedoch die Einstellung unserer Familie gegenüberstehen, die eher konservativ und auf Sicherheit bedacht ist und uns in diesem Sinne angeleitet hat. Die Intensitätszahl zeigt, wie die Person in ihrem Inneren und auch im Außen Lebenszahl und Seelenzahl verbindet.

Errechnet wird die Intensitätszahl auf der Basis des gesamten Namens. Zuerst ordnet man jedem Buchstaben des Namens den numerologischen Wert zu. Dann zählt man die Frequenz der Zahlen. Die Zahl, die am häufigsten vorkommt, ist die Intensitätszahl. Wenn es mehrere Zahlen gibt, die gleich oft vorkommen, dann gilt die Seelenzahl als Intensitätszahl.

Beispiel Intensitätszahl (IZ)

Geburtsname

V	I	O	L	A	-	A	L	T	E	A		R	O	S	E	N	B	E	R	G	E	R		
4	9	6	3	1		1	3	2	5	1		9	6	1	5	5	2	5	9	7	5	9	5X5	IZ = 5

Wohlfühlname

V	I	O	L	A								R	O	S	E	N	B	E	R	G	E	R		
4	9	6	3	1								9	6	1	5	5	2	5	9	7	5	9	4X5 4X9	IZ = SZ = 1

Beispiel: Beschreibung der Intensitätszahl

Für den **Geburtsnamen** Viola-Altea Rosenberger ergibt sich aufgrund obiger Berechnung die Intensitätszahl 5: Nachdem wir den Buchstaben ihren jeweiligen numerologischen Wert zugeordnet und die Häufigkeit der Zahlen festgestellt haben, fällt uns auf, dass die Zahl 5 am häufigsten vorkommt. Wenn wir die Intensitätszahl für den Wohlfühlnamen Viola Rosenberger bestimmen wollen, sehen wir, dass sowohl die Zahl 5 als auch die Zahl 9 viermal vorkommen. Das heißt, dass sich keine Intensitätszahl errechnen lässt. Daher verwenden wir als Wert für die Intensitätszahl jenen, den wir als Seelenzahl ermittelt haben. Die Seelenzahl für eine Person mit dem **Wohlfühlnamen** Viola Rosenberger ist, wie im einführenden Abschnitt zur Seelenzahl schon errechnet, die Zahl 1.

Interessant ist der Vergleich zwischen den Intensitätszahlen des Geburts- und des Wohlfühlnamens. Wir stellen fest, dass die Person mit dem Geburtsnamen Viola-Altea Rosenberger die Intensitätszahl 5 hat und mit dem Wohlfühlnamen Viola Rosenberger die Intensitätszahl 1. Diese zwei Zahlen sind kompatibel, was bedeutet, dass die Grundaspekte dieser Intensitätszahlen ähnlich sind. Aufgrund beider Zahlen hat die Person Sehnsucht nach Freiheit und Selbstständigkeit und strebt die Verwirklichung einer eigenen Lebensvision an.

Wenn die Intensitätszahlen aus dem Geburtsnamen und dem Wohlfühlnamen von der Grundschwingung der Zahlen her im Konflikt sind, dann könnte es sein, dass die Person innerlich unausgeglichen und die Beziehung zur Stammfamilie wahrscheinlich konfliktreich ist. Im Fall von Viola-Altea Rosenberger passen ihre beiden Intensitätszahlen (die Zahl 5 aus dem Geburtsnamen und die Zahl 1, die gleichzeitig auch Seelenzahl ist, aus dem Wohlfühlnamen) auch mit ihrer Lebenszahl 5 sehr gut zusammen, weil alle diese Zahlen als Grundthema Selbstständigkeit und Freiheit haben. Die Harmonie der Zahlen bewirkt, dass die Person vor allem diese Seite ihres Charakters lebt und sich auch über diese Aspekte definiert.

ERKLÄRUNG DER EINZELNEN INTENSITÄTSZAHLEN

Intensitätszahl 1

Diese Menschen legen sehr viel Wert auf ihre Selbstständigkeit in jedem Bereich des Lebens. Sie haben einen guten Zugang zu ihrer Intuition und sind mit sich selbst zufrieden, wenn sie nach ihren Bedürfnissen handeln können und niemand aus dem Umfeld ihre Freiheit einschränkt.

Oftmals sind sie von ihrer eigenen Meinung überzeugt, lassen sich aber von einem guten Argument leicht umstimmen. Eine schnelle Auffassungsgabe und scharfe analytische Fähigkeiten zeichnen diese Persönlichkeiten aus. Aufgrund dieser Eigenschaften sind sie auch überaus redegewandt und können sehr überzeugend wirken. Häufig sind sie in einer Beobachterrolle, können nur langsam Vertrauen fassen und öffnen sich nur nach und nach ihrem Gegenüber für einen tieferen Austausch.

Ihre Verhaltensstrategien sind vielfach von dem Muster geprägt, alles allein schaffen zu müssen. Sie sind sehr hilfsbereit, vor allem weil sie oft fühlen, was ein Mitmensch braucht. Es fällt ihnen aber sehr schwer, Schwäche zu zeigen und selbst um Hilfe zu bitten.

Ihr Kontrollbedürfnis und ihre Ungeduld sind Schwachstellen, die die zwischenmenschlichen Beziehungen belasten. Menschen mit der Intensitätszahl 1 verlangen viel zu viel von den Mitmenschen. Sie wollen alles im Voraus bestimmen und klären. Durch den Versuch, Kontrolle auszuüben, finden sie Sicherheit und Geborgenheit. Sie sollten zum einen lernen, dem natürlichen Fluss des Lebens zu vertrauen, und zum anderen akzeptieren, dass sie nicht alles nach ihrem Willen bestimmen können.

„Ich werde vom Leben getragen" – das ist der Glaubenssatz, den sie benötigen, damit sie innerlich erfüllt und zufrieden sind. Diese Menschen üben meistens eine selbstständige Tätigkeit aus und definieren ihren Selbstwert durch die Arbeit. Ihr Fleiß, ihre Ausdauer und Konsequenz sind die Grundpfeiler ihres Erfolges. In der Umsetzung neuer Visionen und Pläne sind sie äußerst flink. Diesem von Natur aus schnellen Tempo dieser Personen können die Mitmenschen kaum folgen.

Intensitätszahl 2

Menschen mit dieser Intensitätszahl sind konfliktscheu und unentschlossen. Da sie in ihrer Kindheit gelernt haben, immerfort auf die Bedürfnisse der Menschen in ihrem Umfeld zu achten, fühlen sie sich innerlich unfrei und können ihre eigenen Bedürfnisse nicht wahrnehmen. Sie verwechseln die eigenen Bedürfnisse mit denen der anderen. Diese Menschen sind aufopfernd und vergessen auf die persönlichen Grenzen und ihr Wohlbefinden, wenn es darum geht, jemanden um des Friedens willen zu unterstützen. Oft gründet sich ihr Selbstwertgefühl auf die helfende Rolle und das Wissen, von anderen Personen gebraucht zu werden. Diese sensiblen und einfühlsamen Menschen haben die Gabe, die Schönheit in allem zu sehen und auch andere darauf aufmerksam zu machen. Sie bergen eine Sehnsucht nach Harmonie in sich und wollen dies auch ihrer Umgebung vermitteln. In allen Menschen sehen sie immer nur das Gute und Positive. Für sie gilt es, andere Menschen loszulassen und diese sie selbst sein zu lassen. Sie sollten lernen, Hilfe anzubieten, ohne etwas dafür zu erwarten, und sollten vor allem nicht von selbst aktiv werden, sondern nur dann andere unterstützen, wenn sie darum ersucht werden. Im Berufsleben zeigt sich diese Intensitätszahl als treue/r MitarbeiterIn, gute/r MediatorIn und verlässliche/r AssistentIn, sie kann gut zuhören und ist geschickt im Lösen von Konflikten bzw. Streitschlichten. Diese Menschen haben die Fähigkeit, ein harmonisches Klima zu schaffen, und können die unterschiedlichsten Personen für eine gemeinsame Vision einen.

Intensitätszahl 3

Diese Menschen verzetteln sich oft und sind sehr zerstreut. Obwohl sie von Natur aus fähig sind, vieles gleichzeitig zu erledigen, bringen sie das, was sie begonnen haben, häufig nicht zu Ende. Sie brauchen Abwechslung und begeistern sich schnell für Neues, ob dies nun Menschen, Interessen oder Pläne sind, lassen dann aber auch gerne Angefangenes liegen.

Sie lösen sich bisweilen viel zu schnell aus alten Beziehungen, von Berufen und Orten, ohne den laufenden Prozess abgeschlossen zu haben. In zwischenmenschlichen Kontakten sind sie manchmal oberflächlich: Sie haben viele Bekannte, jedoch wenig gute FreundInnen. Es fällt ihnen schwer, Freundschaften einzugehen, vor allem aber auch, sich um Probleme zu kümmern und offen über die eigenen Gefühle zu sprechen. Diese Persönlichkeit ist meistens besonders sensibel und hat ein ideales Bild von sich selbst. Sie verbirgt sich oftmals hinter einer Maske und spielt ihrem Umfeld eine bestimmte Rolle vor. Sie versichert ihrer Umgebung ständig, dass alles in Ordnung sei, verdrängt jedoch die eigenen Schmerzen und Probleme. Aus dem Grund geht dieser Mensch allen Personen aus dem Weg, die seine Schwächen oder Konflikte ansprechen. Er hat Schwierigkeiten, sich zu binden, und lässt sich nur bis zu einem gewissen Grad auf eine Beziehung ein. Die Intensitätszahl 3 will für sich immer einen Ausweg wissen und diesen offen halten. Dieses quirlige und bewegliche Wesen sollte Stabilität und innere Ruhe finden, vielleicht mittels Yoga und Meditationstechniken oder durch bewusstes Atmen.

Intensitätszahl 4

Klares Denken sowie Strukturiertheit sind charakteristisch für diese Menschen. Sie sind gut organisiert und können Unordnung nur schwer ertragen. Durch eine gewisse Starrheit sind sie manchmal unflexibel. Von ihrer Arbeit sind sie oft besessen. Sie werden häufig ungeduldig und ertragen schwer die Langsamkeit und Unordnung im menschlichen Umfeld. Andererseits sind sie aber überaus kommunikativ und wollen die zwischenmenschliche Verständigung optimieren. Bisweilen haben sie eine recht unbewegliche Weltanschauung, die sie die Welt und das menschliche Umfeld sehr streng beurteilen lässt. Diese Intensitätszahl besitzt eine klare Vision davon, wie das Leben funktionieren sollte. Im Laufe des Lebens wandelt sich ihre Weltanschauung und sie lernt, flexibel und tolerant gegenüber anderen Menschen zu sein.

Es fällt solchen Persönlichkeiten ausnehmend schwer, die eigenen Erwartungen an sich selbst und an die Mitmenschen loszulassen. Sehr oft, wenn sie sich durch Enttäuschung blockieren lassen, leiden sie still, werden innerlich wütend und verzweifelt, würden aber nie zugeben, wie es ihnen wirklich geht. Manche leiden viele Jahre hindurch in dieser Opferrolle, wobei die Arbeit ihr einziger Trost ist.

Im Beruf sind die Menschen mit der Zahl 5 äußerst flexibel, weil sie dort den Eindruck haben, die Kontrolle über gewisse Entwicklungen zu haben. Die Bereiche, die sie beruflich auswählen, erlauben es ihnen, diese minutiöse Überwachung auszuüben. Am Arbeitsplatz sind sie derart fleißig, verlässlich und konsequent, dass sie mit ihrer Arbeitseinstellung zeitweise das gesamte berufliche Umfeld überfordern.

Häufig sind sie sehr arbeitsbezogen, vernachlässigen zwischenmenschliche Beziehungen und das Privatleben. Sie sollten lernen loszulassen, Erwartungen flexibel zu formulieren und trotz der Enttäuschungen offen zu bleiben.

Intensitätszahl 5

Diese Menschen sind selbstständig und brauchen sehr viel Freiheit. Es fällt ihnen schwer, dieses Freiheitsbedürfnis zu definieren. Sie wollen innerlich das Gefühl haben, jederzeit machen zu können, was sie wollen, ohne von außen eingeschränkt zu werden. Sie wollen auf jeden Fall spüren, dass sie ihr Leben selbst bestimmen können. Wenn sie in der Kindheit Schwierigkeiten hatten und sie das Familiensystem stark unter Druck gesetzt hat, fühlen sie sich blockiert und angespannt.

Sie erfahren im Laufe der Jahre, dass Bindung keine Einschränkung bedeutet und dass tiefe Beziehungen in schwierigen Momenten des Lebens unterstützend wirken. Für diese Persönlichkeiten ist es wesentlich, Geborgenheit und Vertrauen zu erleben. Sie versuchen, sich im Leben immer wieder freizuspielen. Je mehr Selbstwertgefühl sie haben, desto leichter fällt es ihnen, Verantwortung zu tragen, ohne dass ihnen dies lästig oder langweilig wird.

Aufgrund ihrer Neugierde und Lernwilligkeit wollen sie sich beständig weiterentwickeln. Im Alter zwischen 25 und 35 Jahren sind sie sehr an Weiterbildung und eventuell an einem zweiten Berufsweg interessiert.

Ihre größte Lernaufgabe ist es, sich Struktur und Klarheit anzueignen und stets einen Schritt nach dem anderen durchzuführen. Im Beruf sind sie außerordentlich kreativ und einfallsreich und zeigen eine scharfe Beobachtungsgabe und Intelligenz. Für sie ist es bedeutungsvoll, dass sie zwar gut geführt werden, aber trotzdem einen großen Spielraum haben. Sie verfügen über eine klare Persönlichkeit, vor allem wenn sie gelernt haben, ihre Bedürfnisse und Meinungen authentisch zu äußern. Durch ihre Fähigkeit, Menschen zu begeistern, können sie gute Führungskräfte sein. Es fällt ihnen leicht, Menschen zu motivieren und zum Erfolg zu führen. Aufgrund ihrer angeborenen Empathie sind sie oft auch als PersönlichkeitstrainerIn oder Coach tätig.

Intensitätszahl 6

Menschen mit dieser Intensitätszahl sind besonders sensibel, verantwortungsbewusst, verlässlich und freiheitsliebend. Häufig sind sie die Säulen der Familie.

Sie sind aufopfernd und bereit, Mitmenschen zu unterstützen, schaffen es dabei aber meist auch, Grenzen zu setzen. Sie haben einen zuverlässigen, festen Freundeskreis, brauchen aber generell viel Zeit, um neue Freundschaften zu schließen. Wenn sie sich jedoch einmal für solche Beziehungen tief öffnen, dann sind das Verbindungen fürs Leben. Sie sollten Mut für neue Freundschaften fassen und lernen, sich auch nur für kurze Zeit auf neue Menschen einzulassen und mithin Veränderungen, die das Leben mit sich bringt, anzunehmen. Denn jede Erfahrung des Lebens sollte geschätzt werden, auch wenn es nur für kurze Zeit ist. Aufgrund ihrer Sensibilität sind diese Persönlichkeiten idealistisch und engagieren sich oft für eine „bessere Welt". Sie sollten für sich selbst zulassen, dass es ihnen gut gehen darf, auch wenn es anderen nicht so gut geht. Denn sie könnten andere besser unterstützen, wenn sie sich selbst wohlfühlen. Ein wichtiger und heilender Glaubenssatz für diese Menschen ist: „Ich bin wertvoll, auch wenn ich nicht produktiv bin."

Es ist für diese Menschen ein wichtiger Fortschritt, wenn sie ihre Leistungen und ihren Erfolg für sich selbst erkennen und dafür auch Lob und Anerkennung annehmen können, ohne das Gefühl zu haben, sie verdienten es nicht. Diese Intensitätszahl vermag andere Menschen gut zu spüren und mit Mitgefühl, Kompetenz und Souveränität zu beraten. Aufgrund ihrer Talente eignet sie sich sehr gut für Berufe in beratenden Bereichen, z. B. als TherapeutIn, Arzt/Ärztin oder Anwalt/Anwältin. Häufig ist sie sehr beliebt und erfolgreich, gleichzeitig jedoch auch bescheiden.

Intensitätszahl 7

Diese Menschen sind intelligent, haben einen analytischen Verstand und eine ausgeprägte Beobachtungsgabe. Sie sind gesellig, schätzen den Austausch mit anderen Personen und tiefschürfende Gespräche über die wesentlichen Dinge des Lebens. Jedoch brauchen sie viel Zeit für sich selbst. Ihre PartnerInnen sollten ihnen diese Zeit unbedingt zugestehen.

Im Außen zeigen sich diese Persönlichkeiten vielfach still und reserviert. Sie sind aber nicht introvertiert, denn es fällt ihnen recht leicht, ihre Gefühle zu äußern und zu sich selbst zu stehen.

Wenn im Leben zu viel über sie hereinbricht, zieht sich diese Intensitätszahl ohne Erklärung zurück. Im Allgemeinen fällt es ihr leicht, Verantwortung zu tragen, doch sollte sich dadurch auch die Möglichkeit ergeben, Zeit für schöpferische Einsamkeit, eigene Interessen oder auch konstruktive Studien zu finden. Ihre wesentliche Lernaufgabe ist es, die eigenen Bedürfnisse zu artikulieren und die Angst vor seelischen Verletzungen abzulegen. Im Beruf sind diese Menschen sehr fleißig und mitfühlend, jedenfalls sollten sie eine berufliche Tätigkeit mit sozialem Hintergrund ausüben.

Intensitätszahl 8

Zu den charakteristischen Eigenschaften dieser Menschen zählen Kreativität, Erfindungsreichtum, Neugierde und Flexibilität. Sie sind sowohl an geistiger Entwicklung interessiert als auch an materiellen Aspekten. Zwar verspüren sie den inneren Drang, Großes zu vollbringen, doch wissen sie nicht recht, wohin mit diesem Gefühl. Sie wirken spontan, manchmal sogar launisch, sind jedoch ausgesprochen diszipliniert und konsequent, vor allem wenn ihnen das, was sie tun, Freude bereitet.

Ihr größter Schwachpunkt ist, dass sie sich selbst immer unter Druck setzen, die geplanten Ziele zu erreichen, wobei sie sich die Latte ständig höher legen und sich verbessern wollen. Sie sollten unbedingt diese Einengung loslassen und das Muster, unter Druck noch produktiver zu werden, auflösen.

Im Hier und Jetzt präsent zu sein und über die tiefste Bedeutung des Lebens zu meditieren, hilft diesen Menschen, ihre enormen Begabungen zu verwirklichen. Sie schätzen es, in Gesellschaft zu sein, und manchmal auch, im Mittelpunkt zu stehen. Sie sind in der Lage, tiefe Beziehungen einzugehen, allerdings mit nur wenigen Menschen. Das müssen Persönlichkeiten sein, zu denen sie aufschauen können und die sie wertschätzen. Im beruflichen Bereich strebt diese Intensitätszahl vielfach eine Führungsposition oder die Selbstständigkeit an. Sie widmet sich mit Leidenschaft dem Beruf und identifiziert sich mit ihren Leistungen. Sie braucht viel Bestätigung von außen und will es daher allen recht machen. Gerade dieses Verhaltensmuster muss sie jedoch unbedingt lösen, wenn sie ihr Ziel erreichen will. Meditation und Bewegung in der Natur erweisen sich als sehr hilfreich für Menschen mit dieser Intensitätszahl.

Intensitätszahl 9

Menschen mit dieser Intensitätszahl sind träumerisch, idealistisch und ausgesprochen sensibel. Sie können bisweilen etwas weltfremd wirken, weil sie sich eine Welt frei von Bösem wünschen. Wenn sie Abgrenzung lernen, können sie für sich ein glückliches Leben gestalten. Sie besitzen natürliches Charisma und können Menschen begeistern. Da sie sich großzügig, verständnisvoll und mitfühlend zeigen, sind sie sehr beliebt. Sie brauchen Menschen um sich sowie eine wertvolle Beziehung zu diesen, benötigen aber auch viel Zeit für sich selbst. Wichtig ist, dass sie sich selbst nicht immer an die letzte Stelle setzen und für sich klären bzw. auch anderen mitteilen können, was sie brauchen und wollen. Deshalb ist es ein überaus schwieriges Lernziel für sie, ihre Gefühle auszudrücken und besonders auch das zu artikulieren, was sie verletzt hat, wenngleich dies bedeuten könnte, selbst anderen wehzutun. Mitmenschen zu beleidigen oder zu verletzen ist genau das, was sie am schwersten aushalten können. Aber letztlich stellt es die einzige Möglichkeit für sie dar, ihre innere Freiheit zu gewinnen. Beruflich eignen sie sich für therapeutische und beratende Tätigkeiten, vor allem für den pädagogischen Bereich als LehrerInnen, ErzieherInnen oder EntwicklungspsychologInnen.

Die Zahlen unserer Talente: Initiationszahl, Berufszahl, Talentzahl und Ausdruckszahl

Die eigene Berufung verwirklichen

Für all jene unter uns, die zwar einen Beruf ergriffen, diesen aber nicht bewusst und aus ganzem Herzen ausgewählt haben, kommt in unserem Leben ein besonderer Moment: In diesem bedeutsamen Augenblick verspüren wir ganz deutlich das Bedürfnis nach der Verwirklichung der eigenen Berufung.

Es handelt sich hier um Tätigkeiten, bei deren Ausübung wir ganz auf die Zeit und auf die Welt um uns vergessen, da unsere Aufmerksamkeit vollkommen darauf konzentriert ist und sich unser Herz ganz und gar davon erfüllt zeigt. Ganz allgemein heißt das: Solche Tätigkeiten bedeuten die Durchführung unserer Lebensaufgabe! Diese Bestimmung ist meist das, wovon wir schon in der Kindheit geträumt haben, und bezieht sich auf Arbeitsbereiche, die wir uns schon damals als ideal für unser weiteres Leben vorstellen konnten. All diese Aspekte – unsere Gefühle und unsere Vorstellungen – geben uns Hinweise, wie unsere Berufung aussieht, und müssen daher berücksichtigt werden.

Oft sind wir in starren Mustern gefangen und wissen nicht genau, woran wir uns orientieren sollen. Zur Fremdbestimmung, die uns zu einer unbefriedigenden Berufswahl geführt hat, ist es meist durch den Einfluss der Familie oder aufgrund gesellschaftlicher Vorgaben gekommen. Doch handelt es sich um unsere persönliche Lebenszeit – deshalb sollte es uns ein Anliegen sein, unsere Lebensaufgabe zu verwirklichen, auch wenn sich dies oft als nicht einfach herausstellt.

Folgt ein Mensch seiner Berufung nicht, so verspürt er ein unklares, aber doch tiefes Gefühl des Missbehagens, der Trauer und teilweise sogar der Sinnlosigkeit. Rational wissen wir, dass es unumgänglich ist, unserer Arbeit nachzugehen, da das Einkommen für das Alltagsleben und die Erhaltung der Familie benötigt wird. Aber solche Tätigkeiten erfüllen uns nicht und wir sehen auch keinen Sinn darin, da unsere persönliche Neigung ganz woanders liegt. Befindet man sich in dieser Situation, ist positives Denken ratsam, um nicht dem Gefühl zu unterliegen, dass es für einen selbst bereits zu spät sei. Denn es ist immer möglich, die eigene berufliche

Situation mit viel Geduld und Kreativität zu ändern. Wir müssen uns nur bewusst auf die Suche nach der eigenen Berufung begeben und aus dieser Wahrnehmung heraus den richtigen Arbeitsbereich finden.

Unsere Begabungen zeigen sich bereits in frühester Kindheit, doch im Laufe der Zeit sind wir viel zu oft mit Äußerungen von anderen konfrontiert, die unseren Lebenswunsch blockieren. So werden uns gut gemeinte Ratschläge erteilt, wie zum Beispiel: „Lern doch lieber einen anständigen Beruf. Dann ist es dir möglich, in finanzieller Sicherheit zu leben, und du musst nicht mit solchen Schwierigkeiten kämpfen, wie es bei uns der Fall war.“

In der ersten Lebenshälfte ist unsere Energie oftmals stark nach außen hin gerichtet. In dieser Zeit nehmen wir unsere Berufung meist nicht wirklich wahr und leben oder führen sie nicht aus. In dieser Zeit fristen wir unser Dasein mit einer Art Resignation. Wir haben den Eindruck, einen guten Arbeitsplatz zu besitzen, und sehen eigentlich keinen Anlass, etwas verändern zu müssen. Der Versuch, einen neuen Weg einzuschlagen, ist ja auch stets mit Beschwerlichkeiten verbunden. Und wenngleich sich eine gewisse Unzufriedenheit einstellen kann, sind wir zu abgelenkt und zu müde, um uns einen Wendepunkt im beruflichen Leben vorzustellen und eine entsprechende Richtungsänderung in Angriff zu nehmen.

Eine berufliche Umorientierung setzt auch immer einen persönlichen Entwicklungsprozess voraus und erfordert die Bereitschaft, etwas zu verändern. Dafür ist es wichtig, die Kraft der Intuition zu nutzen und nicht daran zu verzweifeln, dass zwischen dem anfänglichen Wollen und der tatsächlichen Umsetzung der eigenen Vorstellungen Welten liegen. Am Ende dieses Prozesses, so mühsam er auch sein mag, wartet eine neue berufliche Identität.

Bei solch einer Neuorientierung muss es sich nicht gleich um eine radikale Veränderung handeln. Entscheidend ist, sich selbst besser zu spüren und bewusst die Berufswünsche wahrzunehmen, die mit dem persönlichen Naturell und der inneren Kraft im Einklang stehen. Hat man seine Neigungen erkannt, so gilt es herauszufinden, wie sie umzusetzen und in das eigene Leben zu integrieren sind.

Unser Ziel besteht also darin, die Talente und die Berufung zu erkennen, die uns zu einer Arbeit verhelfen, durch die wir an jedem Tag unseres Lebens eine sinn- und freudvolle Erfüllung finden. Dies zu entdecken wird uns nun das folgende Kapitel helfen: Hier werden diejenigen Zahlen in der Numerologie vorgestellt, die es den Leserinnen und Lesern ermöglichen, ihre Bedürfnisse und ihre Lebensaufgaben bewusst zu erkennen.

* * * * * * * * *

Initiationszahl

Die spirituelle Vision unserer Seele

Die Initiationszahl ist die Zahl, die unsere spirituelle Aufgabe definiert. Sie bringt uns in Verbindung mit Impulsen, welche wir zwar immer wieder wahrnehmen, deren wir uns aber meist nicht bewusst sind. Zum Teil tendieren wir sogar dazu, solche Impulse zu verdrängen. Diese Zahl gibt uns Informationen über grundlegende Lernaufgaben auf spiritueller Ebene, die zu integrieren wichtig sind, um in Harmonie mit unserer spirituellen Entwicklung zu leben. Sie konfrontiert uns mit Aufgaben, deren Bewältigung uns hilft, unsere tiefste Wahrheit zu finden und unser Potenzial im Leben zu entfalten. Die Herausforderung ist, die Grenze des Egos zu überschreiten und unsere Muster und Verhaltensstrategien, die alte Verletzungen heilen wollen, zu klären, zu verstehen und zu verändern.

Die Initiationszahl wird ermittelt, indem man die Quersumme aus Lebenszahl, Seelenzahl und Intensitätszahl bildet. Ist keine Intensitätszahl vorhanden, besteht die Initiationszahl nur aus Lebenszahl und Seelenzahl.

Beispiel Initiationszahl (IniZ)

Geburtsname Viola-Altea Rosenberger

LZ = 5	SZ = 8	IZ = 5	
	LZ + SZ + IZ = IniZ		
	5 + 8 + 5 = 18	1 + 8 = 9	IniZ = 9

Wohlfühlname Viola Rosenberger

LZ = 5	SZ = 1	IZ = (5 bzw. 9)	
	LZ + SZ = IniZ		
	5 + 1 = 6		IniZ = 6

Beispiel: Beschreibung der Initiationszahl

Für eine Person mit dem Geburtsnamen Viola-Altea Rosenberger ergibt sich die Initiationszahl 9. Diese Zahl zeigt ein ausgeprägtes Interesse an Spiritualität.

Die aus dem Wohlfühlnamen Viola Rosenberger errechnete Initiationszahl ist 6. Sie ergibt sich durch Addition der Lebenszahl 5 mit der Seelenzahl 1, da es in dem Fall keine Intensitätszahl gibt. Die Initiationszahlen von Geburtsname und Wohlfühlname stehen in einem ebenso engen Bezug zueinander wie auch die beiden Intensitätszahlen. 6 und 9 sind Zahlen der Gemeinschaft, der Hilfsbereitschaft und der Spiritualität.

Die Zahl 6 zeigt eine Spiritualität, die praktisch und konkret ist, wenn es darum geht, anderen zu helfen, sie zu unterstützen und vor allem Verantwortung zu tragen. Eine Spiritualität, die eher mystische Aspekte zeigt und die Welt verbessern will, weist hingegen die Zahl 9 auf, die in gewisser Weise der „große Bruder“ der Menschheit ist.

ERKLÄRUNG DER EINZELNEN INITIATIONSZAHLEN

1

Initiationszahl 1

Die Grenzen des Egos überschreiten und sich selbst lieben lernen

Spirituelle Aufgabe

Für Menschen mit dieser Initiationszahl darf Spiritualität zu etwas Greifbarem und Konkretem werden, das sich im Alter leicht integrieren lässt. Diese Personen helfen gerne und haben einen guten Überblick über ihr Leben. Sie fühlen, dass die spirituelle Aufgabe in ihrem Leben damit zu tun hat, für andere da zu sein, sie zu unterstützen und sich der Liebe zu öffnen, ohne eigene Muster und persönliche Wünsche dabei einfließen zu lassen. Die Initiationszahl 1 verbindet die Person mit ihrem innersten Wunsch, nämlich frei und glücklich zu werden. Diese Menschen haben keinen theoretischen Zugang zur Spiritualität, sondern fühlen sich dazu berufen, auf einfache und unaufdringliche Weise Hilfe anzubieten. Die spirituelle Aufgabe dieser Initiationszahl zeigt sich, indem die Persönlichkeiten gute LebensberaterInnen sind. Mit ihrer einfachen und liebevollen Art schenken sie Hoffnung und Trost. Sie treffen immer wieder Menschen, die ihnen die Beraterrolle übertragen. Schon als Kind sind sie sehr weise und bereits in ihrer Jugend ist ihre Meinung gefragt. Blickt man auf das Leben dieser Personen, so hat man das Gefühl, dass sie eine innere Weisheit besitzen. Sie werden schon früh mit schwierigen Lebensumständen konfrontiert, wodurch sie viel über andere lernen können. Dabei können sie die Menschen erkunden und herausfinden, warum diese in gewissen Situationen auf eine bestimmte Art und Weise reagieren. Es ist so, als würde diese Seele inkarnieren, um die Grundthemen der Menschen zu beobachten und die Zusammenhänge zu erkennen.

Manifestation der Seelenaufgabe

Die Initiationszahl 1 manifestiert ihre Seelenaufgabe, indem sie bereits ab der frühen Kindheit eine beratende Rolle für die Menschen in ihrem Umfeld übernimmt. Sie spürt in sich die Verantwortung, anderen zu helfen und für diese ein Vorbild zu sein. Dieser Mensch will immer stark sein, wodurch es ihm sehr schwerfällt, um Hilfe zu bitten. Seine Herzlichkeit zu leben und auch zu erfahren, dass seine Menschlichkeit von den Mitmenschen vollkommen angenommen wird, sind wesentliche Teile seines Seelenplanes.

Empfohlene berufliche Tätigkeit

LehrerIn, TrainerIn, ErzieherIn, MediatorIn, RichterIn, Anwalt/Anwältin, PsychotherapeutIn, Betriebsrat/-rätin, KörpertherapeutIn.

Fragen zur Reflexion

- *Kann ich die Grundlinien dieser spirituellen Aufgabe in meinem Leben erkennen?*
- *Konnte ich die Grundlinien bereits in meiner Kindheit erkennen?*
- *Kommen Menschen zu mir und stellen mir Fragen zu meinem Leben?*
- *Fühle ich mich beruflich oder privat manchmal in der Beraterrolle?*
- *Habe ich mich schon für Heilberufe interessiert oder für Berufe aus dem Bereich Lebens- und Sozialberatung?*
- *Kann ich mich abgrenzen und Nein sagen? Fühle ich mich verpflichtet, allen zu helfen?*
- *Kann ich Menschen leichter verzeihen, weil ich erkenne, aus welchen Gründen sie handeln?*

2

Initiationszahl 2

Liebe ohne Abhängigkeit zulassen

Spirituelle Aufgabe

Menschen, die diese Initiationszahl aufweisen, sind dazu berufen, zu lernen, mit ihren medialen Fähigkeiten und ihrer ausgeprägten Empathie umzugehen. Ein Teil dieser spirituellen Aufgabe ist auch, die emotionale Abhängigkeit wie auch die Co-Abhängigkeit aufzulösen. Im Laufe des Lebens werden den Menschen mehrere Möglichkeiten geboten, dass sie mit den inneren seelischen Schmerzen umgehen lernen, die Kraft, emotional selbstständig zu sein, finden und vor allem ihre natürliche Tendenz zur Unentschlossenheit heilen. Menschen mit der Initiationszahl 2 werden vom Leben geführt und dürfen lernen, selbstständig und stark zu sein. Das Leben führt zur emotionalen Klärung der eigenen Bedürfnisse, Emotionen, Glaubenssätze und Verhaltensmuster.

Durch diese Heilung erfahren die Personen eine tiefe Dimension der Liebe, die sie zu einer gänzlichen Urteilsfreiheit und einem liebevollen Umgang mit den Mitmenschen führt. Indem sie den Weg beschreiten, können sie sich mit ihrer tiefen Sensibilität konfrontieren und empfinden diese nicht mehr als Schwäche, sondern als Stärke. Ihre Empfindsamkeit ist einerseits eine Quelle der Liebe und Lebensfreude sowie andererseits auch eine besondere Gabe, die ihnen erlaubt, den Menschen sehr nahe zu sein. In solchen Situationen, auf die sie immer wieder im Leben stoßen, ist die Grundaufgabe das Annehmen der eigenen medialen Fähigkeiten und die

Offenheit, in spirituellen Berufen tätig zu werden wie etwa als Medium, EnergetikerIn, Lebens- und SozialberaterIn mit schamanistischem Hintergrund.

Manifestation der Seelenaufgabe

Die Aufgabe eines Menschen mit der Initiationszahl 2 tritt besonders insofern zutage, als er oft in einer Familie lebt, die sehr rational und kopforientiert sowie von einem Sicherheitsdenken durchdrungen ist. Er spürt, dass diese Werte nicht seinem System entsprechen können. Daher fühlt er sich berufen, seinen eigenen Weg zu finden und sich von der Familie abzunabeln. Im Laufe der Jahre findet er die Kraft, zu seinen Gefühlen zu stehen und emotional selbstständig zu werden. Er lässt sich nicht mehr aus seinem Bedürfnis nach Harmonie, Liebe und Anerkennung heraus erpressen. Oft fühlen sich diese Menschen von der Familie nicht verstanden und wahrgenommen.

Empfohlene berufliche Tätigkeit

Ganzheitliche/r TherapeutIn, spirituelle/r BeraterIn, Familientherapeutln, TherapeutIn mit systemischen Ansätzen, GärtnerIn, FörsterIn, Tierarzt/-ärztin; Berufe, die mit Natur und Umweltschutz verbunden sind; allgemein Berufe im Rahmen des Gesundheitsdienstes, in denen ethische und soziale Werte von Bedeutung sind.

Fragen zur Reflexion

- *Lasse ich meine Intuition zu?*
- *Vertraue ich auf meine innere Stimme?*
- *In welcher Beziehung erlebe ich emotionale Abhängigkeit oder Co-Abhängigkeit?*
- *Fühle ich mich berufen, therapeutische Berufe auszuüben?*
- *Fühle ich mich frei?*
- *Handle ich aus Harmoniebedürfnis und aus dem Bedürfnis heraus, anerkannt und gesehen zu werden?*

Initiationszahl 3

Lebensfreude und Optimismus entwickeln

Spirituelle Aufgabe

Die spirituelle Aufgabe der Initiationszahl 3 hat mit Lebensfreude zu tun. Diese Menschen besitzen ein ausgeprägtes Inneres Kind und eine starke Verbindung zu Leichtigkeit, Fröhlichkeit und Freude. Wenn sie ein Selbstwertgefühl und eine gewisse Klarheit in ihrem Leben spüren, sind sie auch für ihre Mitmenschen eine Quelle der Freude und Gelassenheit. Sie fühlen sich verpflichtet, für andere Menschen präsent zu sein und sie auf dem Weg, eine gewisse Leichtigkeit im Leben zu entfalten, zu unterstützen. Ihre seelische Aufgabe besteht darin, dass sie die Kraft finden, zur eigenen inneren Freiheit und Weltanschauung zu stehen, und das auch nach außen hin zeigen. Diese Menschen spüren schon in früher Kindheit, dass das Leben viel einfacher läuft, wenn man loszulassen lernt und die Umstände des Lebens annimmt, ohne Widerstand zu leisten. Sie wissen, wenn etwas im Leben zu Ende geht, beginnt auch etwas Neues. Schon früh spüren sie, dass es im Leben darum geht, Kraft und Freiheit zu leben. Da sie glauben, die Prinzipien und Verhaltensweisen der Mitmenschen berücksichtigen zu müssen, fällt ihnen dies jedoch schwer. So verlieren sie oft schon in der Kindheit den Zugang zu ihrer Grundweisheit und vergessen auf diese innere Quelle der Kraft und der Träume.

Manifestation der spirituellen Aufgabe

Die spirituelle Aufgabe dieser Menschen zeigt sich vor allem in der Kindheit. Oft kommen sie in einer Familie zur Welt, in der Traurigkeit, alte Belastungen und Schicksalsschläge das Seelenleben negativ prägen und blockieren. Diese Menschen tragen in sich das Bedürfnis, die Familie oder einzelne Familienmitglieder zu unterstützen. Tief in sich fühlen sie Vertrauen und erkennen, dass alles, was im Leben passiert, einen tieferen Sinn hat. Es kann sein, dass Kinder mit der Initiationszahl 3 eine starke Verbindung zu ihrem Schutzengel spüren. Dem Leben und den eigenen Fähigkeiten zu vertrauen ist die größte Herausforderung dieser Zahl. Die spirituelle Aufgabe lautet, auf den Punkt gebracht, die positive Seite des Lebens zu erkennen und die den Menschen naturgemäß eigene Tendenz zur Leichtigkeit zu leben. Das Erfüllen der persönlichen Pflichten verbindet sich im Dasein mit der spielerischen und genussvollen Seite des Lebens.

Der erste Schritt einer Veränderung geschieht, indem man beginnt, in eine konstruktive Richtung zu denken. Die eigenen Verhaltensstrategien in eine positive, vertrauensvolle und aufbauende Richtung zu lenken sowie positiv zu denken, hilft den Menschen einen Weg zu finden. Im Laufe ihres Lebens werden ihnen mehrere Prüfungen auferlegt, bei denen es immer darum geht, Vertrauen zu entwickeln, gelassen zu bleiben und den eigenen, positiven Charakter zu bewahren, auch wenn ihr Umfeld von negativem Denken geprägt ist. Menschen mit der Initiationszahl 3 brauchen viel Bewegung, Zeit in der Natur, Farben rund um sich und Musik, die sie berührt. All diese Elemente forcieren den Prozess der Selbsterkenntnis. Die natürliche Begeisterung, die diese Menschen für das Leben und ihre Mitmenschen hegen, ist wichtig sowohl als Impuls für die eigene Persönlichkeitsentwicklung als auch, um zu lernen, sich selbst treu zu sein.

Empfohlene berufliche Tätigkeit

Im späteren Lebensalter sind sie gute MotivationstrainerInnen oder helfen anderen Menschen, mit dem Altwerden umzugehen. Es wäre für sie von großer Bedeutung, wenn sie im reifen Alter ein Buch über ihre Weltsicht schreiben und dieses den jüngeren Generationen in der Familie schenken oder es sogar veröffentlichen würden. Sie einem bestimmten Berufsbild zuzuordnen ist schwierig. Man kann aber davon ausgehen, dass alles, was ihnen Freude bereitet und mit Menschen zu tun hat, für sie geeignet ist.

Fragen zur Reflexion

- *Habe ich Vertrauen ins Leben?*
- *Was ist die Quelle meines Vertrauens?*
- *Was gibt mir Geborgenheit?*
- *Fühle ich mich in meinen Beziehungen geborgen?*
- *Was bereitet mir Freude?*

Initiationszahl 4
Toleranz, Akzeptanz und Loslassen lernen

Spirituelle Aufgabe

Zwei Aspekte charakterisieren die spirituelle Aufgabe der Initiationszahl 4. Ein Ziel ist, Toleranz und Akzeptanz zu lernen, vor allem in Bezug darauf, dass jeder Mensch seinen persönlichen religiösen Ansatz und eine eigene Meinung hat und daher oft anders denkt. Das zweite Bestreben ist, für sich selbst nicht zu starre Lebensregeln zu fixieren. Diese Personen sollten lernen, die eigenen Grundwerte und Meinungen je nach Lebensbedingung zu verändern, ohne sich selbst und die anderen zu streng zu bewerten. Für sie ist es empfehlenswert, handlungsorientiert zu sein. Alltägliche Tätigkeiten sind eine Herausforderung für sie, weil sie bisweilen in ihre Gedanken versunken sind, gerne reflektieren oder manch anderes erledigen würden. Oft werden sie mit Pflichten konfrontiert, die sie belasten. Es entsteht der Eindruck, als wollte das Leben ihnen das Loslassen und Akzeptieren beibringen.

Manifestation der spirituellen Aufgabe

Oft kommen diese Menschen in einer Familie zur Welt, in der extreme Religiosität gelebt wird oder in der es wichtig ist, eine makellose Fassade zu zeigen. Es könnte auch sein, dass diese Familie sehr strenge moralische Regeln hat und daher Individualität, vor allem in der Kindheit, nicht unterstützt, sondern eher Anpassung und Rigidität. Im Laufe des Lebens stoßen die Personen oft auf Konflikte.

Ein Mensch mit der Initiationszahl 4 wird vom Leben häufig mit dem Thema des Loslassens konfrontiert. Er entdeckt, dass immer, wenn etwas zu Ende geht, zugleich etwas Neues entsteht. Ebenso lernt er zu akzeptieren, dass andere vielfach gegen seine eigene Einstellung handeln. In diesen Situationen ist es wichtig, keinen Widerstand zu leisten, sondern zu akzeptieren und im Fluss zu bleiben. Jedes einzelne Problem, das diese Personen lösen können, hilft ihnen, den eigenen Weg in die Freiheit zu gestalten und sich zu entwickeln. Sich zu beklagen und gegen das Leben zu kämpfen verlängert nur die Prüfungen auf dem Lebensweg. Auf den eigenen fixen Einstellungen zu beharren und nicht loszulassen bedeutet, in einem Teufelskreis gefangen zu sein. Diese Menschen müssen lernen, der Weisheit des Lebens zu vertrauen und anzunehmen, was das Leben ihnen präsentiert. Auf den Punkt gebracht ist genau das die spirituelle Aufgabe der Initiationszahl 4. Wichtig ist zu erkennen, dass wir ständig in Entwicklung leben und das einzig Beständige der Wandel ist.

Empfohlene berufliche Tätigkeit

Menschen mit dieser Initiationszahl sind beruflich sehr flexibel und können jede Tätigkeit ausüben, solange sie einen Sinn in dem sehen, was sie tun.

Fragen zur Reflexion

- *Bin ich anderen Menschen gegenüber tolerant?*
- *Wie gehe ich damit um, wenn meine Erwartungen enttäuscht werden?*
- *Kann ich die Kontrolle loslassen?*
- *Welche Strategien wende ich an, um zwischenmenschliche Beziehungen zu kontrollieren?*
- *Denke ich bewusst an Schlimmes, um vorbereitet zu sein, falls es eintritt?*
- *Habe ich Ängste, die mich unruhig machen und mein Handeln beeinflussen?*
- *Wie gehe ich mit meinen Ängsten um?*

Initiationszahl 5
Die eigene Freiheit leben und dazu stehen

Spirituelle Aufgabe

Diese Menschen haben die Aufgabe, Veränderungen im Leben anzunehmen und die eigene Freiheit zu leben. Die Initiationszahl 5 steht im Allgemeinen mit Veränderung in Verbindung und führt die Menschen von Anfang an in ein ausgesprochen bewegtes Leben. Bereits wenn sie zur Welt kommt, eignet dieser Seele die Offenheit für Veränderung und das Vertrauen, dass jede Form des Wandels auch etwas Positives mit sich bringt.

Wenn diese Menschen mit ihrer inneren Quelle des Wissens und ihrer inneren Stimme in Verbindung kommen, ziehen sie sehr schnell durchs Leben und nehmen Veränderungen an. Oft werden sie jedoch von der Stammfamilie nicht verstanden. Es ist für sie wesentlich, gleichzeitig Bindung und Verbindlichkeit in Beziehungen zu lernen, um Wurzeln schlagen zu können. Diese Wurzeln haben jedoch nicht unbedingt mit einem Ort zu tun, sondern vielmehr mit zwischenmenschlichen Beziehungen. Für die Menschen ist es bedeutungsvoll, stabile Partnerschaften zu leben, ein offenes Herz zu behalten und sich nicht zurückzuziehen oder in Gedanken zu versinken und sich hinter Grübeleien zu verstecken. Zu ihrer spirituellen Aufgabe gehört auch, die Liebe zuzulassen und sie mit Sinnlichkeit und Sexualität zu erfüllen. Die Sexualität im Rahmen einer Partnerschaft zu entfalten, könnte diesen Persönlichkeiten helfen, ihren charakteristischen Weg zu leben. Eine nachdrückliche Herausforderung ist bewusstes Loslassen zu lernen. Da diese Menschen Angst haben, etwas zu versäumen, wenden sie sich innerhalb kürzester Zeit vielen verschiedenen Dingen zu. Daher sollten sie im Sinne ihrer Seelenaufgabe für sich zulassen, dass ihnen ein entschleunigtes Leben, frei von innerem Druck und Zeitnot, guttut. Es ist wichtig, Begeisterung in sich zu tragen und zu lernen, dass alles im richtigen Moment passiert. Diese Initiationszahl erfährt, dass zwar von außen viele Impulse kommen, sie aber nicht alles annehmen und realisieren kann. Indem sie auf ihre innere Stimme hört, vermag sie herauszufinden, was genau Priorität hat.

Manifestation der spirituellen Aufgabe

Ziel der spirituellen Lebenserfahrung ist die Entfaltung der persönlichen geistigen Freiheit. Menschen mit der Initiationszahl 5 wollen von Personen umgeben sein, die ihnen genug Freiraum lassen. Oft werden sie in eine Familie geboren, in der überaus strenge Regeln gelten und in der sie um ihre persönliche Meinung kämpfen müssen. Diese Auseinandersetzung mit dem eigenen Bedürfnis nach Freiheit bringt die Menschen dazu, sehr klar zu spüren, wo sie hingehören und was sie brauchen. Ein großes Thema dieser Initiationszahl ist auch die Heilung von karmischen Beziehungen. Oft trifft dieser Mensch auf Persönlichkeiten, die ihm von Anfang an vertraut sind. Dies sind dann solche, die er bereits in einer Inkarnation getroffen hat oder zu denen er eine besondere Verbindung spürt – eine Art Seelenverwandtschaft. Sie begleiten ihn ein Stück des Lebensweges oder auch das ganze Leben lang. Mit ihnen ist zumeist entweder ein Beziehungs- oder ein Verhaltensmuster zu lösen oder es sind Menschen, die ihm durch ihr Beispiel in seiner Weiterentwicklung helfen.

Empfohlene berufliche Tätigkeit

Beruflich sollte die Initiationszahl 5 eine Tätigkeit ausüben, in der sie selbstständig, viel unterwegs und in engem Kontakt mit Menschen sein kann. Eine reine Bürotätigkeit vor dem Bildschirm würde die geistige Lebendigkeit dieser Menschen sehr belasten. Zu reisen ist für sie überaus wichtig. Sie interessieren sich für mystische Philosophien und die Karmalehre. Eine mögliche berufliche Entwicklung ab dem Alter von etwa 42 bis 45 Jahren ist die Tätigkeit als RückführungstherapeutIn.

Fragen zur Reflexion

- *Treffe ich oft Menschen, die mir von Anfang an vertraut sind und zu denen ich eine starke und gleichzeitig konfliktreiche Beziehung entwickle?*
- *Passieren mir oft Phänomene auf die Art von Déjà-vu-Erlebnissen, besonders über Augenkontakt?*
- *Was brauche ich, um mich innerlich frei zu fühlen?*
- *Wie wichtig ist das Reisen für mich?*
- *Habe ich oft das Gefühl, zu „langsam" zu leben und etwas zu versäumen?*
- *Verliere ich mich oft in Gedanken und entfremde ich mich dadurch von meinen eigenen Gefühlen?*
- *Habe ich das Gefühl, mein Leben würde „schneller" verlaufen als das meiner Mitmenschen?*

Initiationszahl 6
Altruismus und Abgrenzung lernen

Spirituelle Aufgabe

Die spirituelle Aufgabe besteht darin, Altruismus zu vermitteln und vorzuleben. Natürlich birgt dies aber auch das Risiko des Helfersyndroms. Die Menschen mit dieser Initiationszahl spüren in sich das Bedürfnis zu helfen und zu lieben, sie wollen lernen, bewusst und verantwortungsvoll mit Liebe umzugehen. Einerseits geht es darum, sich selbst zu lieben, andererseits ist auch das Loslassen in der Liebe zu den Mitmenschen von Bedeutung. Diese sollten so angenommen werden, wie sie sind. Zu vermeiden ist, dass Menschen, die durch diese Seele Liebe und Unterstützung erfahren, von ihr abhängig werden. Präsenz, Eintauchen in die eigenen Emotionen und Gefühle sowie eine klare Wahrnehmung von dem, was man spürt, sind sehr wichtig für diese Menschen und Teil ihrer seelischen Aufgabe.

Manifestation der spirituellen Aufgabe

Menschen mit der Initiationszahl 6 haben vielfach eine Ursprungsfamilie, in der sie nicht positiv wahrgenommen und teilweise als energielos empfunden werden. Oft werden sie in der Familie eingeschränkt, ihre Selbstständigkeit wird nicht unterstützt. Das Kind lebt als Mitläufer und ist anfällig für die Grundmuster des Familiensystems. Die Herausforderung besteht darin, selbstständig zu werden und nicht zu viel Verantwortung für die Familie zu übernehmen, damit man dadurch nicht blockiert wird. Zwischen 30 und 40 Jahren stürzen diese Menschen häufig in eine tiefe Lebenskrise, die ihnen aber letztlich ermöglicht, zu sich selbst zu finden, klarer und freier zu werden. In jener Phase analysieren sie oft ihre Vergangenheit und versuchen, diese zu heilen. Da Menschen mit der Initiationszahl 6 Liebe geben wollen, besteht für sie die Gefahr, sich über das Gebrauchtwerden zu definieren. Sie suchen einen liebevollen Austausch mit ihren Mitmenschen und sind sehr herzlich im Umgang, was sich in ihrer Gestik, Mimik und Sprache ausdrückt. Ziel dieser Seele ist, die Selbstliebe zu erfahren und tiefe, innere Wurzeln in ihrem Dasein zu schlagen. Diese Menschen dürfen lernen, aus dem Hara – aus ihrer Mitte – zu leben, wie es in der fernöstlichen Tradition heißt. Sie lernen in der Folge die Yin-Energie, die im Hara entspringt, zu entwickeln, präsent und innerlich ruhig zu sein. Im Zuge ihrer Reifung gelingt es ihnen, die Impulse, die das Leben ihnen präsentiert, zu deuten und in Harmonie mit diesen Impulsen innerlich zu heilen. Diese Menschen setzen sich mit dem Thema Verantwortung auseinander und lernen, wie sie gleichzeitig ihre Unabhängigkeit wahren können.

Empfohlene berufliche Tätigkeit

Beruflich sind diese Menschen sehr geeignet als SeherInnen, als LehrerInnen und für Arbeitsgebiete, in denen sie sich wohlfühlen und eine helfende Tätigkeit ausüben können, unabhängig von der jeweiligen Branche. Infrage kommen daher vor allem der Kommunikationsbereich, die Politik, Ergotherapie, Heilberufe allgemein, pädagogische Berufe und Dienststellen, an denen man mit Menschen, besonders mit Kindern und Jugendlichen, in Kontakt tritt.

Fragen zur Reflexion

- *Kann ich mich abgrenzen?*
- *Kann ich anderen Menschen zumuten, selbst auch Schmerz auszuhalten und das eigene Leben zu meistern?*
- *Kann ich mich selbst lieben und auf mich achten?*
- *Habe ich fixe Vorstellungen davon, wie man liebt, wie mein/e PartnerIn sein soll, wie ich lieben möchte?*
- *Trage ich zu viel Verantwortung für meine Familie und FreundInnen, sodass kaum Zeit für mich bleibt?*
- *Kann ich ruhig und in meiner Mitte bleiben?*
- *Nehme ich mir Zeit für mich, um in die Natur zu gehen oder um etwas zu tun, das mir Freude bereitet und mir Ruhe gibt?*

7 Initiationszahl 7
Spiritualität erfahren und verbreiten

Spirituelle Aufgabe

Spirituelles Wissen zu verbreiten ist die Aufgabe von Menschen mit der Initiationszahl 7. Sie interessieren sich schon sehr früh für Spiritualität, Okkultismus, Religion, Esoterik und verschiedene Formen von Psychologie und Psychotherapie. Sie sind mit den mystischen Aspekten des Lebens stark verbunden und brauchen zu ihrem Wohlgefühl eine meditative Tätigkeit. Die Meditation bedeutet eine enorme Hilfestellung für diese Menschen, die schon in der Kindheit eine ausgeprägte Tendenz zu Rückzug und Reflexion zeigen. Sie verfügen über ein bemerkenswertes intuitives, spirituelles Wissen, das sie im weiteren Verlauf ihres Lebens auf solch realistische und einfache Weise aufbereiten und verbreiten wollen, dass es so viele wie möglich erfassen und aufnehmen können. Die Menschen lernen, Spiritualität zu leben, und erfahren somit, dass diese nicht nur theoretisch auf der Basis ethischer Werte zu erleben ist, sondern dass man im Alltag in jedem Augenblick die Liebe zulassen kann und die Inhalte des Lebens mit einem offenen Herzen betrachten soll.

Diese Persönlichkeiten werden in ihrem Leben immer wieder mit unterschiedlichen Herausforderungen, Prüfungen und Schicksalsschlägen konfrontiert, die sie dazu bringen, Vertrauen ins Leben und in die Spiritualität zu haben sowie mit dem Herzen zu fühlen und zu leben. Sie werden in dieser Inkarnation in die spirituelle Liebe initiiert und eingeweiht. Ihre Aufgabe manifestiert sich, indem sich diese Menschen schon in frühen Jahren mit Kampfkunst und Meditation befassen und sich zunehmend für altheilige Schriften, Geheimlehren und Philosophie interessieren. Auf der Suche nach spirituellen Wahrheiten sind sie stets äußerst skeptisch und aufmerksam in Bezug auf unterschiedliche Wahrheiten, die sie erfahren. Die Herausforderung besteht darin, zu erkennen, dass jede der verschiedenen spirituellen Traditionen für sich einen Weg darstellt und jeder dieser Pfade zur Liebe führt. Wichtig ist, seinen persönlichen Weg zu beschreiten. Diese Menschen sind im Allgemeinen sehr flexibel

Manifestation der spirituellen Aufgabe

Die Welt des Taoismus oder andere tiefe, spirituelle Disziplinen tragen dazu bei, dass Menschen mit der Initiationszahl 7 ihre Mitte finden und ihre intuitive Wahrheit bewusst leben können. Für sie ist es wichtig, ihre Spiritualität wahrzunehmen und diese im Alltag zu leben. Sie sollten auf sich hören und den Glaubenssatz entwickeln, dass es ihnen gut gehen darf. Sehr oft identifizieren sich diese Menschen mit dem Schmerz und glauben, leiden zu müssen, um im Leben weiterkommen zu können. Sie achten darauf, dass es den Mitmenschen gut geht, ohne das eigene Wohlbefinden zu berücksichtigen.

Empfohlene berufliche Tätigkeit

Die spirituelle Aufgabe dieser Menschen offenbart sich vielfach in ihrer Berufswahl, wodurch sie meist in ihrer Arbeit aufgehen. Sie unterrichten spirituelle Lehren oder sind im therapeutischen Bereich tätig. Passende Berufe sind Yoga-, Meditations-, KampfkunstlehrerIn oder spirituelle/r TrainerIn.

Fragen zur Reflexion

- *Was bedeutet Spiritualität für mich?*
- *Wie lebe ich Spiritualität in meinem Alltag?*
- *Interessiere ich mich für spirituelle Ausbildungen?*
- *Was macht für mich das Leben lebenswert und sinnvoll?*
- *Ist das, was ich mache, sinnvoll? Was könnte meinem Leben noch mehr Sinn geben?*
- *Beschäftige ich mich mit meditativen Tätigkeiten?*
- *Habe ich schon einmal versucht, Meditation oder Kampfkunst zu betreiben?*
- *Wie ist mein Umgang mit Schmerz?*
- *Lebe ich nach dem Glaubenssatz, dass es mir erst gut gehen darf, wenn es dem anderen Menschen gut geht?*
- *Achte ich auf mich?*

Initiationszahl 8
Lernen, mit spirituellem und materiellem Reichtum umzugehen

8

Spirituelle Aufgabe

Die Initiationszahl 8 manifestiert in ihrer spirituellen Aufgabe ihre innere Einstellung zu Geld, Reichtum und Wissen. Dieser Mensch geht durch vier Entwicklungsstufen. In erster Linie ist es für ihn wichtig, Selbstwert zu erfahren und zu erkennen, dass in unserem Leben durchaus auch Geld fließt, wenn wir auf uns achten und die Selbstliebe zulassen können. In der zweiten Stufe dieser Entwicklung müssen die Menschen lernen, dass im Leben nicht nur das Gesetz „Ohne Fleiß kein Preis" gilt, sondern dass es auch mit Leichtigkeit und Spaß möglich ist, eigene finanzielle Mittel heranzuschaffen. Die dritte Stufe hat mit der spirituellen Wahrheit zu tun und damit, dass der größte Reichtum eines Menschen sein Herz, seine Liebe und sein inneres Wissen sind. Wissen und Herzlichkeit sind das Kapital, das uns erlaubt, ein glückliches Leben zu führen. Normalerweise setzt sich ein Mensch mit der Initiationszahl 8 im Alter zwischen 35 und 45 Jahren mit diesem Aspekt auseinander. Die vierte Entwicklungsstufe dieser Zahl bedeutet, dass die Person Dankbarkeit sowie Klarheit in den Gedanken und zwischenmenschlichen Beziehungen als besten Boden dafür erkennt, spirituell tätig und frei zu sein. Die Kraft der Dankbarkeit und der Akzeptanz ermöglicht den Menschen, das eigene Leben im Fluss zu leben und es selbst zu bestimmen. Das ist das Ziel, das sich diese Initiationszahl vorgenommen hat.

Manifestation der spirituellen Aufgabe

Diese Menschen leiden oft unter Einsamkeit, vor allem zwischen dem 20. und 30. Lebensjahr, weil sie sehr darauf bedacht sind, Erfolg und materielle Sicherheit zu erreichen, und sie dafür ihre Familie und ihren Freundeskreis vernachlässigen. Außerdem tendieren sie in jungen Jahren dazu, Beziehungen als nicht wichtig zu empfinden Sie sehen es als Selbstverständlichkeit an, dass die Familie, die FreundInnen und der/die PartnerIn immer da sind. Auf lange Sicht entfernen sich die Mitmenschen von der Persönlichkeit mit der Initiationszahl 8, weil diese die ihr entgegengebrachte Liebe und Zuwendung nicht erwidert. Indem sie also die Erfahrung macht, verlassen oder alleingelassen zu werden, lernt sie, dass eine Beziehung ein ständiger Austausch ist. Eine Beziehung braucht Aufmerksamkeit und Liebe, es ist nicht möglich, Liebe auf „Standby" zu schalten und nur die eigenen Vorlieben zu pflegen.

Das Leben dieser Menschen umfasst viele Prüfungen, durch die sie Selbstliebe wie auch ethische Werte kennenlernen und durch die sie erfahren, dass die Liebe und die persönliche Freiheit am meisten zählen. Sie erkennen, dass Geld ein Spiegel des Selbstwertgefühls ist. Die Initiationszahl 8 setzt sich auch mit der tiefsten Bedeutung des Lebens auseinander und begreift, dass Schmerzen, Unglück und Prüfungen auf dem Lebensweg nicht eine Strafe Gottes sind, sondern eine Möglichkeit, die Vergänglichkeit und die Angst zu bewältigen sowie den eigenen spirituellen Horizont zu erweitern.

Empfohlene berufliche Tätigkeit

Diese Menschen organisieren und beraten gerne. Im Laufe ihres Lebens entwickeln sie eine konstruktive und sozial orientierte Einstellung zu Reichtum. Sie interessieren sich für Spiritualität und versuchen eine Tätigkeit in dieser Sparte zu finden, vor allem im zweiten Berufsweg. Wenn sie ihre Willenskraft und ihre spirituelle Kraft erkennen, sind sie bereit, sich für einen persönlichen Paradigmenwechsel einzusetzen.

Fragen zur Selbstreflexion

- *Welche sind meine ethischen Werte, was ist meine spirituelle Vision?*
- *Was bedeutet mir Geld?*
- *Was bedeutet mir materieller Reichtum?*
- *Was bedeutet mir spiritueller Reichtum?*
- *Was brauche ich, um mich frei zu fühlen?*
- *Wie fühle ich mich, wenn ich arbeite?*
- *Arbeite ich des Geldes wegen oder für die Kraft und Lebensfreude, die ich spüre, wenn ich meine Tätigkeit ausübe?*
- *Welche Bedeutung hatten Geld und Reichtum in meiner Familie?*
- *Welche blockierenden Einstellungen oder Glaubenssätze hatte meine Familie in Bezug auf Geld und reiche Leute?*

9 Initiationszahl 9
Vollkommenheit und die Wunder der Liebe erfahren

Spirituelle Aufgabe

Die Wirkung der Liebe – vor allem die der allumfassenden, bedingungslosen Liebe – zu spüren und außerdem zu beobachten, wie heilsam sie auf Menschen wirkt, ist die spirituelle Aufgabe dieser Menschen. In der Inkarnation beantworten sie wichtige Fragen über das Leben, sind meist gute SeelenärztInnen und unterstützen Menschen beim Lösen von finanziellen Problemen. Ihr Leben dreht sich um die Unterstützung von Mitmenschen, um Altruismus und die Vollkommenheit der Liebe. Sie erfahren schon früh, was Liebe bedeutet und wie diese die Menschen verändern und heilen kann. In ihrer Kindheit haben sie in der Beziehung zu den Eltern und zum Familiensystem oft Schwierigkeiten und sind überaus stark mit Liebesentzug, Isolation und Verlassenwerden konfrontiert. Von Fremden wiederum erfahren sie viel Liebe, Akzeptanz und Geborgenheit. Idealismus und spirituelle Werte sind diesen Menschen sehr wichtig. Sie lernen im Laufe des Lebens ihre Probleme mit Realitätssinn zu betrachten und alte Blockaden aufzulösen.

Manifestation der spirituellen Aufgabe

Die Initiationszahl 9 manifestiert sich hier als Kraftzahl und als Zahl der Freiheit und der Liebe. In seiner Kindheit ergeben sich für diesen Menschen zahlreiche Gelegenheiten, um in die Kraft zu kommen. Er schenkt gerne viel Liebe und hilft bereitwillig, muss selbst aber teilweise Liebesentzug hinnehmen. In diesem Leben erleidet er viele Prüfungen und Enttäuschungen in zwischenmenschlichen Beziehungen, vor allem in den ersten 30 bis 40 Jahren seines Lebens. Diese Seele erfährt das Verzeihen und Loslassen, hat ein großes Herz und viel Verständnis für die Mitmenschen. Sie ist in der Lage zu verstehen, aus welchen Beweggründen die Menschen handeln und dass die meisten von uns durch die eigenen Verletzungen blockiert sind. In dieser Inkarnation sind die Menschen sehr gefordert, in ihrer Mitte zu bleiben, ihre tiefe Empathie und soziale Kompetenz bewusst zu leben und ein offenes Herz für alle zwischenmenschlichen Begegnungen zu behalten. Es ist von Bedeutung, dass sie lernen, in ihren Emotionen klar zu bleiben und trotzdem ihre Sensibilität zuzulassen. Eine Reise durch die Tiefe der Emotionen und eine ständige Verbindung mit der Liebe ist ihr Lebensziel sowie das endgültige Ziel ihres Lebensplanes. Sie lernen, mit der Liebe verbunden zu sein, in sich zu ruhen und Stille, Frieden und innere Harmonie zu erreichen.

Empfohlene berufliche Tätigkeit

Es ist schwierig, einen Beruf für diese Menschen zu definieren. Sie sind für alle Tätigkeiten gleich gut geeignet, vor allem wenn sie ihre Empathie, Sensibilität, Klarheit und Struktur leben dürfen. Sie sind frei und können das Leben so genießen, wie es für sie stimmig ist.

Fragen zur Selbstreflexion

- *Wie gehe ich mit meiner Empathie um?*
- *Kann ich mich abgrenzen?*
- *Kann ich die Beweggründe für die Handlungen der Menschen verstehen?*
- *Kann ich dadurch leichter verzeihen?*
- *Kann ich auf mich achten?*

- *Erkenne ich, wenn ich mein Leben wie eine Geschichte betrachte, auch einen tieferen Sinn, der mit Verzeihen, Verständnis für die Menschen und Vollkommenheit der Liebe zu tun hat?*
- *Interessiere ich mich für soziale Tätigkeiten oder Heilberufe? Ist Spiritualität wichtig für mich?*
- *Fühle ich mich dazu berufen, andere Menschen zu unterstützen, mich aber auch selbst zu finden?*
- *Bin ich für viele in meinem Umfeld jemand, mit dem man gerne spricht, von dem man sich gerne beraten lässt?*
- *Vertraue ich meinen Talenten und Fähigkeiten?*
- *Bin ich bereit, mein Leben und meinen dortigen Platz anzunehmen, so, wie es für mich passt?*

Berufszahl

Der persönliche Ausdruck im Berufsleben

Die Berufszahl beschreibt – wie der Name bereits sagt – vor allem den persönlichen Charakter und die Verhaltensweisen, die uns im Arbeitsleben eigen sind. Nach außen hin repräsentiert diese Zahl den Ausdruck unserer Persönlichkeit und verdeutlicht, wie die individuellen Talente gelagert sind. Die Berufszahl hilft uns, angeborene Fähigkeiten und Begabungen zu fokussieren, um diese noch besser für eine bewusste Entwicklung zu nutzen. Sie ist wichtig, um die soziale Kompetenz einer Person zu definieren und sie dabei zu unterstützen, eine Orientierung im Berufsleben zu finden. Um die Berufszahl zu ermitteln, addiert man alle Zahlenwerte des Vor- und des Nachnamens. Im Zuge dessen ist es auch empfehlenswert, den Unterschied zwischen dem vollständigen Namen, der auch etwaige ungeliebte Zweit- oder Drittnamen mit einschließt, und dem Wohlfühlnamen, mit dem sich eine Person identifiziert, zu ermitteln. Der Geburtsname wirkt im Hintergrund, während der Wohlfühlname das Ziel des Individuums beschreibt.

Beispiel Berufszahl (BZ)

Geburtsname

V	I	O	L	A		A	L	T	E	A		R	O	S	E	N	B	E	R	G	E	R				
4	9	6	3	1		1	3	2	5	1		9	6	1	5	5	2	5	9	7	5	9	= 98	9 + 8 = 17	1 + 7 = 8	BZ = 8

Wohlfühlname

V	I	O	L	A								R	O	S	E	N	B	E	R	G	E	R				
4	9	6	3	1								9	6	1	5	5	2	5	9	7	5	9	= 86	8 + 6 = 14	1 + 4 = 5	BZ = 5

Die Berufszahl wird ermittelt, indem die Quersumme des numerologischen Wertes der Buchstaben, aus denen der Geburtsname besteht, gebildet wird. Zu diesem Zweck ordnet man jedem Buchstaben den entsprechenden Wert aus der Tabelle zu und errechnet dann die Summe der Zahlenwerte.

Beispiel: Beschreibung der Berufszahl

Wie bereits angesprochen, ist es sehr aufschlussreich, im Numeroskop beide Berufszahlen zu errechnen und sie dann miteinander zu vergleichen. Bei unserer Beispielberechnung ergibt sich aus dem Geburtsnamen Viola-Altea Rosenberger die Berufszahl 8, während der Wohlfühlname Viola Rosenberger die Zahl 5 bildet.

Im vorliegenden Fall sind die Berufszahl 8 aus dem Geburtsnamen und die Quersumme 5 aus dem Wohlfühlnamen kompatibel. Die Berufszahl 5 zeigt, dass die Person in einem Berufsfeld der Kommunikation und der Kreativität sowie in einer Führungsposition anzusiedeln ist. Die Berufszahl 8 unterstreicht dabei die Aspekte Selbstständigkeit, Intuition und einen sehr ausgeprägten Sinn für Geschäftliches.

In dieser Kombination unterstützen beide Berufszahlen die Person dabei, eine selbstständige und kreative berufliche Richtung einzuschlagen. Die Berufszahl 8 aus dem Geburtsnamen zeigt, wie die Mentalität der Person im Bezug auf die Arbeit gelagert ist. Beide Berufszahlen stimmen bei diesem Beispiel in ihren Schwingungen überein. Tritt das Gegenteil ein und die zwei Zahlen sind nicht kompatibel oder bilden sogar Gegenpole, wie es etwa bei 4 und 5 der Fall wäre, so muss man beachten, dass die Person bewusst nach der Berufszahl lebt, die anhand des Wohlfühlnamens errechnet wird. Dies ergibt sich aus dem Umstand, dass sich im Numeroskop hauptsächlich diese Zahl für die Analyse der beruflichen Ziele einer Person eignet.

Im Fall von Viola Rosenberger zeigen sich im Hintergrund durch das Ergebnis des Geburtsnamens der Hang zur Selbstständigkeit und das Bedürfnis, geschäftlich erfolgreich zu sein. Im Vordergrund stehen aufgrund der Berufszahl 5 die Kommunikation und der Wunsch, in der Arbeit frei, intuitiv und selbstständig wirken zu können sowie viel Abwechslung im Tätigkeitsbereich zu erleben.

ERKLÄRUNG DER EINZELNEN BERUFSZAHLEN

Berufszahl 1

Diese Berufszahl weist auf Dynamik und persönliche Unabhängigkeit hin. Personen, denen die Zahl 1 zugeordnet wird, sind kreativ und können gut organisieren. Sie eignen sich für administrative Tätigkeiten und Führungspositionen, denn sie arbeiten gerne selbstständig, besitzen viel Ausdauer und verfügen über eine rasche Auffassungsgabe sowie logisches Denken. Sie sind ausnehmend fleißig und noch dazu in der Lage, unmöglich scheinende Visionen zu verwirklichen. Diese Menschen sind vorwiegend in Führungspositionen am besten aufgehoben, da sie so ihre Energie, ihre Talente und ihren Mut optimal einsetzen können. Sie wirken überzeugend, oft auch egozentrisch und sind bereit, für ihren Beruf viel zu opfern.

Ihr Schwachpunkt liegt allerdings darin, ungeduldig und nervös zu sein. Aufgrund ihrer starken Persönlichkeit kann es auch zu Aggressionen und Unzufriedenheit kommen. In diesem Fall ist es für diese Menschen hilfreich, wenn sie sich Zeit für sich selbst nehmen und sich bewusst werden, worin die wirklichen Prioritäten in ihrem Leben bestehen. Ebenso wäre es für sie wichtig, nicht übermäßig kritisch zu sein und die Erwartungen – vor allem den Mitmenschen gegenüber – nicht allzu hoch zu schrauben. Für Personen mit der Berufszahl 1 ist es besser, ihre Tendenz zur Kritik zu mäßigen und bei jedem Menschen zunächst nach positiven statt negativen Aspekten zu suchen, denn mit Diplomatie und Überzeugungskraft gelingt es ihnen, die anderen so zu motivieren, dass diese ihr Bestes geben.

Berufsfeld | Für diese Charaktere stellt die Arbeit als VerlagsleiterIn, LektorIn, SchriftstellerIn, TheaterproduzentIn oder SchauspielerIn ein ideales Betätigungsfeld dar. Sie sind kreativ und haben eine Begabung dafür, Probleme durch konstruktive Lösungen zu beseitigen. In der Wissenschaft oder in technischen Berufen können sie durch ihre Arbeit glänzen. Aufgrund ihres angeborenen Ehrgeizes sind sie bestrebt, stets das Optimum zu erreichen, sie besitzen klare Vorstellungen von ihren Zielen und die nötige Ausdauer, um diese auch unter widrigen Umständen zu verwirklichen. Für diese Personen sind Führungspositionen in jedem Bereich geeignet, und sind sie von ihrem Beruf begeistert und bereitet er ihnen Freude, so ist auch der Schritt in die Selbstständigkeit anzuraten. In einem Angestelltenverhältnis sind sie sehr zuverlässig und motiviert, allerdings erwarten sie sich auch, dass ihre Leistungen wahrgenommen und anerkannt werden. Wenn sie sich ungerecht behandelt fühlen, haben sie keine Scheu davor, ihren Unmut auch deutlich zum Ausdruck zu bringen. Oft sind sie auf solche KollegInnen nicht gut zu sprechen, die ihrer Meinung nach nicht so fleißig sind wie sie selbst. In dieser Hinsicht müssen sie lernen, dass ihr Ehrgeiz zweifellos sehr positiv ist, sie jedoch von anderen nicht den gleichen Einsatz verlangen dürfen, wie sie selbst ihn an den Tag legen. Wenn sie diesen Umstand nicht berücksichtigen, können sie der Kollegenschaft und den Vorgesetzten gegenüber schroff und ungehalten werden. Befinden sich solche Menschen in Führungspositionen, so sind sie energisch, begeisterungsfähig und mitreißend, es kann jedoch geschehen, dass sie ihre MitarbeiterInnen überfordern. Dies kann dazu führen, dass sich die Angestellten unter Druck gesetzt fühlen und im Team oder in der Abteilung eine unangenehme Stimmung herrscht. Im schlimmsten Fall können sie bei mangelndem Einfühlungsvermögen zu Vorgesetzten werden, die man fürchtet und nur ungern aufsucht.

Empfehlung | Es ist für Menschen mit der Berufszahl 1 sehr wichtig, dass sie ihre Empathie trainieren und offener auf ihre MitarbeiterInnen zugehen. Diese dürfen nicht nur als produktive Arbeitskräfte, sondern müssen vor allem auch als Menschen wahrgenommen werden. Ebenso ist Verständnis dafür aufzubringen, dass das Privatleben Einfluss auf die Arbeitsleistung einer Person besitzt. Menschen mit dieser Berufszahl dürfen nicht von ihrem Umfeld erwarten, dass dieses stets perfekt handelt, auch sollte sich ihr Streben nach Dominanz in Grenzen halten. Empathie, Verständnis und Geduld sind die Eigenschaften, die ihnen dabei helfen, im Berufsleben erfolgreich zu sein.

Berufszahl 2

Bei Menschen mit dieser Zahl handelt es sich um zärtliche, großzügige, fröhliche und sensible Persönlichkeiten. Sie streben im Allgemeinen nach Harmonie und sind darum bemüht, mit ihren Mitmenschen einen liebevollen Umgang zu pflegen. Gerne setzen sie gemeinsam mit anderen eine Vision in die Wirklichkeit um, Diplomatie und Intuition gehören ebenso zu ihren Charakterzügen wie Ehrlichkeit und soziales Verhalten. Zum Teil sind sie jedoch konfliktscheu, haben Angst vor Verantwortung und sperren sich davor, wichtige Entscheidungen mit großer Tragweite allein zu treffen. Sie sollten versuchen, auf ihre natürliche Diplomatie und ihr Einfühlungsvermögen zu vertrauen und sich zu entspannen. Ihre Kreativität und die ausgeprägte Fantasie helfen diesen Personen, ihre eigenen Ideen und auch die von anderen optimal in die Tat umzusetzen.

Berufsfeld | Diese Persönlichkeiten sind kreativ und fantasievoll, für sie ist es ideal, ihre Ideen entwickeln und realisieren zu können. Geeignete Berufe sind daher SchauspielerIn, ProduzentIn, MusikerIn oder KomponistIn. Ihr Leben steht unter dem Zeichen der kooperativen Leistung und nicht des Wettbewerbs. Sie eignen sich ebenso für Arbeitsbereiche, in denen Takt und Diplomatie eine Notwendigkeit darstellen, wie etwa PsychologIn, KrankenpflegerIn, SekretärIn, AssistentIn oder PsychiaterIn. Sie können gut organisieren und sind durch ihre verständnisvolle Art in Bereichen, in denen Mediationsfähigkeit vonnöten ist, optimal einsetzbar. In einem Angestelltenverhältnis sind sie immer zuverlässig und enttäuschen das ihnen entgegengebrachte Vertrauen nicht. Gewöhnlich führen sie Anweisungen verlässlich und wortgetreu aus. Sie sind wertvolle MitarbeiterInnen, da sie eigenständig denken und noch dazu in der Lage sind, konstruktive Lösungen zu finden. Wenn sie Führungspositionen bekleiden, geben sie ungern Befehle, sondern lassen den MitarbeiterInnen viel Raum für Eigeninitiative. Sie sind zwar nicht gut darin, Aufgaben zu delegieren, doch ihr Arbeitsumfeld hält sie für professionell und originell. Sie können ihren Kompetenzbereich klar meistern und suchen sich für gewöhnlich jemanden, der ihre Anweisungen ordnungsgemäß umsetzt.

Empfehlung | Wichtig für Menschen mit der Berufszahl 2 ist es, dass sie ihre Angst vor Disharmonie und Missklang im Berufsleben überwinden und Konflikte offen austragen. Manchmal ist es unumgänglich, mit gewisser Konsequenz zu handeln, wenn man sich durchsetzen möchte.

Berufszahl 3

Hier handelt es sich um Menschen mit einer extrovertierten, kreativen, ausdrucksvollen und freundlichen Persönlichkeit. Sie sind sehr kompetent, anpassungs- und handlungsfähig. Oft sind sie ausgesprochen kommunikativ und höflich, auch gelingt es ihnen, andere zu begeistern. Durch ihre Kritikfähigkeit und Empathie können sie gut mit Menschen umgehen und vermögen zu spüren, was andere brauchen und wie man motivierend eingreifen kann. Wenn sie ihre Mitmenschen unterstützen können, gelingt es ihnen am besten, ihre eigenen Talente zu entfalten.

Berufsfeld | Menschen mit der Berufszahl 3 sind aktiv und bewähren sich in allen Bereichen, in denen es um die kreative Umsetzung von Ideen und Innovation geht. Für Tätigkeiten im Tourismusbereich sowie Sport- und Freizeitaktivitäten sind sie ausgezeichnet geeignet, denn sie arbeiten am liebsten dort, wo sie anderen Menschen positive Motivation und Fröhlichkeit vermitteln können. Wenn sie ihre Zielstrebigkeit, ihre Fantasie und ihren Ehrgeiz sinnvoll einsetzen, geht es mit ihrer Karriere steil bergauf. Ebenso passend sind Berufe wie KünstlerIn und DesignerIn oder die Arbeit im schriftstellerischen Bereich, in der Werbung, im Marketing, in verschiedenen Kommunikationssparten und im PR-Bereich. Routinearbeit, Regelmäßigkeit und klassisches „Im-Büro-Sitzen" sind für diese Persönlichkeiten nicht erfüllend, ganz im Gegenteil, sie brauchen Abwechslung und Inspiration, um das Beste aus sich herauszuholen. Befinden sie sich in einem Angestelltenverhältnis und wird ihnen eine gewisse Autonomie zugestanden, so sind sie beliebt und gelten als brillant, da sie Eigeninitiative und Engagement zeigen. Wenn sie sich langweilen, kommunizieren sie dies sofort und entwickeln innovative Ideen. In einer Führungsposition schaffen sie eine positive Atmosphäre für die MitarbeiterInnen und sind sehr großzügig. Sie unterstützen die Initiative einzelner Personen und fürchten sich nicht davor, dass ihre Autorität und ihr Prestige darunter leiden könnten. Stattdessen fördern sie andere, um selbst beruflich vorwärtszukommen.

Empfehlung | Für Personen mit der Berufszahl 3 ist es notwendig, ein „Verzetteln“ zu vermeiden. Sie sollten eine Aufgabe nach der anderen in Angriff nehmen und zu Ende bringen, auch wenn bei ihnen die Veranlagung dafür vorhanden ist, vieles gleichzeitig zu bearbeiten. Immer wieder unterschiedliche Tätigkeiten durchzuführen ist für diese Menschen essentiell, jedoch dürfen sie dabei den Blick für das Wesentliche nicht verlieren. Ebenso sollten sie lernen, Arbeiten zu delegieren, und darauf vertrauen, dass auch andere dazu fähig sind, die ihnen überlassenen Aufgaben gut auszuführen.

Berufszahl 4

Menschen mit dieser Berufszahl sind mutig, kämpferisch, effizient und diskret. Zu den Hauptmerkmalen ihrer Persönlichkeit gehören Organisation, Loyalität, Seriosität und Genauigkeit. Sie haben keine Angst vor Routine und Verantwortung und können Anweisungen sehr gut umsetzen, wodurch sie sich gleichermaßen gut für die Selbstständigkeit oder ein Angestelltenverhältnis eignen. Mit Geduld und Vorsicht können sie sich eine positive Berufslaufbahn aufbauen, in der sie die Sprossen der Karriereleiter zwar eher langsam, jedoch mit Bedacht erklimmen. Oft sind sie misstrauisch und es kann längere Zeit dauern, bis sie anderen Menschen ihr Vertrauen schenken, wenn es aber so weit ist, dann kann man sich ein Leben lang auf sie verlassen. Wichtig ist für sie ein Umfeld, das sie dabei unterstützt, sich nach außen hin so zu geben, wie es ihrem innersten Wesen entspricht. Wenn sie das Gefühl haben, dass man ihnen und ihrem Wissen nicht vorbehaltlos vertraut, so kann es geschehen, dass sie sich hinter einer sarkastischen und traurigen Fassade verstecken und ihre positiven Seiten nicht vollständig ausleben können.

Berufsfeld | Persönlichkeiten mit der Berufszahl 4 fühlen sich in jedem beruflichen Bereich wohl, der nach Ordnung und einer klaren Struktur verlangt. Sie eignen sich besonders für Dienstleistungen, die mit Liebe zum Detail, der Fähigkeit zur Organisation und Verwaltung sowie mit Führungsqualitäten durchgeführt werden müssen. In Berufen wie technische/r ZeichnerIn, BuchhalterIn, KassenführerIn, FacharbeiterIn, MathematikerIn, ApothekerIn oder LektorIn können sie ebenso wie im juristischen Bereich glänzen und ihre Persönlichkeit entfalten. Wichtig für diese Menschen ist es jedoch, darauf zu achten, dass Arbeiten gewählt werden, bei denen Produktivität in Verbindung mit Kreativität zum Erfolg führt. In einem Angestelltenverhältnis arbeiten sie zuverlässig, exakt und tüchtig. Sie vernachlässigen keine Aufgabe und sind einem geordneten Tagesablauf sehr zugetan. Auf ihre Organisationsfähigkeit und Ehrlichkeit ist stets Verlass, allerdings besteht oft die Gefahr, dass ihre Leistungen nicht ausreichend geschätzt werden, da sie bewusst im Hintergrund bleiben und dort ihre Wirksamkeit entfalten. Um ihre Leistung zu steigern, benötigen sie jedoch Lob und Anerkennung. Führungspositionen sind nicht unbedingt optimal für sie geeignet, da sie von anderen ohne Abstriche das gleiche Pflichtbewusstsein und eine entsprechende Selbstaufopferung verlangen wie von sich selbst. Es kann geschehen, dass sie sich zu sehr auf Details konzentrieren und dadurch den Überblick verlieren. Eine leitende Tätigkeit ist erst dann ratsam, wenn sie gelernt haben, Prioritäten zu setzen. Tüchtigkeit wird von ihnen gerne belohnt, bei schwachen Leistungen sind sie jedoch gnadenlos. Für MitarbeiterInnen, die aus privaten Gründen nicht den vollen Einsatz zeigen können, haben sie nur sehr wenig Verständnis.

Empfehlung | Menschen mit der Berufszahl 4 müssen lernen, sich selbst nicht immer als Maß aller Dinge zu sehen. Sie sollten erkennen, welche Mühen weniger begabte Menschen auf sich nehmen, und dies angemessen schätzen, statt starrsinnig von allen Perfektion zu erwarten. Solch ein Erkenntnisprozess könnte die Qualität ihrer zwischenmenschlichen Beziehungen um ein Vielfaches steigern, denn sie bringen mit ihrer kompromisslosen Tüchtigkeit gepaart mit starkem Pflichtbewusstsein ihre Mitmenschen des Öfteren in Verlegenheit. Dies kann im schlimmsten Fall dazu führen, dass sich die anderen überfordert fühlen und sich von ihnen distanzieren.

Berufszahl 5

Persönlichkeiten mit dieser Berufszahl sind veränderungsfreudig, anpassungsfähig und neugierig. Sie sind weltoffene und gesellige Freigeister, die andere mit ihrer Lebendigkeit und Fröhlichkeit faszinieren können. Durch ihre Flexibilität, ihre Empathie und ihre gute Menschenkenntnis sind diese

Menschen in der Lage, erfolgreich auf andere einzugehen. Sie brauchen Autonomie und eine regelmäßig erfolgende Neudefinition ihrer Prinzipien und Arbeitsgebiete, weshalb ihnen ein häufiger Berufswechsel durchaus anzuraten ist.

Berufsfeld | Diese Charaktere können in Bereichen wie dem Journalismus, der Diplomatie, dem Marketing oder dem Geschäftswesen glänzen. Auch für den Kommunikationssektor – also Arbeitsbereiche bei Zeitschriften, beim Rundfunk oder im TV – sind sie sehr gut geeignet, nur Routinearbeit behagt ihnen nicht sonderlich. In einem Angestelltenverhältnis sind sie zuverlässig, tüchtig und erfolgreich. Sie kommen mit ihren Kollegen und Kolleginnen gut aus und sind angenehme MitarbeiterInnen, mit denen gerne kooperiert wird. In Führungspositionen sind sie beliebt, da sie die Leistung anderer würdigen können und ein positives Arbeitsklima erzeugen.

Empfehlung | Es ist für diese Menschen sehr wichtig, Neues und Ungewöhnliches zu wagen. Dabei sollten sie jedoch unbedingt beachten, dass ihre große Vision nicht überhastet in Angriff genommen, sondern Schritt für Schritt geplant und umgesetzt wird. Oft können sie sich individuelle neue Berufe schaffen, vor allem dann, wenn sie eine Marktlücke entdecken. Daher ist für sie die Selbstständigkeit am besten geeignet, da sie dann ihre Fähigkeiten optimal einsetzen können, um ihre Vorhaben in Ruhe und mit Selbstvertrauen zu verwirklichen.

Berufszahl 6

Personen mit dieser Berufszahl sind stabil und liebevoll. Zu den prägnanten Merkmalen ihres Charakters zählen Verantwortungsbewusstsein und Großzügigkeit – sie können viel Liebe und Unterstützung schenken. Sie arbeiten gerne an Projekten, die sie in jeder Hinsicht vertreten können und unter denen ihre Ideale nicht leiden. Ihnen ist speziell im Bereich der Inneneinrichtung und Gebäudeplanung ein Sinn für Ästhetik eigen. Ihr Hauptziel in ihrem Dasein besteht darin, Liebe weiterzugeben und anderen Menschen zu einem positiven Zugang zum Leben zu verhelfen.

Berufsfeld | Auf kreativem und künstlerischem Gebiet besteht für diese Persönlichkeiten großes Entwicklungspotenzial. Es kann sein, dass sie mit ihren beruflichen Neigungen und dem Wunsch, sich für eine Weile ins Ausland zu begeben, in Konflikt mit ihrer großen Verbundenheit zur Familie geraten, in die sie viel Zeit und Energie investieren. Ihr Bedürfnis, anderen zu helfen, befähigt sie für Berufe wie LehrerIn, AllgemeinmedizinerIn, Kinderarzt/-ärztin oder SozialarbeiterIn. Auf alle Fälle arbeiten sie am besten im Team, da sie der dort herrschende gegenseitige Austausch dazu anspornt, viel Energie in ihre Arbeit zu investieren. In einem Angestelltenverhältnis sind sie ehrlich, loyal, achten auf das Detail und führen Arbeiten gerne ordnungsgemäß zu Ende. Ihre Freude über eine gute Leistung, die sie erbracht haben, motiviert sie quasi von allein. Mit Kollegenschaft und Vorgesetzten finden sie ein gutes Auskommen und in Führungspositionen bemühen sie sich darum, ihre MitarbeiterInnen zu unterstützen und zu Höchstleistungen anzuregen. Das körperliche und seelische Wohlbefinden ihrer KollegInnen steht bei ihnen an erster Stelle.

Empfehlung | Für Menschen mit der Berufszahl 6 ist es ausgesprochen wichtig, dass sie sich nicht in Details verlieren, sondern sich auf ihre Intuition und Menschenkenntnis verlassen. Die gemeinsame Arbeit mit anderen ist für sie grundlegend, da ihre große Stärke im zwischenmenschlichen Kontakt liegt. Sie sollten darauf achten, andere nicht zu bevormunden, sondern deren Selbstständigkeit zu fördern. Ihre künstlerischen Fähigkeiten sollten, sofern dies beruflich nicht möglich ist, zumindest als Hobby ausgeübt werden. Als Ausgleich zum Arbeitsalltag wäre eine Freizeittätigkeit, die Leichtigkeit und Gelassenheit schenkt, sehr sinnvoll.

Berufszahl 7

Persönlichkeiten mit dieser Berufszahl sind introvertiert, geheimnisvoll und lieben die Einsamkeit. Zu ihren Eigenschaften zählen Selbstständigkeit, Perfektionismus, analytisches Denken und spirituelle Denkansätze. Sie sind immer auf der Suche nach Wahrheit und Wissen und wollen sich in ihrem Sein weiterentwickeln. Da sie es gewohnt sind, alles – Menschen, Situationen und auch die eigenen Gefühle – genau zu analysieren, eignen sie sich besonders für Berufe wie ForscherIn oder DiagnostikerIn. Es handelt sich um Personen, die ihr Leben bewusst leben und gerecht sowie diszipliniert sind.

Sie reflektieren andauernd über ihre Mitmenschen und die Welt, dabei suchen sie stets nach Möglichkeiten, wie sie ihre Lebenswelt verbessern könnten. Diese Menschen erweisen sich regelrecht als Pioniere in ihrem Dasein wie auch in ihrem beruflichen Werdegang, sie sind gerne in Bewegung und sehr naturverbunden. Durch ihren Mut beschreiten sie bevorzugt neue Wege, verstecken jedoch oft ihre Sensibilität hinter einem Panzer und vergessen, sich selbst hin und wieder Pausen zu gönnen.

Berufsfeld | Diese Charaktere eignen sich für Berufe in allen wissenschaftlichen Bereichen mit sozialem Hintergrund, wie es etwa in der Medizin, der Philosophie, der Metaphysik, der Spiritualität oder der Wirtschaft der Fall ist. Ebenso interessieren sie sich oft für Informatik oder Kommunikation. Sie haben gerne alles unter Kontrolle, sind kreativ und forschen mit Eifer. Langwierige Projekte bringen sie mit ihrer großen Geduld und mit dem unermüdlichen Bestreben, gute Arbeit zu leisten, erfolgreich zum Abschluss. Aufgrund ihrer Neigung zu schönen Dingen fühlen sie sich beruflich auch in Museen und Galerien wohl. Ebenso kommen Reisetätigkeiten oder die Seefahrt ihrem Naturell entgegen, denn ihr kreativer Geist erlaubt es ihnen, in jedem Bereich innovativ zu sein.

Im Angestelltenverhältnis sind sie verlässlich, manchmal aber auch launisch. Trotzdem arbeiten sie stets sehr hart, sind prinzipiell leistungsorientiert und kreativ. Sie handeln gerne selbstständig und sind oft nicht leicht in ein Team zu integrieren. Damit dies gelingt, müssen sie sich von den anderen akzeptiert fühlen, erst dann ist mit ihnen eine gute Zusammenarbeit möglich. In einer Führungsposition fühlen sie sich nicht sonderlich wohl, da es ihnen schwerfällt, Anweisungen zu geben und andere zu überwachen. Befinden sie sich dennoch in einer führenden Stellung, so meistern sie diese am besten durch ihre motivierende Wirkung auf andere und durch ihr Einfühlungsvermögen. MitarbeiterInnen, die selbstständig arbeiten und sich durch Pflichtbewusstsein auszeichnen, werden von ihnen am meisten geschätzt.

Empfehlung | Am besten entfalten sich Persönlichkeiten mit der Berufszahl 7, wenn sie mutig und voller Elan den Schritt in die freiberufliche Tätigkeit wagen. Sie können selbstständig planen, ohne von anderen beaufsichtigt oder unterwiesen werden zu müssen, und sind noch dazu in der Lage, sich ihre Ruhephasen gut einzuteilen. Dadurch entgehen sie der Gefahr, nach ihren erbrachten Leistungen übermäßig erschöpft zu sein. Hinsichtlich ihrer Berufswahl sollten sie sich auf das konzentrieren, was ihnen Freude bereitet, denn es könnte sein, dass sie Marktlücken entdecken und sich dadurch einen originellen neuen Beruf erfinden.

Berufszahl 8

Personen mit dieser Zahl sind mutig, resolut, aktiv und streben danach, im Leben gut und positiv zu wirken. Konzentration und Disziplin zählen zu ihren Grundeigenschaften, sie sind kämpferisch, und wenn sie an eine Sache glauben, setzen sie all ihre Fähigkeiten dafür ein, dies auch zu erreichen.

Sie arbeiten sehr verlässlich, sind selbstständig und können durch ihre kreativen Lösungen dazu beitragen, Ziele rasch umzusetzen. Ihre Ungeduld kann ihnen jedoch auch im Wege stehen, und wenn sie diesen Charakterzug nicht in den Griff bekommen, kann er sich nachteilig für sie auswirken. Für sie ist jeder Beruf gut geeignet, wenn sie ihre Tendenz zum Einzelgängertum überwinden und ihr reizbares Temperament zügeln.

Berufsfeld | Große wirtschaftliche Geschäftsbereiche ziehen diese Persönlichkeiten schon sehr früh an. Sie eignen sich besonders für Positionen, in denen Autorität, Selbstdisziplin, Konzentrationsfähigkeit und Entschlossenheit verlangt werden. Wenn ihnen ihr Betätigungsfeld Freude bereitet und sie darin Abwechslung finden und Entscheidungsbefugnis besitzen, können diese Menschen tüchtige Organisatoren sein und sich in ihrem Gebiet innovativ betätigen. Besonders eignen sie sich für Aktivitäten im Bereich des Finanzwesens, des Sports und des Marketings. Ebenso glänzen sie in risikoreichen Berufen wie etwa als BergführerIn, PilotIn oder selbstständige/r UnternehmerIn. Auf dem medizinischen Sektor finden sie als Primararzt/-ärztin, in der Chirurgie oder Notfallmedizin ein geeignetes Arbeitsgebiet. Im Angestelltenverhältnis zeichnen sie sich durch besondere Verlässlichkeit und Tüchtigkeit aus, denn sie können gute Leistungen erbringen, da sie gerne arbeiten und konzentrierte, disziplinierte und verlässliche MitarbeiterInnen sind. Aufgrund ihrer besonderen Ausstrahlung und unerschöpflichen Kreativität fungieren sie regelrecht als „Dynamo“ eines Betriebes. Es kann jedoch auch der Fall sein, dass KollegInnen ihre zielstrebige Art falsch interpretieren, wodurch sie in unangenehme Situationen geraten können. Sie müssen darauf achten, andere Menschen nicht als weniger begabt als sich selbst einzuschätzen oder als faul zu kritisieren. Als Vorgesetzte reagieren sie oftmals viel zu harsch und setzen ihre MitarbeiterInnen unter Druck.

Empfehlung | Für Charaktere mit der Berufszahl 8 ist es von Bedeutung, sich selbst nicht als alleingültigen Maßstab für die anderen heranzuziehen. Wenn sie bewusst ihre Führungsqualitäten einsetzen, indem sie auf die individuellen Bedürfnisse ihrer MitarbeiterInnen eingehen und langsamere oder schwächere Mitmenschen motivieren, stellt das Erreichen ihrer Ziele kein Problem dar.

Berufszahl 9

Personen mit dieser Berufszahl sind sehr sensibel, altruistisch und entwicklungsfähig. Zu ihren charakterlichen Merkmalen zählen Intuition, eine ganzheitliche Sicht der Dinge und eine idealistische Weltanschauung. Sie sind bescheidene, ruhige und teilweise introvertierte Menschen mit einer besonderen Ausstrahlung, die nicht nur auf ihre persönlichen Interessen fixiert sind, sondern auch bereit dazu, andere zu unterstützen. Es ist ihnen wichtig, dass alle Prozesse rund um sie reibungslos ablaufen. Durch ihre Bereitschaft, sich regelrecht „aufzuopfern", sind sie in der Lage, mit Leidenschaft und Großzügigkeit ihre Ziele zu erreichen. Es ist für sie wesentlich, dass andere von ihrem Tun profitieren. Dennoch brauchen sie auch die Möglichkeit, sich auf Reisen zu begeben, sowie Ziele, auf die sie hinarbeiten können, die sie emotional bewegen und die mit Spiritualität und Liebe verbunden sind. Sie sind Freigeister und möchten die Welt verbessern. Wenn in ihren Beruf Loyalität, Respekt und Kraft einfließen können, fühlen sie sich dort geborgen und sind ein Leben lang im selben Arbeitsbereich zufrieden.

Berufsfeld | Menschen mit dieser Zahl arbeiten am liebsten in Funktionen, in denen sie anderen helfen können, und sind daher vorzüglich für Berufe wie PflegerIn, Arzt/Ärztin oder SozialarbeiterIn geeignet. Obgleich sie reserviert wirken, betätigen sie sich aufgrund ihrer idealistischen Ader gerne als Gruppen- oder SeminarleiterIn, DozentIn oder TherapeutIn und können ihre Fähigkeiten auch auf dem Gebiet der Unterhaltung sowie der Politik gut einsetzen. Wenn ihre Arbeit einen sozialen Hintergrund besitzt, eignen sie sich auch für den Verkauf, die Werbung oder das Finanzwesen. Da sie dem Übernatürlichen zugetan sind, können sie außerdem im Bereich der Psychologie, der Hypnose oder der Parapsychologie arbeiten und als spirituelle/r TherapeutIn erfolgreich sein. Sie verfügen über eine philosophische Natur und können trotzdem geschäftlich sehr erfolgreich sein, da sie Intuition mit Realitätssinn verbinden. In einem Angestelltenverhältnis sind sie wechselhafter Stimmung: oft enthusiastisch, manchmal jedoch gelangweilt. Um ihr Bestes zu geben, müssen sie von ihren Aufgaben sehr überzeugt sein, und wenn sie gut motiviert werden, sind sie die einträglichsten MitarbeiterInnen. In Führungspositionen zeichnen sie sich besonders durch ihre mitreißende Begeisterung aus. Es ist für sie allerdings sehr wichtig, darauf zu achten, dass ihre gelassene, teilweise auch weichherzige Art nicht ausgenützt wird und sie in ihrer Autorität nicht beschnitten werden.

Empfehlung | Charaktere mit der Berufszahl 9 können sich auch in der wissenschaftlichen, medizinischen oder philosophischen Forschung behaupten. Aufgrund ihrer Empathie wirken sie in der Erziehung, im pädagogischen Bereich und als TrainerIn oder LebensberaterIn regelrecht Wunder. Da sie sich für Geschichte interessieren, kommt auch eine Betätigung im archäologischen Berufsfeld durchaus infrage. Je höher die Funktion ist, die sie bekleiden, desto unverzichtbarer ist für sie eine gute Assistenz im Hintergrund. Da sie anderen gerne behilflich sind, fällt es ihnen oft schwer, sich gegenüber ungerechtfertigt an sie gestellten Forderungen abzugrenzen.

Notizen

Talentzahl

Unsere Begabungen erläutern

Die Talentzahl beschreibt, in welchen Bereichen Menschen ihre Talente entfalten können, welches ihre Stärken und Schwächen sind und für welche Berufe sie sich eignen. Die Auslegung der Talentzahl vermag die Begabungen und Neigungen eines Menschen zu offenbaren und das Potenzial der Person in Rahmen ihres Berufes zu fokussieren.

Diese Zahl ist sehr aufschlussreich, weil sie ermöglicht, uns mit unseren Talenten auseinanderzusetzen. Sie gibt unserer Intuition den Impuls, eine klarere Richtung in der Suche nach unserer Berufung einzuschlagen.

Beispiel Talentzahl (TZ)

0	4	.	1	9	8	0	=	0 + 4 + 1 + 9 + 8 + 0	=22		2 + 2 = 4	TZ = 4

Die Zahl wird ermittelt, indem die Quersumme aus Monat und Jahreszahl des Geburtsdatums gebildet wird.

Beispiel: Beschreibung der Talentzahl

In unserem Beispiel besitzt Viola Rosenberger die Talentzahl 4. Diese Zahl beschreibt eine Person, die geduldig, sehr zielsicher, lernwillig und strebsam ist. Was sie beginnt, führt sie zu Ende, ohne sich unnötig ablenken zu lassen. Sie arbeitet gern, aber sie möchte Ergebnisse sehen, die Früchte ihrer Arbeit ernten. Aufgrund dieser Talentzahl können wir ihr viel Verantwortungs- und Pflichtbewusstsein zutrauen. Sie läuft Gefahr, dass sie zu starr und kopflastig handelt, schlimmstenfalls könnte sie auch zu einem Workaholic werden.

ERKLÄRUNG DER EINZELNEN TALENTZAHLEN

Talentzahl 1

Menschen mit dieser Talentzahl sind sehr ehrgeizig und können aus den eigenen Talenten das Beste herausholen. Sie haben ein tiefes Vertrauen in ihre Qualitäten, sind positiv eingestellt und lassen sich durch Niederlagen nicht beeindrucken. Im Allgemeinen sind sie keine guten TeamarbeiterInnen, es sei denn, sie haben in einem Team die Autorität inne. Meist sind sie nur von ihrer eigenen Meinung überzeugt und es fällt ihnen schwer, andere Sichtweisen zuzulassen. In der Durchführung ihrer Pläne sind sie meist schneller als die anderen und gewinnen dadurch einen Vorsprung.

Hatten diese Persönlichkeiten in ihrer Kindheit einen Elternteil, der an sie glaubte, dann besitzen sie Selbstsicherheit. Für sie ist von Bedeutung, immer „up to date" zu sein, und ihr Haupttalent besteht in der Bereitschaft, Verantwortung zu übernehmen. Personen mit der Talentzahl 1 sind ausgesprochen gute Führungskräfte, können auf die einzelnen Mitglieder ihres Teams hervorragend eingehen und diese koordinieren. Diese Menschen besitzen Mut – und das ist ihr Kapital. Sie arbeiten gerne auf eigene Faust, folglich liegt ihre große Stärke im Alleingang. Sie haben kaum Zweifel, gesteckte Ziele auch tatsächlich zu erreichen. Ihr Selbstbewusstsein und Vertrauen ins eigene Leben ist unerschütterlich. Es könnte sein, dass sie angebotene Hilfe ablehnen. Doch sollten sie lernen, dass auch sie FreundInnen und zuverlässige MitarbeiterInnen benötigen.

2 Talentzahl 2

Diese Persönlichkeiten brauchen ihre Mitmenschen, denn ihre Talente entwickeln sich am optimalsten in intensiver Zusammenarbeit mit anderen. Sie benötigen die Rückmeldung ihres beruflichen Umfeldes, zugleich sind sie überaus teamfähig. Ihre besondere Begabung ist es, dass sie alles, was von anderen kommt, aufzunehmen und zu verwerten vermögen. Auf diese Weise angeeignetes Wissen können sie weiterentwickeln und optimieren, auch sind sie stets offen für Vorschläge. Obwohl sie ausgezeichnete Führungspersönlichkeiten sind, fällt es ihnen schwer, solche Positionen anzunehmen, weil sie sehr harmoniebedürftig sind und es allen recht machen wollen. Sie halten einen bestimmten ethischen Kodex ein, nach dem sie andere nicht verletzen oder ihnen Unrecht tun wollen.

Personen mit der Talentzahl 2 sind empathisch, haben viel Gespür und können sich gut in andere einfühlen. Zum Alleingang fehlen ihnen sowohl Mut als auch der dazu nötige Ansporn. Lieber stehen sie in der hinteren Reihe und handeln erst dann, wenn ihnen von außen der Impuls geliefert wird. Sie sind motiviert, andere zu unterstützen, und stellen die eigenen Bedürfnisse hintan. Ihre eigenen Talente erkennen sie oft nicht und haben auch genug Selbstzweifel. Bei Widerständen ziehen sie sich zurück und probieren ihre Fähigkeiten erst gar nicht aus, um ja keine Selbstzweifel aufkommen zu lassen. Sie schätzen eine gewisse finanzielle Sicherheit und dementsprechend auch eine sichere und beständige Arbeit, d. h., sie sind grundsätzlich nicht zu Risiken bereit. Auffallend ist nicht nur ihre fürsorgliche Art, auch dem Team gegenüber, sondern sie agieren überdies sehr diplomatisch und können hervorragend Konflikte regeln, was sie für eine Mediatorenrolle optimal empfiehlt.

Talentzahl 3

Ihre Begabungen tragen Personen mit dieser Talentzahl etwas kämpferisch und ungeduldig nach außen. Sie sind willensstark und besitzen ein bemerkenswertes Umsetzungsvermögen. Wenn sie sich selbst spüren und wahrnehmen können, sind sie wahre Energiebündel, vom Leben begeistert und voll Engagement in einer Arbeit, die Abwechslung, Autonomie und Verantwortung mit sich bringt. Sie brauchen in der Arbeit Freude, Lebendigkeit und Spaß, wollen aber auch ihrer Leistung entsprechend gut verdienen. Haben sie ihre Talente entdeckt, können sie diese voller Energie einbringen und auch unmöglich scheinende Visionen zügig verwirklichen. Da diese Persönlichkeiten mit optimalem Teamgeist ausgestattet sind, können sie gut in einer Gruppe arbeiten. Haben sie die Möglichkeit, etwas zu bewegen, kommt ein gewisser Hang zum Risiko zum Vorschein. In aller Ruhe einen monotonen Job auszuüben ist nicht ihre Sache. Denn sie brauchen Abwechslung und ein gewisses Tempo, um für sich den Eindruck zu haben, dass sie eine Leistung erbringen.

Wenn sie Freude an ihrer beruflichen Tätigkeit empfinden, entwickeln sie sich zu erstaunlichen MitarbeiterInnen mit einer enormen Vielfalt an Talenten. Sie sind kreativ, flexibel, redegewandt, haben eine schnelle Auffassungsgabe, können gut organisieren und schnell Lösungen finden. Auch erholen sie sich in kürzester Zeit und können rasch mit neuer Kraft weitermachen. Mut und Weitsicht sind Grundeigenschaften dieser wertvollen Menschen. Ihre Schwäche ist, dass sie oft ungeduldig sind und nicht abwarten können. Personen mit der Talentzahl 3 vermögen mit ihrem Elan andere mitzureißen und zum Mitmachen zu motivieren. Doch oftmals überfordern sie auch die anderen in ihrem Umfeld, weil sie kaum Grenzen setzen können und im Allgemeinen über mehr Kraft als die meisten anderen Menschen verfügen.

Talentzahl 4

Menschen mit dieser Talentzahl verfügen über große Überzeugungskraft, vor allem wenn es um Ideelles geht. Diesen wirklich imponierenden Idealismus verbinden sie aber auch mit einem klaren Realitätssinn, denn unüberlegt handeln solche Menschen nie. Eine ihrer positiven Eigenschaften ist die Großzügigkeit. Wenn sie diese und ihre Herzlichkeit leben, ist es für sie noch einfacher, ihre Talente zu entfalten – vorausgesetzt, sie finden den Mut dazu.

Ihnen sind gute Führungsqualitäten eigen, mehr noch, sie nehmen andere Menschen gerne unter ihre Fittiche, wirken allerdings manchmal belehrend. Solch pädagogische Fähigkeiten nützen ihnen in Berufen wie LehrerIn, TrainerIn oder BeraterIn. Auch vermögen sie Trost zu spenden, zuzuhören und sie zeigen sich vor allem ab 35 bis 40 Jahren als geborene SeelsorgerInnen. Wesentlich wäre, dass sie Abgrenzung und Selbstachtung lernen. Personen mit der Talentzahl 4 sind sehr entschlossen, wenn sie sich für einen Weg entscheiden. Sollten sie aber verletzt oder beleidigt werden, ist es sehr schwer, dass sie wieder vertrauen. Sie lassen sich nicht gern vom Ziel abbringen. Wichtig ist für sie, die Zusammenhänge zu erkennen und auf Details einzugehen, ohne den Überblick zu verlieren.

Talentzahl 5

Als spezielle Gabe verfügen Menschen mit dieser Talentzahl über eine gute Konzentrationsfähigkeit. Im Allgemeinen benötigen sie längere Zeit, um herauszufinden, welche ihre Begabungen sind und was ihnen Freude bereitet. In gewisser Weise sind sie also „Spätzünder", wenn sie aber einmal ihren Platz im Leben gefunden haben, dann vermögen sie ihren Weg zu gehen und in die Kraft zu kommen. Um ihre Fähigkeiten zu entwickeln, brauchen sie viel Geduld und zudem Führung von außen, die ihnen hilft, ihre Ressourcen zu optimieren. Für diese Persönlichkeiten ist es von Bedeutung, Freiheit und eine gute Bildung zu haben. Sie verfügen über ein ausgezeichnetes Gedächtnis und eine immense Ausdauer. Aufgrund ihrer großen Verantwortungs- und Einsatzbereitschaft können sie sich sowohl in ein Team einfügen als auch in Führungspositionen bewähren. Sie sind in der Lage, schnell Probleme zu erkennen und auch umgehend Lösungen zu finden.

Menschen mit der Talentzahl 5 sind empathisch und haben eine gute Menschenkenntnis, deshalb sind sie bestens für Arbeitsbereiche wie Research Management oder für Berufe wie TrainerIn, Coach oder LehrerIn geeignet. Sie haben viel Gespür für andere Menschen und entdecken oft, wo diese auf ihrem Lebensweg stecken geblieben sind und welche Blockaden sie haben. Mit dem passenden Know-how und mit Geduld vermögen sie gute BegleiterInnen und BeraterInnen zu werden. Sie brauchen in ihrem Beruf den Kontakt mit Menschen und oft dauert es lange, bis es mit der für sie richtigen Geschäftspartnerschaft klappt. Häufige Berufs- und Ortswechsel sind für diese Menschen charakteristisch.

Talentzahl 6

Menschen mit dieser Talentzahl haben die besondere Fähigkeit, den Alltag für sich und andere gut zu bewältigen. Sie besitzen eine schnelle Auffassungsgabe, sind exzellente NetworkerInnen und entdecken schnell einmal Fehler oder Unerledigtes. Sie können genau planen und sind trotzdem flexibel. Improvisation und analytische Intelligenz sind die Grundeigenschaften dieser Menschen. Sie beweisen nicht nur große Mobilität und Flexibilität, sondern verfügen auch über einen regen, wachen Geist, deshalb können sie in der Arbeitswelt jeglichen Platz einnehmen. Aufgrund ihrer Anpassungsfähigkeit finden sich diese Persönlichkeiten überall zurecht und kommen mit anderen Menschen gut aus. Da sie ausgesprochen kommunikativ und sprachbegabt sind und auch gut schreiben können, sollten sie journalistisch tätig werden oder einen Beruf im Bereich der PR ergreifen.

Personen mit der Talentzahl 6 haben zwar große Visionen, sind zugleich aber auch praktisch und realistisch. Ihr Verstand funktioniert wie ein leistungsstarker Computer – alle Inputs werden sofort aufgenommen. Manchmal leiden diese Personen darunter, dass ihnen die eigene Entwicklung zu langsam geht und dass sie übermäßig damit beschäftigt sind, anderen zu helfen. Denn bisweilen stellen sie ihre eigenen Bedürfnisse hintan und verlieren den Zugang zu sich selbst. Deshalb sollten sie regelmäßig Pausen einlegen und auf ihren Körper hören. Diese Menschen haben einen unermüdlichen Optimismus und eine enorme Kraft. Wichtig wäre für sie, das Leben nicht nur als Pflicht zu sehen, sondern auch als Vergnügen.

Ihre gute Intuition lässt sie auf neue Eindrücke so schnell und sicher reagieren wie sonst niemand, mit dieser Flexibilität und Empathie können sie ihre Mitmenschen durchaus verblüffen. Persönlichkeiten mit der Talentzahl 6 suchen stets neue Wege, um ihre Begabungen zu erkennen. Immer wieder neu zu beginnen, entspricht der Vorstellung dieser Menschen, da sie grundsätzlich ein abwechslungsreiches Leben wollen. Hauptsache, sie haben das Gefühl, sich weiterzuentwickeln. Sie streben hoch hinaus und meinen, dass ihr Glück in der persönlichen und spirituellen Entwicklung liege. Dementsprechend machen sie sich auch gut in Führungspositionen, weil sie Visionen durchzusetzen vermögen, Menschen motivieren und diplomatisch handeln können. Manchmal sind sie fähig, gut zuzuhören, gelegentlich sind sie aber zu sehr von ihrer Meinung überzeugt und wirken dadurch kühl.

7

Talentzahl 7

Persönlichkeiten mit dieser Talentzahl brauchen immer das Gefühl, sich weiterbilden zu können. Sie interessieren sich für Spiritualität und verfügen über spirituelle Fähigkeiten. Als fleißige und wissbegierige Menschen sind sie auch bereit, langwierige Ausbildungen durchzuhalten, um ihr Ziel zu erreichen. Immer vorausgesetzt, dass sie sich mit Freude und Unbeschwertheit weiterentwickeln können. Sie haben beste „Springerqualitäten" und können sich blitzschnell an neue Gegebenheiten anpassen. Ihre gute Menschenkenntnis und andere Talente machen deutlich, dass sie ihren Beruf in einem Bereich wählen sollten, in dem sie mit Menschen arbeiten. Sie eignen sich auch sehr gut für methodische Arbeit, speziell in einem Berufsfeld, in dem sie etwas entwickeln oder erforschen können. Persönlichkeiten mit der Talentzahl 7 sollten ihre intuitiven Gedanken stets notieren, denn bisweilen haben sie kreative Ideen, die ihnen jedoch schwer im Gedächtnis bleiben, weil ihr Geist zu aktiv ist.

Talentzahl 8

Menschen mit dieser Talentzahl haben eine ausgeprägte Gabe, Harmonie zu schaffen und für Gerechtigkeit einzutreten. Sie sind überaus herzlich, liebenswürdig sowie sensibel und vermitteln das Gefühl, als wollten sie die ganze Welt umarmen. Mit ihrer bemerkenswerten Ausstrahlung gelingt es ihnen, Menschen zusammenzuführen. Sie können die Folgen ihrer Entscheidungen und Aussagen sehr gut einschätzen, deshalb schießen sie selten über das Ziel hinaus und fallen kaum aus der Rolle. Ausgewogenheit ist für sie äußerst wichtig. Sie versuchen, immer diplomatisch zu sein und alles im Griff zu haben.

Manchmal verfallen sie in das Muster, das eigene Leben unter Kontrolle halten zu wollen. Das hilft ihnen, ihre künstlerische Seite zu forcieren. Ihre Kreativität ist vielfältig und konzentriert sich oft im freien Ausdruck mit dem Körper: Singen, Tanzen, Bewegung. Sie sind ästhetisch und aufgrund ihrer natürlichen Sensibilität und Ausstrahlung eignen sie sich gut für Führungspositionen, in denen sie ihre vielfältigen Talente umsetzen können. Durch ihr freundliches und positives Wesen, ihr Einfühlungsvermögen und ihre Weitsicht sind sie ausgesprochen teamfähig. Sie leben nach dem Motto: „Was du nicht willst, dass man dir tu, das füg auch keinem andern zu."

Talentzahl 9

Menschen mit dieser Talentzahl haben die Gabe des zweiten Gesichts, das bedeutet, dass ihr Ahnungsvermögen ungewöhnlich ausgeprägt ist. Diese Begabung sollten sie entfalten, indem sie lernen, auf ihre intuitiven Gedanken zu achten und zu vertrauen. Sie sind ohnedies sehr diszipliniert und dazu bereit, an sich zu arbeiten sowie ihre Talente zu verwirklichen. Ihr Instinkt ist ebenso gut entwickelt wie ihre Intuition und Kreativität. Sie eignen sich als KünstlerInnen und ModeschöpferInnen, für Schreibberufe allgemein oder fürs Verlagswesen. Aber sie kommen auch für technische Berufe infrage, weil sie ein inneres Gefühl der Ordnung und Struktur mit ihrer bemerkenswerten Intuition verbinden.

Sie sind hilfsbereit, teamfähig, bereit zu reisen und sich weiterzuentwickeln. Ihr größtes Problem sind ihre Unsicherheit und ihr Mangel an Selbstwertgefühl. Daran sollten sie bewusst arbeiten, um sich optimal zu entwickeln. Aufgrund ihrer Natürlichkeit und Empathie eignen sie sich gut für eine beratende Rolle als Anwalt/Anwältin oder Arzt/Ärztin, für psychologisch-psychotherapeutische oder auch pädagogische Berufe, etwa als LehrerIn, vor allem im Bereich Volksschule, und als ErzieherIn. Ihre Kreativität und ihre Empathie wirken sich auf ihre soziale Kompetenz aus, deshalb könnten sie auch Tätigkeiten im Sozialbereich ausüben.

Notizen

Ausdruckszahl

Die Wirkung unserer Persönlichkeit im Aussen

Die Ausdruckszahl erklärt, wie die Person im Außen wirkt, und bietet die Möglichkeit an, sich mit dem eigenen Auftreten bewusst auseinanderzusetzen.

Um die Ausdruckszahl(en) zu ermitteln, muss den Konsonanten des gesamten Namens – Geburtsname und gegebenenfalls Wohlfühlname – der numerologische Wert zugeordnet und für jeden Namen die Quersumme der Werte errechnet werden.

Beispiel Ausdruckszahl (AZ)

Geburtsname

V	I	O	L	A		A	L	T	E	A		R	O	S	E	N	B	E	R	G	E	R				
4			3				3	2				9		1		5	2		9	7		9	= 54	5 + 4 = 9		**AZ = 9**

Wohlfühlname

V	I	O	L	A								R	O	S	E	N	B	E	R	G	E	R				
4			3									9		1		5	2		9	7		9	= 49	4 + 9 = 13	1 + 3 = 4	**AZ = 4**

Beispiel: Beschreibung der Ausdruckszahl

Die Ausdruckszahl des Geburtsnamens Viola-Altea Rosenberger in unserem Beispiel ist 9, die Ausdruckszahl des Wohlfühlnamens ergibt 4. Die Person lebt bewusst – wie bereits des Öfteren in Zusammenhang mit anderen Zahlen erklärt – vor allem diejenige Ausdruckszahl, die aus dem Wohlfühlnamen errechnet wird.

In diesem Fall zeigt die Ausdruckszahl 4 eine Person, die traditionsbewusst, selbstdiszipliniert und praktisch veranlagt ist. Sie ist fleißig und leistet viel geistige und körperliche Arbeit, wodurch sie das Vertrauen und die Bewunderung der Mitmenschen erlangt. Die Ausdruckszahl 9 aus dem Geburtsnamen schreibt Viola ein freundliches und charmantes Wesen zu. Ihre Selbstlosigkeit macht sie bei vielen beliebt, auch kann sie andere Menschen gut spüren, sie wahrnehmen und ihnen viel Unterstützung, Trost und gute Ratschläge für eine bewusste Lebensführung geben. Der Vergleich der beiden Ausdruckszahlen würde Viola Rosenberger empfehlen, ihre Selbstdisziplin und ihre liebevolle Ausstrahlung zu verbinden, um befriedigende zwischenmenschliche Beziehungen zu führen.

ERKLÄRUNG DER EINZELNEN AUSDRUCKSZAHLEN

Ausdruckszahl 1

Der Mensch mit dieser Ausdruckszahl präsentiert sich der Welt als eine unabhängige, fähige und selbstständige Persönlichkeit, die von anderen als einzigartig empfunden wird. Da sich diese Personen von der Masse abheben, erscheinen sie in mancher Weise als EinzelgängerInnen. Aufgrund dieses herausragenden Charakters ist anzunehmen, dass sie in der Lage sind, Situationen souverän zu beherrschen und eine Organisation oder ein Projekt effektiv zu leiten. Sie werden von den Mitmenschen als fähig und kompetent eingeschätzt, deshalb wird von ihnen auch erwartet, dass sie den anderen viel Hilfe und Unterstützung für eine erfolgreiche Lebensführung geben können.

Als leitende Persönlichkeiten und AnführerInnen nehmen sie oftmals auch eine Pionierrolle ein, liefern Ideen und wissen, was zu tun ist oder „wo es langgeht". Teilweise zeigen sie sich als recht dominant, sodass sensible und unsichere Mitmenschen sie durchaus als egoistisch und berechnend wahrnehmen könnten. Demgemäß vermitteln Menschen mit der Ausdruckszahl 1 öfters den Eindruck, dass sie ihre Persönlichkeit auf Kosten der freien Entfaltung anderer etablieren wollen. Sie halten sich für die „Nummer eins" und kleiden sich dementsprechend auffallend, teilweise sogar exzentrisch. Sie möchten niemals sein wie andere Menschen, sondern immer auf besondere Weise hervorstechen.

Ausdruckszahl 2

Menschen mit dieser Ausdruckszahl wirken ruhig und bescheiden und schätzen eine friedliche Umgebung, in der sie in Ruhe leben können. In Detailfragen können sie bisweilen kleinlich sein. Struktur, Reinlichkeit und ästhetischer Sinn sind für diese Personen unerlässlich. Sie mögen keine großen Auftritte und bevorzugen es, sich im Hintergrund zu halten und „hinter den Kulissen" zu arbeiten. Ihre Fähigkeiten sind ein Paradebeispiel für Empathie und Teamgeist. Sie wirken attraktiv und sind beim anderen Geschlecht sehr beliebt, was nicht zuletzt auch an ihrem Bedürfnis nach Gesellschaft und Harmonie liegt. Überdies vermögen sie andere zu verwöhnen und gut wahrzunehmen, man könnte sagen, sie lesen den anderen jeden Wunsch von den Augen ab.

Wenn sie allein und auf sich selbst gestellt sind, scheint diesen Persönlichkeiten etwas zu fehlen. Gelegentlich sind die Menschen mit der Ausdruckszahl 2 unausgeglichen, ruhelos und mit ihren Lebensumständen unzufrieden, weil sie in jeder Situation nach Perfektion und Balance streben. Es fällt ihnen schwer, Entscheidungen zu treffen, weil ihnen alle Möglichkeiten einleuchtend erscheinen und sie das genau Richtige tun möchten. Deshalb verharren sie zu lange bei der Frage, was nun eigentlich richtig sei, und versäumen den passenden Zeitpunkt für eine Entscheidung zur Umsetzung ihrer Pläne. Gelegentlich legen sie ein launisches Verhalten an den Tag, sind aufbrausend und übergriffig ihrem Umfeld gegenüber. Sie kleiden sich bequem und unauffällig, sind sehr ordentlich und bieten ein angenehmes, gepflegtes Äußeres. Sie sollten sich in jedem Bereich des Lebens, nicht nur in Bezug auf Kleidung, lockerer und legerer geben, das könnte ihnen helfen, mehr Freiheit und Gelassenheit zu empfinden, und auch die künstlerischen Talente, die in ihnen schlummern, zum Vorschein bringen.

Ausdruckszahl 3

Diese Menschen wirken im Außen überaus charmant und umgänglich und sind auch gerne in Gesellschaft. Sie sind selbstbewusst, haben ein attraktives Auftreten und oft das Bedürfnis nach Spaß und Erholung. Ihrem Wesen nach sind sie idealistisch und grundehrlich. Kommunikation ist ein wesentlicher Bestandteil ihrer Persönlichkeit, aus diesem Grund äußern sich diese Menschen in unbeschwerter und freier Manier und unterhalten jede Runde auf eifrige und brillante Art und Weise. Menschen mit der Talentzahl 3 strahlen und machen für alle, denen sie begegnen, die Welt etwas freundlicher und erfüllen ihre Mitmenschen mit Leichtigkeit und Optimismus. Andere Menschen fühlen sich von der natürlichen Wärme dieser Persönlichkeiten angezogen. Doch wirken ihre extrovertierte Art und ihre Offenheit besonders auf schüchterne und introvertierte Menschen oft eingebildet oder oberflächlich. Innerlich sind diese Persönlichkeiten aber sehr tiefgründig. Aufgrund ihrer Gelassenheit sehen sie die Welt mit einer gewissen Leichtigkeit und finden auch zu jedem Problem eine Lösung. Sie verschönern sich nicht nur gerne mit Schmuck, edlen Tüchern und Make-up, sondern haben auch generell eine geschmackvolle und stilsichere Art, sowohl ihre Kleidung auszusuchen als auch ihre Wohnräume einzurichten und zu gestalten. Wenn sie aber seelisch bedrückt sind, fällt es ihnen schwer, sich schön zu machen, da sie sich dann innerlich völlig blockiert fühlen.

Ausdruckszahl 4

Diese Menschen stellen der Welt gegenüber eine entschlossene, arbeitsame Haltung zur Schau und erscheinen traditionsbewusst, selbstdiszipliniert und praktisch veranlagt. Grundsätzlich sehnen sie sich nach einer geordneten Existenz und tragen dazu durch ihre eifrige geistige und körperliche Arbeit bei, die sie konventionelle, nützliche Ergebnisse hervorbringen lässt. Sie vertreten den Typus des ehrlichen, hart arbeitenden Menschen, der sich über Leistung und fleißige Arbeit in seinem Beruf identifiziert. Naturverbunden wie sie sind, lieben sie das Leben, das es auf unserer Erde gibt, und ihre Heimat insgesamt, angefangen vom Heimatland bis hin zum eigentlichen Zuhause. Sie wirken diszipliniert, um nicht zu sagen starr und viel zu kontrolliert. Diese Ausstrahlung macht sie für manche Menschen schwer erträglich, die an ihnen Lockerheit und Gelassenheit vermissen. Aus diesem Grund sind sie auch oft isoliert.

Menschen mit der Ausdruckszahl 4 sind übermäßig vorsichtig und bescheiden, was bewirken kann, dass sie verschlossen und geizig werden. Plumpheit und Übellaunigkeit können sie von weiteren sozialen Kontakten entfremden. Diese Menschen lieben sportliche und zudem pflegeleichte Kleidung, weil diese auch nach starkem Gebrauch nicht so schnell verschleißt. Ihre Kleidung wird nach Gebrauchswert ausgewählt, besteht aus guten Materialien und stammt vielfach von einer Schneiderei. Diese Persönlichkeiten wollen ordentlich und gepflegt aussehen und sind sowohl ihrer Kleidung als auch ihrer Erscheinung nach konservativ.

Ausdruckszahl 5

Diese Persönlichkeiten sind kluge, brillante und witzige UnterhalterInnen und scharen viel Publikum um sich. Auf das andere Geschlecht wirken sie mit magnetischer Anziehungskraft und besitzen eine starke Sinnlichkeit. Abwechslung und Freiheit sind für sie wichtig, so kann es in ihren Beziehungen zu einem schnellen Wechsel kommen. Sie sind gern in Bewegung, lieben die Vielfalt und jenen Wandel, den sie für sich als Fortschritt und Weiterentwicklung ansehen. Um ihre Kapazität auszuschöpfen, müssen sie tun können, was sie spüren, und das, wann und wie sie es wollen.

Sie haben einen wahren Pioniergeist und gehen bisweilen Risiken ein. Andere Menschen sehen sie als geborene UnternehmerInnen und Geschäftsleute sowie als echte Kommunikationstalente. Die übertriebene Geselligkeit und das Bedürfnis nach sinnlichen Ausschweifungen können zu übermäßigem Essen, Trinken und Faulenzen führen. Solche Personen können nervös, ruhelos und unzuverlässig im Außen wirken, aber wenn sie mit ihrem Herzen bei der Tätigkeit sind, die sie gerade ausführen, sind sie mit dem, was sie tun, sehr verbunden. Sie schätzen es, zu den Bestgekleideten zu gehören, gehen immer mit der neuesten Mode, heben sich von der Masse ab und tragen häufig auffallende Farben.

Ausdruckszahl 6

Diese Menschen haben eine beschützende Ausstrahlung und Verantwortungsgefühl für ihre Mitmenschen. Aufgrund ihrer mütterlichen bzw. väterlichen Ausdruckskraft, die Sicherheit und Geborgenheit vermittelt, kommen die anderen Menschen zu ihnen, um Rat, Belehrung und Heilung zu finden. Ihr Heim scheint ihnen sehr wichtig zu sein, sie sind optimistisch, strahlend und zuverlässig. Sie lieben alles, was schön ist und mit Kunst zu tun hat, und haben einen ausgeprägten Sinn für ausgewogene Symmetrie. Daher können sie alle Dinge zugleich als eigenständig und als Teil eines Ganzen sehen.

Ihr soziales Gewissen drängt sie dazu, nach Wahrheit und Gerechtigkeit zu streben. Personen mit der Ausdruckszahl 6 sind gefährdet, sich für andere Menschen, für ein wertvolles Ideal oder sich aus Liebe aufzuopfern. Doch kann ihre soziale Verantwortlichkeit auch zur Unverantwortlichkeit verkommen oder dazu führen, dass sie sich in Angelegenheiten einmischen, die sie nichts angehen. Bei der Auswahl ihrer Kleidung sind sie vorsichtig, aber sie beweisen ihre künstlerische Ader und ihren Geschmack, indem sie bei allem, was sie tragen, auf eine stilvolle Farbwahl achten. Sie ziehen komfortable und unauffällige Sachen exklusiven Modellen vor, legen aber Wert auf fließende, weiche Materialien.

Ausdruckszahl 7

Persönlichkeiten mit dieser Ausdruckszahl treten als EinzelgängerInnen auf, sie erfreuen sich an Momenten der Einsamkeit fern von den Massen. Die Natur, häufige Ausflüge in Wald und Feld oder ein Aufenthalt am Meer verschaffen ihnen die richtige Atmosphäre für ihr philosophisches Wesen. Ihre Ausstrahlung hat etwas Geheimnisvolles, Mystisches, sodass die Bestimmung als PhilosophIn, MystikerIn, PoetIn, DenkerIn, WissenschaftlerIn und ForscherIn für sie passend scheint. Eine zeitweilige Zurückgezogenheit gibt ihnen die Möglichkeit für weitergehende Forschungen und Reflexion. Ihre scharfe Beobachtungsgabe hilft diesen Menschen bei der geistigen Analyse jeder Situation. Sie haben eine Aura des Aristokratischen um sich, strahlen eine persönliche Würde aus und verkörpern eine verfeinerte Lebensart.

Sie scheinen einen unerschütterlichen Glauben an die Zukunft zu haben. Wenn sie sich im Materialismus verfangen, werden sie wahrscheinlich enttäuscht sein und empfinden eine seelische Leere. Ihre Sicherheit verlieren sie, wenn sie innerlich ihre Emotionen nicht mehr im Griff haben. Verwirrung, Angst und Pessimismus gewinnen dann die Oberhand. Sie sind ordentlich und wohlerzogen, ihre Kleidung ist geschmackvoll. Sie neigen dazu, Pastelltöne und dunkle Schattierungen zu tragen, grelle und leuchtende Farben hingegen vermeiden sie. Wenn sie einmal unglücklich sind, ist es ihnen ein starkes Bedürfnis, in die Natur zu gehen und sich mit Mutter Erde zu verbinden.

Ausdruckszahl 8

Menschen mit dieser Ausdruckszahl besitzen eine dynamische Persönlichkeit und eine gewisse Autorität, die sie überlegen und wohlhabend erscheinen lässt und deshalb von anderen Menschen anerkannt wird. Aufgrund dieser Ausstrahlung als Führungspersönlichkeit verschaffen sie sich in der Geschäftswelt eine gewisse Position, in der sie sich wohlfühlen und die es ihnen ermöglicht, intuitiv zu handeln und auch die Zügel in der Hand zu halten. Ihre Autorität, ihre persönliche Macht und Stärke bringen ihnen überall, wo sie auftreten, Anerkennung. Sie sind ehrenhaft, korrekt und haben hohe ethische Maßstäbe. Diese Menschen verfügen über einen schier unerschöpflichen Vorrat an psychischem Durchhaltevermögen und körperlicher Kraft.

Personen mit der Ausdruckszahl 8 können aufgrund ihrer Klarheit, Intuition und ihres Umsetzungsvermögens schwierige Lebenssituationen gut meistern. Materialismus ist für sie eine Herausforderung. Wenn sie ihre herzliche Ausstrahlung nicht ausleben, wirken sie im Außen äußerst geldorientiert und berechnend. Das kann passieren, wenn ihr Leben überaus leistungsorientiert abläuft und sie stark unter Stress stehen. Für sie ist es selbstverständlich, dass sie ein erfolgreiches Auftreten haben. Ihre Kleidung muss aus hochwertigen Materialien gefertigt und gut geschnitten sein. Diese Menschen fühlen sich berufen, ihre innere Vision zu verwirklichen, und haben das Gefühl, durch ihre Kraft und ihre Ideale auch etwas Gutes für die Mitmenschen zu bewirken.

Ausdruckszahl 9

Diese Menschen erscheinen außerordentlich verständig und verfügen über eine allumfassende persönliche Anziehungskraft. Ihr warmes, freundliches und charmantes Gebaren erfreut alle, die mit ihnen in Kontakt kommen, und auch ihre Selbstlosigkeit, ihr großes, weiches Herz macht sie bei vielen beliebt. Sie haben ein ruhiges und höfliches Auftreten, sind aber auch überaus emotional und romantisch. Zu anderen Menschen verhalten sie sich tolerant und mitfühlend, scheinen nicht nachtragend zu sein und nehmen niemandem etwas übel. Bedürftigen gegenüber sind sie großzügig und beispielhaft in ihren humanitären Bestrebungen. Auf viele andere wirken sie idealistisch, manchmal sogar naiv, weil sie sich aus Altruismus für die geliebten Menschen aufopfern. Sie können leicht gefühlsduselig werden, was sie für jede traurige Geschichte, die ihnen erzählt wird, empfänglich macht.

Diese Menschen haben ein jugendliches Aussehen, kleiden sich geschmackvoll und wählen Kleidung, die bequem ist und helle Farben hat. Sie verwirklichen sich, indem sie ihre Liebe und Herzlichkeit leben und weitergeben. Aufgrund ihrer persönlichen Qualitäten wird von ihnen viel an Verständnis, vor allem an Mitgefühl, Vergebung und Toleranz erwartet. Bewundernswert für viele Menschen sind außerdem ihre künstlerischen Fähigkeiten.

Notizen

Die Zahlen unserer Talente – Leitfaden zur numerologischen Interpretation

Die folgende Anleitung erklärt in vier Schritten, wie eine korrekte Interpretation jener Zahlen, die in diesem Kapitel vorgestellt worden sind, durchzuführen ist.

ERSTER SCHRITT

Im ersten Schritt setzt man sich bewusst mit der Initiationszahl auseinander, die dabei hilft, die spirituelle Aufgabe der Person zu fokussieren.

Es ist von Bedeutung herauszufinden, ob die Person ihre Berufung in ihr Leben integriert hat. In einem Numeroskop sind jene Zahlen aussagekräftig, die aus dem Wohlfühlnamen errechnet werden. Im Fall von Viola Rosenberger ist die Initiationszahl des Wohlfühlnamens die Zahl 6. Das bedeutet, dass diese Persönlichkeit sehr sensibel ist. Zu ihren seelischen Aufgaben zählt es einerseits, Menschen zu unterstützen, diese zu führen und ihnen Trost zu spenden, andererseits soll die Initiationszahl 6 selbstständig ihren Weg gehen und auf ihre Intuition hören. Sehr geeignet ist für sie ein Heilberuf, durch den sie ihre Empathie, Kommunikationsfähigkeit und Kraft leben kann.

ZWEITER SCHRITT

Das Verhältnis zwischen Berufszahl und Talentzahl sollte betrachtet werden.

Oft nimmt die Talentzahl eher unbewusst Einfluss, während die Berufszahl von der Person teilweise schon gelebt wird. Unsere Interpretation geht von folgender Frage aus: Wie vermag ich die Talente, die aus der Talentzahl hergeleitet werden können, mit dem Berufsfeld der Berufszahl zu verbinden? Die Berufszahl von Viola Rosenberger, die sich aus ihrem Wohlfühlnamen ergibt, ist die Zahl 5.

Die Berufszahl 5 zeigt ein Berufsfeld, das von Kommunikation, Freiheit, Selbstständigkeit, Offenheit anderen Menschen gegenüber und Kunst geprägt ist. Die Talentzahl von Viola ist 4 und beschreibt einen Menschen, der sehr überzeugend wirkt, Selbstdisziplin, Führungsqualitäten, Kraft, Entschlossenheit und Selbstvertrauen besitzt. Die Auslegungen der beiden Zahlen sind sehr unterschiedlich, lassen sich aber im Hinblick auf den Beruf gut vereinbaren. Die Talentzahl 4 verleiht Viola Zentriertheit, Klarheit, Entschlossenheit und Selbstständigkeit im Denken und Handeln. Die Berufszahl 5 gibt ihr die Möglichkeit, selbstständig zu sein, kommunikativ, kreativ, einfühlsam und klar zu wirken. Alle diese Eigenschaften lassen sich mit der Initiationszahl 6 vereinen. Als Fazit der Interpretation können wir Viola empfehlen, eine Tätigkeit in Heilberufen, im Sozialbereich, PR-Bereich bzw. in allen Berufsfeldern, die mit Menschen zu tun haben, zu wählen. Aufgrund der Talentzahl 4 wäre es für Viola auch interessant, sich mit einer kreativen Idee selbstständig zu machen.

DRITTER SCHRITT

Die Kompatibilität zwischen Initiationszahl, Berufszahl und Talentzahl ist zu überprüfen.

Bei diesem Schritt wird die Initiationszahl der Person in die Berufswelt integriert und versucht, ihre Talente mit ihrer seelischen Aufgabe, die man aus der Initiationszahl ableitet, zu verbinden.

Im Fall von Viola Rosenberger zeigt die Initiationszahl 6, dass sie dafür geeignet ist, Menschen zu unterstützen, und dass sie lernen muss, Grenzen zu setzen. Dies ermöglicht ihre Talentzahl, denn durch die Klarheit, Entschlossenheit und Selbstständigkeit dieser Zahl 4 kann sie die Initiationszahl 6 schon früh leben. Unterstützt wird dieser Prozess von der Berufszahl 5, die Kreativität, Gelassenheit, Entspannung und Mut verleiht. Aus dieser Analyse lässt sich schließen, dass die Person eine günstige Zahlenkonstellation in Bezug auf ihre Berufung besitzt. Für eine numerologische Analyse ist es also immer von Bedeutung, die Initiationszahl und die Talentzahl zu wählen.

VIERTER SCHRITT

Im vierten Schritt heißt es, die Ausdruckszahl anzuschauen und zu spüren, wie sie sich mit den anderen Zahlen verbindet.

Die Ausdruckszahl gibt wertvolle Hinweise, wie die Person nach außen hin wirkt und wie sie die Beziehung in ihrem Arbeitsfeld gestalten kann. Viola Rosenbergers Ausdruckszahl, die sich aus dem Wohlfühlnamen ergibt, ist die Zahl 4.

Die Ausdruckszahl verbindet sich mit der Talentzahl. Das bedeutet, dass die Person ihr Inneres nach außen kehrt. Sie ist sehr diszipliniert, praktisch veranlagt und wirkt oft distanziert, zuweilen erscheint sie zu diszipliniert, fast streng, und etwas verkrampft. Aus diesem Grund ist es wichtig, dass Viola durch die Wirkung der zwei 4er – in der Talentzahl und in der Ausdruckszahl – bewusst ihre Initiationszahl 6 lebt. Die Initiationszahl ist leider oft ein Charakterzug, den die Person nicht bewusst lebt und darum nicht in den Alltag integrieren kann. Viola Rosenberger könnte also geraten werden, dass sie sich auf ihre Empathie, den liebevollen Umgang mit den Mitmenschen, auf Spiritualität und eine innere liebevolle Haltung dem Leben gegenüber konzentriert und versucht, dies bewusst nach außen hin zu zeigen.

Anmerkungen

- *Wenn die Talentzahl und die Ausdruckszahl gleich sind, ist es für die Person leicht, ihre Berufung zu leben.*
- *Wenn die Initiationszahl und die Berufszahl gleich sind, wird die Person schon früh zu dem richtigen Beruf geführt.*
- *Wenn die Initiationszahl und die Ausdruckszahl gleich sind, fällt es der Person leicht, ihre Talente zu verwirklichen.*
- *Wenn die Initiationszahl und die Talentzahl gleich sind, kann man annehmen, dass die Person intuitiv ihre Talente schon seit früher Kindheit übernommen oder vielleicht schon aus früheren Zeiten in ihr jetziges irdisches Dasein mitgenommen hat.*

Eine glückliche Beziehung führen

Frauen und Männer nehmen ihre Umgebung unterschiedlich wahr. Jedes Geschlecht kommuniziert auf seine ganz eigene Weise und auch die jeweiligen Bedürfnisse, Wünsche und Anforderungen unterscheiden sich. Indem man die Unterschiede zwischen den Menschen akzeptiert und als Bereicherung sieht, ist es möglich, eine glückliche Beziehung zu führen, nicht nur in einer partnerschaftlichen, sondern auch in allen anderen zwischenmenschlichen Verbindungen.

Die **Psychologische Numerologie** nach Dr. Mazza® trägt dazu bei, diese Unterschiedlichkeit wahrzunehmen und sie als Chance zur Weiterentwicklung zu betrachten. Grundsätzlich sollten in einer Partnerschaft beide auf die Bedürfnisse des/der anderen eingehen und nicht versuchen, eigene Sehnsüchte, die man selbst gerne befriedigt haben möchte, ersatzweise über den/die PartnerIn zu stillen. Der erste Schritt auf dem Weg zu einer glücklichen Beziehung ist, eine harmonische Form der Kommunikation zu finden und die Kraft zu haben, sowohl die eigenen wahren Bedürfnisse zu äußern als auch die eigene Gedankenwelt und Weltsicht zu offenbaren. Denn eine häufige Aussage in der Beziehungskommunikation ist: „Du verstehst mich nicht."

Die meisten Frauen möchten gerne, dass ihr Partner Mitgefühl zeigt, anstatt ihnen konkrete Lösungen anzubieten und logisch zu denken. Sie wünschen sich, dass er sie unterstützt und sich auch selbst weiterentwickelt. Er sollte dazu bereit sein, sowohl an der Partnerschaft zu arbeiten als auch die gefühlvolle Seite der Partnerin zu akzeptieren und keinesfalls abzuwerten. Frauen ersehnen sich, liebevoll behandelt zu werden. Sie möchten, dass ihre Wünsche und Bedürfnisse wahrgenommen werden, damit ein harmonisches Miteinander gelebt werden kann. Außerdem wollen sie der vielleicht wichtigste Mensch für den Partner sein.

Männer haben vielfach andere Prioritäten. Manche möchten vielleicht, dass die Partnerin sie weniger kritisiert bzw. kontrolliert und sie vorbehaltlos so akzeptiert, wie sie sind. Oft erwarten oder erhoffen sie sich, dass die Partnerin ihre Wünsche und Interessen teilt. Bisweilen wäre es einem Mann lieber, wenn ihm die Partnerin Zeit ließe, zunächst selbst mit seinen Problemen zurechtzukommen, und ihn erst dann, wenn er von sich aus um Hilfe bittet, unterstützen würde.

Jeder Mensch trägt in sich ein verletztes Inneres Kind und hofft aufgrund seiner ungestillten Bedürfnisse und emotionalen Verletzungen, dass sein/e PartnerIn intuitiv – ganz ohne Hinweis und Anleitung – sein Wesen und seine Wünsche erfassen kann. Männer wie Frauen brauchen Vertrauen und Akzeptanz, aber auch weniger Schuldzuweisung, Zweifel und Kritik. Eine empathische und von Vorwürfen freie Kommunikation erlaubt im Rahmen einer Partnerschaft, eine gemeinsame Ebene zu finden und darin als Paar zu wachsen. Unterschiede zu akzeptieren und sowohl die eigenen Bedürfnisse als auch die des anderen Menschen wahrzunehmen und zu berücksichtigen sind wichtige Faktoren für gelungene Beziehungen. Diese Voraussetzungen ermöglichen in einer Partnerschaft, dass beide sich gegenseitig so annehmen, wie sie sind, ohne zu viel aufeinander zu projizieren und ohne Angst haben zu müssen, abgelehnt oder nicht ernst genommen zu werden.

Der Bereich der **Psychologischen Numerologie** nach Dr. Mazza®, der sich mit der Partneranalyse beschäftigt, hat sich bewusst zum Ziel gesetzt, einerseits die Unterschiede zwischen zwei Menschen, die eine Partnerschaft leben, ihre eventuellen Herausforderungen, möglichen Blockaden und Beziehungsmuster zu beleuchten und andererseits Möglichkeiten anzubieten, dass die beiden bewusst mit eventuell auftauchenden Problemen umgehen und somit einander respektvoll und mitfühlend behandeln können.

Die numerologischen Zahlen, die solch eine partnerschaftliche Beziehung erklären und deren Konstellation darstellen, sind Impulse für eine konstruktive Veränderung. Sie haben das Ziel, die Ursache von Schwierigkeiten, die im Laufe einer Partnerschaft entstehen können, aufzuzeigen und zu einem bewussten Umgang mit diesen Problemen zu befähigen.

Richtlinien für die Interpretation eines Numeroskops

In diesem ersten Band des Werkes sind bewusst nur einige ausgewählte Zahlen der **Psychologischen Numerologie** nach Dr. Mazza® untersucht und erläutert worden. Ein Numeroskop ist ein komplexes System, das in unterschiedliche Raster aufgespalten ist und Hinweise gibt auf die Lebenszyklen eines Menschen – mit all diesen Aspekten werden wir uns im zweiten Band des Werkes ausführlich befassen.

Wenngleich es sich bei den folgenden anleitenden Schritten um eine komprimierte Darstellung des psychologischen Numeroskops handelt, so werden doch die wesentlichsten Richtlinien beachtet. Die einzelnen Zahlen werden anhand der exemplarischen Persönlichkeit Viola Rosenberger und unter Anwendung der im Buch vorgestellten numerologischen Werkzeuge eingehend interpretiert.

Es ist empfehlenswert, das Numeroskop mit dem Wohlfühlnamen der Person zu errechnen. Diese Analyseform erlaubt die Grundzüge der Persönlichkeit eines Menschen mit seinen Stärken und Schwächen zu erkennen. Auf Basis der **Psychologischen Numerologie** nach Dr. Mazza® kann ein/e NumerologIn wertvolle Ratschläge geben und Menschen darauf aufmerksam machen, bewusster mit ihren Lebensumständen und ihrer Lebensqualität umzugehen.

ERSTER SCHRITT

Erkennen der Polaritäten und Beschreibung der Persönlichkeit

Zunächst muss kontrolliert werden, welche Zahlen im Gesamt-Numeroskop am häufigsten vorkommen und welche fehlen. Dieser Schritt lässt die Polaritäten, die oft die Persönlichkeit eines Menschen bestimmen, erkennen. Die Zahlen in Violas Numeroskop sind breit gestreut, darum ist es nicht einfach herauszufinden, welche Zahlen vermehrt vorkommen. Interessant ist, dass ihre Berufs-, Talent- und Vornamenszahl eine 4 ist, was darauf hinweist, dass Viola Rosenberger in ihrer Persönlichkeitsstruktur von der Schwingung der Zahl 4 bestimmt wird. Aufgrund dieser Schwingung ist die Person gelassen, entspannt, selbstdiszipliniert und fähig, ihre Projekte und Visionen gut strukturiert und organisiert umzusetzen.

Die Lebensvision von Viola Rosenberger wird von ihrer Lebenszahl 5 bestimmt. Diese verleiht Viola Lebendigkeit, einen visionären und freien Geist und ein starkes Bedürfnis, immer etwas Neues zu erfahren. Sie will frei und nicht durch Regeln eingeengt leben. Aufgrund dieser Lebenszahl verfügt Viola über eine scharfe Intelligenz und eine nachdrückliche Erfindungskraft. Gleichzeitig läuft sie Gefahr, sich von ihrem Plan ablenken zu lassen.

ZWEITER SCHRITT

Vergleich der Lebenszahl mit der Seelenzahl und der Intensitätszahl

Die Lebenszahl offenbart die Grundlagen der Persönlichkeit eines Menschen, während die Seelenzahl es ermöglicht, das Unbewusste der Person zu durchleuchten und teilweise sogar ihre Ängste und Blockaden aufzudecken.

Die Intensitätszahl wiederum ist von Bedeutung, um zu erkennen, wie Lebenszahl und Seelenzahl zu verwenden sind. Sie zeigt, wie sich die Person verhält bzw. in welcher Art und Weise sie handelt, und veranschaulicht den Versuch dieser Persönlichkeit, die Schwingung ihrer Seelenzahl mit jener der Lebenszahl zu verbinden. In unserem Beispiel hat Viola Rosenberger die Lebenszahl 23/5, die Seelenzahl 1 und keine Intensitätszahl, weil es bei der numerologischen Transkription der Buchstaben ihres Familiennamens keine Zahl gibt, die am häufigsten vorkommt. Der Vergleich von Viola Rosenbergers Seelenzahl mit ihrer Lebenszahl lässt eine gute Kombination erkennen, um ein erfülltes Leben zu führen. Die Menschen mit der Seelenzahl 1 sind eigenständig, kraftvoll, mutig, aber auch teilweise engstirnig, sie glauben oft, sie müssten alles allein schaffen und alle anderen von ihrer Meinung überzeugen. Doch sie haben einen starken Charakter, der ihnen erlaubt, schon als Kind eine kraftvolle Persönlichkeit zu entwickeln. Diese Eigenständigkeit und Entscheidungssicherheit ist ein Merkmal der Seelenzahl 1 und ermöglicht es Viola, ihre Lebenszahl zu leben. Die Lebenszahl 5, wie im ersten Schritt erwähnt, beschreibt eine sehr selbstständige Persönlichkeit, die viel Abwechslung braucht und sich stets weiterentwickeln möchte. Die Zahlen im Hintergrund, die 2 und die 3 der Lebenszahl 23/5, lassen sich gut mit der Schwingung der Seelenzahl kombinieren. Aufmerksamkeit sollte man jedoch der Zahl 2 – erste Zahl der Lebenszahl 23/5 – schenken. Diese Zahl 2 könnte eine Herausforderung darstellen, die im Innersten, im Unbewussten der Person wirkt: Sie legt dar, dass Viola trotz ihrer Eigenständigkeit und ihres starken Charakters zugleich auch ausgesprochen harmoniebedürftig ist, sich schwer abgrenzen kann und nicht immer in der Lage ist, ihre Bedürfnisse zu äußern. Vor allem dann nicht, wenn sie das Gefühl hat, ihre Wünsche auf Kosten anderer zu verwirklichen. Es wäre möglich, dass Viola nach außen sehr stark und unabhängig wirkt, vom Glaubenssatz geprägt, alles allein schaffen zu müssen. Mit großer Wahrscheinlichkeit lebt sie nach dem Motto „Ich helfe allen, aber ich selbst brauche keine Hilfe" und vermag es aufgrund der Last der Verantwortung nicht, ihren eigenen Weg zu gehen und Nein zu sagen.

DRITTER SCHRITT

Interpretation der Vornamenszahl

Diese Zahl gibt Auskunft über den kreativen Ausdruck einer Person und hilft ihr, dass sie sich aufgrund der Zahleninterpretation bewusster mit ihren Talenten auseinandersetzen kann. Viola Rosenberger hat die Vornamenszahl 4. Diese Zahl sagt aus, dass Viola Ruhe braucht, um über sich und das Leben nachdenken zu können. Mit großer Wahrscheinlichkeit fühlt sie sich zur Kunst hingezogen, spürt die Faszination der Antike und interessiert sich für archäologische Ausgrabungsstätten. Sie kann Kunst und Schönheit genießen und es ist ihr wichtig, in ihrer Freizeit ihre künstlerischen Talente umzusetzen. Viola sollte Improvisationstheater spielen, da in der Lebenszahl 5 schauspielerische Talente schlummern und die Seelenzahl 1 gerne im Mittelpunkt steht und zeigen will, was sie kann. Sie sehnt sich oft nach einer Bühne in ihrem Leben. Dieses Beispiel zeigt, dass die Vornamenszahl von Viola Rosenberger sehr gut mit ihrer Seelenzahl und Lebenszahl harmoniert.

VIERTER SCHRITT

Analyse der spirituellen Aufgabe

In diesem Schritt wird die Initiationszahl der Person mit der Berufszahl und der Talentzahl verglichen. Beim Erstellen eines Numeroskops und im Rahmen einer numerologischen Beratung sollte darauf geachtet werden, wie die Initiationszahl sowohl die Seelenzahl als auch die Lebenszahl unterstützt. Die aus dem Wohlfühlnamen Viola Rosenberger errechnete Initiationszahl ist die 6. Die spirituelle Aufgabe, die diese Zahl auszeichnet, besteht darin, den Ausgleich zwischen Altruismus und Abgrenzung zu lernen. Die Gefahr dahinter ist, ein ausgeprägtes Helfersyndrom zu entwickeln, auf die eigenen Bedürfnisse zu vergessen und die Bedürfnisse von anderen als die eigenen zu empfinden. Viola muss im Laufe ihres Lebens lernen, sich selbst zu schätzen, zu achten und zu lieben, andere Menschen loszulassen und sich nicht zu kränken, wenn ihre Erwartungen nicht erfüllt werden. Es ist für sie wichtig, ihre Empathie leben zu lernen. Dann kann sie für andere Bezugspersonen eine gute Beraterin sein und diese Rolle auch beruflich souverän ausüben. Die Lebenszahl 5 und die Seelenzahl 1 helfen Viola, diese spirituelle Aufgabe bewusst umzusetzen. Aufgrund der Selbstständigkeit durch die Seelenzahl 1 und durch das starke Freiheitsbedürfnis der Lebenszahl 5 kann sie einerseits Grenzen setzen und andererseits für andere da sein. Die Initiationszahl 6 lässt sich, wie schon erwähnt, sehr gut mit der Berufszahl 4 und der Talentzahl 4 kombinieren. Die Zahl 4 verleiht Viola Disziplin, Organisationstalent und einen gewissen Pragmatismus, der ihr erlaubt, ihre mediale Begabung mit Hausverstand zu verbinden.

FÜNFTER SCHRITT

Analyse der Nachnamenszahl

Die Nachnamenszahl von Viola Rosenberger ist die 9. Durch die Analyse der Nachnamenszahl ist es möglich zu erkennen, wie sich die Person in ihrer Kindheit entwickelt und welche Grundmuster sie in dieser Zeit erfahren hat. Besonders deutlich kann das herausgearbeitet werden, wenn die Nachnamenszahl gleich der Zahl des Geburtsnamens ist.

Ein Vorschlag: Durch die Analyse der Nachnamenszahl kann die Person die Grundmuster, die sich in ihrer Kindheit entwickelt haben, entdecken. Das Erläutern dieser Glaubenssätze und Verhaltensmuster ist sehr hilfreich, um einen Teil der Familiengeschichte zu erkennen. So kann die Person vermeiden, diese Muster ihren Kindern weiterzugeben oder sie im Rahmen von zwischenmenschlichen Beziehungen auf privater sowie beruflicher Ebene weiterzuspielen.

Die Ursprungsfamilie des Kindes mit der Nachnamenszahl 9 ist spirituell ausgerichtet, angesichts dieser Veranlagung benötigt das Kind schon in frühen Jahren das Gefühl, ernst genommen zu werden. Es könnte sein, dass diese Kinder zu wenig Aufmerksamkeit bekommen und infolge der Hektik und Anspannung in diesem Familiensystem lernen, sich zurückzuziehen und brav zu sein. Das blockiert sie jedoch in der Entfaltung ihrer Individualität und sie tendieren dazu, sich anzupassen, folgsam und von der Meinung anderer abhängig zu sein. Es ist in diesem Fall empfehlenswert, dass die Person mit ihrem Inneren Kind arbeitet, um diese alten Programmierungen aufzulösen, und dass sie sich auf ihre individuellen Bedürfnisse und ihre Lebens- bzw. Weltsicht konzentriert und diese mutig vertritt.

SECHSTER SCHRITT

Vergleich der Ausdruckszahl mit anderen Zahlen des Numeroskops

In diesem Schritt soll die Wirkung eines Menschen nach außen analysiert werden. Durch den Vergleich von Ausdruckszahl und Lebenszahl kann die Person erkennen, welche Aspekte der Lebenszahl nach außen hin gelebt werden. Wenn die Deutung der beiden Zahlen sehr unterschiedlich ausgeht, ist es für diese Persönlichkeit oftmals schwierig, authentisch zu sein. Im Fall von Viola Rosenberger besteht diese Konstellation, da sie von der Lebenszahl 5 und der Ausdruckszahl 4 bestimmt wird. Menschen mit der Ausdruckszahl 4 sind entschlossen und stellen ihre arbeitsame Haltung gerne zur Schau. Sie sind eifrig und fleißig und es fällt ihnen schwer, Leichtigkeit zu leben und Gelassenheit zu bewahren. Diese Aspekte beschreiben genau das Gegenteil jenes Charakters, den die Lebenszahl 5 ausdrückt. Aus diesem Grund kann davon ausgegangen werden, dass Viola sich zwischen den beiden Persönlichkeiten hin- und hergerissen fühlt. Im Außen wird sie wohl eher der Beschreibung der Ausdruckszahl 4 entsprechen. Diesem Menschen ist zu raten, sich selbst aufmerksam zu beobachten. Auf jeden Fall sollte dieser Person der Charakter der Lebenszahl nahegebracht werden und es sollte ihr bewusst sein, wie bedeutsam es für die eigene Entwicklung ist, auch die Charakterzüge der Lebenszahl nach außen hin zu manifestieren. Denn auf diesem Weg kann der Zugang zur Authentizität gefunden werden.

Unsere beispielhafte Protagonistin Viola sollte ihr Freiheitsbedürfnis, ihre künstlerischen Talente, die Lust zum Reisen, Leichtigkeit, Spaß und Bewegung leben und sich grundsätzlich für Abwechslung und Spontanität im Leben begeistern. Werden Ausdruckszahl und Seelenzahl miteinander verglichen und stimmen diese gut zusammen, kann die Person ihre Bedürfnisse problemlos äußern und ist sich selbst treu. Im Fall von Viola Rosenberger harmoniert die Seelenzahl 1 gut mit der Ausdruckszahl 4: Dies äußert sich in Charakterstärke und Selbstständigkeit, kann jedoch bisweilen zu Sturheit führen. Im Rahmen einer Beratung wäre dieser Persönlichkeit zu empfehlen, flexibel zu sein, und man sollte ihr klarmachen, dass Loslassen und Leichtigkeit wichtige Aspekte sind, die sie erfahren darf und zulassen sollte.

Allgemeine Anmerkungen

Zusammenfassend kann gesagt werden, dass sich die Analyse eines Numeroskops als sehr komplex darstellt. Wird diese aber in überschaubare Schritte aufgeteilt, ist sie leicht zu erlernen. Es ist empfehlenswert, viel zu üben, vor allem mit vertrauten Menschen, von denen man viel weiß. Wenn wir uns zunächst mit dem Numeroskop einer Person befassen und uns anschließend mit ihr darüber austauschen, können wir erkennen, wie gut unsere Intuition in der Analyse und im Erkennen der Zusammenhänge wirkt. Die Numerologie ist ein intuitives Werkzeug, um die Vielfalt einer menschlichen Persönlichkeit zu ergründen. Durch die Grundzahlen des Numeroskops, die unterschiedlichen Lebenszyklen einer Person und deren Raster (diese Themen werden im zweiten Band des Handbuches behandelt), ist es möglich, eine detaillierte Persönlichkeitsanalyse der unbewussten Aspekte sowie der spirituellen Aufgaben des Menschen durchzuführen.

Notizen

Nachwort

Im Zuge meiner 18-jährigen Forschung ist es mir gelungen, ein praxisnahes und ganzheitliches System der Numerologie zu erarbeiten. Die Freude an dieser Arbeit im Allgemeinen und die wertvollen Ressourcen, die sich mir vor allem durch die Selbsterkenntnis erschlossen, bildeten gemeinsam eine Quelle der Motivation, die sowohl das Entstehen als auch die Vollendung dieses Buches bewirkt hat.

Die Numerologie stellt durch ihre Instrumente, also die Zahlen, ein wertvolles Hilfsmittel auf dem Weg zur Selbsterkenntnis dar. Dadurch wird es uns möglich, den eigenen Lebensweg zu erkennen und das Potenzial, das in uns allen schlummert, auszuschöpfen sowie die Prüfung, die auf jedem Lebensweg wartet, zu erfassen. Die Numerologie unterstützt uns auf vielfältige Weise auf unserem Weg zur Entfaltung unserer Persönlichkeit und befähigt uns dazu, individuell unsere Lebensaufgaben zu erkennen. Es ist wichtig, bei der Interpretation der Zahlen das Hauptaugenmerk auf zwei oder drei Zahlen zu legen und diese sehr vorsichtig zu interpretieren; definitive sowie stark positiv oder negativ wertende Aussagen sind dringend zu vermeiden. Es ist stets zu bedenken, dass die Numerologie weder ein Zahlenspiel ist noch versucht, sich durch neutrale und allgemeingültige Aussagen

„aus der Affäre“ zu ziehen; stattdessen kann sie durchaus so manchen Menschen durch ihre hohe Aussagekraft stark erschüttern. Aus diesem Grund sollte sie mit Respekt und Vorsicht behandelt und eingesetzt werden, denn jeder einzelne Mensch ist in seiner Gedankenwelt durch alle möglichen Emotionen – Ängste, Hoffnungen oder Zweifel – sowie die Einflüsse seines Unbewussten sehr leicht zu beeinflussen und zu verletzen.

Biografie

DR. ERNESTINA SABRINA MAZZA

Dr. Ernestina Sabrina Mazza wurde 1976 in Italien geboren. Bereits in ihrer frühen Kindheit kam sie mit den Themen der Spiritualität und der Selbstfindung in Berührung und zeichnete sich schon in sehr jungen Jahren durch eine ausgeprägte mediale Fähigkeit und eine tiefe Empathie aus. Dadurch war es ihr möglich, die Empfindungen der Menschen in ihrem Umfeld wahrzunehmen sowie deren Gefühlswelt und die Grundstruktur ihrer Persönlichkeit intuitiv zu erfassen.

Im Alter von sieben Jahren begann sie, sich mit dem Bereich der fernöstlichen Körper- und Geistesdisziplinen zu befassen. Ab November 1983 kam es zu einer intensiven Auseinandersetzung mit der Theorie und Praxis asiatischer Körperarbeit sowie einiger Kampfkünste und ihren Stilrichtungen, darunter Seitai, Shotokan-Karate, Kung-Fu, Tai-Chi und Aikido.

Auf diese Weise beschäftigt sie sich intensiv mit asiatischer Philosophie im Allgemeinen und dem Taoismus im Speziellen, weshalb sie in ihrer Arbeit gegenwärtig Elemente der fernöstlichen und taoistischen Tradition mit energetischen, therapeutischen und wissenschaftlichen Ansätzen, die aus der westlichen Kultur stammen, verbindet.

Dr. Ernestina S. Mazza ist seit mehreren Jahren selbstständig tätig und leitet derzeit die **akademie bios®**, deren Hauptsitz in Graz ist. Durch ihre fortwährende Auseinandersetzung mit spirituellen Grundlagen seit ihrer Kindheit konnte sie damit ein Forschungs-, Ausbildungs- und Beratungsinstitut etablieren, in dem sie mit ihren einzigartigen und größtenteils selbstentwickelten Methoden arbeitet, die das Beste aus der fernöstlichen Philosophie, des Intuitionstrainings, der Psychologie, insbesondere der archetypischen Psychologie, der taoistischen Körperarbeit und der asiatischen Kampfkunst in sich vereinen.

Dr. Mazzas Tätigkeitsbereich erstreckt sich auf Österreich und Italien. In Österreich befindet sich das Seminarzentrum in Graz, in Italien hat sich die **akademie bios® (accademia bios, www.accademiabios.com)** im Raum von Padua in den letzten Jahren zu einem wichtigen Ausbildungs- und Beratungszentrum entwickelt. Aktuell betätigt sich Frau Dr. Mazza als Buchautorin, Ausbildnerin und Beraterin, wobei sie die an der **akademie bios®** angebotenen Methoden stets weiter ausarbeitet. Diese Methoden sind eine Synthese ihrer Lebenserfahrung und ihres facettenreichen Lebens als

Journalistin, Buchautorin, Sprachwissenschaftlerin, Lehrerin, Tänzerin, Energetikerin, Shiatsu-Praktikerin, Pädagogin und Erwachsenenbildnerin.

Fernöstliche Kampfkunst, Meditationslehre und Philosophie

Dr. Ernestina S. Mazza beschäftigt sich bereits seit ihrem siebenten Lebensjahr intensiv mit diesen Themenbereichen. Sie ist in den asiatischen Kampfkünsten und -stilen Shotokan-Karate, Kung-Fu und Tai-Chi sehr bewandert und hat sich im Zuge dessen gründlich mit fernöstlicher Philosophie befasst. In Padua studierte sie chinesische Philosophie und Buddhismus bei Prof. Giorgio Pasqualotto und erweiterte ihre langjährige theoretische Auseinandersetzung mit diesen Wissensinhalten sowie mit indischer und ethnischer Philosophie durch mehrere Aufenthalte in Indien. Überdies widmete sie sich im Rahmen ihres sprachwissenschaftlichen Studiums zwei Jahre lang dem Studium des Sanskrit.

Tanz und Körperarbeit

Schon im Alter von drei Jahren erhielt Dr. Ernestina S. Mazza Ballettunterricht und setzte sich in den Folgejahren auch mit Jazz Dance, Salsa, Merengue sowie intuitivem, rituellem und meditativem Tanz und der Ausbildung zum Shiatsu-Practitioner auseinander. Durch diese vielfältige Vorbildung konnte sie eine eigene Methode entwickeln, die auf intuitivem Tanz basiert – **Intuitive Dance** nach Dr. Mazza ®. Der Körper ist ihrer Überzeugung nach der Ort des seelischen Geschehens. Durch intuitives und meditatives Tanzen gelingt es, sowohl eine Harmonie zwischen Körper und Geist zu schaffen als auch die persönliche Authentizität zur Entfaltung zu bringen.

Dr. Mazza begann, sich aufgrund ihrer Auseinandersetzung mit asiatischer Kampfkunst und fernöstlicher Philosophie im Alter von vierzehn Jahren auch mit der Lehre des Yoga zu beschäftigen. Im Laufe der Zeit war es ihr durch die Verbindung unterschiedlicher Formen der Therapie und des Tanzes sowie intensiver Körperarbeit (wie Shiatsu) möglich, eine wirksame und wertvolle Methode zu entwickeln, die es erlaubt, die somatische Intelligenz des Körpers intuitiv anzuregen. Dies geschieht, indem mittels ethnischer Musik eine befreiende und entspannende Wirkung auf das triadische System Seele, Körper und Geist ausgeübt wird. Durch mehrere Aufenthalte in Indien vertiefte Dr. Mazza ihre Praxis im Bereich des Yoga, weshalb sich in der Behandlungsmethode **Intuitive Dance** nach Dr. Mazza ® auch Grundlagen aus dem Bhakti finden lassen.

Ebenso hielt sie über mehrere Jahre hinweg eine Vielzahl an Kursen für Erwachsene, Kinder und ältere Mitmenschen ab, die sich mit der Yoga-Lehre, Tanz und Kampfkunst befassten.

Pädagogische Tätigkeiten – Trainerin, Lehrerin und Erzieherin

1997 begann Dr. Ernestina S. Mazza, nach ihrer abgeschlossenen pädagogischen Ausbildung an der Lehrerbildungsanstalt in Padua, als Erzieherin und Lehrerin in pädagogischen Einrichtungen in Padua zu arbeiten. Im Rahmen eines Fremdsprachenprojektes unterrichtete sie sieben Jahre lang an Hauptschulen in Deutschfeistritz in Graz-Umgebung.

Sie war von 2001 bis 2007 auch als Fremdsprachentrainerin bei der Urania in Graz tätig. Die intensive Auseinandersetzung mit Kindern und deren Bedürfnissen gaben ihr sowohl in Bezug auf die Entwicklung ihres Erziehungstrainings als auch hinsichtlich der energetischen Arbeit mit Kindern und Eltern wichtige Impulse. Dr. Mazza hat effiziente Behandlungsabläufe und Intuitionstrainings erarbeitet, mit deren Hilfe Kinder in ihrer persönlichen Entwicklung gefördert werden können. Es ist ihr auch stets ein großes Anliegen, dass den Eltern die richtigen Werkzeuge für eine aktive und empathische Beschäftigung mit ihren Kindern mitgegeben werden können, damit in weiterer Folge ein eigenständiges Agieren möglich ist. Daher werden den Eltern Grundlagen der Körperarbeit, des Intuitionstrainings und weiterer Techniken vermittelt, damit sie mit ihren Kindern produktiv arbeiten können und einen positiven Zugang zu ihnen finden.

Journalistin und Buchautorin

Dr. Ernestina S. Mazza zeigte bereits sehr früh ein ausgeprägtes Talent für das kreative Schreiben und die romanische Philologie. Sie setzte sich schon in jungen Jahren mit der Sprache und der ihr innewohnenden therapeutischen und kreativen Dimension auseinander. Ihre Karriere als Publizistin nahm im Alter von neunzehn Jahren ihren Anfang. Seit dieser Zeit verfasst sie regelmäßig Artikel für verschiedene Zeitschriften und Online-Magazine, die sich sowohl mit kulturellen Themen beschäftigen als auch in den Bereich der Alternativmedizin, Gesundheit und Spiritualität einzuordnen sind. Ihre intensive Auseinandersetzung mit Sprachen und ihre Wissbegierde sowie eine ausgeprägte Kommunikationsfähigkeit bewogen sie dazu, sich für ein Studium der Literatur und Sprachwissenschaft zu entscheiden. Durch dieses große Interesse verfügt sie nun über eine Vielfalt an Sprachkenntnissen: Neben Italienisch als Muttersprache gehören Deutsch, Englisch, Französisch, Spanisch, Altgriechisch und Latein zu ihrem Kommunikationsrepertoire. Weiters ist sie in Portugiesisch und Sanskrit bewandert. Die Leidenschaft für die Sprache an sich führte in weiterer Folge dazu, dass sich ihr Interessengebiet um die Beschäftigung mit der Philosophie, der Mythologie, der Archetypenlehre und der kulturellen Anthropologie erweiterte.

Seit ihrem neunzehnten Lebensjahr liegt hinsichtlich ihrer Wissenssuche ein Schwerpunkt auf dem Bereich der Archetypenlehre, wobei sie in ihrer Arbeit stark von Carl Gustav Jung und James Hillman beeinflusst worden ist. In der Mythologie ließ sie sich durch Joseph Campbell inspirieren und bezüglich der Auseinandersetzung mit der Sprache der Symbole sowie den unterschiedlichen sprachlichen Traditionen kommt den Schriften C. G. Jungs, René Guénons und Marcel Granets eine gewichtige Rolle zu.

Diese Aspekte vertiefte sie später durch das Studium der Psychologie in Padua und Graz und durch das Interesse für unterschiedliche psychotherapeutische Ansätze.

Behandlungsmethoden – entwickelt von Dr. Ernestina Sabrina Mazza

Energetic Tao Healing nach Dr. Mazza®

Diese Methode verfolgt das Ziel, eine Brücke zu bauen zwischen den neuen wissenschaftlichen Erkenntnissen im Bereich der Energetik und den jahrtausendelangen Erfahrungen energetischer Traditionen und Weisheitslehren aus dem asiatischen Raum.

archetypical journey®

Diese Behandlungsmethode zeigt eine archetypische Grundstruktur, ein initiatorisches Training, das das Leben in seinen wesentlichen Etappen beschreibt und die wichtigsten Rollen, die jeder Mensch im Leben annimmt, schildert.

Dea Nova®

Diese Methode hilft Frauen, sich in dieser gemeinsamen Entdeckungsreise von alten Verletzungen und vorgegebenen Stereotypen zu befreien und sich im jeweiligen weiblichen

Aspekt beheimatet zu fühlen. Durch die Ausbildung **Dea Nova®** lernen die Teilnehmerinnen eine ganzheitliche Methode, die ihnen erlaubt, Einzelsitzungen zu begleiten und einen Frauenkreis zu leiten.

Tao Healing Mind nach Dr. Mazza ® bzw. auch **Intuitionstrainer®**
Hierbei handelt es sich um eine Methode, um die eigene Intuition zu entwickeln und mit dem eigenen Fluss des Lebens verbunden sein zu dürfen.

Tao Healing Heart nach Dr. Mazza ®
Dies ist eine Beratungs- und Coachingmethode, die die Heilung der emotionalen Verletzungen und die Integration der eigenen Schattenseiten ermöglicht. Das Hauptziel dieses Weges ist, mit offenem Herzen zwischenmenschliche Beziehungen mit einer liebevollen und begeisterten Haltung in jedem Bereich des Lebens zu gestalten.

Rituelle Prozessarbeit nach Dr. Mazza ®
Im Rahmen dieser Methode gehen wir den Weg einer Innenschau, die zur Klarheit über die tiefen Wurzeln seelischer und körperlicher Blockaden führt.

Matrix and Cellular Tao Healing nach Dr. Mazza ®
Bei dieser Methode wird mit bestimmten Mudras, sanfter Berührung und fokussierten Impulsen der mentalen Kraft am Gedächtnis der Körperzellen und an der Matrixstruktur im Energiefeld gearbeitet. Diese Methode versetzt in einen Zustand, in dem tiefe Regenerationsprozesse stattfinden können.

Tao Healing Bodywork nach Dr. Mazza ®

Diese sanfte, energetische Körperarbeit findet ihren Ursprung in der jahrtausendealten taoistischen Tradition der Meridianlehre und in der bewussten Anwendung der mentalen Kraft, um Regenerationsprozesse im Körper zu aktivieren.

Tao Breath Flow nach Dr. Mazza ®

Diese Methode ist verwurzelt in der traditionsreichen, taoistischen Disziplin und in den ursprünglichen Formen der Kampfkunst, die versuchten, in sich die Kraft der Naturelemente aufzunehmen und für die Menschen durch die Ausübung der Bewegungsformen zugänglich zu machen.

Intuitive Dance nach Dr. Mazza ®

Die grundlegenden Elemente des **Intuitive Dance** nach Dr. Mazza ® sind ethnische Musik aus verschiedensten Kulturen der Erde, intuitive, befreiende und spontane Bewegungen und darauffolgende geführte Übungen und Meditationen, die ein tieferes Körperbewusstsein anregen.

Psychologische Numerologie nach Dr. Mazza ®

Aus der Verbindung der klassischen Numerologie mit den Archetypen C. G. Jungs und der archetypischen rituellen Psychologie entsteht ein mächtiges Werkzeug zur Entschlüsselung und Deutung unseres Lebensweges.

Seelenreisen und Rückführungsarbeit nach Dr. Mazza ®

Die Methode ist eine Kombination aus dem Wissen um die Karmalehre, aus Meditationstechniken von **Tao Healing**

Mind nach Dr. Mazza® und assoziativen Fragetechniken, die dem/der SeelenreisenbegleiterIn ermöglichen, die inneren Reisen lösungsorientiert auszurichten.

Ausbildungen

Hochschulen

- *1995–1997 Ausbildung als Erzieherin und Volksschullehrerin an der Lehrerbildungsanstalt D'uca D'Aosta Padova*
- *Bakkalaureatsstudium Handelswissenschaften, Recht und Marketing an der Universität Ca'Foscari in Venedig*
- *1998–2002 Diplomstudium der Literatur- und Sprachwissenschaft an der Università degli Studi di Padova und an der Karl-Franzens-Universität Graz*
- *Lehramtsstudium für Italienisch, Latein und Geschichte an der Università degli Studi di Padova*
- *1998–2000 Diplomstudium Italienisch als Fremdsprache an der Università degli Studi di Siena*
- *2001–2004 Studium der Pädagogik und Translationswissenschaft (Französisch, Deutsch) an der Karl-Franzens-Universität Graz*
- *2002–2004 Aufbaustudium Lehramt für Deutsch an der Pädagogischen Akademie in Graz*
- *Ab 2007 Studium der Psychologie an der Karl-Franzens-Universität Graz und davor an der Università degli Studi di Padova (2002–2005)*

Zusatzausbildungen

- *1996–1998 verschiedene Seminare über holistische Therapieformen am Istituto RIZA in Padua*
- *2001 Weiterbildung auf dem Gebiet der asiatischen Körperarbeitsform Seitai und der Kampftechnik Aikido sowie der Kunstform des No-Theaters an der Atemschule in Mailand (Scuola della Respirazione)*
- *2002 Ausbildung zur VHS-Übungsleiterin an der Volkshochschule Steiermark*
- *2004–2007 Ausbildung zur Dipl. Shiatsu-Praktikerin an der Internationalen Shiatsu Schule Österreich (ISSÖ) in Graz*
- *Seit Herbst 2011 Psychotherapeutisches Propädeutikum*

BÜCHER UND MEDIEN AUS DEM AKADEMIE BIOS® VERLAG

Unsere neuen Bücher und Medien des Verlages können auf der Webseite der **akademie bios®** bestellt werden:

akademie bios®
Bergmanngasse 46/1/2 | 8010 Graz, Österreich
+43 (0) 316 33 93 19 | +43 (0) 699 11 22 54 16
info@akademiebios.at | www.akademiebios.at

Weitere Bücher von Dr. Ernestina Sabrina Mazza

(Stand Oktober 2011)

Energetic Tao Healing nach Dr. Mazza ®

Neue Wege der Energiearbeit

Die körperlichen und geistigen Wirkungen von Energiearbeit und spirituellen Techniken

Tao Healing Mind nach Dr. Mazza ®

Im Fluss mit dem Leben sein – Das Tao der Intuition

CDs UND ANDERE MEDIEN VON DR. ERNESTINA SABRINA MAZZA (Stand Oktober 2011)

Tao Healing Mind nach Dr. Mazza ®
Meditationen
Im Fluss mit dem Leben sein –
Mit Meditation zur Intuition

Begleit-CD zum gleichnamigen Buch mit daraus entnommenen und vertonten, geführten Meditationen

Meditations-CD-Reihe
Seelenreisen aus der Mitte des Herzens

CD 1: Der Weg zur inneren Harmonie
CD 2: Heilung des inneren Kindes
CD 3: Die heilende Kraft der Naturelemente
CD 4: Wandlung mit der Kraft des Herzens
CD 5: Lichtmeditationen für die Seele

Dea Nova®

Lebe dein Frau-Sein!

Meditationi per il benessere psicofisico

Meditations-CD auf Italienisch

CD von Mag. (FH) Clemens Mazza

TAO essence – Die Essenz des Seins in sich erfahren

Musik-CD von Simona Philipp

Klänge aus der Seele des Meeres – Licht für Mutter Erde

Texte und Gesang von Simona Philipp und ihren Meeresfreunden

HINWEIS DES VERLAGES

Die Angaben in diesem Buch sind nach bestem Wissen und Gewissen zusammengestellt, und die Heilwirkung der beschriebenen Methoden und Übungen wurde vielfach erprobt. Da Menschen aber unterschiedlich reagieren, können weder der Verlag noch die Autorin im Einzelfall eine Garantie bzw. Haftung für die Wirksamkeit und für die Unbedenklichkeit der Inhalte und Übungen übernehmen.

Bei gesundheitlichen Beschwerden wenden Sie sich bitte an Ihre/n Arzt/Ärztin oder PsychotherapeutIn.

Dr. Ernestina Sabrina und Mag. (FH) Clemens Mazza
Vorträge – Seminare – Ausbildungen – Beratungen – Bücher – Neue Medien

Wenn Sie Interesse haben, senden wir Ihnen kostenlos eine Übersicht über unsere Angebote und unseren Ausbildungskatalog zu. Auf Anfrage halten wir gerne Seminare und Vorträge im innereuropäischen Raum in den folgenden Sprachen: Deutsch, Italienisch, Englisch und Französisch.

ALLE BÜCHER UND MEDIEN DES VERLAGES KÖNNEN AUF DER WEBSEITE DER AKADEMIE BIOS® BESTELLT WERDEN:

akademie bios®
Bergmanngasse 46/1/2
8010 Graz
Österreich
+43 (0) 316 33 93 19
+43 (0) 699 11 22 54 16
info@akademiebios.at
www.akademiebios.at

QUELLENVERWEISE

Fermier, Jean-Daniel: Le guide de la numérologie : Les 7 clés pour réussir son chemin de vie. J'ai lu (Flammarion), Paris 2007.

Jung, Carl Gustav: Archetypen. 14. Aufl. Deutscher Taschenbuch Verlag/dtv, München 2008.

Mazza, Ernestina Sabrina: Tao Healing Mind nach Dr. Mazza®, Im Fluss mit dem Leben sein – Das Tao der Intuition. akademie bios® verlag, Graz 2010.

Notter, François: Le Grand Livre de la Numérologie. Editions De Vecchi, Paris 1989.

LIZENZHINWEIS UND AUSBILDUNG PSYCHOLOGISCHE NUMEROLOGIE NACH DR. MAZZA®

Die Bücher der **Psychologischen Numerologie**nach Dr. Mazza® sind grundsätzlich für das Selbststudium konzipiert und ermöglichen eine tiefgründige, autodidaktische Ausbildung in dieser Disziplin. Um eine fundierte und professionelle Interpretation eines Numeroskops durchführen zu können und die Wirkungsweisen, Zusammenhänge und gegenseitigen Beeinflussungen der Zahlen besser zu verstehen, ist es sinnvoll, einzelne Seminare bzw. die gesamte Ausbildung der **Psychologischen Numerologie** nach Dr. Mazza® zu besuchen.

Dies ist besonders jenen zu empfehlen, die eine professionelle Numerologin/ein professioneller Numerologe werden möchten. Auch ist es Voraussetzung für all jene, die beruflich mit der offiziellen Qualitätsmarke **Psychologische Numerologie** nach Dr. Mazza® auftreten wollen und dafür neben dem Ausbildungszertifikat auch die Lizenz zur Markenverwendung erwerben möchten.

Die Marke **Psychologische Numerologie** nach Dr. Mazza® bildet den Qualitätsnachweis dieser Ausbildung sowohl für die Praktizierenden und Interessierten als auch für die zukünftigen KlientInnen. Im Sinne der Qualitätssicherung ersuchen wir alle in diesem Bereich, dieses Gütemerkmal zu beachten. Die Methode wird in Seminaren und Ausbildungen ausschließlich von der Institutsleiterin Dr. Ernestina Sabrina Mazza (oder von persönlich von ihr ausgebildeten TrainerInnen) vermittelt und – neben den Büchern und der Website – von den lizenzierten BeraterInnen in individuellen, persönlichen Sitzungen verbreitet.

Alle lizensierten BeraterInnen der **Psychologischen Numerologie** nach Dr. Mazza® werden auf der offiziellen Webseite aufgelistet:
www.psychologischenumerologie.at